C·H·Beck
PAPERBACK

C.H.BECK GESCHICHTE DER ANTIKE

ELKE STEIN-HÖLKESKAMP
Das archaische Griechenland
Die Stadt und das Meer
(in Vorbereitung)

SEBASTIAN SCHMIDT-HOFNER
Das klassische Griechenland
Der Krieg und die Freiheit
(in Vorbereitung)

PETER SCHOLZ
Der Hellenismus
Der Hof und die Welt
(in Vorbereitung)

WOLFGANG BLÖSEL
Die römische Republik
Forum und Expansion
(in Vorbereitung)

ARMIN EICH
Die römische Kaiserzeit
Die Legionen und das Imperium

RENE PFEILSCHIFTER
Die Spätantike
Der eine Gott und die vielen Herrscher

Rene Pfeilschifter

DIE SPÄTANTIKE
Der eine Gott und die vielen Herrscher

C.H.Beck   Geschichte der Antike

Mit 6 Abbildungen und 8 Karten

Originalausgabe
© Verlag C.H.Beck oHG, München 2014
Gesamtherstellung: Druckerei C.H.Beck, Nördlingen
Umschlagentwurf: Kunst oder Reklame, München
Umschlagabbildung: Kaiser Justinian und sein Gefolge, spätantikes Mosaik.
Basilica San Vitale, Ravenna. © akg-images/Erich Lessing
ISBN 978 3 406 66014 6
Printed in Germany

www.beck.de

Für Irina

INHALT

1. Am Ende der Antike: Kontinuität und Untergang 9

2. Diokletian, die Tetrarchie und die Christen (284–305) 18

3. Das vierte Jahrhundert (306–395):
   der Beginn des christlichen Zeitalters 47
   Konstantin der Große 47
   Die Kirche 62
   Eine neue Form der Lebensführung: das Mönchtum 75
   Die Nachfolger Konstantins und der rechte Glaube 83
   Julian: Rückkehr zum Heidentum 90
   Neue Unruhe:
   die Valentinianische Dynastie und die Goten 100
   Der Triumph des nizänischen Christentums 108

4. Das fünfte Jahrhundert (395–518): die Völkerwanderung 121
   Das geteilte Reich und die Barbaren 121
   Die Westgoten: auf dem Weg zum ersten Germanenstaat 133
   Barbarische Lebensformen 141
   Die Rechtsordnung 144
   Die spätantike Stadt 149
   Die Hunnen 155
   Der Untergang des westlichen Kaisertums 167
   Eine oder zwei Naturen Christi?
   Der Verlust der Glaubenseinheit 173
   Die Ostgoten und Konstantinopel 180
   Chlodwig und die Franken 186
   Ein verwandeltes Imperium 190

5. Das sechste und siebte Jahrhundert (518–641):
   Kaiser und Reich 194
   Konstantinopel 194
   Justinian: die Erneuerung des Imperiums 205
   Der Kaiser und seine Helfer 217
   Justinian: Katastrophen und Apokalyptik 230
   Die Nachfolger Justinians 242
   Der germanische Westen 247
   Usurpationen in Konstantinopel:
   die Grenzen der Autokratie 254
   Herakleios und die Perser 260
   Der Islam 265

6. Epilog: die Spätantike als Epoche 271

   Anmerkungen 274
   Zeittafel 276
   Hinweise zu Forschung und Literatur 280
   Karten- und Bildnachweis 301
   Auswahlregister 301

1. AM ENDE DER ANTIKE: KONTINUITÄT UND UNTERGANG

Kurz vor Ostern 589 n.Chr. befand sich das Römische Reich in einer schwierigen Lage. Seit bald zwanzig Jahren führte es Krieg gegen die andere Großmacht der Epoche, das persische Reich der Sasaniden. Die Kämpfe verliefen wechselhaft, und fast ein Jahr schon verweigerte das römische Heer den Gehorsam. Grund dafür war, daß Kaiser Maurikios versucht hatte, den Sold um ein Viertel zu kürzen. Die Soldaten hatten Maurikios' Bilder im Heerlager zerstört, denn sie wollten nicht von einer ‹Krämerseele› regiert werden. Der Kaiser hatte so gehandelt, weil die Kassen leer waren. Seit Jahrzehnten hatte das Reich mit schwindenden finanziellen Ressourcen zu kämpfen, die Pest, die erstmals 541 aufgetreten war und seitdem immer wieder den Mittelmeerraum heimsuchte, fraß an der Substanz des Staates. Der Kaiser konnte sich nur noch eine einzige nennenswerte Armee leisten, eben die, welche gerade meuterte. Das Problem war also gravierend. Freilich, auf einen Umsturz hatten die Soldaten es auch nicht angelegt. Was werden sollte, wußten sie nicht so recht. Sie wiesen die aus Konstantinopel geschickten Generäle zwar ab, ja demütigten sie, andererseits zogen sie unter einem Unterfeldherrn in den Kampf und besiegten die Perser. Das eröffnete die Chance auf einen Ausgleich.

Der Kaiser übertrug die Aufgabe dem Bischof der syrischen Metropole Antiocheia, Gregor. Der Patriarch von Antiocheia war einer der wichtigsten Bischöfe der Mittelmeerwelt, er war kein Befehlsempfänger des Kaisers, und viele Soldaten kannten ihn wenigstens dem Namen nach: zum einen, weil sie aus seiner Diözese stammten, zum anderen, weil sie als Rekruten auf dem Weg zum Heer von ihm unterstützt worden waren, mit Geld, Kleidung und Nahrung. Das Heer war noch in Winterlagern über ganz Syrien verstreut, und so versammelten sich auf Gregors Bitten hin 2000 Abgesandte in Litarba, einem wichtigen Verkehrsknotenpunkt. Der Patriarch war nicht mit leeren Händen gekommen. Er trug den Soldaten ein kaiserliches Amnestieangebot vor:

Ihr habt nämlich bewiesen, auch wenn ihr Beschwerden gegen eure Feldherren habt, daß euch nichts wichtiger ist als der Staat. Laßt uns also prüfen, was zu tun ist. Der Kaiser ruft euch zu sich, er verspricht Amnestie für alles Geschehene, euer Wohlwollen gegen den Staat und eure Tapferkeit im Krieg nimmt er als Zeichen Eures Bittflehens, und diese Worte gibt er euch als sicherstes Unterpfand seiner Verzeihung: «Wenn Gott dem Wohlwollen mehr zumißt und wenn nach der Überwindung von Fehlern die Tapferkeit durchscheint – ein sicherer Beweis der Verzeihung –, wie soll ich da nicht der göttlichen Entscheidung folgen, da das Herz eines Kaisers doch in der Hand Gottes liegt und er es neigt, wohin er will.» Gebt mir also möglichst schnell nach, Römer, lassen wir den gegenwärtigen Moment nicht verstreichen, nicht daß er umsonst da ist und entgleitet. […] Erweist euch als Erben des Gehorsams der Väter, so wie ihr sie in der Tapferkeit beerbt habt, damit ihr euch durch und durch als Römer zeigt, damit kein Tadel an euch hängenbleibt oder euch als unechte Kinder zeigt. Unter der Führung der Konsuln und Kaiser haben diejenigen, die euch gezeugt haben, durch Gehorsam und Tapferkeit die gesamte Oikumene erobert. Manlius Torquatus bekränzte seinen Sohn und ließ ihn töten, weil er ihn tapfer fand, aber ungehorsam. Klugheit der Führer und Gehorsam der Geführten bringen stets große Vorteile. Entbehrt das eine des anderen, hinkt es, es wird überlaufen und bricht ganz zusammen, da das beste Zweigespann voneinander gelöst ist. Zögert also nicht, gehorcht mir, denn das Priestertum vermittelt zwischen dem Kaisertum und der Armee.[1]

Noch in der Karwoche kehrte die Armee zum Gehorsam zurück. Erstaunlich ist aber weniger Gregors Erfolg – eine großzügigere Offerte konnten die Soldaten kaum erwarten – als die Formulierung des Angebots. Vom letzten Satz abgesehen, würde man nicht vermuten, daß hier ein Bischof spricht. (Die Worte über Gott gehören ja dem Kaiser.) Statt dessen redet Gregor über Titus Manlius Torquatus. Torquatus war im Jahr 340 v. Chr. zum dritten Mal Konsul gewesen. Als sein Sohn gegen seinen Befehl eine Forderung des Feindes zum Zweikampf annahm und siegte, bewunderte ihn der Vater zwar für seine Tapferkeit, ließ ihn aber vor dem versammelten Heer hinrichten. Für die römische Republik war diese Geschichte eines der einprägsamsten Exempel, das lehrte, daß dem Gemeinwesen und der Disziplin für dieses Gemeinwesen der erste Platz zukomme. Die Zeiten der Republik waren aber seit über 600 Jahren vorbei. Ist wirklich vorstellbar, daß Gregor hoffte, die Meuterer mit dieser erbaulichen Geschichte umzustimmen?

Der Gewährsmann für Gregors Rede ist der Kirchenhistoriker Evagrios. Tatsächlich war es gute antike Tradition, daß Historiker Reden nicht exakt niederschrieben, sondern sie in eigenen Worten wiedergaben. Hier ist das ganz sicher der Fall, denn wir haben Predigten aus Gregors Feder, und diese weisen ein anderes stilistisches Gepräge auf. Das heißt aber nicht, daß die Rede frei erfunden ist. Evagrios war Zeitgenosse, mehr noch, er war ein enger Mitarbeiter des von ihm bewunderten Patriarchen. Evagrios könnte also selbst in Litarba dabeigewesen sein, zumindest aber dürfte er die Rede aus erster Hand gekannt haben, aus der Lektüre oder aus Gregors Erzählung. Aber wir müssen uns darüber gar nicht den Kopf zerbrechen. Evagrios hätte seinem Bischof nichts in den Mund gelegt, was unpassend oder unrealistisch gewesen wäre. Für ihn und die Zeitgenossen war es plausibel, daß Gregor so argumentierte, wie er es nach Evagrios tat. Wir aber wundern uns: ein Bischof, der in einem griechischen kulturellen Umfeld großgeworden war, von dem wir nicht wissen, ob er überhaupt Latein konnte, der mit Sicherheit Griechisch zu den Soldaten sprach, ein griechischer Kirchenmann also im nördlichen Syrien, ganz am Ende der Antike, der seinen Zuhörern Geschichten aus längst vergangener Zeit erzählte, der voraussetzte, daß diese Geschichten bei einfachen Soldaten bekannt waren – Gregor spielt auf die Torquatus-Episode ja nur an, er erläutert sie nicht –, und der erwartete, daß sie nicht nur angehört wurden, sondern ein brauchbares Argument abgaben. Das Geschlecht der Manlii Torquati war vor Jahrhunderten erloschen, die Republik war längst der Monarchie gewichen, nicht einmal Konsuln gab es mehr. Aber es gab immer noch – Rom.

Das war nicht so selbstverständlich, wie es sich anhört. Für manche Forscher gehört das späte sechste Jahrhundert eindeutig ins Mittelalter. Byzanz wird der Nachfolgestaat genannt, der aus dem

Osten des Römischen Reiches hervorging und bis 1453 Bestand hatte. Die Bewohner dieses Reiches nannten sich aber nicht Byzantiner, sie hießen, Gregor sagt das deutlich, Römer. In modernen Übersetzungen von griechischen Quellen dieser Zeit – und die meisten Quellen sind in Griechisch – ist häufig von Rhomäern die Rede. Im Original steht aber *Rhomaioi*, und das heißt schlicht: Römer. Obwohl die Stadt Rom und das Kernland Italien an der Peripherie des Reiches lagen, ja zum großen Teil an die Langobarden verloren waren, obwohl die meisten Reichsbewohner kein Latein mehr sprachen, betrachteten sie den Staat, in dem sie lebten, nach wie vor als römisch.

Das war nicht nur eine Sache der Benennung. Tatsächlich gab es eine politische Kontinuität von der frühen Republik, ja von der Königszeit bis in die Gegenwart von 589. Die Republik hatte den gesamten Mittelmeerraum und noch mehr zusammenerobert. Die Regierungsform wechselte dann, von der Herrschaft der wenigen zu der eines einzelnen, das Römische Reich aber bestand fort. Das Kaiserreich brachte es fertig, daß die meisten Unterworfenen sich allmählich mit der Eroberung abfanden, ja sich mit dem von den Siegern repräsentierten Gemeinwesen identifizierten. Dieser Erfolg war nicht ausgeklügelten Integrationsstrategien zu verdanken, sondern einer gewissen Auskömmlichkeit der Lebensverhältnisse – wenige Invasionen, wenige Bürgerkriege, wenige sonstige Katastrophen –, vor allem aber der schlichten Dauer der römischen Herrschaft. Den nächsten Einschnitt brachte der Übergang vom Kaiserreich zur Spätantike unter Diokletian und Konstantin, um 300 herum. Deren Reformen waren die Antwort auf eine existentielle Krise des Imperiums. Das Gemeinwesen überlebte, es blieb auch Monarchie. Die wesentliche Neuerung war die Etablierung des Christentums als von den Kaisern geförderter und nach einiger Zeit allein zulässiger Religion. Deswegen war das Gemeinwesen aber nicht weniger römisch. Es hatte nichts Neues begonnen, die christlichen Römer sahen sich in bruchloser Kontinuität zu den Römern der ältesten Zeit, mochten die auch noch so sehr Heiden gewesen sein. Gregor sagt das sehr deutlich, wenn er von den Konsuln und Kaisern der Vorfahren spricht. Und er spricht noch etwas anderes an, den Kern der römischen Selbstsicht: Die Römer gewannen immer.

Viel mehr war da nicht. Schöne Rechtfertigungen, die sich schon in der späten Republik finden, wonach die Römer beauftragt seien, Sitte und Ordnung zu verbreiten, waren sekundär und konnten wegfallen. Das Römische Reich rechtfertigte sich schlicht daraus, daß es mit Macht und (natürlich gerechtfertigter) Gewalt die Oikumene hatte erobern können. Dies war der römischen Vortrefflichkeit zu danken, der eigenen moralischen Überlegenheit, hier ausgedrückt in der Eigenschaft der Tapferkeit. Gregor war noch vom selben Geist getragen wie einst Manlius Torquatus.

Der Historiker muß sich jedoch vor einer Falle hüten. Selbstbenennungen und Selbstbeschreibungen sind wertvoll, aber wir dürfen uns nicht allein auf sie stützen, da wir sonst die Perspektive unserer Quellen einnehmen. Dies zu tun ist manchmal erhellend, meistens verengt es jedoch den Blick, öfters verstellt es ihn. Das große Glück insbesondere des Althistorikers ist aber die späte Geburt: Er kann der Zeitgebundenheit der ihn interessierenden Epoche entfliehen und Maßstäbe anlegen, die den damals Lebenden nicht in den Sinn gekommen wären. Natürlich, der eigenen Zeitgebundenheit vermag der Historiker nicht zu entkommen, aber das ist kein Grund, sich auch die seiner Quellen zu eigen zu machen, sich also gleich doppelt zu binden. Er darf nicht bei einzelner Quellenanalyse und dichter Beschreibung stehenbleiben. Seine Aufgabe ist es, durchaus auch einmal die Vogelperspektive einzunehmen, aus der Wahllosigkeit der Ereignisse das Typische herauszuarbeiten, das Chaos des geschichtlichen Stroms zu bändigen, indem er gelegentlich auch einmal einen Damm einbaut. Diese Dämme nennen wir Epochengrenzen.

Würde man der Selbstbeschreibung folgen, dann hätte das Römische Reich bis 1453 bestanden. Bis dahin nannten sich die Menschen Römer, ihre Herrscher erhoben bis zum Schluß den universalen Anspruch des Kaisertums, und tatsächlich lebten sie noch immer in einem Gemeinwesen, das in einer Traditionslinie zur Republik stand. Hier wird die Eigengeschichte aber zur Fiktion. Es ist heute einhellige Ansicht, daß das Römische Reich die Antike nicht überdauerte. Wenn wir der Selbstauskunft der Zeitgenossen aber nicht trauen dürfen, wann wurde dann aus Rom Byzanz? Die Dämme können an unterschiedlichen Stellen errichtet werden. Das Jahr 476, die Absetzung des letzten Kaisers in Italien, ist eine beliebte Epochengrenze, aber sie verrät eine lateinisch-westliche Perspektive: Im Osten dauerte das Reich fort. Der Tod Justinians im Jahre 565 wird ebenfalls häufig genannt, aber damals starb nur ein Kaiser, wenn auch ein wichtiger, einen Einschnitt ins Leben des Gemeinwesens und seiner Bürger bedeutete das nicht.

Die entscheidende Schwelle wurde meiner Meinung nach im östlichen Mittelmeerraum erst im siebten Jahrhundert überschritten, und zwar durch die Expansion der eben islamisch gewordenen Araber. Das Reich verlor die Levante von Ägypten bis zum östlichen Kleinasien, es konnte sich nur unter Anspannung aller Kräfte behaupten. Was überlebte und erst Ende des siebten Jahrhunderts nach einer quellenarmen Zeit auftauchte, war ein verwandeltes Gemeinwesen. Viele Institutionen und Gebräuche waren verschwunden, neue entstanden. Der Anspruch der Herrschaft über die Oikumene wurde aufrechterhalten, aber nicht einmal mehr im Ansatz erfüllt. Das Reich umfaßte Kleinasien, Teile des Balkans und einige Landstriche in Italien. Die Menschen nannten sich Römer, aber sie wußten nicht mehr, was es bedeutete: In Konstantinopel mußten Reiseführer für die eigenen Bewohner geschrieben werden, weil die Leute die Geschichte und den Sinn vieler Bauten nicht mehr kannten. Die darin gebotenen Erklärungen aber waren häufig falsch. Die Kontinuität war abgebrochen, nicht in dem subjektiven Sinn, daß die Menschen selbst den Neuanfang sahen, sondern in dem objektiven, daß sie kaum etwas über das alte Reich wußten außer ein paar Namen. Gemeinschaften leben aber auch von Geschichte. Sie müssen sich ihres Ursprungs und ihrer Vergangenheit als eigener Geschichte, als Geschichte der Väter bewußt bleiben, um in tatsächlicher Nachfolge zu stehen. Ist die Vergangenheit eine unbekannte oder eine fremde, so ist ein ziemlich fester Damm zwischen dem Damals und dem Jetzt aufgeschüttet. Äußerlich dürfte Gregor von einem griechischen Bischof des zehnten Jahrhunderts nicht viel unterschieden haben. Aber Gregor wußte von Torquatus, sein später Kollege nicht. Der eine lebte in der Antike und war Römer, der andere lebte im Mittelalter und war Byzantiner.

Die Spätantike war also immer noch Antike. Freilich, sie war auch das Ende der Antike. Da die Menschen seit jeher dazu neigen, Zivilisationen nach dem Vorbild des eigenen Lebens in Aufstieg, Blüte und Niedergang zu gliedern, war das Wörtchen ‹spät› für die Wissenschaft wie für das allgemeine Geschichtsbild lange eine Chiffre für Dekadenz, Schwäche, Verfall. Und da das wesentliche neue Strukturmerkmal der Epoche das Christentum war, bot sich dieses als Verdächtiger für den *Decline and Fall of the Roman Empire* (nach Edward Gibbons einflußreichem Werk, erschienen 1776–1788) an. Diese allzu simple Erklärung, geboren aus dem antikirchlichen Affekt der Aufklärung, hat sich zwar nicht durchgesetzt. Was sie aber attraktiv machte, war der Umstand, daß die Antike nicht einfach ausklang oder – um beim Vergleich mit dem menschlichen Leben zu bleiben – sanft entschlief, sondern daß sie gewaltsam beendet wurde: im fünften Jahrhundert durch Goten, Vandalen, Hunnen, Sachsen und Franken im Westen, im siebten Jahrhundert durch Perser und Araber im Osten. Das war nicht bloß Transformation, das war Abbruch, Ende.

Von diesem Ausgang her darf man freilich nicht die ganze Epoche vom Herrschaftsantritt Diokletians 284 bis zum Tod Herakleios' 641 beurteilen. Die Wissenschaft hat zwar zahlreiche Verfallstendenzen ausgemacht, die teilweise schon seit dem vierten Jahrhundert, also die gesamte Spätantike hindurch, gewirkt haben sollen. Doch es ist absurd, über fast 350 Jahre hinweg einen Sinkflug des gesamten Mittelmeerraums auszumachen. Diese Denkvorstellung nimmt von der Widersprüchlichkeit des historischen Prozesses keine Notiz. Während der Spätantike wurden in Literatur, Kunst, Architektur einige der bedeutendsten Leistungen des gesamten Altertums vollbracht, und das keineswegs nur im von äußeren Feinden noch recht unbedrängten vierten Jahrhundert. Die antike Stadt, für Griechen wie für Römer die grundlegende Organisationsform des gesellschaftlichen Zusammenlebens, blühte in vielen Regionen bis tief ins sechste Jahrhundert hinein. Selbst

589 war das Römerreich zwar ein anderes als zur Zeit Torquatus', Caesars oder Diokletians, aber keineswegs unheilbar krank. Ein baldiger Untergang ist auch für den Historiker kaum zu erkennen. Das Imperium umspannte immer noch den größten Teil des Mittelmeeres, die Verwaltung arbeitete, das politische System mit dem Kaiser an der Spitze funktionierte, die Bevölkerung hatte sich, wie ja Gregors Argumentation bezeugt, vom Staat keineswegs abgewandt. Der große Bruch des siebten Jahrhunderts trat nicht wegen spätrömischer Dekadenz ein, sondern weil das Reich wegen der großen Auseinandersetzung mit den Persern seine Ressourcen erheblich schwächte, so sehr, daß es den wenige Jahre später angreifenden Arabern nur wenig entgegenzusetzen hatte. Der Staat kollabierte also nicht von selbst, er wurde von außen überrannt. Wäre die außenpolitische Konstellation eine andere gewesen, hätte das spätrömische Reich noch lange fortbestehen können.

Der Begriff ‹spätrömisches Reich› diente lange als Epochenbezeichnung, auch in anderen Sprachen (zum Beispiel *Later Roman Empire* oder *Bas-Empire*). Das Wort ‹Spätantike› wurde bereits im 19. Jahrhundert geprägt, aber erst in den letzten Jahrzehnten hat es sich durchgesetzt. Damit ging ein Perspektivwechsel einher. Denn nicht nur das Reich machte die damalige Mittelmeerwelt aus, sondern auch die Neuankömmlinge, die Völker aus dem osteuropäischen und asiatischen Raum. Wir nennen sie ‹Barbaren›, ein unglücklicher, aber leider unverzichtbarer Sammelbegriff der Quellen, denn nicht alle von ihnen waren Germanen. Die Eindringlinge zerstörten und mordeten, aber sie lernten auch von der als überlegen empfundenen griechisch-römischen Zivilisation. Nur einzelne integrierten sich vollständig in sie, nicht ganze Völker. Aber die Ethnien, die blieben, adaptierten nicht bloß Nützliches für die eigenen, gerade entstehenden Staaten: Sie fügten sich in die römische Ordnung ein, sie akzeptierten über kurz oder lang den Kaiser als überlegen, manchmal nur als ranghöheren Fürsten, manchmal als tatsächlichen Oberherrn. Das taten die Araber nicht, und das ist der wesentliche Grund dafür, warum sie nicht mehr in die spätantike Welt hineingehören. In Westeuropa aber blieb das Römische Reich der maßgebliche Referenzrahmen. So richteten die

Nachfolger der Barbaren, als der byzantinische Kaiser zu schwach geworden war, lieber selbst das Kaisertum wieder auf, als auf es zu verzichten.

Drei Strukturfaktoren prägen die Spätantike, heben sie, bei aller politischen, kulturellen und sozialen Kontinuität, eindeutig ab von der Kaiserzeit der drei ersten nachchristlichen Jahrhunderte. Keiner von ihnen war allein bestimmend, sie standen in einer komplizierten Beziehung zueinander, und sie traten auch nicht gleichzeitig auf. Ich beginne mit dem chronologisch letzten, dem Untergang: Die antike Gesellschaft war immer schwieriger zu re-stabilisieren. Nach der Völkerwanderung des fünften Jahrhunderts gelang es, sie in einer neuen Ordnung aufzufangen, die Elemente des Abbruchs überwogen die der Kontinuität noch nicht entscheidend. Das siebte Jahrhundert bedeutete dann das Ende, vor allem deshalb, weil das Christentum nicht mehr weitergegeben werden konnte. Damit ist das zweite Charakteristikum genannt: der Triumph des einen Gottes, die Etablierung des Christentums als dominierende und mit der Zeit die gesamte Gesellschaft durchdringende Religion, seit Konstantin dem Großen im Reich, bald auch bei den Barbaren. Das dritte Merkmal sind die vielen Herrscher. Seit dem frühen zweiten Jahrhundert v. Chr. hatte die antike Welt der römischen Republik gehorcht, seit der Zeitenwende dann dem Kaiser. Im fünften Jahrhundert etablierten sich aber dauerhafte politische Gebilde gegen den Willen Roms: die barbarischen Königreiche. Doch das war gar nicht der Beginn der Pluralisierung der Herrscher. Das Kaisertum selbst hatte sich aufgespalten. Das Reich stand nicht mehr unter einem einzigen Kaiser, sondern es gab zwei, drei, ja noch mehr Augusti. Eingeführt hatte das Diokletian.

2. DIOKLETIAN, DIE TETRARCHIE UND DIE CHRISTEN (284–305)

Die Spätantike begann mit einem Mord. Der Kaiser Numerianus war im November 284, auf dem Rückweg von einem Perserkrieg, in Kleinasien gestorben. Die Umstände waren seltsam gewesen: Numerian hatte sich wegen einer Augenkrankheit in einer geschlossenen Sänfte transportieren lassen, nach einigen Tagen wurde Verwesungsgeruch bemerkt, der Kaiser wurde tot aufgefunden. Die anwesenden Generäle einigten sich auf Gaius Valerius Diocles als Nachfolger. Diocles, ein höherer Offizier von einfacher Herkunft, stammte aus Dalmatien und war jetzt 35 bis 40 Jahre alt. Am 20. November rief ihn das versammelte Heer in Nikomedeia (am Marmarameer) zum Kaiser aus. Diocles hielt eine Rede, hob am Schluß das Schwert und rief den Sonnengott Sol als Zeugen dafür an, daß er am Tod Numerians keinen Anteil habe und daß er die Herrschaft nicht gewollt habe – und erstach den neben ihm stehenden Prätorianerpräfekten Aper als den Schuldigen.

Das war eine brutale Tat. Aper hätte als Kommandant der Leibgarde natürlich die Gelegenheit zu einem Mord gehabt. Doch fehlte ihm das Motiv, da er als Schwiegervater des Kaisers dem Thron ohnehin sehr nahestand. Diocles kam als unmittelbarer Nutznießer schon eher in Frage, und tatsächlich mußte er sich öffentlich gegen diesen Vorwurf wehren. Die nächstliegende Vermutung ist aber, daß der von einer Krankheit geschwächte Numerian eines natürlichen Todes starb. Doch der Verdacht ist verständlich: In jenen Jahren kamen Kaiser häufig gewaltsam ums Leben. Es war die Zeit der Soldatenkaiser, und das bedeutete nicht nur, daß Soldaten Kaiser wurden, sondern auch, daß sie von Soldaten dazu gemacht und oft von Soldaten wieder darum gebracht wurden. Nach Numerians Tod dachte das Heer nicht daran, Senat und Volk von Rom einzubeziehen. Die Anführer machten den neuen Herrscher unter sich aus – wir wissen nicht, warum sich gerade Diocles

2. Diokletian, die Tetrarchie und die Christen (284–305)

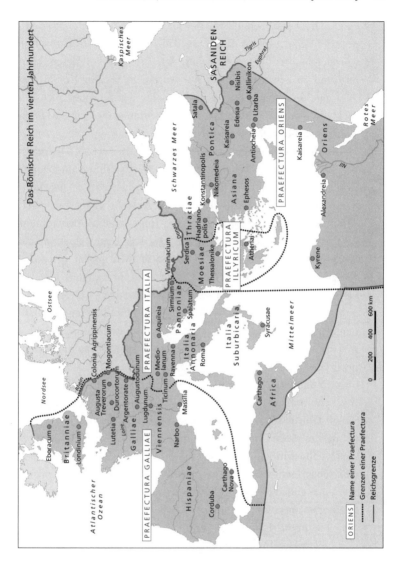

durchsetzte –, und die Gesamtheit der Soldaten nahm den Vorschlag durch ihre Proklamation an. Daß es in Carinus, dem älteren Bruder des Toten, bereits einen regierenden Kaiser gab, kümmerte niemanden. Carinus war weit weg, im Westen, das Heer wollte seinen eigenen Kaiser haben. Man konnte damals schnell Kaiser werden, aber ebenso schnell im Purpur sterben. Nichts deutete angesichts dieses Anfangs darauf hin, daß Diocles eine Ausnahme sein würde. Die öffentliche Ermordung Apers ist auch vor diesem Hintergrund zu bewerten: Nicht nur wurde ein lästiger Konkurrent oder gar Mitwisser beseitigt, die Tat sollte den Soldaten auch Respekt einflößen, die Prätorianer in die Schranken weisen und Rivalen vor falschen Schritten warnen.

Angefangen hatte die Zeit der Soldatenkaiser etwa 50 Jahre zuvor. Das Römische Reich hatte während des frühen und hohen Prinzipats, also während der ersten beiden nachchristlichen Jahrhunderte, mit überschaubaren äußeren Anforderungen fertigwerden müssen. Nur deswegen hatte es so lange stabil bleiben können. Im dritten Jahrhundert änderte sich das. Der Unterschied lag gar nicht so sehr darin, daß die Gefahren an sich größer geworden waren, sondern daß sie das Reich gleichzeitig bedrängten. Die drei neuralgischen Flußgrenzen des Reiches standen fast regelmäßig unter Attacke. Germanische Völker wie die Franken und Alamannen drückten auf die Rheingrenze, an der unteren Donau machten sich vor allem die Goten bemerkbar, am Euphrat begann das neupersische Reich der Sasaniden eine weit aggressivere Außenpolitik gegen Rom, als sie die parthischen Vorgänger je verfolgt hatten. Die römische Armee war schon zahlenmäßig viel zu schwach, um all diesen Bedrohungen gleichzeitig zu begegnen, das Reich zu riesig, als daß schnelle Truppenbewegungen von einem Gefahrenherd zum nächsten möglich gewesen wären. So brachen die Feinde tief in römisches Territorium ein, bis nach Oberitalien und Griechenland. Seit Jahrhunderten hatten die Untertanen Roms eine solche Unsicherheit nicht mehr gekannt, das Reich verlor an Ansehen.

Der römische Kaiser rechtfertigte seine Herrschaft seit jeher mit seinen Erfolgen im Krieg und dem Schutz gegen alle Feinde. Das Dumme an solcher Ideologie ist, daß man ihr im Ernstfall auch Genüge tun muß. Der Kaiser konnte die Niederlagen nicht seinen Feldherren überlassen, er mußte selbst in den Kampf ziehen. Tod auf dem Schlachtfeld oder Gefangennahme setzten so mancher Regentschaft ein vorzeitiges Ende. Häufiger kam es jedoch vor – auch Kaiser pflegten nicht in vorderster Linie zu kämpfen –, daß das Prestige des Augustus derart beschädigt wurde, daß sich Usurpatoren gegen ihn erhoben. Das konnte im eigenen Feldlager geschehen und war mit einem Anschlag auf das Leben des Kaisers verbunden. Es konnte aber auch bei weitentfernten Heeren passieren. Dann mußte ein Bürgerkrieg über den besseren Anspruch entscheiden. Einem römischen Princeps ‹gehörte› die Herrschaft nicht, so wie sie später einem Erbmonarchen des 17.Jahrhunderts gehören sollte, der trotz aller Niederlagen und Rückschläge sicher in sein Schloß zurückkehren konnte. Die Herrschaft des Kaisers war verlierbar. Er mußte sie immer wieder von neuem verdienen, und zwar durch Leistung. Tat er das nicht, entzogen ihm die maßgeblichen soziopolitischen Gruppen des Reiches ihre Akzeptanz und sahen sich nach einem neuen Herrn um. Früher hatte der Kaiser in Rom residiert, und so waren es die Eliten (der Senat), die Soldaten (vor allem die Prätorianer) und das Volk der Stadt gewesen, die vom Kaiser Status, Anerkennung und Privilegien erhielten und ihm dafür die Treue hielten. Daß es gleich drei relevante Gruppen gab, hatte dem Kaiser im Akzeptanzsystem – den Begriff hat der Rostocker Althistoriker Egon Flaig geprägt – eine starke Stellung verschafft. Nun aber lag Rom in der Etappe, der Kaiser machte nur noch Besuche in der Hauptstadt. Das Volk war zurückgeblieben, die Senatoren waren im Feldlager nicht mehr Repräsentanten des führenden Standes, sondern Höflinge, der Kaiser war umgeben vom Militär. Die Legionen waren als einzige Akzeptanzgruppe übriggeblieben, auf ihren Schultern ruhten der Bestand des Reiches und noch mehr das Schicksal des Kaisers. Die Soldaten besaßen ein Monopol nicht nur auf die Ausrufung eines Augustus, sie bestimmten auch wesentlich über seine Herrschaft – ihren Erhalt oder ihre Beendigung. Es war wirklich eine Zeit der Soldatenkaiser.

Die Bevölkerung blieb von der Krise nicht unbehelligt. Sie litt unter den Bürgerkriegen nicht weniger als unter den feindlichen Einfällen. Befestigungen, die man seit Jahrhunderten verfallen hatte lassen, wurden instand gesetzt, und trotzdem kosteten Mord und Zerstörung wohl jeden zehnten Reichsbewohner das Leben. Die Preise stiegen, gleichzeitig wuchsen die finanziellen Forderungen des Staates, vor allem, um das Heer zu stärken und bei Laune zu halten. Lange dachte sich die Forschung diese Epoche als eine Zeit des allgemeinen Verfalls in Staat, Wirtschaft und Gesellschaft. Dieses Bild ist inzwischen relativiert: Das Reich blieb als einheitlicher Wirtschaftsraum erhalten, Handelsströme durchzogen nach wie vor die gesamte Mittelmeerwelt, manche Regionen, die fern von den kritischen Flußgrenzen lagen, prosperierten sogar, etwa Ägypten und Africa (mit c, im Unterschied zum Kontinent Afrika: das heutige Tunesien und nördliche Algerien). Gerade in ökonomischer Hinsicht ist also zu differenzieren. Trotzdem: Die Schwierigkeiten gerade auf politisch-militärischem Gebiet waren so groß, daß man meiner Meinung nach mit Recht von einer Reichskrise sprechen kann. Die Probleme konnten mit den bisherigen Methoden nicht mehr gemeistert werden, um 260 stand das Imperium vor der Auflösung. Kaiser Valerian war vom Perserkönig geschlagen und gefangengenommen worden, in Gallien und in der Levante kam es zu Sezessionen, Sonderreiche bildeten sich. Am deutlichsten zeigte sich die Misere an den Thronwechseln: Im frühen und hohen Prinzipat hatte ein Kaiser im Schnitt über zehn Jahre regiert, zwischen 235 und 284 waren es gerade noch über zwei Jahre. Früher waren Jahrzehnte vergangen, bis sich einmal ein Usurpator erhob, während der Reichskrise dauerte es keine 15 Monate von einer Erhebung zur nächsten. Es gab Kaiser, von deren Sturz man eher hörte als von ihrer Proklamation.

Letztlich brach das Reich aber nicht auseinander. Schon vor 284 begannen die militärischen Gegenmaßnahmen der Regierung zu greifen. Neue Festungsanlagen an den Grenzen blockierten den Feind wirkungsvoller. Die Kavallerie, lange vernachlässigt, wurde gestärkt. Neu aufgestellte Eliteverbände agierten unabhängig von der Infanterie und konnten schnell verlegt werden. Den Persern und Germanen, die gern zu Pferd operierten, konnte nun wirkungsvoller entgegengetreten werden. Und, was vielleicht am wichtigsten war, die Römer verabschiedeten sich von der Vorstellung, daß die sozialen Eliten die besten Feldherren hervorbrachten. Die Senatoren waren, von glücklichen Ausnahmen abgesehen, im Grunde militärische Dilettanten. Derartiges Laisser-faire hatte sich das Reich lange leisten können, aber nicht mehr in der existentiellen

Not des dritten Jahrhunderts. Erfahrene Offiziere, die dem Ritterstand angehörten, sich teilweise aus den Mannschaften hochgedient hatten, erhielten nun auch die Kommanden. Seit 268 stellten sich erste dauerhafte Erfolge ein. Der Kaiser Claudius II. Gothicus (268–270) siegte über Alamannen und Goten, Kaiser Aurelian (270–275) gelang eine Stabilisierung an Rhein und Donau – durch Siege, durch Verträge und durch den bitteren, aber notwendigen Verzicht auf römisches Territorium: Dakien (jenseits der unteren Donau, im heutigen Rumänien) wurde aufgegeben, die Grenze sinnvoll begradigt. Die Sonderreiche in Gallien und Palmyra wurden beseitigt, das Römische Reich war politisch wieder eine Einheit.

Die Ereignisse um Diocles' Usurpation zeigten aber deutlich, daß eine Konsolidierung des Regierungssystems nicht gelungen war. Die Voraussetzungen waren jedoch günstiger geworden, und mit Diocles war nun ein Mann auf dem Thron, der sie zu nutzen verstand. Ihn zeichneten militärische Fortune genauso aus wie ein guter Blick für fähige Mitstreiter. Am wichtigsten aber war: Er erkannte in scharfer Analyse, was im argen lag, und er suchte – das ist in der Politik sehr selten – nicht nach kurzfristiger Abhilfe, sondern nach mittel- und langfristigen Lösungen, die er dann auch durchzusetzen wußte. Der neue Kaiser nannte sich Marcus Aurelius Gaius Valerius Diocletianus, nach der Dynastie der Antoninen, deren bedeutendster Vertreter Mark Aurel gewesen war. Seinen Namen Diocles bildete er um wie jemand, der in eine andere Familie adoptiert worden war. Die Anknüpfung an das große Kaisergeschlecht des zweiten Jahrhunderts war nicht ungewöhnlich, ebensowenig wie die ersten Maßnahmen der Herrschaftssicherung: Diokletian zog nach Westen und besiegte auf dem Balkan seinen Rivalen Carinus. Der Senat erkannte ihn nun als Kaiser an. Die Anhänger des Carinus beließ Diokletian klug in ihren Ämtern. Auf einen Besuch in Rom verzichtete er allerdings, statt dessen führte er an der unteren Donau Krieg gegen die Barbaren.

Den ersten neuen Akzent setzte Diokletian im Dezember 285. Er erhob Maximianus zum Caesar, einen hohen Offizier vom Balkan aus einfachen Verhältnissen, also einen Mann, wie Diokletian selbst einer war. Als Caesar wurde damals ein Kaiser minderen Ranges bezeichnet. Diokletian wies Maximian die Aufgabe zu, die gallischen Bagauden zu bekämpfen, eine Bewegung von vertriebenen Bauern, Bürgern und Deserteuren. Der Caesar setzte sich ohne weiteres durch – die Bagauden stellten wahrscheinlich nicht die härteste Herausforderung dar – und zeichnete sich anschließend in Kämpfen gegen die Germanen aus. Im Sommer 286 wurde er zum gleichrangigen Augustus erhoben, mit allen Vollmachten, die Diokletian selbst besaß, bloß mit dem Unterschied, daß Diokletian eben der ältere Augustus war, der Maximian sein Kaisertum verliehen hatte. Mit einer Zweikaiserherrschaft hatten schon einige Vorgänger Diokletians experimentiert: So konnte man der verschiedenen Kriegsschauplätze besser Herr werden, und andere Heere und Regionen kamen in den Genuß eines eigenen Kaisers. Die Soldatenkaiser hatten aber immer auf Verwandte zurückgegriffen, hatten also nach der Gründung einer Dynastie gestrebt. Zudem gab es eine deutliche Abstufung: zwischen Augustus und Caesar und/oder zwischen Vater und Sohn. Der weitgehend gleichberechtigte Maximian war mit Diokletian aber nicht verwandt. Diokletian hatte zwar keinen Sohn, aber immerhin eine Tochter. Er hätte Maximian zu seinem Schwiegersohn machen können.

Statt dessen gründete Diokletian eine neue Art von Familie, eine im Kaisertum und eine in ihrer Gottähnlichkeit verbundene: Diokletian und Maximian nahmen neue Titel an, Iovius und Herculius. Der eine wurde zum Jupiterhaften, der andere zum Herculeshaften. Ein paar Jahre später wurde die Familie der Göttergleichen erweitert. Am 1. März 293 erhob Maximian in Mediolanum (Mailand) Constantius zum Caesar, wenig später tat Diokletian in Nikomedeia das gleiche mit Galerius. Beide Männer waren bereits über 40, sie hatten sich, aus einfachen Verhältnissen auf dem Balkan stammend, wie die Augusti im Militärdienst nach oben gearbeitet. Einen zwingenden äußeren Grund für die Ernennungen, eine militärische Notlage etwa, gab es nicht. Der Tübinger Althistoriker Frank Kolb hat gezeigt, daß Diokletian diese Proklamationen wie schon diejenige Maximians von langer Hand vorbereitet hatte. Die Last der Kriegführung wurde auf mehrere Schultern verteilt – das war Dio-

2. Diokletian, die Tetrarchie und die Christen (284–305)

kletians Hauptlehre aus der Soldatenkaiserzeit. Aber zu diesem Schritt nötigte ihn nicht eine zusammenbrechende Front, er tat ihn in reflektierter Überlegung, im Sinne einer grundsätzlichen Innovation. Damit war die Vierherrschaft über das Römische Reich geschaffen, oder, mit einem griechischen Wort, die Tetrarchie.

Der Geschichtsschreiber Aurelius Victor fällte 70 Jahre später ein positives Urteil über die Tetrarchen: «Sie stammten alle aus Illyricum. An Bildung und Gesittung fehlte es ihnen, mit den Härten des Bauernlebens und des Kriegsdienstes waren sie aber hinreichend vertraut. Für den Staat waren sie die besten.»[2] Und tatsächlich, Diokletian und seinen Mitstreitern glückte innerhalb von 15 Jahren die militärische Stabilisierung des Reiches. An fast allen Grenzen wurde erfolgreich gekämpft. Rhein und Donau wurden mehrmals überschritten, germanische Völker wurden vertraglich zum Grenzschutz in römischen Diensten verpflichtet – eine zukunftsweisende Kooperation –, das Prosperieren von Augusta Treverorum (Trier), Mogontiacum (Mainz) und Colonia Agrippinensis (Köln) zeugte vom Erfolg der römischen Bemühungen. Die größte Gefahr in dieser Region stellte die Usurpation des Flottenbefehlshabers Carausius dar, der 287 Britannien und Teile der Gegenküste in seine Gewalt brachte. Zehn Jahre brauchten Maximian und Constantius, bis sie die Insel zurückerobern konnten. Doch als Constantius 297 als Sieger in Londinium (London) einzog, blieb vom britannischen Sonderreich nur eine historische Fußnote.

Auf keinem Gebiet verdankten die Tetrarchen den Initiativen der Soldatenkaiser so viel wie auf dem des Militärwesens. Die Maßnahmen der Vorgänger – Berufung von erfahrenen Rittern in die Kommanden, Ausbau von Befestigungsanlagen, Stärkung der Reiterei – wurden fortgeführt, nicht einmal die Heeresstärke von etwa 400 000 Soldaten mußte wesentlich erhöht werden. Dennoch wurden über 25 Legionen neuaufgestellt, was nur bedeuten kann, daß die Stärke einer Legion deutlich verringert wurde. Mit Einheiten von 2000 bis 4000 Mann wurde die Heeresstruktur flexibilisiert, und dies wird ein bedeutender Faktor bei den Erfolgen der Epoche gewesen sein. Der wichtigste gelang im Osten. Dort war wie schon seit Jahrhunderten Armenien, ein Pufferstaat zwischen den

Großmächten, der Anlaß zum Streit. Der Perserkönig Narses versuchte 296 den römischen Einfluß gewaltsam zu beseitigen, und es gelang ihm ein Sieg über Galerius. Im Jahr darauf führten dieser und der herbeigeeilte Diokletian aber einen Gegenschlag, Galerius schlug Narses bei Satala so vernichtend, daß dieser der Legende nach bis nach Indien floh. Jedenfalls handelte es sich um den größten Sieg seit Jahrzehnten, die Römer machten die Demütigungen der Soldatenkaiserzeit wett. Narses bat um Frieden. Armenien kehrte unter römischen Einfluß zurück, und an der Grenze wurde ein langer Gebietsstreifen annektiert, der durch sein flaches Gelände bislang Invasionen in römisches Territorium leichtgemacht hatte.

Ohne die Erfolge im Krieg hätte Diokletian nicht über zwanzig Jahre regiert. Sie gaben ihm die Zeit und die Freiheit für innere Reformen, die für die Konsolidierung des Reiches kaum minder wichtig waren und umgekehrt natürlich die Wiedergewinnung des militärischen Übergewichts erleichterten. Am wichtigsten war die Verwaltungsreform. Die Provinzen wurden immer noch, wie im frühen Prinzipat, von ritterlichen oder senatorischen Statthaltern verwaltet, die jeweils die höchste militärische und zivile Autorität bildeten. Die Soldatenkaiser hatten diese Ordnung hier und da bereits aufgebrochen, aber stets ad hoc unter militärischem Druck. Die Verwaltungsstrukturen waren so noch unterschiedlicher geworden. Diokletian führte nun eine Reform in einem einheitlichen Geist durch, wenn auch nicht aus einem Guß – sie wurde nicht im ganzen Reich zur selben Zeit durchgeführt, sondern über 15 Jahre hinweg, wohl bis 300. Die Provinzen wurden, wie die Legionen, verkleinert und vermehrt, von unter 50 auf etwa 100. So wurden zum Beispiel aus den zwei britannischen Provinzen vier, aus den sechs gallischen 15. Das Kernland Italien verlor endgültig seinen Sonderstatus als Wiege des Reiches und wurde selbst provinzialisiert (und in die reguläre Steuerordnung eingebunden!). Acht Statthalter standen nun zwischen dem Kaiser und Italien. Sie und alle ihre Kollegen verloren die ihnen noch verbliebenen militärischen Kompetenzen, Zivil- und Militärverwaltung waren nun voneinander getrennt. Die zivilen Aufgaben bestanden vor allem in der

Rechtsprechung, im Bau von Fern- und Überlandstraßen und der Finanzaufsicht über die Städte. Diese verwalteten sich aber weiterhin grundsätzlich selbst. Ein Riesenreich wie das römische wäre unter vormodernen Kommunikations- und Infrastrukturbedingungen nicht zusammenzuhalten gewesen, wenn nicht ein Großteil der Aufgaben in lokaler Verantwortung erledigt worden wäre. Die Autonomie der Städte, ein wesentliches Charakteristikum der griechisch-römischen Zivilisation, verschwand auch jetzt nicht. Allerdings verschoben sich die Gewichte zuungunsten der Gemeinden. Die Städte brachten die Steuern zwar selbst auf, und immer noch waren die Räte die wesentlichen Steuerungsgremien. Doch die Amtsträger wurden nicht mehr gewählt, sie wurden vom Kaiser ernannt – wenn man nicht ganz auf sie verzichtete. Dieses Verschwinden erklärt sich daraus, daß es weniger Entscheidungen zu fällen gab und die Kompetenzbereiche schrumpften. Dazu paßt, daß die letzte städtische Münzstätte in Alexandreia unter Diokletian schloß. Von nun an gab es nur noch Reichsmünzen.

Dies erleichterte Diokletians Münzreform. Während der Reichskrise war es zu erheblichen Preissteigerungen gekommen, insbesondere nach einer gescheiterten Silbermünzreform Aurelians, die das Vertrauen der Menschen in die Stabilität des Währungssystems erschüttert hatte: Es war nicht so viel Silber in den Münzen wie versprochen, es gab eine Kluft zwischen Nominal- und Realwert. Wieder neuerte Diokletian nicht auf einen Streich, sondern änderte allmählich und vertrauensbildend, in verschiedenen Provinzen zu unterschiedlichen Zeiten. Die alten Münznominale, die wegen ihres geringen Edelmetallgehalts diskreditiert waren, wurden allmählich eingezogen und neugeprägt. Das traditionelle Gold-Silber-Mischsystem wurde beibehalten, aber der Gold- und Silberanteil der neuen Münzen wurde gesteigert. Zwar deckte er den Sollwert immer noch nicht vollständig, aber der Edelmetallanteil blieb nun konstant und wurde nicht allmählich reduziert. Das war wesentlich für den Aufbau neuen Vertrauens.

Weit weniger populär war die Steuerreform, aber das gilt für die meisten Steuerreformen. Ungeheuer sei die Steuerlast gewesen, so der zeitgenössische Vorwurf, die Bauern hätten ihre Äcker verlassen, das Land sei verödet. Diokletian habe nämlich viel Geld für die Soldaten ausgeben müssen – das trifft zweifellos zu –, gleichzeitig aber seine versteckten Reichtümer nicht antasten wollen. Dieses Bild eines antiken Dagobert Duck weckt weniger Vertrauen, aber der Hauptkritiker, der Rhetoriklehrer Laktanz, zeigte in seiner Anklage jedenfalls, daß er sein Geschäft verstand:

Die Steuerschätzer waren überall, alles beunruhigten sie, es kam zu schrecklichen Szenen wie im Krieg und unter feindlicher Besetzung. Die Äcker wurden Scholle für Scholle vermessen, Weinstöcke und Bäume gezählt, Tiere jeder Art aufgeschrieben, Menschen Kopf für Kopf aufgezeichnet. In den Gemeinden wurden die Stadt- und die Landbevölkerung zusammengebracht, alle Marktplätze waren voll mit Scharen von Familien, ein jeder war da mit seinen Kindern und seinen Sklaven, Foltern und Schläge durchdrangen alles, Söhne wurden auf die Streckbank gelegt, damit sie gegen ihre Eltern aussagten, selbst die treuesten Sklaven wurden gequält, damit sie gegen ihre Herren, Frauen, damit sie gegen ihre Männer zeugten. Wenn all das scheiterte, wurden sie gefoltert, damit sie gegen sich selbst aussagten, und wenn der Schmerz gesiegt hatte, wurde ihnen Eigentum zugeschrieben, das sie gar nicht hatten. Nicht das Alter, nicht die Gesundheit taugte zur Entschuldigung: Die Kranken und Invaliden wurden herbeigebracht, das Alter eines jeden wurde geschätzt, den kleinen Kindern schlug man Jahre zu, den Greisen zog man sie ab. Alles war voller Klagen und Trauer.[3]

Wie bei aller guten Demagogie sind die Fakten im großen Ganzen richtig, aber ins Negative und ins Allgemeine vergröbert. So gab es gewöhnlich keine Folter, bei Täuschungsversuchen aber durchaus, und überhaupt war ein gewisses Maß an Willkür üblich. Was Laktanz empörte, war Diokletians Versuch, das Aufkommen durch eine Neufestsetzung und Verbreiterung der Steuergrundlage zu erhöhen. Die wichtigste direkte Steuer, die Grundsteuer, wurde nicht mehr nur nach der Größe des Bodeneigentums, sondern auch nach der Zahl der zur Verfügung stehenden Arbeitskräfte (samt Vieh!) erhoben. Diese Kombination erhöhte nicht automatisch die Steuern. Sie scheint sogar, da bei der Berechnung der Arbeitskräfte auch deren Leistungsfähigkeit berücksichtigt wurde, zur Steuergerech-

2. Diokletian, die Tetrarchie und die Christen (284–305)

tigkeit beigetragen zu haben. Aber natürlich mußten die Familienverhältnisse exakter als bisher festgestellt werden («Kopf für Kopf»), und dieser genaue Zensus ließ es manchmal so aussehen, als ob Römer wie Besiegte nach Kriegsrecht behandelt würden. Alle fünf, später alle 15 Jahre wurde der Zensus wiederholt und die Steuerpflicht neu festgesetzt. Dieser Akt, genannt *indictio*, gewann bald derartige Bedeutung, daß während der Spätantike die Jahre in Fünfzehnereinheiten gezählt wurden und diese auch außerhalb fiskalischer Zusammenhänge weitverbreitete Spanne *indictio* genannt wurde (zum Beispiel ‹im zweiten Jahr der siebten Indiktion›). Antike Wirtschaftspolitik war vor allem Steuerpolitik.

Diokletians Reformen blieben teilweise über Jahrhunderte in Kraft. Das stellt ihnen nicht das schlechteste Zeugnis aus. Der Kaiser scheint über so ziemlich alle Bereiche der staatlichen Aktivität nachgedacht zu haben und das dann als richtig Erkannte entschlossen, aber doch behutsam eingeführt zu haben. Auch die Steuerreform wurde sukzessive durchgeführt und nahm Rücksicht auf regionale Traditionen. Persönliche Habsucht scheint Diokletian, wider Laktanz' Unterstellung, dabei nie getrieben zu haben. Freilich, deswegen war noch nicht alles als richtig Erkannte tatsächlich richtig. Ein Beispiel: Die Münzreform hatte ein Problem nicht gelöst, gar nicht lösen können, nämlich die Wertrelation der verwendeten Münzmetalle. Der ‹Kurs› zwischen Gold-, Silber- und Kupfermünzen schwankte. Diokletian suchte dies 301 zu beenden, indem er den Wert der Münzen zueinander festschrieb. So weit, so gut. Bei der Gelegenheit erhöhte der Kaiser aber den Wert von Silber auf das Doppelte, wahrscheinlich um den Wert der staatlichen Silberreserven zu erhöhen. Diese Erhöhung wäre zweifellos eine nominelle geblieben, da sich binnen kürzester Zeit auch die Preise verdoppelt hätten, die Kaufkraft wäre also die gleiche geblieben. Um das zu verhindern, griff Diokletian zu einer weiteren ökonomischen Steuerungsmaßnahme, dem sogenannten Höchstpreisedikt aus demselben Jahr.

Wie der Name schon sagt, wurden in diesem Erlaß Maximalpreise für alle denkbaren Waren und Dienstleistungen festgesetzt. So kostete ein halber Liter guten italischen Weins 30 Denare,

Landwein aber nur acht. Ein Tagelöhner auf dem Land bekam 25 Denare pro Tag inklusive Verpflegung, ein Maurer 50, ein Anstreicher 75, ein professioneller Maler 150. Tierärzte wurden pro Tier bezahlt, Friseure pro Kunden, Bademeister pro Badenden, ein Schreiber nach Zeilen, ein Lehrer nach Schüler und Monat, ein Anwalt nach Prozessen. Man findet in den Listen Preise für Transport, für Kleidung, Stoffe, Hölzer, Barrengold, Pflanzen, Gewürze – und für Menschen. Ein Sklave zwischen 16 und 40 Jahren war 30 000 Denare wert, eine Sklavin 25 000. Ältere Sklaven und Kinder kosteten weniger. Ein Kind unter acht Jahren brachte 15 000 Denare ein, eine Frau über 60 nur noch 10 000. Aber ein Militärpferd kostete 36 000 Denare, ein Löwe 150 000.

Das Edikt nennt nicht alle möglichen Dienstleistungen und Güter – Luxuswaren fehlen weitgehend –, aber offensichtlich wichtige und zentrale. Es ist verlockend, sich die Relationen anzusehen und Überlegungen zur Kaufkraft anzustellen: Ein Tagelöhner konnte sich für sechs Tage Arbeit zweieinhalb Liter guten Weins leisten. Um einen männlichen Sklaven besten Alters zu kaufen, mußte ein Anwalt 30 Prozesse führen, ein Tierarzt sich um 5000 Tiere kümmern und ein Schafscherer 15 000 Schafe scheren. Aber Vorsicht ist geboten: Es handelte sich um Maximalzahlen, keine festgeschriebenen Preise, sonst hätte Diokletian unter Umständen Preiserhöhungen erzwungen, was er ja eben nicht wollte. Wir wissen letztlich nur wenig darüber, wie die Realpreise gestaltet waren, nicht in absoluten Zahlen und schon gar nicht in den Relationen, von Schwankungen zwischen den Regionen ganz zu schweigen.

Diokletian begründete das Edikt im ersten Teil mit einer weitschweifigen Litanei gegen Kaufleute und stilisierte sich als Vorkämpfer gegen Wucher und Habsucht. Nach seiner Meinung waren die Händler von reiner Bösartigkeit motiviert. Ein solches Polemisieren gegen Wirtschaft und Gelderwerb gab es zu allen Zeiten, auch im Europa der Gegenwart ist es populär. Doch Diokletians Aufregung war auch spezifisch antik, denn seine Motivanalyse war typisch für die moralische Argumentationsweise des Altertums. Sie kannte keine berechtigten Interessen, die auch einmal miteinander kollidieren konnten, sondern nur gutes und böses

Handeln. Das jeweils andere Interesse mußte somit sittlich verfehlt sein. So wie Laktanz über Diokletian urteilte, so polemisierte Diokletian gegen die Kaufleute. In dieser Schwarzweißwelt konnte der Händler nicht Geld verdienen wollen, um seiner Familie und sich ein schöneres Leben zu verschaffen, er mußte aus niederen Beweggründen handeln.

Der Kaiser nannte noch ein anderes, sehr realpolitisches Motiv, das wiederum auf die Bedeutung des Militärs weist: Die Soldaten sollten vor Preissteigerungen geschützt werden. Sie besaßen gewöhnlich weniger Sachwerte als Barvermögen – Sold, kaiserliche Zuwendungen, Erlös für Beute. Deshalb trafen sie plötzliche Preiserhöhungen besonders. Wenn ein marschierendes Heer in eine Stadt kam, stieg die Nachfrage wegen der Vielzahl der Neuankömmlinge ohnehin, die Preise zogen an. Dieser Effekt wurde durch die Neubewertung des Silbers noch verstärkt. Dieser Unzufriedenheit der Soldaten, die ja in eine Usurpation münden konnte, suchte Diokletian durch sein Höchstpreisedikt vorzubeugen.

Der Erlaß wurde im gesamten Reich gründlich bekanntgemacht. Bei Nichtbeachtung, Preisabsprachen oder dem Entzug von Waren vom Markt drohte die Todesstrafe. Dennoch war das Gesetz ein Fehlschlag. Die Waren verschwanden aus den Auslagen, und es kam erst recht zu einer Teuerung. Einige Hinrichtungen änderten daran nichts. Das Höchstpreisedikt wurde wahrscheinlich nicht aufgehoben – das hätte einen erheblichen Gesichtsverlust bedeutet –, aber es wurde bald nicht mehr beachtet, und der Staat tolerierte dies nach ersten Erzwingungsversuchen auch. Der Ausgang überrascht nicht: Es handelte sich um einen gigantischen Versuch in Planwirtschaft, den erst der moderne Staat durchführen konnte, und auch dann nicht erfolgreich. Dem antiken Staat fehlten aber die Erzwingungsmittel, die Polizei, die Soldaten, der Informationsfluß, um ihn auch nur ansatzweise flächendeckend durchzusetzen. Diese in ihrer Geschlossenheit eindrucksvolle Reform scheiterte an ihrer Überregulierung. Diokletian hatte auch hier einen Blick für das Wesentliche, aber er verfehlte das unter Menschen Machbare.

Seine größte Reform aber war die Schaffung eines neuen Kaisertums. Die Erweiterung um die zwei Caesaren bewährte sich im politischen Tagesgeschäft. Constantius kümmerte sich um Gallien und Britannien und gab Maximian mehr Zeit für die übrigen Regionen des Westens (Italien, Africa und Spanien), Galerius entlastete Diokletian im Osten und auf dem Balkan. Wie der Perserkrieg und die Vernichtung des britannischen Sonderreiches zeigten, konnten Augustus und Caesar auch effektiv zusammenwirken. Zwar hatte jeder Tetrarch seine geographischen Schwerpunkte, aber nie im Sinne abgetrennter Regierungsbereiche, so wie es auch kein Gebiet der Jovier im Osten und eins der Herculier im Westen gab. Nach wie vor existierte nur ein Römisches Reich.

Seit der Ernennung der Caesaren gab es auch konventionelle Verwandtschaftsverbindungen, sogar im Übermaß: Constantius und Galerius waren beide gleichzeitig Schwieger- und Adoptivsöhne von Maximian bzw. Diokletian, Galerius mußte sich dafür von seiner ersten Frau scheiden lassen. Das bedeutet, daß beide Adoptivbrüder ihrer Ehefrauen waren, aber diese Dynastie war ohnehin eine ‹Familie› mit besonderen Merkmalen. Nur die Tetrarchen wurden öffentlich inszeniert, Ehefrauen und sonstige Verwandte, insbesondere Maximians Sohn Maxentius, blieben ausgeschlossen, sie tauchten weder auf Münzen noch in Inschriften auf. Die Heiratsverbindungen waren nach der Selbstdarstellung höchstens zusätzlicher Kitt, vergrößern konnte sich die Familie nur durch Adoption neuer Caesaren – zum ersten Mal in der römischen Geschichte gab es ein wirkliches Adoptivkaisertum.

Die ‹Familie› bestand aus zwei Linien, den Joviern mit Diokletian und Galerius sowie den Herculiern mit Maximian und Constantius. Beide Zweige leiteten sich gleichermaßen von Jupiter her. Die Jovier hatten höchstens einen Ehrenvorrang inne, der aber nur schwer von der faktisch überlegenen Autorität Diokletians zu trennen war. Andererseits wurde der Herculier Constantius in offiziellen Texten vor dem Jovier Galerius genannt. Die Caesaren besaßen die meisten Kompetenzen der Augusti, insbesondere das Recht zur selbständigen Kriegführung und Gesetzgebung. Sie waren keine Helfer, sondern nachgeordnete Herrscher. Nur bestimmte Ehrennamen fehlten ihnen, sie durften nicht den Titel Imperator führen, und ihnen wurde keine *aeternitas* zugestanden, sondern nur *perpe-*

tuitas (beides heißt Ewigkeit, aber *aeternitas* hat einen religiösen Anklang – dazu gleich mehr). Am wichtigsten aber war: Die Caesaren waren von Anfang an die designierten Nachfolger ihrer Augusti.

Nach außen hin wurde, trotz der Teilung in Jovier und Herculier bzw. Augusti und Caesaren, die Einheit und auch die Einheitlichkeit der Herrscher betont. Der Sieg des einen war der Sieg aller, bei den Caesaren wurden die Tage des Herrschaftsantritts angeglichen, bei den Augusti die Zählung der Regierungsjahre: Maximian feierte seine Erhebung für dasselbe Jahr wie Diokletian, obwohl er ein Jahr später Caesar und eineinhalb Jahre später Augustus geworden war. Auch in bildender Kunst, Panegyrik und Münzprägung wurden die Vierherrscher als Einheit gefeiert. Noch heute kann man das auf dem zwischen 300 und 305 errichteten Galeriusbogen in Thessaloniki sehen. Er galt dem Sieg über die Perser und vielleicht auch dem in Britannien (die Hälfte des Monuments ist verloren). Die Darstellung der Kämpfe beschließt ein Relief, das alle Tetrarchen symbolisch versammelt. Die Taten sind ihr gemeinsamer Sieg. Die Augusti sitzen in der Mitte, thronend auf der Himmelskugel (der linke, Diokletian, trug ursprünglich zur weiteren Hervorhebung einen langen Stab), die Caesaren – wer Galerius, wer Constantius ist, läßt sich nicht sagen und soll wohl auch gar nicht gesagt werden können – stehen neben ihnen und strecken ihre Hände helfend zu knienden, unterworfenen Frauengestalten aus, vielleicht Mesopotamia und Britannia. Ganz rechts ruht die Personifikation der fruchtbaren Erde, ganz links die Meeresgötter. Die gesamte Welt ist den Vierherrschern untertan.

In den Bereich der Heraushebung der Tetrarchie gehört auch die Verschärfung des Hofzeremoniells. Diokletian war nicht derjenige, der die freien Umgangsformen des Prinzipats zugunsten ausländischer, persischer Knechtssitten abschaffte, wie ihm manche Quellen vorwerfen. Die Forschung hat längst gesehen, daß die Distanzierung des Herrschers im Grunde schon mit Augustus begann. Die Tetrarchie bezeichnete nur eine Station in diesem Prozeß, aber, wie wiederum Kolb gezeigt hat, eine sehr wichtige: Diokletian systematisierte und vereinheitlichte, was ihm ohnehin lag, und er

Das Tetrarchenrelief auf dem Galeriusbogen in Thessaloniki

schrieb vor, was früher freiwillig oder nur im Ausnahmefall geleistet worden war, etwa den Kniefall vor dem Kaiser bei der Begrüßung und den Kuß seines Gewands in Brusthöhe. Das aber war keine Zumutung, es stellte ein Privileg dar, das nur die Spitze der Eliten innehatte. Niedere Ränge mußten sich mit einem Kniefall ohne Berührung zufriedengeben. Der Kaiser trug prächtig geschmückte Gewänder, Purpur war jetzt *die* Kaiserfarbe. Alles, was mit dem Kaiser zu tun hatte, wurde als heilig *(sacer)* bezeichnet, der Brief genauso wie das Schlafzimmer. Der Thronsaal war durch Vorhänge verhüllt, um den Kaiser herrschte erhabene Stille, alles, was er anfaßte, durften die Diener nur mit verhüllten Händen berühren. Man darf sich das Ganze nicht zu exaltiert vorstellen, schon deswegen, weil es viele verschiedene Residenzen gab. Alle Ressourcen auf den Ausbau einer einzigen Stadt zu konzentrieren war nicht sinnvoll. Die Paläste waren daher kein Versailles, sondern ähnelten in der Prunkentfaltung eher einem hochmittelalterlichen Hof.

Warum verwendete Diokletian so viel Mühe auf die Schaffung und Heraushebung der Tetrarchie? Ein Mehrkaisertum wäre zweifellos einfacher zu haben gewesen. So aber gelang es ihm, das politische System nicht nur durch militärische Erfolge, sondern auch durch eine Überhöhung des Kaisertums zu stabilisieren. Die Tetrarchen bildeten eine besondere Familie, die aus den üblichen sozialen Zusammenhängen gelöst war. Sie waren der menschlichen Einwirkung, insbesondere derjenigen der Soldaten, wenigstens der Idee nach entzogen. Usurpation wirkte in dieser Perspektive wie ein Sakrileg. Für die Transzendierung, das heißt die Einbettung des Kaisertums in außerweltliche Begründungszusammenhänge, war die Nähe zu den Göttern entscheidend. Das tetrarchische Konzept war sakral aufgeladen, schon durch die Beinamen: Die Kaiser waren zwar nicht Götter, aber gottähnlich. Das hatten schon frühere Herrscher, etwa Aurelian, behauptet. Die Tetrarchen aber nahmen für sich in Anspruch, der Fähigkeiten der führenden Götter Jupiter und Hercules teilhaftig zu sein, und zwar schon von Geburt an. Der Herrschaftsantritt verlieh ihnen diese Fähigkeiten nicht, er enthüllte sie nur. Die Jovier und Herculier sahen sich als Söhne der Götter, als ewig, gottgezeugt und Schöpfer von Göttern (den Nachfolgern). Wie weit dieser Anspruch gehen konnte, zeigt wiederum der Galeriusbogen. Die Gestalten zu beiden Seiten der Tetrarchen stellen zum Teil Verkörperungen von Eigenschaften dar (Virtus und Fortuna), zumeist aber hohe und höchste Götter. So finden sich links von den Tetrarchen Sarapis und Isis, rechts Jupiter und Mars. Sie alle stehen, während die Augusti sitzen, Jupiter ist von dem neben ihm stehenden (rechten) Caesar sogar verdeckt! Die Kaiser sind nicht nur in göttliche Sphären enthoben, sie stehen selbst dort im Mittelpunkt.

Diese Selbststilisierung ging über traditionelle pagane Normen hinaus – um so mehr mußte sie sich mit den Vorstellungen einer anderen Religionsgemeinschaft reiben, die nur einen einzigen Gott akzeptierte: das Christentum. Die ursprünglich jüdische Sekte hatte sich bis ins dritte Jahrhundert längst über den gesamten Mittelmeerraum ausgebreitet, insbesondere im griechischen Osten hatte sie gut Fuß gefaßt, mit Zentren in Kleinasien, Syrien und Palaestina. Der Westen war schwächer christianisiert, zu nennen ist neben Rom vor allem die Provinz Africa (s. Karte S. 64). Überall aber waren die Christen in der Minderzahl. Die Gemeinden wurden von Bischöfen geführt, zusammen mit Priestern und Diakonen: Es gab also bereits einen eigenen Priesterstand, der aus Aufwendungen der Gemeinde versorgt wurde. Die Gemeinde wählte ihren Bischof. Die Gemeinden einer Region oder einer Provinz standen in beständiger Verbindung miteinander – was durchreisenden Christen die Quartierssuche erleichterte –, es gab jedoch keine Hierarchisierung der Gemeinden untereinander, auch wenn Bischofssitze wie Jerusalem, Antiocheia, Alexandreia und Rom dank der apostolischen Tradition über größeres Prestige und höhere Ressourcen verfügten. Statt dessen koordinierten sich die Christen in ad hoc einberufenen regionalen Treffen, in sogenannten Synoden (griechisch für Zusammenkunft). Dort versuchten die Bischöfe organisatorische und theologische Streitigkeiten zu schlichten, wenn auch nicht immer erfolgreich – über Erzwingungsmacht verfügten die Synoden nicht.

Das Christentum wurde vor allem in der eigenen Stadt, in der eigenen Gemeinde gelebt. Die Gläubigen unterstützten sich gegenseitig, die Reichen gaben den Armen Almosen. Ein solcher Habitus war, da er auf die moralische Norm der Barmherzigkeit zurückging, durchaus etwas Neues gegenüber dem sozialen Engagement, das wohlhabende Individuen seit jeher für ihr Gemeinwesen gezeigt hatten. Dieses war nämlich etwas Besonderes, für das der Spender öffentliche Anerkennung erwarten durfte, und es galt keineswegs nur den Bedürftigen. Die solidarische Praxis der Christen ging teilweise über die eigene Gemeinde hinaus (‹Feindesliebe›), und das sorgte für Verblüffung und Interesse auch bei den Heiden. Das Christentum wurde attraktiv, die Gemeinden wuchsen besonders während der Soldatenkaiserzeit, als die Katastrophen und politischen Umwälzungen die Menschen nach einer starken Gemeinschaft suchen ließen.

Freilich war das Christentum von Anfang an eine problematische Religion für das Reich gewesen. Die griechisch-römische Religion und ihre Rituale waren in erster Linie keine persönliche Glaubenssache. Sie waren untrennbar verbunden mit den öffentlichen Handlungen der Gemeinschaft und vergewisserten diese ihres Zusammenhalts und ihrer Identität. Eine monotheistische Religion, die Kulthandlungen für andere Götter als den eigenen und einzigen für einen Frevel hielt und deren Anhänger sich deswegen nicht daran beteiligen wollten, stand im schroffen Gegensatz zum alltäglichen Leben antiker Gemeinwesen. Die christliche Religion war nie erlaubt gewesen, wurde jedoch bis auf wenige Ausnahmen auch nicht regelrecht verfolgt. Wer sein Christentum im stillen praktizierte, den Amtsträgern auswich und alle Zusammenhänge mied, in denen der Kaiserkult und andere heidnische Kulte ausgeübt wurden, blieb unbehelligt – dies war die positive Seite einer Religionsauffassung, welche die öffentliche, gemeinschaftliche Betätigung höherschätzte als die individuelle Überzeugung. Freilich, ihre mangelnde Integrationswilligkeit machte die Christen nicht gerade beliebter, seit ihren Anfängen mußten sie sich der Gerüchte erwehren, die von Orgien und Verbrechen raunten.

Bis zur Mitte des dritten Jahrhunderts waren die Christen gerade im Osten so zahlreich geworden, daß man sie als relevante Gruppe und als Veränderung gegenüber früher wahrnahm. Während die einen zu Christus fanden, fragten sich die anderen, was man eigentlich falsch gemacht hatte und warum die meist glorreiche, jedenfalls aber geruhsamere Vergangenheit unwiederbringlich verloren zu sein schien. Ein solcher Gedankengang führte schnell zu den Christen: Nach römischer Vorstellung ruhte das Gedeihen des Reiches auf dem Einklang mit den Göttern, der durch korrekte und regelmäßige Kultausübung hergestellt und erhalten wurde. Da lag der Schluß nahe, daß das Defizit der Gegenwart mit unzureichender Pflege der traditionellen Kulte zu tun habe, und damit war eine Stoßrichtung gegen die Christen angelegt.

Zweimal ging der Staat in jenen Jahren massiv gegen die Christen vor. Der Kaiser Decius befahl 249 allen Reichsbewohnern, den Göttern zu opfern. Wer sich weigerte, sollte hingerichtet werden. Decius wollte das Reich und die eigene Herrschaft stabilisieren, indem er die Götter besänftigte. Daß er dafür Zwang anwandte, war nach der paganen Logik nicht widersinnig, denn es kam ja nicht darauf an, wie der einzelne im Inneren zum Göttlichen stand, solange er nur die Riten korrekt vollzog. Der Opferbefehl zielte nicht direkt auf die Christen, aber es waren besonders Christen, die sich widersetzten. Abhängig von der Härte der zuständigen Statthalter, wurden einige festgenommen und mehr oder weniger erfolgreich unter Druck gesetzt, andere ließ man laufen, wieder andere wurden hingerichtet. Von da an wurde das Märtyrertum allmählich zum Maßstab für vollendetes Christentum. Weit mehr Christen aber befolgten den Opferbefehl schlicht, und so stellte sich bald auch die Frage, wie man mit den *lapsi* umgehen sollte, den Gefallenen, die sich dem Druck gebeugt hatten und dann doch wieder Teil der Kirche sein wollten.

Kaiser Valerian erließ 257 und 258 zwei Edikte, nun ausdrücklich gegen die Christen. Gottesdienste und der Besuch von Friedhöfen wurden untersagt, den Priestern drohte, falls sie das Opfer für die Staatsgötter verweigerten, zunächst die Verbannung, nach dem zweiten Erlaß der Tod. Der Schlag galt also zunächst nicht den Laien oder dem Christsein an sich, sondern der Institution Kirche: Das Führungspersonal wurde gezielt verfolgt, Kommunikation und Koordination wurden unterbunden. Im zweiten Edikt legte Valerian dann aber fest, daß alle Senatoren und Ritter, die sich als Christen erwiesen, Stand und Vermögen verlieren sollten; beharrten sie, erlitten sie den Tod. Offenbar war das Christentum schon so weit in die Führungsschichten des Reiches eingedrungen, daß man glaubte, sich seiner mit drastischen Maßnahmen entledigen zu müssen.

Vergeblich. Viele Christen starben, eine Reihe von Bischöfen wurde hingerichtet. Doch war das kein Zeichen der Niederlage, sondern der Behauptung. Nach der neuen Martyriumsideologie kamen die Toten der Gnade Gottes besonders nahe, durch ihr Sterben festigten sie ihre Gemeinden oft stärker im Glauben, als sie es im Leben vermocht hatten. Es gelang dem Staat nicht mehr, das Christentum zurückzudrängen, und so beendete Valerians Sohn Gallienus 260 die Verfolgungen und gestattete den Christen die Ausübung ihrer Religion. Die Inhaftierten wurden freigelassen, die Vermögen vielleicht restituiert.

Über die nächsten Jahrzehnte blieben die Christen im wesentlichen unbehelligt, die Gemeinden wuchsen, die Strukturen kräftigten sich. Daß die Mehrheitsgesellschaft aber keineswegs ihren Frieden mit dieser Religion gemacht hatte, zeigt die prekäre Rolle der Christen im Heer. Christen verweigerten nicht grundsätzlich den Militärdienst, sie akzeptierten die bestehende soziopolitische Ordnung. Doch auch hier wurde das Opfer zum Knackpunkt. In den Legionen war die kultische Verehrung des Kaisers üblich, und da es immer mehr christliche Soldaten gab, verweigerten sich auch immer mehr dieser Pflicht. Wir wissen von Wünschen, den Dienst zu quittieren oder ihn, im Fall von Rekruten, gar nicht aufzunehmen. Es handelte sich jedoch um Einzelfälle, es entstand keine

Massenbewegung, welche die militärische Schlagkraft des Reiches bedrohte. Tatsächlich war der Auslöser für die große Christenverfolgung unter Diokletian ein anderer.

Diokletian brachte in seiner bevorzugten Residenzstadt Nikomedeia ein Opfer dar und befragte die Götter über die Zukunft. Einige der Höflinge, die beim Opfer helfen mußten, bekreuzigten sich heimlich, und da diese Geste die Götter oder, in christlicher Sichtweise, die Dämonen vertrieb, scheiterte die Eingeweideschau – nicht einmal, sondern gleich mehrmals. Schließlich kamen die Opferschauer darauf, daß die Anwesenheit von Frevlern die heiligen Handlungen beeinträchtige. Daraufhin befahl Diokletian den üblichen Bekenntnistest: Die Helfer mußten opfern, und darüber hinaus alle Angehörigen des Hofes und der Armee. Wer sich weigerte, erlitt die Prügelstrafe oder wurde aus der Armee ausgestoßen. Dieses Vorgehen war noch maßvoll und scheint sich auch gar nicht ausdrücklich gegen die Christen gerichtet zu haben. Doch nach längerer Beratung mit Galerius und hohen Amtsträgern, unter Hinzuziehung eines Orakelspruchs Apollons – «er antwortete, wie von einem Feind der göttlichen Religion zu erwarten»[4] –, wurde am 24. Februar 303 ein Edikt verkündet, das auf die Vernichtung des Christentums zielte.

Der tiefere Grund für dieses Vorgehen ist klar: Das weitgehende Ineinanderfallen des Religiösen und des Politischen in der tetrarchischen Ideologie machte das Christentum notwendig zu einem politischen Bekenntnis. Für Jovier und Herculier mußte Jesus ein Konkurrent sein, nicht nur in einem religiösen Sinn, sondern auch in dem der politischen Loyalität. Darüber hinaus war Diokletian sicher auch persönlich von der Notwendigkeit überzeugt, die alte Religion zu bewahren. Erklärungsbedürftig wird vor diesem Hintergrund aber, warum der Kaiser erst so spät, nach fast zwanzig Jahren Regierung, die Christen verfolgte. Die tetrarchische Ideologie war längst ausgebildet. Der einzige für die Genese des Edikts verwertbare Bericht ist problematisch, denn er stammt wieder von Laktanz. Der war nicht nur ein Meister der lateinischen Sprache, sondern auch Christ. Schon der Titel *Die Todesarten der Verfolger* macht deutlich, daß dieses Werk keine ausgewogene Darstellung gibt. Exakt so, wie Laktanz es schildert, kann das Opfer nicht gescheitert sein. Überdeutlich ist die narrative Funktion, die Überlegenheit des Christengotts gegenüber den Dämonen zu erweisen. Laktanz war damals aber Rhetoriklehrer in Nikomedeia, von Diokletian selbst berufen. Wir wissen nicht, wann Laktanz zum Christentum übertrat und ob er im Zuge der beginnenden Verfolgung sein Amt niederlegte – später hielt er sich bei Konstantin im Westen auf –, jedenfalls dürfte er 303 in Nikomedeia gelebt haben. Sein Bericht zeugt von guter Kenntnis der Vorgänge bei Hof, wohl aus erster Hand, und ist trotz seiner Parteilichkeit im Hergang einigermaßen plausibel: Es kann durchaus beim Opfer zu einem Zwischenfall gekommen sein, der ein schlechtes Licht auf die Christen warf. Diokletian wurde klar, daß sich die bislang von ihm ignorierten Jesusanhänger schon in seiner persönlichen Umgebung befanden. Diese unmittelbare Erfahrung der Ausbreitung des Christentums war es dann, die aus dem latenten Unbehagen entschlossene Tat werden ließ.

Kern des Edikts war natürlich wieder der Opferzwang, doch diesmal betraf er alle Christen, und auf die fortgesetzte Verweigerung stand der Tod. Valerian hatte sich seinerzeit nur gegen Funktionsträger und Christen in den Eliten gewandt, einfache Christen waren nicht behelligt worden. Nun aber wurde Christsein zum Kapitalverbrechen erklärt. Weiterhin sah das Edikt vor, die Kirchen und Versammlungsgebäude niederzureißen und die heiligen Schriften zu verbrennen. Die Infrastruktur sollte vernichtet, die Religion im Kern getroffen werden.

Die Verfolgung begann mit dem Abriß der Kirche in Nikomedeia, dem Diokletian und Galerius angeblich vom Palast aus zusahen. Eine Atmosphäre von Hysterie und Verdacht herrschte, zwei kleine Feuer im Palast wurden den Christen zugeschoben. Allgemeine Aussagen über die Durchführung im Reich sind angesichts des weitgehenden Schweigens der paganen Quellen schwierig, aber schon die Breite der christlichen Überlieferung zeigt, als wie schlimm die Verfolgung empfunden wurde. Es handelte sich zweifellos um die schwerste Krise der Kirche seit ihrer Begründung. Mit der Zeit und mit anhaltendem Widerstand wuchs die

Härte der Verfolgung. Am brutalsten griffen die Behörden im Osten des Reiches und in Italien durch – dort lebten die meisten Christen. Im dünn christianisierten Nordwesten mit Gallien, Germanien und Britannien gab es nur wenig zu verfolgen. Von Laktanz und Eusebios von Kaisareia, dem Verfasser der ersten *Kirchengeschichte*, wurde das, wohl zu Unrecht, so gedeutet, daß der zuständige Tetrarch Constantius (der Vater Konstantins!) absichtlich Milde walten ließ. Ansonsten aber galt: «Gequält wurde die gesamte Erde, mit Ausnahme von Gallien wüteten die drei Tiere von Ost bis West auf das grausamste.»[5]

Die Verfolgung wurde über die Abdankung Diokletians und Maximians 305 hinaus fortgesetzt, deshalb war für Laktanz Galerius der eigentliche Christenverfolger. Im Westen wurde sie später faktisch eingestellt (dazu unten mehr), im Osten aber unvermindert weiterbetrieben, bis sie im April 311 durch ein gemeinsames Edikt der Kaiser beendet wurde, das von Galerius, dem damals ältesten Augustus, formuliert worden war. Noch einmal wurden scharfe Vorwürfe gegen die Christen erhoben, gegen ihre Torheit, gegen ihr Abweichen von den Einrichtungen der Vorfahren, gegen ihre Bildung einer Sondergemeinschaft, kurz: ihre Abkehr vom Roman Way of Life und von der Gemeinschaft des Imperiums. Galerius mußte aber eingestehen, daß die meisten Christen trotz der vielen Bestrafungen in ihrer Renitenz verharrten. Die kaiserliche Milde – so die jähe rhetorische Kehrtwende – gebiete nun Verzeihung, die Verfolgten dürften wieder Christen sein und sich Versammlungsstätten einrichten, vorausgesetzt, sie verstießen nicht gegen die öffentliche Ordnung. Am Schluß äußerte Galerius die Erwartung, daß die Christen «zu ihrem Gott beten für unser Heil, das des Staates und ihr eigenes, damit der Staat in jeder Hinsicht unbeschadet bleibe und sie sicher an ihren Wohnsitzen leben können».[6] Wenn diese letzte Wendung auch eine gewisse Drohung enthält, bot Galerius hier doch einen echten Kompromiß an: Die Christen mußten den Kaiser nicht verehren, sie sollten zu ihrem Gott für den Kaiser beten. Galerius eröffnete damit die Chance, nach jahrelanger Verfolgung zu einem Ausgleich zwischen heidnischem Staat und christlicher Kirche zu kommen. Ob diese Möglichkeit erfolgsträchtig gewesen wäre, ist angesichts der Polarisierung durch die Verfolgungen unklar, jedenfalls wurde sie nicht genutzt. Statt dessen wurde der Staat bald selbst christlich.

So scheiterte die letzte und brutalste Unterdrückung der Christen. Diokletian und Galerius hatten, wahrscheinlich aus Unkenntnis, die Widerstandskraft des Gegners unterschätzt. Dank ihrer Jenseitsorientierung und ihrer Hochschätzung des Martyriums begriffen die Christen die Verfolgung als Prüfung im Glauben, die von vielen fast gesucht wurde. Jedenfalls gab es Märtyrer und Bekenner (Glaubenszeugen, die überlebt hatten) in großer Zahl. Die Christen hatten eine kritische Masse erreicht, trotz des Abfalls vieler konnten die Gemeinden nicht mehr zerschlagen werden. Ein Erfolg wäre nur durch die physische Vernichtung der Christen möglich gewesen. Ein solcher Massenmord war aber ausgeschlossen: nicht weil er undenkbar war (leider nicht!), sondern weil der vormodernen Obrigkeit die Mittel zu einer flächendeckenden Aufspürung und Bestrafung der Christen fehlten. Zudem waren die Christen keine leicht erkennbare Bevölkerungsgruppe und sahen nicht schon äußerlich anders aus, was die Suche schwierig machte. Das Christentum behauptete sich insgesamt glänzend, die Gemeinden wurden durch die Prüfung in ihrem Zusammenhalt noch gestärkt.

Diokletian lebte noch, als Galerius die Verfolgung einstellte. Er kann die Maßnahme nur als Niederlage empfunden haben. Was er noch nicht wußte, war, daß er in die Erinnerung der Nachwelt vor allem als übler Christenverfolger eingehen würde. Sein Ruf war nach dem Sieg des Christentums ruiniert, ein zweiter Diokletian zu sein war der schlimmste Vorwurf, den man einem Kaiser machen konnte. Das blieb so, solange das Christentum die dominierende kulturprägende Kraft war, also bis ins 18. Jahrhundert hinein. Erst seitdem sind abwägendere Urteile möglich. Die brutale Verfolgung kann man Diokletian aber aus der humanitäreren Perspektive des heutigen Westens immer noch leicht vorwerfen. Doch nach dem modernen Maßstab müßten die meisten Protagonisten der Antike verdammt werden. Diokletian hatte die Christenverfolgungen nicht erfunden, und die Christen selbst gingen nach ihrem endgültigen Triumph mit den Andersgläubigen nicht glimpflicher um. Nur Akribie und Kompromißlosigkeit heben diese Verfolgung heraus, Merkmale, die auch andere Reformen Diokletians tragen und somit beweisen, daß es sich um eine echt Diokletianische Maßnahme handelte und nicht um ein Projekt Galerius'. Schwerer wiegt für das historische Urteil das Scheitern. Diokletian wirkt wie ein Ewiggestriger, der die Zeichen der Zeit nicht erkannte. Tatsächlich überschätzte er die Möglichkeiten der staatlichen Lenkung, ein Fehler, der auch das Höchstpreisedikt belastete. Daß aber das Christentum bald zur dominierenden, ja zur Staatsreligion werden sollte, konnte Diokletian 303 nicht wissen, so wenig wie jeder andere Römer.

Diokletian selbst dürfte das Scheitern der Christenverfolgung noch 311 als kleineren Makel auf seiner Herrschaftsbilanz gewertet haben. Viel mehr wird ihn die Auflösung seines Regierungssystems, der Tetrarchie, umgetrieben haben. Um diesen rasanten Prozeß richtig einordnen zu können, muß ich am Ende von Diokletians aktiver Zeit ansetzen, im Jahr 305. Am 1. Mai verzichteten Maximian in Mediolanum und Diokletian in Nikomedeia auf die Kaiserwürde, jeweils vor dem Heer. Sie hielten eine Abdankungsrede und erhoben Constantius bzw. Galerius zum Augustus, Severus bzw. Maximinus Daia zum Caesar. Maximian und Diokletian warfen dem jeweiligen neuen Caesar ihren eigenen Purpurmantel um, verließen das Heer und zogen sich aus der Politik zurück. In Zukunft firmierten sie als *seniores Augusti*, Maximian in Rom, Diokletian auf seinem Alterssitz in Spalatum (Split). Severus und Daia, der Neffe Galerius', stammten beide aus Illyrien, waren von einfacher Herkunft und zuletzt hohe Offiziere. Die bisherigen Auswahlkriterien für Kaiser blieben also gewahrt.

Warum dankte Diokletian ab? Freiwilliger Machtverzicht ist in der Politik eine Seltenheit, in der Demokratie nicht anders als in der Autokratie. Der letzte römische Herrscher, der aus freien Stücken auf die Macht verzichtet hatte, war Sulla gewesen, vor fast 400 Jahren. Schon Maximian hatte anders gewollt als Diokletian. Nur unter dessen Druck dankte er ab, und er sollte auf die politische Bühne zurückkehren, sobald sich die Gelegenheit dazu bot.

Antike wie Neuzeit rätselten über Diokletians Motive. Es war kaum Verzweiflung über die erfolglose Christenverfolgung, die den Kaiser resignieren ließ – die Verfolgung war noch in vollem Gange –, auch nicht Schwäche nach einer langen Krankheit oder Kapitulation vor dem zur Macht strebenden Galerius: Diokletian lebte noch viele Jahre, und gegenüber Galerius brachte er seine Autorität vor und nach (!) der Abdankung mühelos zur Geltung. Wiederum hat Kolb, gestützt auf einige zeitgenössische Hinweise, die überzeugendste Erklärung vorgeschlagen. Er hat auf die Baugeschichte von Diokletians Alterssitz in Spalatum verwiesen. Der riesige Palast, der heute noch die Altstadt von Split beherrscht, wurde spätestens ab 300 errichtet, war also schon damals als kaiserliche Residenz vorgesehen. Da er aber fernab der großen Heeresstraßen lag, war er für einen aktiven Kaiser, der immer auch ein Reisekaiser war, nur schwer zu benutzen. Das läßt nur den Schluß zu, daß dieser Palast von Anfang an für den Ruhestand gedacht war. Diokletian plante, wie so oft, gründlich im voraus. Er dankte im Mai 305 aus freien Stücken ab.

Erst in diesem souveränen Entschluß wurde die Neuartigkeit der Tetrarchie wirklich sichtbar. Sie folgte einem Zehnjahresrhythmus: Die Augusti herrschten inzwischen zehn Jahre länger als die Caesaren, nach insgesamt zwanzig Jahren dankten sie nun ab. Die Caesaren rückten zu Augusti auf und adoptierten ihrerseits neue Caesaren. Nach weiteren zehn Jahren würden die Augusti abdanken und die Caesaren aufrücken usw. So herrschten stets die Besten über das Reich, alle zehn Jahre verjüngte sich das Herrscherkollegium, damit die Caesaren nicht unzufrieden wurden und eine sichere Perspektive für den Aufstieg zur höchsten Stellung hatten.

Dagegen ist eingewandt worden, daß die Zahlen nicht stimmen. Diokletian herrschte ein paar Monate länger als zwanzig Jahre, Maximian ein paar Monate weniger, die Caesaren regierten schon seit 293. Doch auf exakte Chronologie kam es nicht an, sondern auf ungefähre Korrektheit, auf die Fiktion der Gleichzeitigkeit und der Gleichartigkeit. Auch sie war Ausdruck der Einheitlichkeit der Tetrarchie. Maximian hatte sein zehn- und sein zwanzigjähriges Regierungsjubiläum im selben Jahr wie Diokletian gefeiert, ungeachtet der Chronologie. Tatsächlich hätte auch Galerius später nach seinem zwanzigjährigen Regierungsjubiläum abgedankt, wenn ihm der Tod nicht zuvorgekommen wäre.

Umsicht und Planung in den meisten seiner Maßnahmen sprechen dafür, daß auch Diokletians größtes Werk, die Tetrarchie, nicht unter dem Druck der Umstände entstand. Der Kaiser entwarf es vielleicht nicht schon 284 am Reißbrett, aber er entwickelte es bewußt in seinen wesentlichen Entstehungsschritten. In der Fähigkeit zu langfristiger Konzeption ragt Diokletian meiner Meinung nach, Augustus ausgenommen, weit über alle anderen Kaiser hinaus, auch über die allermeisten Politiker anderer Zeiten. Mit Diokletian wurde nämlich das historisch Unwahrscheinliche Wirklichkeit: die Umsetzung eines weitblickenden politischen Entwurfs.

Doch die Tetrarchie überlebte die Abdankung ihres Schöpfers nur um wenige Jahre. Langfristigkeit ist eben nicht alles, sie erlaubt keine Berücksichtigung der aktuellen Umstände, an den eher kurzfristigen Bedürfnissen der Menschen geht sie oft vorbei. Die Tetrarchie funktionierte wegen Diokletians Autorität gegenüber seinen Kollegen und wegen seiner Selbstbeschränkung: Welcher Mensch sonst hätte zwanzig Jahre lang seinen Willen in der gesamten Mittelmeerwelt durchsetzen können – und dann ohne weiteres zurücktreten, um eines höheren Zweckes willen? Das tetrarchische System forderte zuviel von den Menschen, es brauchte einen Diokletian, den es bald nicht mehr gab. Die Nachfolger, Konstantin an der Spitze, waren aus anderem Holz geschnitzt, sie zertrümmerten die Tetrarchie, ohne sich um Diokletians Leitgedanken zu kümmern. Sie kehrten zur dynastischen Politik zurück, zur Weitergabe des Throns vom Vater an den Sohn innerhalb einer natürlichen Familie. Diokletian hatte dies ein für allemal beenden wollen, um ungeeignete Männer vom Thron fernzuhalten, damit aber die Bedeutung der Blutsverwandtschaft für die Menschen unterschätzt. Der Grund für Diokletians Blindheit in dieser Hinsicht lag vielleicht darin, daß er selbst keinen Sohn hatte, der ihm auf den Thron hätte folgen können.

Die Tetrarchie war ein genialer Wurf, aber ein untauglicher. Diokletian war zu systemverliebt, er hatte an zu vielen Schrauben gedreht. Mehr als einmal erlag er dem politischen Machbarkeitswahn. Derselbe Eifer brachte aber auch ungemein durchdachte Reformen hervor. Die Provinzial- und Verwaltungsreformen waren erfolgreich und wurden von Konstantin weiter ausgebaut, die kaiserliche Repräsentation entwickelte sich in den von ihm vorgegebenen Bahnen, die Neuordnung von Steuern und Münzwesen blieb maßgeblich für die gesamte Spätantike. Sein Blick für fähige Leute und sein militärisches Können verschafften ihm eine Regierungszeit von über zwanzig Jahren. So lange hatte seit 150 Jahren kein Kaiser mehr geherrscht. Bei allen Leistungen der Vorgänger – es war Diokletian, der die Reichskrise beendete und das politische System stabilisierte. Und von der Tetrarchie blieb immerhin der eine Leitgedanke übrig, daß das Riesenreich nicht von einem Kaiser allein zu beherrschen war.

Diokletian stieß die Tür zu einem neuen Zeitalter auf, ohne ihn hätten die folgenden Jahrhunderte anders ausgesehen. Daß er selbst die Schwelle nicht ganz überschritt, kam daher, daß er sich der neuen Kraft des Christentums mit aller Gewalt entgegenstellte. So blieb Diokletian am Eingang zurück, während die neue Religion eine ganze Epoche prägte, seine Epoche.

3. DAS VIERTE JAHRHUNDERT (306-395): DER BEGINN DES CHRISTLICHEN ZEITALTERS

Konstantin der Große

Nicht Ehrgeiz, sondern der Tod fügte dem tetrarchischen System den ersten Schlag zu. Am 25. Juli 306 starb Constantius, der Augustus des Westens, im Feldlager von Eboracum (York). Daraufhin wurde sein ältester Sohn Konstantin von den Freunden des Vaters, der Bevölkerung von Eboracum und vor allem von den Soldaten zum Caesar ausgerufen. Konstantin war 33 oder 34 Jahre alt, er entstammte einer nichtehelichen Beziehung Constantius' mit einer Frau aus einfachsten Verhältnissen, einer gewissen Helena. Geheiratet hatte Constantius später eine Stieftochter Maximians, die Söhne aus dieser Ehe waren aber noch Jugendliche. Konstantin hatte nur eine mäßige Ausbildung erhalten – zeitlebens sprach er kein gutes Griechisch. Nach der Erhebung seines Vaters zum Caesar diente er, bereits Soldat, bei Diokletian und Galerius im Osten und stieg dort natürlich in den Generalsrang auf. 305 hatte ihn der Vater, nunmehr Augustus, zu sich gerufen, und so hatte Konstantin Gelegenheit erhalten, sich bei Feldzügen in Britannien auszuzeichnen und bei den Soldaten einzuführen. Daß er am Totenbett seines Vaters zum Nachfolger ausgerufen wurde, entsprach der dynastischen Logik, freilich nicht derjenigen der Tetrarchie. Für ein vorzeitiges Ableben eines Kaisers hatte Diokletian keine Vorsorge getroffen, aber es war doch ziemlich klar, was das System erforderte: Der Caesar Severus würde zum Augustus aufrücken und einen neuen Caesar ernennen, in enger Abstimmung mit dem nunmehr dienstältesten Augustus Galerius. Auf Konstantin würde ihre Wahl mit Sicherheit nicht fallen, hätte dies doch die Zurückstellung natürlicher Verwandtschaft in der Tetrarchie ad absurdum geführt. Constantius hatte seinen Sohn – angeblich – vor seinem Tod zum Kaiser designiert, aber darauf kam es nicht an. Konstantin war für die übrigen Tetrarchen eindeutig ein Usurpator.

Konstantin selbst war das deutlich bewußt. Eine militärische Auseinandersetzung wollte er vermeiden, und so ließ er Galerius sofort sein lorbeerbekränztes Bild überbringen, mit der Bitte um Annahme und damit Anerkennung. Galerius hätte nun den Empfang verweigern und in den Krieg ziehen müssen. Das tat er nicht, vielleicht aus Respekt vor Constantius' Armee, vielleicht um Instabilität durch einen tetrarchischen Bürgerkrieg zu vermeiden. Jedenfalls schickte er Konstantin ein Purpurgewand und akzeptierte ihn als Mitherrscher. Severus wurde Augustus, Konstantin nahm seinen Platz ein. Galerius war die Entscheidung sicherlich dadurch erleichtert worden, daß Konstantin ihm nicht als Augustus, sondern als Caesar gegenübergetreten war. Er hatte damit seine Bereitschaft zur Einordnung in die Tetrarchie gezeigt. Im Rückblick würden die ungewöhnlichen Umstände dieser Erhebung zum Caesar wie ein dynastischer Ausrutscher wirken.

In Wirklichkeit hob Galerius der Tetrarchie das Grab aus. Seine Nachgiebigkeit erweckte den Eindruck, nun sei alles erlaubt. Nur drei Monate später ließ sich Maxentius, der Sohn Maximians, in Rom zum Kaiser ausrufen und fand in Italien und Africa schnell Anerkennung. Maxentius war wie Konstantin ein Zukurzgekommener, und er hatte gesehen, was dieser aus seiner Lage gemacht hatte. In dynastischer (!) Betrachtung stand er sogar näher am Thron, denn er war auch Galerius' Schwiegersohn. Zunächst vermied er es, sich als Caesar oder Augustus zu bezeichnen, und erkannte damit ostentativ Galerius' Recht an, ihm seinen Platz in der Tetrarchie zuzuweisen. Doch Galerius hatte diesmal keinen Spielraum: Konstantin war an eine durch den Tod seines Vaters freigewordene Stelle getreten, Maxentius aber usurpierte gegen die vollständige Tetrarchie. Ein Nachgeben hätte eine Pentarchie geschaffen, ein Kaiser hätte zugunsten Maxentius' auf Ressourcen verzichten müssen, die Diokletianische Tetrarchie wäre an ihr Ende gekommen. So rüstete Severus für einen Feldzug, sein Heer war deutlich überlegen.

In dieser Lage übersandte Maxentius seinem Vater Maximian den Purpur, der auf eine solche Gelegenheit nur gewartet hatte.

Konstantin der Große 49

Maximian hatte als Emeritus nichts mit sich anzufangen gewußt, und so wurde er vom *senior Augustus* zum aktiven Kaiser. Diokletian verwarf zwar seine Aufforderung, ebenfalls zurückzukehren, als lächerlich, zunächst aber hatten Vater und Sohn Erfolg: Severus' Soldaten, die Jahrzehnte unter Maximian gedient hatten, liefen im Frühjahr 307 über, als ihnen ihr alter Kaiser entgegentrat, Severus flüchtete, dankte ab und wurde bald darauf von Maximian und Maxentius ermordet.

Ich breche die Darstellung der Ereignisse hier ab. Die Geschehnisse überstürzten sich in den nächsten Jahren, Augusti wurden erhoben und fielen, Allianzen wurden geschlossen und scheiterten binnen kurzem, Maximian dankte ab und nahm erneut den Purpur, Diokletian intervenierte noch einmal, seine Autorität wirkte aber längst nicht mehr bei allen Machthabern. Die Tetrarchie war tot. Gekämpft wurde um das, was nach ihr kommen sollte, oder besser: wer nach ihr kommen sollte. Einen normativen Handlungsrahmen, den alle akzeptierten, gab es nicht mehr. Es ging nur darum, wer sich als der schlauere Politiker und der bessere, aggressivere Feldherr erwies. Mit der Eliminierung eines Kaisers nach dem anderen beruhigten sich die Zeitläufte etwas, aber letztlich lebten die Bürgerkriege immer wieder auf, bis nur noch einer übrigblieb. Es war ausgerechnet derjenige, der das Ganze begonnen hatte: Konstantin. Im Jahr 324 schlug er seinen letzten Rivalen Licinius bei Hadrianopolis (heute in der europäischen Türkei) und war von da an Herrscher über das gesamte Imperium. All das war nicht wirklich wesentlich für den Gang der spätantiken Geschichte, und es könnte hier das resignierte Fazit genügen, daß sich eben der gerissenste Gangster durchgesetzt hatte – wenn dieser Gangster sich nicht im Lauf der Auseinandersetzungen mit dem Christentum verbunden hätte. So wurde sein Sieg auch derjenige der neuen Religion, und das war nun doch eine welthistorische Wende.

Am 28. Oktober 312 traf Konstantin zwei Kilometer nördlich von Rom, an der Milvischen Brücke, auf seinen Gegner Maxentius. Dieser verlor Schlacht und Leben, Konstantin errang die Herrschaft über Rom und Italien. In der Nacht vor der Schlacht hatte er einen Traum gehabt, von dem Laktanz berichtet: «Konstantin wurde im Schlaf aufgefordert, das himmlische Zeichen Gottes auf die Schilde zu setzen und so in den Kampf zu ziehen. Er verfuhr wie befohlen, und indem er den Buchstaben X umlegte und die Spitze umbog, setzt er Christus auf die Schilde. Mit diesem Zeichen gerüstet, greift das Heer zu den Waffen.»[7] Bei dem himmlischen Zeichen handelte es sich um ein sogenanntes Staurogramm (griechisch *staurós*: Kreuz). Faßt man das Kreuz als um 45 Grad gedrehtes X auf, wird es zum Gottessymbol: Das X ist im Griechischen ein Chi, das P ein Rho – die Anfangsbuchstaben von Christus.

Der Traum ist etwas vage – wer spricht überhaupt zu Konstantin? –, aber das haben Träume nun einmal an sich. Die moderne Kritik hat vor allem eine fehlende Plausibilität der Umstände bemängelt. So sei es unmöglich gewesen, am Morgen vor der Schlacht auf allen Schilden das Staurogramm anzubringen. Das war aber gar nicht notwendig. Ein Staurogramm auf den Schilden der ersten Kämpfer, an der Spitze der einzelnen Abteilungen, genügte für eine symbolische Christianisierung des Heeres. Schwerer wiegt der Einwand, daß die Soldaten mit dem Staurogramm nichts anzufangen wußten. Es handelte sich ja um ein griechisches Symbol, und ohnehin war das Christentum in den nordwestlichen Provinzen, aus denen die meisten Soldaten in Konstantins Heer stammten, nur schwach verbreitet. Doch Laktanz sagt gar nichts über eine beabsichtigte Motivierung der Soldaten. Bei ihm geht es um das Band zwischen Kaiser und Christus: Der christliche Gott schenkt dem christlichen Kaiser den Sieg, auf die Meinung des Heeres kommt es nicht an. Gerade weil das Zeichen wenig bekannt war, waren kaum Ressentiments von Soldaten zu befürchten, die das Christentum ablehnten. Schlimmstenfalls wurde es als Grille des Feldherrn angesehen, der sich Schutz von einem neuen Gott besorgen wollte. In einer polytheistischen Gesellschaft war das nicht ungewöhnlich, ein solcher Akt wurde keineswegs als Negation anderer, von den Soldaten verehrter Götter begriffen, und er war auch gar nicht so gemeint.

Konstantins Handeln vor der Schlacht wirkt also in sich stimmig. Laktanz' schlichte Erzählung ist jedenfalls glaubwürdiger als der

Das Staurogramm
aus Konstantins Traum

bekanntere Bericht Eusebios'. In seinem *Leben des seligen Kaisers Konstantin* berichtet der Bischof von einer Glaubenskrise, in welcher der Kaiser nach dem Gott seines Vaters Constantius gesucht habe. Dieser offenbart sich ihm dann in einer Vision vor dem Heer, in einem Kreuz aus Licht, das die Sonne überstrahlt, und mit der am Himmel stehenden Aufforderung: «Durch dieses siege!» Während der darauffolgenden Nacht befiehlt ihm der Gesalbte Gottes (*christós*) in einem Traum, das geschaute Zeichen nachzubilden und es in der Schlacht dem Heer voranzutragen. Da läßt Konstantin aus Gold und Edelsteinen ein entsprechendes Feldzeichen anfertigen. Immer noch aber ist er, so Eusebios, im ungewissen, wer denn dieser Gott sei, bis ihm Priester und Bischöfe erklären, daß es sich um Christus handelt. Nach einer Einführung in den Glauben und eigener Bibellektüre kommt Konstantin zu dem Schluß, von nun an den Christengott zu verehren, und bereitet die Kampagne gegen Maxentius vor.[8]

Diese Version ist schon deswegen mit Vorsicht zu verwenden, weil die Voraussetzungen nicht stimmen: Constantius war kein Christ, und falls doch, sollte Konstantin doch von der Religion seines Vaters gewußt haben. Hinzu kommen anachronistische Details, und das ist kein Wunder: Eusebios' Quelle war Konstantin selbst; er erzählte die Geschichte dem Bischof erst nach 325, und dieser wiederum schrieb sie erst nach Konstantins Tod 337 auf. Sie wirkt wie eine ausgeschmückte, verzerrte und ins Phantastische gesteigerte Version von Laktanz. Die Chronologie stützt diesen Eindruck, denn Laktanz schrieb keine fünf Jahre nach 312. Konstantin dagegen berichtete weit über zehn Jahre nach den Ereignissen, im griechischen Osten, gegenüber einem Bischof, der nur zu gern glaubte, was er da hörte – der Kaiser konnte ihm so ziemlich alles erzählen, auch über die Zeugenschaft des Heeres. Es wäre jedoch zu vorschnell geurteilt, richtete man Konstantin als platten Lügner, der erbauliche Legenden über sich selbst verbreitete. Immerhin berichtet ein zweiter Autor, Laktanz, im Kern etwas ganz Ähnliches, und so kann man durchaus von der Historizität ausgehen. Historizität meint dabei lediglich: Konstantin glaubte etwas gesehen und erlebt zu haben. Was es war, veränderte sich über die Zeit wohl in Konstantins Gedächtnis, auf jeden Fall in seiner öffentlichen Selbstdarstellung.

Die Vagheit der Erinnerung erklärt sich auch daraus, daß der Traum für Konstantin keine einmalige, lebensändernde Begegnung mit dem Göttlichen darstellte. Ein paar Jahre zuvor war dem Kaiser, wiederum auf dem Marsch, Apollo erschienen, der ihm Lorbeerkränze anbot und damit langandauernde Herrschaft über den Erdkreis. Von dieser sogenannten heidnischen Vision berichtete ein Panegyriker im Jahr 310, also zwei Jahre vor der Milvischen Brücke. Dazu paßt, daß Konstantin seit 310, wie einst Aurelian und auch Diokletian zu Beginn seiner Herrschaft, Sol als seinen Schutzgott propagierte. Apollo war ein Gott des Lichts. Der französische Forscher Henri Grégoire betrachtete dieses Erlebnis als das ursprüngliche, das Konstantin später in eine christliche Begegnung uminterpretierte und so Eusebios erzählte. Dagegen spricht nicht nur Laktanz' Unkenntnis der Himmelserscheinung – warum sollte er eine solche verschweigen? –, sondern vor allem die Vielzahl der Phänomene und Träume. In späteren Jahren erfuhr Konstantin noch öfter, fast regelmäßig Visionen, und er war auch keineswegs der einzige, dem sich die Götter offenbarten: Im Jahr 313 erschien dem Kaiser Licinius im Traum ein Engel Gottes, der ihm den Sieg in einer bevorstehenden Schlacht verkündete.

Konstantin wurde also vor der Auseinandersetzung mit Maxentius kein einzigartiges Erlebnis zuteil. Die Götter agierten oft mit den Sterblichen, nach paganer wie christlicher Vorstellung, und besonders gern suchten sie natürlich bedeutende Personen auf, Kaiser etwa. Das Übernatürliche griff in der Antike häufig ins irdische Geschehen ein. Die Menschen glaubten an solche Nähe, und dieser Glaube machte sie dann auch möglich: Kaum jemand stellte Wahrscheinlichkeitsprüfungen nach den Regeln naturwissenschaftlicher Logik an, keine Aufklärung hatte eine Rationalitätsschwelle ge-

Konstantin der Große 53

setzt, die erst mühsam zu überschreiten gewesen wäre. Was uns Träume und Wetterphänomene sind, faßte die Antike gern als Begegnung mit den Göttern auf. Der Althistoriker Peter Weiß vermutet in einem Halo, einem atmosphärischen Phänomen, bei dem sich das Licht in großer Höhe an Eiskristallen bricht, den Auslöser für Konstantins Vision(en). Das ist möglich, aber nicht notwendig: Das Übernatürliche lauerte in der Antike überall, man suchte es geradezu.

Konstantin war ein religiöser Mensch. Nicht nur ein- oder zweimal, sondern öfters erfuhr er in seinem Leben die göttliche Macht, darunter auch vor der Auseinandersetzung mit Maxentius. Der Traum vom himmlischen Zeichen mußte den Kaiser also keineswegs auf den direkten Weg zum Christentum schicken. Was, wenn der Feldzug gegen Maxentius gescheitert wäre? Was, wenn er später eine Hercules-Vision gehabt hätte? Was, wenn er weiter nachgedacht hätte und zu dem Schluß gekommen wäre, Jupiter sei ihm erschienen?

All das trat nicht ein, weil Maxentius unterlag – und weil das Bekenntnis zum neuen Gott so gut paßte. Transzendenzerfahrungen wurden gemäß dem eigenen Erwartungshorizont interpretiert, ja der persönlichen Bedürfnislage angepaßt. Daß Konstantin einst Apollo begegnet war und nicht Jupiter oder Hercules, ließ sich durchaus als Distanzierung von den Tetrarchen auffassen. Jesus entdeckte der Kaiser dann just in dem Augenblick, als er zum ersten Mal ein Territorium in Besitz nahm, das von einer signifikanten Zahl von Christen bevölkert war: die Stadt Rom. Spirituelle Erfahrung und persönlicher Nutzen konnten sich treffen. Konstantin war religiös offen und politisch mutig, und so war es kein Zufall, daß dem Herrscher, der zunächst Apollo als überraschenden Schutzgott erwählt hatte, später der Christengott erschien. Vor 312 gab es kein einziges Anzeichen für eine Hinwendung zum Christentum, nach 312 aber betrieb Konstantin immer öfter eine christenfreundliche, ja christliche Politik.

Aber: Mit politischen Nützlichkeitserwägungen ist die Konstantinische Wende nicht völlig erklärbar. Die Unterstützung von Christen spielte im Kampf gegen Maxentius keine größere Rolle, schon deswegen nicht, weil Maxentius kein Christenverfolger war. Ganz generell waren die Christen, wenn sie nicht gerade unterdrückt wurden, auch heidnischen Kaisern loyale Untertanen. Ein persönliches Moment war für Konstantin also zweifellos im Spiel, über seine Ausprägung im Jahr 312 läßt sich aber nichts Sicheres sagen.

In den nächsten Jahren häuften sich freilich die christenfreundlichen Äußerungen. Schon Anfang 313 mißbilligte Konstantin in einem Schreiben an einen Statthalter die Christenverfolgungen und lobte die neue Religion ausdrücklich, freilich ohne sie anderen Religionen vorzuziehen. Nur ein Jahr später stellte er eine Verbindung her zwischen der einträchtigen Ausübung der christlichen Religion durch die Untertanen und der eigenen Protektion durch Gott, und an gallische Bischöfe schrieb er: «Ich erwarte das Urteil Christi».[9] Das eindrucksvollste Zeugnis für Konstantins Hinwendung zum Christentum stellt das Silbermedaillon dar, das 315 vermutlich in Ticinum (Pavia) geprägt wurde und hohen Offizieren als Geschenk überreicht wurde. Es zeigt auf der Vorderseite den Kaiser im Panzer, das Pferd am Zügel, den Schild in der Hand; über dem Schild ist, vielleicht nicht zufällig in Kreuzform, ein Szepter zu sehen. Eindeutig ist aber der Helmschmuck: Auf einer Plakette vorne ist in einem Kreis oder Kranz ein Christogramm (Chi und Rho kombiniert) zu sehen. Nach der Erringung der Alleinherrschaft 324 nahm die Zahl der einschlägigen Äußerungen Konstantins zu, genährt vom Erfolg und der Gewißheit, ihn dem Christengott zu verdanken. Freilich, auch jetzt fehlte es nicht an realpolitischen Erwägungen, schließlich war die Zahl der Christen im neugewonnenen Osten weit höher.

Ohnehin ergibt sich insgesamt keine eindeutige Tendenz. Es existieren nämlich ebenso ambivalente Zeugnisse. Auf dem Konstantinsbogen in Rom, der 315 geweiht wurde, also im Jahr des Medaillons von Ticinum, ist von der Eingebung der Gottheit (*instinctus divinitatis*) die Rede. Welcher Gott war hier gemeint? Wenn Konstantin von ‹Gott› oder ‹Gottheit› sprach, war oft vage, wen er meinte, und das war Absicht. Die Leser oder Hörer konnten interpretieren, wie sie es für richtig hielten, keiner wurde vor den

Das Silbermedaillon von Ticinum

Kopf gestoßen. Waren die Adressaten Christen, äußerte sich der Kaiser natürlich pointierter, wie etwa gegenüber den gallischen Bischöfen. Doch ebenso erhielten die Heiden Bekundungen nur für sich. Münzen mit Sol und Jupiter wurden weiterhin geprägt, erst seit 318 verschwanden die paganen Götter allmählich von den Münzen, nach 324 gab es auch keine Sonnenmünzen mehr. Just zu jener Zeit schickte sich Konstantin aber an, noch einmal der alten Religion seine Ehrerbietung zu erweisen, und zwar in spektakulärer Form: mit seiner Stadt Konstantinopel.

Nach dem Sieg über Licinius kehrte Konstantin nicht mehr in den Westen zurück, natürlich zunächst um der Neuordnung der kriegsgeschädigten Regionen und der Integration des neuen Herrschaftsgebietes willen, vielleicht aber auch aus Neigung. Konstantin suchte eine Residenz an den Meerengen zwischen Europa und

Asien und fand sie in Byzantion. Er hatte die Stadt im Krieg als starke Festung kennengelernt, sie war strategisch glänzend gelegen: am Schnittpunkt des Seewegs zwischen Mittelmeer und Schwarzem Meer und des Landwegs von Europa nach Asien. Sie lag nahe der immer gefährdeten Donaugrenze und nicht zu weit weg von der Euphratgrenze. Byzantion, von griechischen Siedlern im siebten Jahrhundert v. Chr. gegründet, war bereits während der Kaiserzeit erheblich vergrößert worden. Das genügte Konstantin nicht. Er ließ die Fläche um das Vierfache erweitern, das Zentrum gewaltig ausbauen, mit Kapitol, Forum, Palast, Hippodrom (für die Wagenrennen) und Kunstgegenständen, die er aus dem gesamten Reich requirieren ließ (s. Karte S. 195). Die benötigten Einwohner lockte er teils mit Vergünstigungen, teils ließ er sie aus der näheren Umgebung zwangsumsiedeln. Eine Verwaltung für Stadt und Reich wurde aufgebaut, sogar ein zweiter Senat wurde geschaffen.

Konstantinopel war ein Monument des Sieges über Licinius, es wurde Konstantins gewöhnlicher Aufenthaltsort bis zu seinem Tod 337. Der finanzielle und logistische Aufwand, den er trieb, lag weit über dem der Tetrarchen für deren Residenzen. Das spricht dafür, daß er mit der nach ihm benannten Stadt dem Reich einen neuen Mittelpunkt geben wollte. Dazu kam es nicht. Auch ein Kaiser konnte eine Riesenstadt nicht innerhalb weniger Jahre aus dem Boden stampfen. Bei seinem Tod war Konstantinopel in weiten Teilen noch eine Baustelle, die von kaum 90000 Einwohnern bevölkert war – kein Vergleich mit der Millionenmetropole Rom. Konstantins Nachfolger bauten seine Stadt zwar weiter aus, aber sie residierten woanders. Erst gegen Ende des vierten Jahrhunderts sollte die große Zeit Konstantinopels kommen.

Hier interessiert vor allem die religiöse Botschaft, die von Konstantins neuer Residenz ausging. Da es sich um sein Lieblingsprojekt handelte, dürfte er darüber gründlich nachgedacht haben. Eusebios rühmte Konstantinopel begeistert als christliche Neugründung, doch in Wirklichkeit war von einem christlichen Zentrum nicht viel zu merken. Es wurden nur wenige Kirchen gebaut, jedenfalls nicht mehr als Tempel. Die herbeigeschafften Kunstgegenstände waren oft paganen Charakters, die Einweihung der Stadt am 11. Mai 330 folgte heidnischem Ritus. Der Ausbau der Stadt war religiös zumindest uneindeutig. Betrat man das monumentale Konstantinsforum, merkte man von einem christlichen Charakter gar nichts. Es wurde beherrscht von einer fast 50 Meter hohen Säule, auf der, natürlich, eine Statue Konstantins stand – nackt, mit Strahlenkranz, Lanze und Globus, göttlich überhöht, als Sonnengott!

Die religiöse Ambivalenz zeigte sich auch in Konstantins Ende. Der Kaiser starb, mit Mitte 60 nach antiken Maßstäben ein alter Mann, am 22. Mai 337. Kurz vor seinem Tod taufte ihn der Bischof Eusebios von Nikomedeia. Das war allerdings kein Zeichen, daß Konstantin dem Christentum bis zuletzt distanziert gegenübergestanden hätte, im Gegenteil: Seinerzeit ließen sich Christen möglichst spät im Leben taufen, gern auf dem Sterbebett, um in den Genuß des Abwaschens aller Sünden zu kommen, den die Taufe versprach. Der Leichnam wurde im Palast aufgebahrt und in der von Konstantin errichteten Apostelkirche nach einem von ihm selbst festgelegten Plan beigesetzt: im Rahmen eines christlichen Gottesdienstes, nicht in Form einer Verbrennung, sondern in einer christlichen Körperbestattung. Ort, Ritus und Umgang mit dem Leichnam waren eindeutig christlich geprägt. Daß der Senat in Rom den toten Kaiser derweil unter die Götter erhob, bedeutete dagegen wenig. Das war Tradition und ging kaum auf einen ausdrücklichen Willensakt Konstantins zurück. Aufschlußreicher ist da das Arrangement der Grablegung: Konstantin ließ sich inmitten der zwölf Apostel beisetzen. Zu beiden Seiten Konstantins standen je sechs Kenotaphe, die Särge bildeten also eine lange Reihe mit dem Konstantins in der Mitte. Spätere christliche Erklärungen suchten diese Ordnung damit zu rechtfertigen, daß Konstantin nur Anteil an der Verehrung der Apostel haben wollte, daß er, im äußersten Fall, apostelgleich sein wollte. Doch dafür war Konstantins Sarkophag mit seiner mittigen Stellung zu sehr herausgehoben. Die näherliegende Interpretation ist, daß Konstantin sich als christusgleich stilisierte – wie Jesus als Lehrer inmitten der Apostel.

So stellt sich eine neue Ambivalenz ein: Konstantin nicht nur zwischen Heidentum und Christentum, sondern auch zwischen recht und falsch verstandenem Christentum. Die *imitatio Christi* stellte zwar eine Norm für jeden Christen dar, gemeint war aber die Nachfolge Christi in Demut, Nächstenliebe und Opferbereitschaft. Konstantin dagegen folgte Jesus als Weltenherrscher nach. Mit dieser Sichtweise stand er freilich nicht allein. Eusebios, immerhin ein Bischof, sprach in einer Rede zum dreißigjährigen Regierungsjubiläum Konstantins davon, daß ihn dessen drei Söhne an die Dreifaltigkeit erinnerten, daß die Herrschaft Christi im Himmel derjenigen des Kaisers auf Erden gleiche, daß umgekehrt der Kaiser sein Reich nach dem Bild des himmlischen Königreichs ordne. Die ersten beiden Vergleiche wirken blasphemisch. Und blasphemisch war auch, daß noch Anfang des fünften Jahrhunderts Christen dem Konstantin auf seiner Säule opferten, ihn mit Lichtern und Weihrauch verehrten, Gelübde ablegten wie vor einem Gott und zu ihm beteten, auf daß er Unheil abwehren möge. Was war das nur für ein seltsames Christentum?

Das Ganze läßt sich eher verstehen, wenn man sich die Neuartigkeit der Situation vor Augen hält: Konstantin war der erste christliche Kaiser, Rollenmodelle gab es nicht. Armenien war Anfang des Jahrhunderts der erste christliche Staat der Welt geworden, aber das kleine Land wurde nicht als Muster für das Reich wahrgenommen. Die Kaiser hatten die Christen bislang verfolgt oder sich nicht für sie interessiert. Umgekehrt hatte das Christentum keine Theologie entworfen, die einen christlichen Herrscher berücksichtigte. Es gab nicht einmal einen Normenkonsens, der über die Selbstverständlichkeit hinausging, daß ein christlicher Monarch fromm zu sein und das Christentum zu fördern habe. Konstantin bewegte sich also in einem unentdeckten Land.

Daher füllte er die neue Rolle nach traditionellen Vorstellungen aus. Ein Kaiser konnte sich einen persönlichen Schutzgott wählen, Diokletian hatte Jupiter gehabt, Konstantin selbst Sol. Nun war es eben Christus. Das implizierte für Konstantin aber keineswegs eine völlige Negierung anderer Gottheiten. Er blieb als guter Polytheist für alle Religionen offen. Theoretisch war Konstantin sicher klar, daß das Christentum keine anderen Götter duldete, praktisch aber hatte er noch nicht den entsprechenden Mindset entwickelt. Deshalb hatte er keine Probleme damit, Pagane auch religiös einzubinden. Ebensowenig fand er es anstößig, sich als Sonnengott darstellen zu lassen. Ein Kaiser stand den Göttern seit jeher nahe, fast konnte er mit ihnen in eins gesetzt werden. Und was für Jupiter und Sol recht war, war für Christus nur billig. Bei Christen konnte all dies im Grunde nur auf Ablehnung stoßen. Daß sie ausblieb, lag an der Euphorie der Christen über die unerwartete Wende, an ihrer unendlichen Dankbarkeit gegenüber Konstantin, an ihrer eigenen Ratlosigkeit, wie der menschliche Weltenherrscher mit dem göttlichen zu arrangieren sei.

Angesichts der Unbekümmertheit Konstantins in religiösen Fragen ist es unmöglich, seine Position oder vielleicht besser: seine Entwicklung im Christentum auf eine einfache Formel zu bringen. Weder läßt sich sagen, daß der Kaiser ab dem oder dem Zeitpunkt überzeugter Christ war, noch, daß allein machtpolitische Motive ihn bei der Hinwendung zum Christentum bestimmten: Die Christen stellten in den Bürgerkriegen keine geschlossene, aktive Partei dar, und nach 324 konnte Konstantin ohnehin niemand mehr die Alleinherrschaft streitig machen. Schon gar nicht trifft die immer wieder geäußerte Vermutung zu, Konstantin habe vom Wesen des Christentums nichts begriffen und sei schlicht christlichen Priestern auf den Leim gegangen. Vom antikirchlichen Klischee abgesehen: Konstantin, der bei Gelegenheit Frau und Sohn hinrichten ließ, kann man vieles vorwerfen, aber nicht Naivität und leichte Lenkbarkeit.

Konstantins persönliche Disposition in Sachen Christentum bleibt letztlich vage. Klarer sind ihre Auswirkungen im politischen Handeln: die unzweifelhafte Begünstigung des Christentums durch den Staat. Diese zeigte sich einmal darin, daß Konstantin geduldig versuchte, innerkirchliche Auseinandersetzungen zu lösen. Ein paganer Kaiser hätte sich aus diesen Konflikten ebenfalls nicht heraushalten können, weil es in ihnen auch um den Frieden des Reiches ging, aber kaum hätte er solches Engagement wie Konstantin gezeigt. Im Jahr 325 berief er das Erste Ökumenische Konzil ein und leitete es sogar (mehr dazu im nächsten Abschnitt). Die Kirche wurde finanziell gefördert, nicht nur durch die Restitution von während der Verfolgung konfiszierten Vermögenswerten, sondern auch durch Geldzuwendungen und Schenkungen von Bauten. Die Kirche durfte auch Erbschaften annehmen. Hier setzte eine Entwicklung ein, welche die Kirche ökonomisch mächtig machen sollte. Kleriker wurden 313 von öffentlichen Dienstleistungen, etwa Einquartierungen, befreit, ein Privileg, das freilich auch pagane Priester innehatten. 318 erkannte der Staat das Urteil eines Bischofsgerichts in kirchlichen Angelegenheiten als bindend an, vorausgesetzt, beide Prozeßparteien waren einverstanden. Von 333 an genügte der Wille nur einer Partei, und das Urteil galt als letztinstanzlich, der Unterlegene konnte nicht mehr an staatliche Amtsträger appellieren. Auch christliche Normen fanden nun Eingang in die Gesetzgebung, wurden also allgemeinverbindliche Vorschriften. Der Sonntag wurde zum Ruhetag (an dem freilich pagane Soldaten ihr Gebet an den Sonnengott richten durften), seit 320 wurde Unverheiratetsein nicht mehr sanktioniert, eine Vorschrift, die auf Augustus zurückging und das Sozialverhalten der höheren Schichten regulierte; sie wich dem asketischen Ideal der Ehelosigkeit.

Am deutlichsten zeigte sich die neue Zeit aber am Verschwinden der Opfer. Sie waren seit jeher die mächtigste Manifestation der Lebendigkeit der paganen Kulte. Überdies waren sie durch die Opfergebote der Soldatenkaiser und der Tetrarchen zum Symbol für die Auseinandersetzung zwischen Heiden und Christen geworden. 319 bezeichnete Konstantin die Opferschau in einem Gesetz als Aberglaube, 323 dann das Opfern selbst. Für Christen, die öffentliche Ämter bekleideten, wurde der Opferzwang aufgehoben. Neue Opferkulte durften nicht mehr eingerichtet werden, einzelne Tempel wurden geschlossen oder sogar zerstört, angeblich wegen Tempelprostitution oder zur Rückgewinnung ursprünglich christlicher Stätten. Allerdings: Ein von der Forschung öfter vermutetes generelles Opferverbot hat Konstantin wohl nie erlassen, die Quellen hätten dies gebührend hervorgehoben. Das macht die Entwicklung aber nur um so eindrucksvoller. Obwohl die meisten öffentlichen Kultstätten fortbestanden, erlosch die Opferflamme im Lauf der 320er Jahre. Heiden wurden in Verwaltung und Armee nicht zurückgesetzt, Konstantin selbst trug immer noch den heidnischen Titel eines Pontifex maximus, doch die staatlichen Hinweise waren deutlich genug. Pagane Gesinnung war (noch) nicht anstößig, pagane Praktiken aber mißfielen. Wer vorankommen wollte in seiner Laufbahn, wer seine Stadt beim Kaiser in günstiges Licht setzen wollte, wer Ärger mit Priestern und Bischöfen vermeiden wollte, der paßte sich lieber an. Opfern war nicht mehr opportun.

Im Jahr 324 schrieb Konstantin in einem Brief an alle Untertanen im Osten, daß auch die «Irrenden» Frieden und Ruhe genießen sollten, sie sollten sich zurückziehen dürfen und «die Tempelbezirke ihrer falschen Lehre haben».[10] Die paganen Kulte wurden also nicht verboten. Wie sehr aber hatten sich die Verhältnisse binnen zwanzig Jahren verändert!

Ich habe die Einstellung des Individuums Konstantin zum Christentum derart ausführlich behandelt, weil sie für den Gang der spätantiken Geschichte von überragender Bedeutung war. Die Konstantinische Wende heißt mit vollem Recht so: Sie war eine persönliche Entscheidung Konstantins, die er unbedrängt traf, die also anders hätte ausfallen können. Es war auch keineswegs so, daß sich das Christentum ohnehin durchgesetzt hätte, daß früher oder später schon ein anderer Konstantin aufgetaucht wäre, der das Unvermeidliche vollstreckt hätte. Mit dem Scheitern der Diokletianischen Verfolgung war zwar klar, daß die Christen nicht mehr zu verdrängen waren. Aber es war durchaus denkbar, daß das Christentum eine starke Minderheit geblieben wäre, eine, mit der sich der pagane Staat arrangieren hätte können, eben weil die Christen nicht auf seine Beseitigung hinarbeiteten. Dies war der Ausgleich, den Galerius 311 der Kirche anbot. Das war damals ein weit wahrscheinlicheres Szenario als die Christianisierung der Mittelmeerwelt. Der Aufstieg des Christentums zur dominierenden Religion der Mehrheit gelang erst durch die massive Unterstützung des christlich gewordenen Staates. Die neue Religion war nicht die Rettung eines abgewirtschafteten Imperiums, sie wurde vielmehr, zur Überraschung ihrer Anhänger, von einem einzelnen Kaiser zum Glauben der Zukunft gemacht.

Dagegen zählt wenig, daß Konstantin selbst noch halb im Heidentum steckte und sich sein Christentum zu einem guten Teil zurechtgezimmert hatte. Seine Söhne ließ er christlich erziehen, das wurde für die Zukunft entscheidend. Sie verinnerlichten das Christentum, und das galt für alle weiteren Nachfolger, mit der kurzlebigen Ausnahme Julians. Eine solche Entwicklung ist typisch für Glaubenswechsel. Die erste Generation konvertiert, bleibt in ihren Normen aber stark der alten Welt verhaftet. Für die zweite Generation ist das Neue bereits selbstverständlich, sie ist in ihm erzogen worden. Constantius II. ließ zwanzig Jahre später ein Mausoleum neben der Apostelkirche errichten und die Gebeine seines Vaters dorthin umbetten. Das prekäre, für die Christen der nächsten Generation unannehmbare Grabarrangement wurde so revidiert, freilich ohne daß sich jemand von dem Toten distanziert hätte. Konstantin, der erste christliche Kaiser, war längst unangreifbar geworden.

Die Kirche

Verbot und Verfolgung prägen eine Gemeinschaft weit über die Phase der tatsächlichen Repression hinaus. Materielle Schäden sind zu beheben, der Opfer ist zu gedenken, die Täter sind, soweit möglich, zur Rechenschaft zu ziehen, das eigene Verhalten ist, soweit gewollt, kritisch zu bewerten. Für die Kirche stellt die Aufarbeitung von Zeiten der Unterdrückung stets eine besonders schmerzhafte Angelegenheit dar, denn als Sondergemeinschaft stellt sie an ihre Mitglieder höhere moralische Ansprüche als die Gesellschaft im ganzen: Christen dürfen in der Stunde der Versuchung nicht fehlen. Auch zwischen 303 und 311 waren viele dennoch gefallen, sie hatten geopfert und damit Christus verleugnet. Daneben gab es natürlich all die Verhaltensformen zwischen offenem Abfall und unbeugsamer Bereitschaft zum Opfertod, die aus taktischer Berechnung, situativer Feigheit oder Sorge um andere geboren werden. Held ist der am leichtesten, auf den zu Hause niemand wartet.

Nach dem Abflauen der Verfolgungen setzte in allen Provinzen in unterschiedlicher Heftigkeit eine Auseinandersetzung ein. Die Kompromißlosen pochten auf radikale Einhaltung christlicher

Ideale und wünschten eine schonungslose Aufarbeitung des Geschehens. Die Gemäßigten wollten die Kirche geeinigt und gestärkt sehen und legten deshalb bei der Beurteilung der Vergangenheit moralisch großzügigere Maßstäbe an. Am erbittertsten wurde in Africa gerungen. Mensurius, der Bischof von Carthago, der wichtigsten Stadt der Region, hatte die Bibel gegen häretische Schriften ausgetauscht und diese den Behörden ausgeliefert. Dank dieses Tricks war die Heilige Schrift zwar nicht preisgegeben worden, aber die reine Lehre des Widerstands sah vor, daß ein wahrer Christ jede Übergabe verweigerte und lieber den Tod auf sich nahm. Zudem schadete sich Mensurius selber, indem er Bekenner, die freimütig die Auslieferung verweigert hatten, als Verbrecher und Menschen mit niederen Motiven anschwärzte. Die Auseinandersetzung dauerte bis zu seinem Tod 311 an.

Der Streit ging aber über das Schicksal eines einzelnen hinaus. Mensurius' Gegner hofften, als Nachfolger einen Mann ihrer eigenen Auffassung durchsetzen zu können, wurden aber überrumpelt durch die handstreichartige Wahl des carthagischen Priesters Caecilianus. Die Empörung steigerte, daß einer der weihenden Bischöfe angeblich selbst ein *traditor* war, also jemand, der Gegenstände ausgeliefert hatte. Das gab einer Synode von 70 protestierenden Bischöfen meist kleinerer Gemeinden den Hebel in die Hand, um Caecilianus aus der Kirchengemeinschaft auszuschließen und an seiner Statt zunächst Maiorinus, nach dessen baldigem Tod Donatus zum Bischof von Carthago zu wählen. Die Mehrheit der Bischöfe stand zwar auf Caecilianus' Seite, aber Donatus' Anhänger waren um so hartnäckiger. Sie appellierten an den Kaiser in Italien, und das war damals schon kein anderer als Konstantin. Er hatte zwar ausdrücklich derjenigen Kirche, der Caecilianus vorstand, finanzielle Förderung und Steuerbefreiung gewährt, mit der Sache selbst hatte er sich aber noch nicht befaßt. Es entspann sich nun ein interessantes, allerdings fruchtloses Hin und Her. Konstantin entschied über den Appell nicht selbst, sondern übergab die Entscheidung einer Synode, bestehend aus dem Bischof von Rom und drei gallischen Bischöfen. Die Synode entschied für Caecilianus. Die sogenannten Donatisten protestierten, Konstantin be-

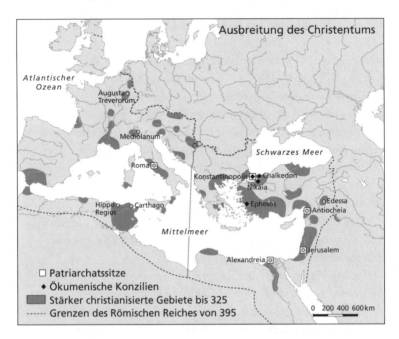

rief daraufhin eine zweite, größere Synode in Gallien ein, die zu dem gleichen Urteil kam. Protest und Synode (diesmal in Mediolanum) wiederholten sich, bis Konstantin Zwangsmaßnahmen anordnete und einige Donatisten deportieren ließ. Den Widerstand brach das nicht. Im Jahr 321 stellte der Kaiser alle Bemühungen ein, einmal wegen der bevorstehenden Auseinandersetzung mit Licinius, aber auch aus Resignation: Weder Zwang noch Entgegenkommen hatten geholfen, jetzt könne nur Gott Heilung bringen. Die Spaltung der africanischen Kirche blieb bis ins fünfte Jahrhundert bestehen. Erst die Eroberung durch die Vandalen und die Unterdrückung beider rivalisierender Richtungen ließ das Schisma verschwinden.

Im Donatistenstreit zeigten sich schon deutlich die wesentlichen Muster innerkirchlicher Auseinandersetzung während der Spätantike: die erbitterte Führung des Streits, die keinen Kompromiß zuließ; die schnelle Bereitschaft der unterliegenden Partei, die staatlichen Autoritäten in den Streit hineinzuziehen; die Behutsamkeit und der Langmut kaiserlicher Vermittlungsbemühungen; die Vergeblichkeit dieser Bemühungen. All diese Aspekte kommen weiter unten ausführlicher zur Sprache, hier will ich nur auf einen Punkt hinweisen, der eine wesentliche Differenz zu den Zuständen vor der Konstantinischen Wende markierte. Ich meine die neue Vernetzung der Kirche: Bislang hatten die genauen Kenntnisse kaum über die eigene Provinz hinausgereicht, nun traten in Italien und gar in Gallien Synoden zusammen, die über die Geschicke Africas berieten. Eine derartige Spannbreite war früher schon aus finanziellen und logistischen Gründen nicht möglich gewesen. Konstantin erlaubte den Bischöfen nun die kostenlose Benutzung des staatlichen Transportsystems mit seinen Rast- und Wechselstationen. Die kaiserliche Autorität sorgte dafür, daß solche weitentfernten Bischofssynoden, wenn sie auch nicht unbedingt das letzte Wort sprachen, doch erheblichen Einfluß ausüben konnten. Ein reiner Segen war das nicht. Bislang hatten die Gemeinden zwar nicht in Unkenntnis voneinander gelebt, aber das Wissen über die liturgischen Praktiken und über die Auslegung der Evangelien in anderen Regionen des Reiches war gering gewesen – und somit der Stoff für Kontroversen. Nun lernten sich die führenden Männer über Länder und Meere hinweg kennen, und sie mußten sehen, daß bei aller Gemeinsamkeit in Christus Gottesdienste unterschiedlich gefeiert werden konnten und die theologischen Überzeugungen im Großen wie im Kleinen differierten. Diese Vielfalt wurde nicht als Bereicherung empfunden.

Die ‹führenden Männer›, welche die Kirche durch die erfreulicher, aber auch komplizierter gewordene Welt zu geleiten hatten, waren fast immer Bischöfe. In Relation zur Zahl der Christen gab es von ihnen recht viele. Heute zählen Bischöfe beträchtliche Gebiete zu ihren Diözesen, selbst in mittelgroßen Städten stehen Pastoren oder Pfarrer an der Spitze der Gemeinde. In der Antike stand gewöhnlich jede Gemeinde unter einem Bischof, auf eine Stadt kam also ein Oberhirte, im gesamten Reich gab es ungefähr 2000 von ihnen.

Die Hauptaufgabe eines Bischofs bestand in der Führung und Fürsorge für die Gemeinde. Die Konstantinische Wende änderte daran im Grunde nichts, nur daß die Anforderungen sich auffächerten und insgesamt schwieriger wurden. Ob eine kleine oder eine große Stadt, überall wuchsen die Gemeinden. Nicht mehr wenige Dutzend, sondern Hunderte und Tausende bekannten sich jetzt zum Christentum, die Minderheit wurde bis zum Beginn des fünften Jahrhunderts fast überall zur deutlich überwiegenden Majorität. Das Wachstum veränderte auch die Sozialstruktur. Die Vermögenden waren bislang unterrepräsentiert gewesen, denn die meisten von ihnen wollten sich nicht mit einer als subversiv angesehenen Religion einlassen, und ohnehin ließ die Pracht von Villen und Stadthäusern den Reiz von Barmherzigkeit und Nächstenliebe schal aussehen. Der Staat wandelte sich von der Spitze her, und bald strömten Amtsträger, Senatoren und lokale Oberschichten in die Kirchen. Die eher knappen Finanzen besserten sich erheblich, nicht nur wegen der neuen Zuwendungen des Staates, sondern auch wegen des sprunghaften Anstiegs der Beiträge der Gemeindemitglieder. Mehr reiche Christen spendeten auch mehr, zu Lebzeiten wie in testamentarischen Stiftungen, und demonstrierten so der Gemeinde die eigene Frömmigkeit. Je stärker das Christentum verinnerlicht wurde, desto mächtiger wirkte der Drang, das Seelenheil zu sichern, angespornt von nicht ganz selbstlosen Appellen der Bischöfe an die christliche Pflicht. So sammelten sich schnell beträchtliche Vermögen an. Bezeichnenderweise wurde das Amt des gemeindlichen Finanzverwalters, des Oikonomos, in der priesterlichen Hierarchie immer bedeutender. Mit den Gemeinden wuchsen die Stäbe: Die geweihten Kleriker – Priester und Diakone – unterstützten den Bischof, darunter gab es die ungeweihten Helfer, etwa Vorleser und Vorsänger, auch weibliche Mitarbeiter. Sie alle machten die Administration, die Aufrechterhaltung des Kults in regelmäßigen Gottesdiensten und den Beistand in allen Lebensfragen für die Gemeindemitglieder erst möglich. In den größten Städten umfaßte das Personal mehrere hundert Köpfe.

Die neue Potenz spiegelte sich bald in teuren Bauten wider, prächtigen Kirchen ebenso wie repräsentativen Bischofsresidenzen. Der Bischof war einer der angesehenen Honoratioren des Ortes, bei Kaiserbesuchen stand er in der ersten Reihe. Seine Entscheidung wurde auch in weltlichen Angelegenheiten gesucht, Nichtchristen respektierten seine Autorität. Dieses Hineinwachsen in eine öffentliche Funktion wurde früher oft so gedeutet, daß der Bischof noch im Laufe des vierten Jahrhunderts zu einem staatlichen Amtsträger geworden sei. Doch ein weltlicher Funktionär, selbst ein Prätorianerpräfekt, konnte jederzeit ernannt und abgesetzt werden. Bei der Bischofswahl dagegen hatte der Staat offiziell keine Stimme, und auch eine Absetzung konnte der Kaiser nur anregen und betreiben, aber nicht verfügen. Lediglich eine Synode aus anderen Bischöfen durfte einen Bischof absetzen. Es war also die Gemeinschaft von Peers, die über ihre Mitglieder entschied. Der Eindruck der älteren Forschung war aber insofern richtig, als Bischöfe mehr und mehr Aufgaben staatlicher Amtsträger übernahmen: Das Bischofsgericht ist nur ein Beispiel dafür. Daneben wurde der Bischof immer öfter Sprecher für die gesamte Stadt. Denn wenn seine Gemeinde die überwiegende Zahl der Bürger einer Stadt umfaßte, dann war der Bischof nicht mehr für eine Sondergruppe zuständig, sondern für alle, und so mußten ihm auch kommunale, weltliche Anliegen wie eine bessere Entwässerung am Herzen liegen. Eine Hungersnot war nicht nur ein Problem der Christen, das der Bischof mit bescheidenen Mitteln zu lindern suchte, sondern eine allgemeine Bedrohung, die er mitunter abwenden konnte, ja mußte, indem er Geld in die Hand nahm und woanders Getreide ankaufte. Schon kraft seines Amtes war einem Bischof die Sorge um die Öffentlichkeit aufgetragen. Verband er diese mit individueller Autorität, etwa aufgrund eines besonders asketischen, ‹heiligen› Lebensstils (dazu später mehr), dann konnte er Entscheidungen der staatlichen Verwaltung beeinflussen, mitunter sogar am Hof.

Ein Beispiel: Im Jahr 387 empörte sich das Volk von Antiocheia über neue Steuern, es kam zu Ausschreitungen, schließlich wurden die Statuen des Kaisers umgestürzt. Das war Hochverrat. Ein kaiserliches Strafgericht war zu erwarten, die Zerstörung der Stadt lag zumindest im Bereich des Denkbaren. Kaiser Theodosius I. reagierte zwar aus politischen Erwägungen milde, aber für die Antiochener war das nicht absehbar. In diesen Wochen der Angst war es der Bischof Flavian, der nach Konstantinopel reiste, um für die Stadt zu bitten, und eine gnadenvolle Audienz erhielt. Flavian hatte seine neue Rolle bereits angenommen. Die Mitglieder des Stadtrats dagegen, deren Aufgabe das mutige Eintreten für Antiocheia gewesen wäre, waren paralysiert, viele von ihnen waren in die Berge geflohen.

Die Episode war symptomatisch für die Schwächung des kommunalen Regiments durch die bisherigen Eliten. Das Engagement der sogenannten Kurialen ging allmählich zurück, denn die Besten lockte der Reichsdienst, während die Erwartungen an die private Finanzierung öffentlicher Ausgaben immer höher wurden. Deshalb verlor die auf Honoratioren gestützte städtische Selbstverwaltung an finanzieller und bald auch an ideeller Substanz. Das Vakuum füllte häufig der Bischof. Er konnte finanziell aus dem vollen schöpfen, und er genoß meist breite Unterstützung im Volk. Insbesondere wenn er sich der Armen, der Nichtbürger und der Frauen annahm, die bislang meist vernachlässigt worden waren, dankten diese es ihm mit oft unerschütterlicher Loyalität. So wurde der Bischof zwar nicht zum Herrn der Stadt, aber des öfteren der Schutzherr der Bevölkerung.

Gerade der Umstand, daß der Bischof kein kaiserlicher oder weltlicher Funktionär war, machte ihn so stark. Die augenfälligste Veränderung im Sozialgefüge der spätantiken Stadt war die Dominanz religiöser Spezialisten. Die paganen Eliten einer Gemeinde hatten den Kult gleichsam nebenbei beaufsichtigt, nun fielen Durchführung und Kontrolle in die Hand von Männern, die oft (aber nicht immer!) aus der lokalen Oberschicht stammten, als Priester aber auf immer von ihr getrennt waren. Das galt nicht so sehr für die äußeren Dinge: Priester und auch Bischöfe trugen keine besondere Tracht, die Tonsur war nicht üblich. Für die Priesterweihe war nicht einmal Ehelosigkeit eine Bedingung. Im Regelfall waren die Anwärter aber nicht verheiratet, und diejenigen, die es doch waren, gingen mit der Weihe die Verpflichtung ein, sich des Verkehrs zu enthalten. Es war die Weihe zum Priester, an der alles hing. Das Priesteramt gehörte zu den himmlischen Einrichtungen, auch wenn es auf Erden ausgeübt wurde. Insbesondere einem Bischof verschafften die Weihe und die vorhergehende Wahl eine göttliche, vom Willen des Kaisers und der bisherigen Standesgenossen unabhängige Legitimation.

Die Machtfülle weckte in manchem Kurialen die Begierde nach einem Bischofsstuhl. Allerdings: Die Wahl eines Laien zum Bischof war zwar erlaubt – Ambrosius von Mediolanum wurde als kaiserlicher Statthalter gewählt –, aber unüblich. Die Regel war eine langjährige Tätigkeit als Diakon oder Priester, bevor man, meist in der eigenen Gemeinde, zum Bischof aufstieg. Die lange Wartezeit sorgte für eine gewisse Selektion, die meisten Bischöfe der Spätantike waren zumindest in geistlicher Hinsicht für ihr Amt qualifiziert. Gewählt wurde im Konsens der örtlichen Kleriker und Laien und wenigstens drei anderer Bischöfe, die in die Gemeinde gekommen waren. Konsens hieß: keine Mehrheitsentscheidung. In der Theorie war das kein Problem, da der Konsens durch den Heiligen Geist inspiriert war. In der Praxis fehlten eindeutige rechtliche und soziale Regeln. Bildeten nur lokale Große oder auch breitere Schichten das Volk? Stimmte man tatsächlich ab oder reichte eine Akklamation? So liefen Bischofserhebungen in der Praxis unterschiedlich ab, mehr der jeweiligen Machtlagerung folgend als dem Idealbild. Straßenkämpfe kamen nicht selten vor. Nachgeben konnten die Parteien schlecht, da, ganz unabhängig von machtpolitischen Erwägungen, natürlich jede die Inspiration durch den Heiligen Geist für sich in Anspruch nahm. Bischofswahlen waren daher, wie der Donatistenstreit schon gezeigt hat, eine häufige Quelle für innerkirchliche Streitigkeiten und Schismata. Je bedeutender ein Bischofssitz, desto schwieriger gestaltete sich die Erhebung: Auswärtige Interessen, überlokale und überregionale, weltliche und kirchliche, machten sich entschiedener geltend. Stets war auch ein Eingreifen des Kaisers möglich, faktisch geschah das wegen der Entfernungen aber selten. Bis der Hof von einer Vakanz hörte, war der Nachfolger meist längst gewählt. Rechtlich notwendig war aber, neben der Wahl vor Ort, die Zustimmung des Metropoliten, des Vorstehers der Kirchenprovinz.

Die Kirchenprovinzen waren meist identisch mit den staatlichen Provinzen, der Bischof der zentralen Stadt einer Provinz war gewöhnlich auch der Metropolit. Der Metropolit war im strengen Sinne kein Vorgesetzter der Bischöfe, aber seine Vetoposition bei Bischofserhebungen und seine Schiedsrolle bei Disputen verschafften ihm eine machtvolle Position, die im Laufe der Spätantike ausgebaut wurde. Im sechsten Jahrhundert benötigten Bischöfe für eine Reise zum Hof nach Konstantinopel die Einwilligung ihres Metropoliten. Zu dieser Zeit hatte sich aber längst eine weitere, oberste Hierarchieebene ausgebildet: die der Patriarchen. Die Bischöfe von Antiocheia, Alexandreia und Rom genossen schon seit den frühen Jahrhunderten dank ihrer apostolischen Tradition besonderes Gewicht. Derjenige von Alexandreia führte als (provinzübergreifender) Metropolit ein strenges Regiment über ganz Ägypten, de facto wurden alle Bischöfe von ihm ernannt. Wesentlich lockerer war die Suprematie des Bischofs von Antiocheia über Syrien. Am deutlichsten zeigte sich das darin, daß es dem Bischof von Jerusalem gelang, bis zur Mitte des fünften Jahrhunderts vom einfachen Bischof bis zum Patriarchen aufzusteigen, auf Kosten des geschwächten Antiocheia. Jerusalem hatte sich dabei natürlich auf seine Geschichte berufen können. Der Bischof von Konstantinopel hatte diese Möglichkeit nicht. Trotzdem wurde auch seine Stadt Sitz eines Patriarchats, mit dem Primat über Thrakien und Kleinasien. Die maßgebliche Triebfeder dabei war gar nicht so sehr der Ehrgeiz der verschiedenen Bischöfe von Konstantinopel – an dem es freilich nicht fehlte – als der Wunsch des östlichen Kaisers, seine nunmehrige Residenzstadt in der Kirchenhierarchie aufzuwerten.

Die Wichtigkeit des Bischofs von Rom schließlich ist daran zu erkennen, daß Konstantin ihn im Donatistenstreit mitentscheiden ließ. Doch auch wenn der Bischof von Rom sich schon Papst nannte, er war es noch nicht. Leitungs- und Disziplinargewalt besaß er im vierten Jahrhundert nur über Süditalien und Sizilien. Daß der Petrusnachfolger der ehrwürdigste Bischof war und einen gewissen Vorrang innehatte, erkannten auch die Bischöfe des Ostens ohne weiteres an. Das bedeutete aber nicht, daß sie den dogmatischen, kirchenrechtlichen und personellen Vorstellungen Roms regelmäßig gefolgt wären. Selbst in Gallien, Spanien und besonders in Africa verbat man sich Einmischungen. Über den größten Einfluß verfügte die römische Kirche auf dem westlichen Balkan, während sie in Norditalien zu kämpfen hatte. In den achtziger und neunziger Jahren des vierten Jahrhunderts wurde sie sogar überstrahlt von Mediolanum. Dessen ebenso charismatischer wie machtpolitisch versierter Bischof Ambrosius stieg zum bedeutendsten Kirchenführer der Mittelmeerwelt auf. Nach seinem Tod brach der neue Primat aber in sich zusammen. Die Organisationsstruktur der Kirche über der Ebene der Gemeinden war damals noch so im Fluß, daß die Autorität eines Mannes genügte, ganz neue Verhältnisse zu schaffen, die freilich ganz von diesem einen Mann abhingen. Der Erfolg Roms war das Werk vieler. Auch dort gab es große und weniger große Bischöfe. Doch diesem Sitz blieben extreme Brüche erspart, weil man in Rom, ungeachtet des Wechsels der Amtsinhaber, auf dem einmal als richtig erkannten Standpunkt beharrte. Das galt für das Dogma genauso wie für die Behauptung des Primats des Petrusnachfolgers über die gesamte Kirche. Diese Konsequenz – man könnte auch sagen: Sturheit – brachte den Sitz von Rom mehr als einmal in große Schwierigkeiten, insbesondere mit dem Kaiser. Sie bewahrte aber die Tradition, verhinderte, daß ein römischer Bischof der Häresie überführt wurde, und trug entscheidend dazu bei, daß später tatsächlich ein Papsttum im modernen Sinne entstand.

Jedenfalls galt, daß man, um in der Kirche Autorität zu haben, wenigstens Bischof sein sollte. Daß der erste große Häretiker der Spätantike nur Priester war, paßt in dieses Bild. Der mindere Status des Areios spielte tatsächlich eine große Rolle bei seinem Scheitern. Während der gleichzeitig stattfindende Donatistenstreit sich an den praktischen Konsequenzen des Glaubens entzündet hatte, stand Areios im Mittelpunkt einer Auseinandersetzung im Osten, die dem Dogma selbst galt. Schon in den ersten Jahrhunderten hatte es immer wieder Streit über den Glauben gegeben, oft über den rechten Bibeltext. Dieser war inzwischen einigermaßen geklärt, nun ging es um die Ausdeutung. Zentral wurde zunächst das Verhältnis zwischen Gottvater, Christus und Heiligem Geist. Im Neuen Testament spielen zwar alle drei eine mehr oder weniger große Rolle. In welchem Verhältnis sie zueinander stehen, blieb aber unklar. Seit dem dritten Jahrhundert entspann sich darüber eine Diskussion, die, anders als die Debatten im Westen, auf die Terminologie und das Instrumentarium der griechischen Philosophie zurückgriff. Das verschaffte dem Streit einerseits eine beachtliche Analysetiefe, andererseits machte es ihn sehr kompliziert.

Der alexandrinische Priester Areios (in Latein Arius) stellte eine neue These auf: Allein Gottvater, das absolute, höchste Sein, ist ewig, er ist ungezeugt und ohne Anfang. Der Sohn dagegen, Christus, ist nicht ewig, der Vater hat ihn gezeugt, er hat also einen Anfang, es gab eine Zeit, als er noch nicht existierte. Da der Sohn nicht aus dem Wesen des Vaters hervorgegangen ist, sondern sein Dasein dem Willen und Ratschluß Gottes verdankt, ist er ihm wesensähnlich *(homoiousios)*, aber nicht wesensgleich *(homoousios)*. Areios unterscheidet zwar deutlich zwischen dem Sohn, Gottes vollkommenem Geschöpf, und allen übrigen Geschöpfen. Ebenso vermeidet er eine explizite Unterordnung des Sohnes unter den Vater, auch für ihn ist Christus Gott. In der Logik seiner Lehre liegt aber eine klare Hierarchie: Der Sohn steht weit über uns, aber er ist nicht gleichrangig mit Gottvater.

Diese Unterscheidung zwischen Gott und Sohn ist an sich nicht unvernünftig. Der Kern der christlichen Lehre ist aber die Menschwerdung Gottes, daß dieser Gottmensch alle Sünden der Welt auf sich genommen hat und daß Christus am Berg Golgota für die Menschheit gekreuzigt worden ist. Hat Areios recht, ist nur eine Art minderer Gott am Kreuz gestorben, die Erlösungstat Christi ist relativiert. So hat Areios das zwar nicht behauptet, aber es ist ihm nicht zu Unrecht als Konsequenz aus seiner Lehre vorgeworfen worden.

Schon in Alexandreia gab es Widerstand, vermischt mit sehr weltlichen Intrigen und der Debatte, die auch dort über den Umgang mit den *lapsi* tobte. Schließlich wurde Areios von Bischof Alexandros exkommuniziert. Er nahm das nicht hin, und da der Streit längst Aufsehen über Ägypten hinaus erregt hatte, gewann Areios die Unterstützung vieler Bischöfe. Der Streit ergriff den gesamten griechischen Osten, es gab Synoden und Gegensynoden.

Dies war der Stand der Dinge, als Konstantin 324 die Herrschaft über den Osten errang. Wie in Africa versuchte er, durch Eingehen auf die Streithähne Eintracht herzustellen. Diese mußten sich aber auch sagen lassen, daß sie über kleine und ganz unnötige Dinge stritten. Diese Einlassung stiftete natürlich keinen Frieden, und sie war auch gar nicht korrekt. Denn auch wenn nur wenige Hochgebildete die Details der Debatte bis ins letzte erfaßten, ging es doch keineswegs nur um Petitessen. Die Natur Gottes wurde verhandelt.

Wie im Donatistenstreit wollte Konstantin die Kirche auf einer Synode selbst entscheiden lassen. Da auch andere Fragen zu klären waren – die Berechnung des Ostertermins, Schismata aus der Verfolgungszeit, die Kirchenstruktur –, wurde diesmal ein größeres Treffen angesetzt, zu dem alle Bischöfe der Christenheit, auch aus Persien und den Barbarenländern, eingeladen wurden. So traf man sich im Mai 325 in Nikaia, unweit von Nikomedeia, wo Konstantin damals noch residierte. Die in Nikaia gefaßten Beschlüsse werden von fast allen heutigen christlichen Konfessionen als maßgeblich anerkannt, die Synode ging als Erstes Ökumenisches Konzil in die Weltgeschichte ein. ‹Den Erdkreis umspannend› (das bedeutet ökumenisch) traf in der Praxis allerdings nicht ganz zu. Fast alle Teilnehmer stammten aus dem griechischen Osten, nur fünf Bischöfe waren aus dem Westen angereist. Der Bischof von Rom ließ sich durch Legaten vertreten. Insgesamt waren etwa 250 Bischöfe zusammengekommen, jeweils mit Anhang.

Konstantin hatte das Konzil nicht nur einberufen. Er ließ es in einem kaiserlichen Palast stattfinden, er eröffnete es, war die gesamte Zeit über anwesend, ja er leitete es sogar: Ihm wurde vorgetragen, er moderierte, er suchte den Konsens herzustellen. Daß das insgesamt ganz gut gelang, wundert einen angesichts des kaiserlichen Drucks nicht. Über Areios' Lehre wurde aber hitzig diskutiert. Nach langer Debatte und eifrigem Manövrieren, wobei sich auf Areios' Seite der Kirchenhistoriker Eusebios von Kaisareia hervortat, auf der anderen Alexandros' Diakon Athanasios, wurde Areios' Meinung mißbilligt. Der Sohn sei zwar gezeugt, aber nicht geschaffen, denn er sei aus dem Wesen des Vaters entstanden, mit diesem also wesensgleich. Das war nicht gerade die eingängigste Lösung, aber doch ein überzeugender Versuch, mit der dreifachen Ausprägung eines einzigen Gottes fertigzuwerden. Abgesehen von zwei libyschen Anhängern Areios' unterschrieben alle diese Glaubensdefinition. Areios selbst war als Nichtbischof ohne Stimme.

Der Kaiser trug alle Beschlüsse mit und verlieh ihnen Gesetzeskraft. Den mittlerweile exkommunizierten Areios verbannte er und ließ seine Schriften dem Feuer übergeben. Doch Nikaia hatte nicht den Frieden hergestellt, sondern wurde, wie bald klar wurde, zum Ausgangspunkt für eine die Kirche zerreißende Konfrontation. 60 Jahre sollte es dauern, bis sich die Anhänger des Konzils, die Nizäner, im Reich allgemein durchsetzten. Trotzdem war Nikaia schon für die Zeitgenossen ein ganz außergewöhnliches Ereignis, symbolisierte es doch eindrucksvoll den Aufstieg der christlichen Kirche, die wenige Jahre zuvor aufs grausamste verfolgt worden war. So wurde der ägyptische Bischof Paphnutios, der während der Verfolgungen ein Auge verloren hatte, von Konstantin besonders geehrt, wiederholt zu ihm gerufen und auf die leere Augenhöhle geküßt. Im Juli, nach Abschluß des Konzils, gab der Kaiser für die Bischöfe einen Empfang. Eusebios erzählt davon. In seinem Bericht ist das Staunen desjenigen zu spüren, für den ein paar Jahre zuvor staatliche Waffenträger noch eine tödliche Gefahr bedeutet hatten:

Nicht einer der Bischöfe fehlte bei dem kaiserlichen Festmahl. Das, was sich ereignete, war mit Worten nicht zu beschreiben. Die Leibgarden bewachten mit den blanken Spitzen ihrer Schwerter in einem Kreis die Eingangshalle des Kaiserpalasts, mitten durch diese schritten furchtlos die Menschen Gottes und gelangten ins Innerste des Palasts. Dann legten sich die einen mit ihm zusammen auf einer Liege zum Essen nieder, während die anderen auf Liegen zu beiden Seiten ruhten. Da hätte einer meinen können, er habe das Bild des Königreichs Christi vor Augen und das, was sich ereignete, sei nicht die Wirklichkeit, sondern ein Traum.[11]

Eine neue Form der Lebensführung: das Mönchtum

In den siebziger oder achtziger Jahren des dritten Jahrhunderts verstarb ein reiches christliches Paar in Ägypten. Es hinterließ eine kleine Tochter und einen Sohn von 18, 20 Jahren namens Antonios. Ein paar Monate später hörte der junge Mann bei der Lesung im Gottesdienst das Jesuswort aus Matthäus 19,21: «Willst du vollkommen sein, so gehe hin, verkaufe, was du hast, und gib's den Armen, so wirst du einen Schatz im Himmel haben; und komm und folge mir nach!» Antonios fühlte sich angesprochen, er verschenkte seinen Grundbesitz an die Nachbarn und verkaufte das bewegliche Eigentum, dessen Erlös er wiederum den Armen schenkte. Nur eine geringe Summe bewahrte er für die Schwester. Wieder in der Kirche, hörte er das Jesuswort aus Matthäus 6,34: «Drum sorget nicht für den andern Morgen.» Da verschenkte er auch den Rest, die Schwester übergab er einer Art Frauenkloster zur Erziehung. Antonios selbst widmete sich der Askese, und zwar in seinem Heimatort. Klöster gab es nur wenige, und «überhaupt nichts wußte der Mönch von der großen Wüste».[12] Sie waren alle als Einsiedler in der Umgebung ihrer Städte und Dörfer zu finden, Antonios besuchte sie und lernte von ihnen. Er lebte von Handarbeit, seinen Lohn gab er für Brot und die Armen aus. Ständig betete er, die Heilige Schrift kannte er auswendig. Antonios wurde allseits gemocht, er galt als gottesliebend.

Dieser Lebenswandel forderte den Teufel heraus. Er erinnerte Antonios an sein verlorenes Vermögen, an die Schwester und die übrigen Verwandten, er weckte Habgier, Ehrgeiz und Freude an der Völlerei, er stieß ihn auf die Strapazen seines neuen Lebens. Aber vergebens, Antonios behielt in diesem Kampf die Oberhand, dank festem Glauben und dauerndem Gebet. Da griff der große Versucher zu seiner schärfsten Waffe gegen junge Männer: Sex.

Lärmend ging er nachts gegen den jungen Mann vor, am Tag bedrängte er ihn derart, daß auch Leute, die Antonios sahen, den Kampf zwischen den beiden bemerkten. Der Teufel gab ihm schmutzige Gedanken ein, Antonios vertrieb sie durch Gebete. Der Teufel kitzelte ihn, Antonios befestigte seinen Körper, wenn er Erregung spürte, mit Glauben und Fasten. Der Teufel, der elende, wagte es sogar, nachts die Gestalt einer Frau anzunehmen und auf jede Weise nachzuahmen, nur um Antonios zu täuschen. Der aber verinnerlichte Christus und dachte an den durch ihn erlangten Seelenadel – so löschte er den Funken dieses Irrbilds aus. Wieder stellte ihm der Feind die Leichtheit der Lust vor Augen, Antonios dachte in Zorn und Trauer an die Drohung des Feuers und an die Mühe des Wurms. Weil er ihm dies entgegensetzte, ging er unbeschadet aus den Versuchungen hervor. So war alles zur Schmach für den Feind geworden. Derjenige, der geglaubt hatte, Gott gleich zu werden, wurde jetzt von einem jungen Mann verspottet. Derjenige, der sich über Fleisch und Blut erhob, wurde von einem Menschen im Fleisch niedergeworfen. Denn mit diesem arbeitete der Herr, der für uns Fleisch geworden ist und dem Körper den Sieg über den Teufel verliehen hat. Daher kann ein jeder, der so streitet, sagen: «Nicht aber ich, sondern Gottes Gnade, die mit mir ist.»[13]

Antonios' Kampf mit dem Teufel ist voll von mönchischen Idealen: der Lösung von materiellen Gütern und menschlichen Trieben, der Hinwendung zu und Behauptung durch Gott allein. Askese war kein typisch christliches Ziel. Schon jüdische Gruppen hatten nach asketischen Idealen gelebt – allerdings nicht Jesus und die Apostel! –, ebenso hatten sich einige Richtungen der griechischen Philosophie, etwa die Stoiker, die Beherrschung des Körpers zum Ziel gesetzt. Neu war freilich die Abkehr von der Gemeinschaft: Das Wort Mönch (griechisch *monachos*) kommt von *monos* – der einzelne, allein, aber nicht verlassen: Der Mönch suchte die Gemeinschaft mit Gott, die vollkommener war, wenn er alles Weltliche hinter sich ließ.

Zur Beherrschung des Körpers gehörte für Antonios nicht nur die Zügelung des Sexualtriebs. Er durchwachte die Nächte, er aß, wenn überhaupt, nur nach Sonnenuntergang, er beschränkte sich auf Wasser, Brot und Salz, schlief auf einer Binsenmatte oder gleich auf der Erde, er wusch sich nicht und badete nicht. Diese Kasteiung hatte leibfeindliche Züge, die in ihrer Radikalität paganem Denken fremd waren. Fremd war aber auch die Isolation: Antonios wanderte weg von seinem Heimatort, ließ sich in einem verlassenen

Grab einschließen und kämpfte mit Dämonen. Nach dem Sieg zog er sich weiter zurück, in die Wüste. Fast zwanzig Jahre lebte er dort in einer Verschanzung, hielt sich in strenger Askese und kämpfte natürlich wieder mit Dämonen. Die Wüste war die Gegenwelt zur menschlichen Gesellschaft. Sie stellte härteste Anforderungen und war deshalb am ehesten geeignet, den Menschen auf seinen Weg zu Gott zu führen. Sogar das Brot, das er sich anfangs noch hatte bringen lassen, stellte er später selbst her. Die Tiere lebten mit Antonios in Frieden.

Antonios war nicht der erste christliche Einsiedler, aber niemand hatte die Absonderung zu solcher Extremität getrieben wie er. Ohnehin gab es daneben noch andere, gemeinschaftliche Formen des Mönchtums: die Klöster. Erst in Antonios' Lebenszeit werden sie als institutionalisierte Einrichtungen faßbar, ebenfalls in Ägypten. Pachomios gründete seit 320 mehrere Klöster, auch für Frauen. Die Mönche oder Nonnen lebten in zentral organisierten, arbeitsteiligen Gemeinschaften zusammen. Sie wirtschafteten, widmeten sich der Heiligen Schrift und unterwarfen sich der Leitung eines Ältesten. Sie waren Koinobiten (griechisch *koinos*: gemeinsam), doch einte sie und Einsiedler vom Schlage Antonios' das mönchische Ziel der individuellen Nachfolge Christi.

Christus nachzueifern war anfangs das Bemühen aller Christen gewesen. Doch als das Christentum sich ausbreitete, konnten längst nicht mehr alle diesem Ideal genügen. Die Gemeinden wurden zum Spiegelbild der Gesellschaft, die moralischen Anforderungen an das Christsein sanken, extreme Forderungen wie Eheverzicht oder Zölibat waren nicht für alle durchsetzbar (und auch gar nicht wünschenswert). Nur wenige brachten das Ethos auf, mit den menschlichen Banden zu brechen. In diesem Sinne war das Mönchtum eine Erinnerung an das frühe Christentum. Radikale wie Antonios hatte es damals freilich nicht gegeben. Er wurde schon zu Lebzeiten zu einem Vorbild, «die Wüste wurde eine Stadt von Mönchen».[14] Bei seinem Tod blühte das Mönchtum in Ägypten, in Syrien und Palaestina, in Kleinasien und in Konstantinopel. Die Nachfolger trieben die Askese teilweise noch weiter: Da wurden 30, 40 Meter hohe Säulen bestiegen, um den Menschen möglichst fern und den Unbilden des Wetters möglichst nah zu sein, es wurde gefastet und sich abgehärmt, bis Würmer aus Zähnen krochen, offene Wunden und eiternde Geschwüre wurden nicht behandelt, Madenbefall am Körper galt als Auszeichnung.

Antonios starb 356, im Alter von angeblich 105 Jahren. Die zugeschriebene Lebensdauer zeigt, welchen Eindruck er auf die Zeitgenossen gemacht hatte. Nicht wenig hatte dazu das *Leben des heiligen Antonios* beigetragen, eine lebendige Biographie aus der Feder des schon in Nikaia hervorgetretenen Athanasios. Das Buch war ein Bestseller der Antike, das Athanasios sicher auch deswegen geschrieben hatte, weil Antonios ein treuer Nizäner war. Doch das Werk war von allgemeiner Bedeutung, es verbreitete Antonios' Ruhm in der gesamten Welt und gab der mönchischen Bewegung weiteren Auftrieb. Eine umfangreiche monastische Literatur entstand, auch im Lateinischen, in welches das *Leben* gleich zweimal übertragen worden war.

Das war wichtiger als der Erfolg des Originals, denn im Westen mit seiner geringeren Christianisierung existierte noch kaum eine asketische Bewegung. Einer der ersten war der heilige Martin. Ursprünglich Soldat – eine ungewöhnliche Herkunft für einen Mönch –, lebte er lange isoliert, gründete Klöster und wurde schließlich zum Bischof geweiht. Damit wurde er für die gesamte Christenheit richtungsweisend. Gegen Ende des vierten Jahrhunderts wurden mehr Mönche zu Priestern und sogar zu Bischöfen geweiht. So zog die Askesebewegung in Ost und West in die Kirchenhierarchie ein.

In den Eliten fühlten sich vor allem Frauen zum asketischen Lebensstil hingezogen. Statt nochmals oder überhaupt zu heiraten, entschieden sich immer wieder vornehme Damen für ein mönchisches Leben. Dieses Phänomen ist nicht mit einer Emanzipation zu verwechseln. Die Geschlechterrollen blieben erhalten, Nonnen besaßen anders als die Mönche keine Stimme in den Angelegenheiten der Gesellschaft oder auch nur der Kirche. Dennoch schuf die Aufweichung der bisherigen Normen durchaus neue Freiheiten in der Lebensgestaltung – allerdings fast nur für Angehörige der Oberschichten. Frauen wie Makrina in Kleinasien und Marcella in der Stadt Rom wandelten ihre Hausgemeinschaften dank ihrer erheblichen finanziellen Mittel in Klöster um. Melania, die Tochter eines Konsuls und Witwe eines Stadtpräfekten, verließ Italien, reiste nach Alexandreia, besuchte Mönchssiedlungen und gründete schließlich um 383 ein Kloster am Ölberg. Die letzten 37 Jahre ihres Lebens verbrachte sie im Osten und starb in Jerusalem. Rom sah sie nur bei einem kurzen Besuch wieder.

Männer hatten es, wie immer, einfacher. Die Antonios-Nachfolge war für sie insofern attraktiv, als sie, außer Glaube und Zähigkeit, keiner Voraussetzungen bedurfte: Ein Mönch brauchte keine Ausbildung oder überhaupt Bildung, ganz im Unterschied zu paganen Asketen, die immer der Oberschicht angehört hatten. Antonios selbst war zwar hochgebildet gewesen, aber auch ein erklärter Verächter von Bildung und Wissenschaft; diese waren ja pagan geprägt. Ebensowenig bedurfte ein Mönch der Priesterweihe. Dieser Mangel an Voraussetzungen brachte es mit sich, daß so recht nicht kontrolliert werden konnte, wer Mönch wurde und was dieser Mönch wollte. Für Kirche und Staat war die asketische Bewegung daher, bei aller prinzipiellen Hochschätzung des Mönchtums, oft ein Ärgernis.

Die mönchischen Lebens- und Verhaltensformen wichen stark voneinander ab. Im vierten und fünften Jahrhundert waren Mönche in der Wüste und in der Stadt zu finden, sie lebten in Klöstern wie als Einsiedler, manche, vor allem Frauen, wohnten sogar mit ihren Familien zusammen. Einige, und das galt als besonders suspekt, wanderten in Gruppen von Stadt zu Stadt. Viele arbeiteten und kümmerten sich um Kranke und Arme, andere lebten nur von Almosen. Selbst das Klosterleben war nicht überall so streng reguliert wie unter Pachomios. Mönche verließen und wechselten ihre Klöster nach Gusto. Öfter zogen sie sich sogar ganz vom geistlichen Leben zurück. Was diese heterogene Gruppe am ehesten einte, war ihr Widerstand gegen die öffentliche Verletzung von Grundsätzen des christlichen Lebens oder Glaubens. Dann waren die Mönche, oder wenigstens eine Vielzahl von ihnen, schnell bereit, Partei zu ergreifen, auch gegen weltliche und kirchliche Autoritäten, in deren Hierarchie sie ja nicht eingebunden waren. Hier bestand also eine erhebliche Gefahr für die öffentliche Ordnung. Mönche waren, nicht zu Unrecht, als Unruhestifter verschrieen, teilweise wurden sie von Bischöfen gegen staatliche Amtsträger instrumentalisiert. Diese Gewalt konnte sich freilich schnell gegen ihre Urheber wenden. Jedenfalls übten Mönche bei den Streitigkeiten um die Natur Christi erheblichen Einfluß aus.

Staat und Kirche versuchten die Mönche in den Griff zu bekommen, ohne das Mönchtum an sich zu beschädigen. Die Schwierigkeit dieser Aufgabe zeigt sich schön an der Gesetzgebung Theodosius' I., der 390 die Mönche aus den Städten verwies, nur um sie 392 wieder zuzulassen. Bis zur Mitte des fünften Jahrhunderts wuchs die Entschlossenheit. Das Konzil von Chalkedon erließ 451, teilweise auf Vorschlag Kaiser Markians, Vorschriften, die auf eine Verdrängung der Mönche aus dem politischen Leben zielten. Die Mönche wurden dem jeweiligen Bischof unterstellt, das ‹Vagabundieren› wurde verboten, und die Klostergemeinschaft wurde zur Norm erhoben. Zusammenrottungen, die unter dem ‹Vorwand› einer religiösen Disputation für Aufruhr sorgten, sollten aufhören. Das blieb lange ein Wunsch. Die christologischen Streitigkeiten gingen munter weiter, und die meisten Mönche konnten gar nicht anders, als sich zu engagieren. Die scharfe dogmatische Frontstellung eröffnete ihnen den Freiraum, sich für eine Partei zu exponieren, die ihre Hilfe natürlich nicht zurückwies.

Mit der Zeit griffen die Regeln von Chalkedon dennoch. Der christologische Konflikt wurde zwar auch im sechsten Jahrhundert nicht beigelegt, aber es wurde die Auffassung populär, daß Mönche die kirchlichen Angelegenheiten der Entscheidung Gottes und den Bischöfen überlassen sollten. Der Säulenheilige Daniel riet Mönchen, die ihn vor den Mauern Konstantinopels aufsuchten, vorbehaltlos an die Dreifaltigkeit und an das Heil Christi zu glauben, sich um feinere Fragen aber nicht zu kümmern. «Wir nämlich sind Schafe und diese Hirten.»[15] Justinian, der große Normierer des religiösen Lebens im sechsten Jahrhundert, konnte bereits von einer kirchlichen Kontrolle der Mönche ausgehen, obwohl seine oft konfrontative Religionspolitik eigentlich genug Gelegenheit zu energischem Protest bot. Zur Domestizierung des Mönchtums trug auch das persönliche Verhalten der Kaiser bei. Herrscher wie Anastasios oder Justinian waren ausgesprochene ‹Mönchsfreunde›, was sich in ihrem Respekt vor der mönchischen Lebensweise ebenso äußerte wie in ihrer materiellen Unterstützung. Es ist schwierig, die Hand wegzustoßen, die einen beharrlich nährt. Selbst in die Klöster Konstantinopels zog die eremitische Lebensweise ein, und man widmete sich wieder verstärkt der Armenfürsorge.

Es scheint, als ob die Mönche sich zwischenzeitlich weit von Antonios' Idealen entfernt und erst im sechsten Jahrhundert auf den rechten Weg zurückgefunden hätten. Wie konnten Rabauken, die sich prügelten und manchmal selbst an Bischöfe Hand anlegten, in der Nachfolge eines Mannes stehen, der sich für niedriger als jeder Diakon gehalten hatte? Doch schon für Antonios bestand Mönchtum nicht nur aus Rückzug und innerem Kampf um die Besserung der Seele. Er griff auch in die Belange von Laien und selbst in die Politik ein: Während der tetrarchischen Verfolgungen demonstrierte er in Alexandreia gegen den Statthalter und strebte vergeblich nach dem Martyrium. Später intervenierte er, wieder in Person, gegen Areios' Anhänger in Alexandreia. Er pflegte Umgang mit bedeutenden Politikern und Generälen, sogar mit Konstantin stand er in Korrespondenz. Er trieb Dämonen aus und heilte Krankheiten (natürlich nicht aus eigenem Vermögen, sondern wegen der Macht seines Gebets zum Herrn). Seine Visionen gaben vielen Menschen Orientierung.

Diese öffentliche Komponente seines Lebens stand in erheblicher Spannung zu Antonios' Wunsch nach Einsamkeit. Es ergoß sich nämlich eine Flut von hilfesuchenden Menschen in Richtung seiner Einsiedelei. Antonios fühlte sich gestört und auch überfordert, er zog sich deshalb noch weiter in die Wüste zurück. Doch auch dort fanden ihn zahlreiche Besucher und Bittflehende, oft genug waren es bloße Touristen. Antonios konnte sich diesem Kontakt nicht entziehen und wollte es letztlich auch nicht. Mönche wie er erfuhren nicht nur Anerkennung wegen ihres christusnahen Lebens, ihre sichtbare Begünstigung durch Gott machte ihre Stimme in so ziemlich allen Angelegenheiten der christlichen Gesellschaft, besonders natürlich den religiösen, zu einer gewichtigen.

Der irische Althistoriker Peter Brown hat für diese Beziehung von Mönchen zur Gemeinschaft den Begriff des Heiligen Mannes geprägt. Mit einem kanonisierten Heiligen hat der Ausdruck nichts zu tun. Heilige Männer traten als Patrone für Städte und Regionen auf, sie schlichteten Streitigkeiten, sie standen in regelmäßigem Kontakt mit hohen Amtsträgern. Sie sprachen nämlich für Gott. Nur in einer Welt, der das Jenseitige, Zukünftige mehr galt als das Greifbare, Gegenwärtige, konnten Heilige Männer derart großes Prestige gewinnen. Ihr Einfluß in der Gesellschaft rührte davon her, daß sie zunächst – aber eben nur zunächst – außerhalb dieser standen. Ihre geistliche Autorität machte sie zu Sprechern des Christentums, die oft nicht weniger einflußreich waren als Bischöfe, obwohl diese über ganz andere ökonomische Ressourcen verfügten.

Doch nicht jeder Mönch war ein Heiliger Mann. Intimität zwischen Gott und Asketen in einer weltabgeschiedenen Klause stellte kein hinreichendes Kriterium dar. Eine gewisse Bildung (für das Studium der Heiligen Schrift) war unabdingbar, ebenso eine gute Kenntnis der Geschehnisse in Region, Reich und Kirche. Schließlich mußte der Heilige Mann wissen, um was es überhaupt ging, sollte sein Rat nachvollziehbar und hilfreich, seine Mahnung ehrfurchtheischend und gottbegnadet sein. Entscheidend für seinen Einfluß auf die Gesellschaft war aber, daß die Begnadung des Heiligen Mannes nicht unbemerkt blieb: Er beeindruckte die ihm Begegnenden, seine Meinung besaß besonderes Gewicht, seine Gebete vermochten außergewöhnlich viel. Das Heilige äußerte sich nach außen hin in persönlichem Charisma und spiritueller Autorität. Ein verwirrter Eremit auf dem Marktplatz war dagegen nur ein verwirrter Eremit. Die Heiligkeit eines Heiligen Mannes mußte beglaubigt sein, und hilfreich war, wenn er gelegentlich ein Wunder tat oder eine Prophezeiung tätigte (die natürlich in Erfüllung ging). Je mehr Menschen ihn für heilig hielten, um so heiliger war er.

Mönche konnten also erhebliche Bedeutung für die christliche Gemeinschaft besitzen. Umgekehrt wäre das Mönchtum bald irrelevant geworden, hätte es sich vollständig und auf Dauer von der Gesellschaft isoliert. Auch diese Lebensform brauchte die Rückbindung an die Gemeinschaft. Für viele Heutige sind die Motive Antonios' und seiner Nachfolger kaum noch nachzuvollziehen, manche Ausdrucksformen wie das Säulenstehen erscheinen überspannt, die religiöse Entschlossenheit wirkt oft abstoßend und wahnhaft. Dieses moderne Urteil tut der mönchischen Bewegung und ihrer Zurückweisung traditioneller Normen sozialen Lebens – was es heute in anderem Gewand ja ebenso gibt – aber unrecht. Das religiöse Schöpfertum und die organisatorische Innovation schufen Lebensformen, welche die Christenheit bis ins 18. Jahrhundert hinein wesentlich prägten und auch trugen – und bis heute existieren.

Die Nachfolger Konstantins und der rechte Glaube

Die letzten 13 Jahre seines Lebens war Konstantin nominell gar nicht Alleinherrscher gewesen, denn nach und nach hatte er alle seine Söhne und zudem seinen Neffen Delmatius zu Caesaren erhoben. Sie waren in verschiedenen Reichsteilen tätig, prägten Münzen und führten Krieg. Die Lehre Diokletians galt noch immer: Ein Kaiser allein konnte das Reich nicht mehr regieren. Konstantins Arrangement ähnelte allerdings eher den Mehrherrschaften der Soldatenkaiser als der Konstruktion der Tetrarchie. Die Caesaren standen in Alter und Autorität deutlich hinter dem alleinigen Augustus Konstantin zurück, dem sie als Vater und Onkel ohnehin Gehorsam schuldeten. Dieser hatte in allen Fragen das letzte Wort, seine Vertrauten und Generäle leiteten die Caesaren bei ihren Regierungsakten fern von Konstantinopel. Als Konstantin 337 starb, hatte er keinen seiner drei Söhne, auch nicht den Ältesten, vor den anderen ausgezeichnet. Er setzte vielleicht darauf, daß die Caesaren sich einträchtig in die Macht teilen würden. Falls das stimmt, hätte sein Familiensinn seinen üblichen nüchternen Blick auf die Politik getrübt.

Nur wenige Wochen nach seinem Tod wurde Blut vergossen. In Konstantinopel wurde fast die gesamte ‹zweite Familie› Constantius' I. ermordet, also der Zweig der Dynastie, der aus dessen Ehe mit der Tochter Maximians stammte. Auch der Caesar Delmatius starb, verschont wurden nur zwei kleine Enkel Constantius', der zwölfjährige Gallus und der sechsjährige Julian. Die Hintergründe sind unklar: Angeblich hatte das Heer die Herrschaft der Konstantinssöhne gewollt, und der einzig in Konstantinopel anwesende mittlere Sohn Constantius II. hatte dagegen nichts machen können. Dazu paßt jedoch nicht recht, daß die Getöteten offiziell aus dem öffentlichen Gedächtnis getilgt wurden (*damnatio memoriae*) und das Gerücht ausgestreut wurde, die Halbbrüder Konstantins hätten diesen ermordet. Wahrscheinlich hatte Constantius das Handeln des Heeres gebilligt, wenn nicht angestoßen, schließlich war er zusammen mit seinen Brüdern der Hauptnutznießer der Morde. Dreieinhalb Monate nach Konstantins Tod nahmen die drei Söhne den Augustustitel an. Constantius herrschte über den griechischen Osten, von Ägypten über Asien bis zum östlichen Balkan einschließlich Konstantinopels. Der Jüngste, Constans, erhielt den westlichen Balkan, Italien und Africa, der Älteste, Constantin II., kontrollierte Britannien, Gallien und Spanien. Constantin sah sich als ranghöchster Augustus und gestand das Recht der Gesetzgebung nur Constantius zu, über den erst 17jährigen Constans beanspruchte er eine Art Vormundschaft.

Diesen Primat behielt er nicht lange. Constans kümmerte sich nicht viel um Constantin, er schlug auf eigene Faust ein paar Barbaren und begann vorsätzlich Gesetze zu verkünden, die den Maßnahmen der Brüder widersprachen. Constantin sah sich 340 gezwungen, in Italien einzumarschieren, wurde aber bei einem Scharmützel mit Constans' Truppen getötet. Seine Leiche wurde in den nächsten Fluß geworfen. Constans war nun Herr über zwei Drittel des Reiches und dem verbliebenen Bruder Constantius überlegen. Dieser ließ es auf eine Auseinandersetzung lieber nicht ankommen.

Constantius hatte ohnehin den schwierigsten Teil von Konstantins Erbe erhalten. Der Vater hatte am Ende seines Lebens ohne Not, aus bloßer Ruhmsucht, einen Krieg gegen die Perser vom Zaun gebrochen. Deswegen residierte Constantius meist in Antiocheia, fast jeden Sommer führte er Krieg. Er blieb allerdings in der Defensive und setzte auf befestigte Grenzstädte wie Nisibis sowie auf ein Bündnis mit den Arabern. Die Mittel für einen größeren Angriff fehlten, da Constans den Großteil der Ressourcen des Reiches kontrollierte. So schleppte sich der Krieg ohne spektakuläre Kampfhandlungen dahin.

Noch problematischer war Konstantins kirchenpolitisches Vermächtnis. Der Kaiser hatte die dogmatischen Beschlüsse von Nikaia und die Verurteilung Areios' zunächst gebilligt, es bald aber an Eindeutigkeit fehlen lassen: Der Bischof Eusebios von Nikomedeia, einer der bedeutendsten Parteigänger Areios' auf dem Konzil, wurde zunächst verbannt, dann zurückgerufen. Die Kirchengemeinschaft mit Areios wurde auf Konstantins Initiative wiederhergestellt, als dieser die Glaubensdefinition von Nikaia halbwegs akzeptierte. Den Widerstand von Athanasios, nunmehr Bischof von Alexandreia, versuchte Konstantin zu brechen, indem er ihn 335 nach Augusta Treverorum verbannte. Vergeblich. Als der erste christliche Kaiser aber 337 starb, taufte ihn ausgerechnet Eusebios von Nikomedeia. Für die Nizäner war das eine peinliche Angelegenheit. Die kirchenpolitische Befriedung durch das Konzil war gescheitert. Areios war zwar 336 in Konstantinopel gestorben – in einer öffentlichen Latrine, ein gefundenes Fressen für seine begeisterten Feinde –, aber seine Lehre überlebte ihn. Diejenigen, die ihr anhingen, unterschieden sich in dogmatischen Schattierungen und bekämpften sich deswegen untereinander, aber sie waren geeint in der Ablehnung von Nikaia. Von ihren Feinden wurden sie als Arianer verunglimpft, als ob sie nur Anhänglichkeit an einen Sektenführer geleitet hätte, nicht dogmatische Überzeugung. Heute werden sie meist als Homöer bezeichnet (von *homoiousios*).

Der Streit tobte vor allem im griechischen Kulturraum, also in Constantius' Territorium. Zu Anfang ihrer Herrschaft hatten die Brüder die Rückkehr der verbannten Bischöfe vereinbart, auch die von Athanasios. Für Constantius war das ein erhebliches Zugeständnis, denn der Kaiser neigte bald und eindeutig zum Homöertum. Er versuchte dieser Glaubensrichtung rasch durch weitere Verbannungen von Bischöfen und genehme Neubesetzungen vakanter Sitze ein Übergewicht zu verschaffen. 339 wurde Athanasios ein zweites Mal abgesetzt, wieder fand er im Westen Aufnahme. Im lateinischsprachigen Teil des Reiches war die Zustimmung zu

Nikaia fast einhellig, was auch daran lag, daß die meisten nicht viel Interesse an der christologischen Debatte zeigten, die schon sprachlich eine sehr griechische war. Constans konnte sich als Herrscher über ein kirchenpolitisch recht ruhiges Gebiet also mit Interventionen zurückhalten, zumal er sich selbst zu Nikaia bekannte. Bei Gelegenheit unterstützte er jedoch Athanasios und die Nizäner des Ostens, und dies sicher nicht weniger aus Abneigung gegen den Bruder als aus religiöser Überzeugung.

Das machte Constantius' Aufgabe nicht leichter. Bis 360 berief er sechs größere, teilweise reichsweite Synoden ein, von denen er sich Konsens nach seinem Geschmack erhoffte. Er machte die gleiche Erfahrung wie sein Vater, nämlich daß im Streit um den rechten Glauben ein kaiserliches Machtwort nur bedingt weiterhalf. Konstantin hatte es dank seiner Autorität dennoch geschafft, über den Faktionen zu bleiben bzw. von ihnen allen für sich beansprucht zu werden. Die Scheu der Bischöfe der Konstantinischen Wende war aber gewichen, nicht nur weil Konstantin tot war, sondern auch, weil seine Nachfolger immer tiefer in die dogmatischen Auseinandersetzungen der Kirche hineingezogen wurden. Die Kaiser waren viel eher bereit, christlichen Normen zu entsprechen, und gerade deswegen ergriffen sie viel engagierter für den rechten Glauben Partei. Die Herrscher des vierten Jahrhunderts förderten entweder die Nizäner oder die Homöer, je nachdem, wie sie zum Konzil von Nikaia und dem Verhältnis von Gottvater und Gottsohn standen. Im fünften und sechsten Jahrhundert sollten sich die erbitterten Auseinandersetzungen um die Natur Christi fortsetzen, auch wenn sich die Streitpunkte und damit auch die Frontstellungen verschoben. Alle relevanten Glaubensrichtungen der Spätantike mußten sich wenigstens für einige Zeit mit Kaisern auseinandersetzen, die eine andere Form des Christentums favorisierten. Sie wandten dabei die Deutungsmuster an, die sich schon im dritten Jahrhundert bewährt hatten: Die Standhaften in den eigenen Reihen waren Märtyrer und Bekenner, christliche Herrscher mutierten dagegen zu Verfolgern, auch wenn sie ein blutiges Vorgehen stets zu vermeiden suchten. Das führte ganz allgemein zu einer kritischeren Reflexion der Rolle des Kaisertums in der Kirche und zu der Überzeugung, daß die Kirche auch in einem christlichen Staat ohne den Kaiser auskommen konnte, ja zu einem gewissen Grad sogar sollte.

Constantius und Constans fanden immerhin mit der Zeit zu einem Modus vivendi, Athanasios durfte erneut nach Alexandreia heimkehren. Constans hatte sich anfänglich sehr um die Integration der von Constantin beherrschten Reichsteile bemüht, er scheint jedoch mit der Zeit insbesondere die starken Truppen in Gallien vernachlässigt zu haben. Anfang 350 ließ sich der hohe Offizier Magnentius in Augustodunum zum Kaiser ausrufen. Constans war für ein paar Tage auf der Jagd gewesen, und es zeigte sich nun, daß er aus anderem Holz als der Vater geschnitzt war. Statt sich der Unterstützung anderer Truppenteile zu versichern und dem Usurpator entgegenzutreten, wandte er sich zur Flucht Richtung Spanien. Das Gefolge schrumpfte zusehends, Magnentius wurde schon landauf, landab anerkannt. Schließlich wurde Constans von den Häschern eingeholt, aus dem Kirchenasyl gerissen und ermordet. Der Tod des Bruders traf Constantius vielleicht nicht allzu hart – zuviel war vorgefallen. Hinnehmen konnte er ihn keinesfalls. Der Tod Constantins war noch eine Familiensache gewesen, nun aber hatte ein Dynastiefremder einen Kaiser des Konstantinischen Hauses gestürzt. Ein Ausgleich war nicht möglich. Obwohl er über die geringeren Ressourcen verfügte, ging Constantius in die Offensive und marschierte nach Westen. Auf dem Balkan begann ein zähes, erbittertes Ringen mit großen Verlusten für beide Seiten. Constantius trieb Magnentius allmählich aber nach Italien und dann nach Gallien zurück. Im August 353 beging Magnentius Selbstmord, Constantius II. stand auf dem Höhepunkt seiner Macht und herrschte nun über das gesamte Reich.

Nominell war er allerdings ebensowenig Alleinherrscher, wie es Konstantin gewesen war. Magnentius' Rebellion hatte wieder einmal gezeigt, wie wichtig ein Herrscher in der Nähe war, der ansprechbar war und sich kümmerte. Constantius beherzigte diese Lehre, gleichzeitig wollte er jedoch von der dynastischen Exklusivität seiner Familie keinesfalls lassen. Doch von der war nach dem Tod der Brüder und den Morden von 337 nicht mehr viel übrig, Constantius selbst war kinderlos. Es blieben nur die inzwischen zu jungen Männern herangewachsenen Cousins Gallus und Julian. Obwohl Constantius in den Untergang von Gallus' engerer Familie verwickelt gewesen war, erhob er den 26jährigen im März 351 zum Caesar und vermählte ihn mit seiner Schwester.

Das Datum ist interessant: Während Constantius noch auf dem Balkan Krieg führte, wurde Gallus in den Osten entsandt, um dort Constantius' Position in Antiocheia einzunehmen. Constantius beabsichtigte schon damals, nach dem erhofften Sieg zunächst in Europa zu bleiben und die neugewonnenen Gebiete zu konsolidieren, gerade auch in kirchenpolitischer Hinsicht. Diese Rechnung ging in zweierlei Hinsicht nicht auf. Constantius siegte zwar, doch der Westen wandte sich deswegen keineswegs dem Homöertum zu. Den Bischof Liberius von Rom mußte er ins Exil schicken, und da er schon dabei war, setzte er ein weiteres Mal Athanasios ab. Der konnte natürlich nicht mehr nach Westen gehen, und so versteckte er sich in der Wüste, bei den Mönchen.

Gleichzeitig scheiterte das Experiment mit Gallus. Der Caesar interpretierte seine Rolle anders als Constantius. Er sah sich als zwar untergeordneten, aber doch eigenständigen Herrscher eines Teilgebiets, als eine Art Tetrarchen. Constantius schwebte eher ein abhängiges Caesariat wie das eigene unter dem Vater vor. Er war damals aber ein ganz junger Mann gewesen, während Gallus keine zehn Jahre jünger war als er selbst. Zudem, vielleicht vor allem, steckte der Caesar voller Ressentiments gegen den mutmaßlichen Mörder seines Vaters. Als Gallus zu selbständig agierte, sogar einen seiner Gesandten töten ließ, sah Constantius sich gezwungen, Gallus aus Antiocheia zu entfernen und abzusetzen. Ohne den Cousin noch einmal von Angesicht zu Angesicht gesehen zu haben, ließ er ihn Ende 354 hinrichten.

Es ist nur schwer nachzuvollziehen, daß Constantius trotz dieses Debakels den Versuch wiederholte. Ein knappes Jahr später erhob er Julian zum Caesar, unter den gleichen ungünstigen Bedingungen wie zuvor, nur daß Julian wegen der Hinrichtung des älteren Bruders noch mehr Groll gegen Constantius verspürte – und über eine ungleich größere politische Begabung als Gallus verfügte. Constantius wurde nicht zu Unrecht von Mißtrauen gegen seinen neuen Caesar zerfressen, aber der dynastische Imperativ war ihm offensichtlich wichtiger.

Julian wurde nicht nach Antiocheia geschickt, sondern lieber in der Nähe, an der Rheingrenze, eingesetzt. Der Bürgerkrieg hatte die Grenzverteidigung geschwächt, die Provinzialen brauchten mehr Aufmerksamkeit, die Germanen im Vorfeld der Grenze einen Beweis der römischen Stärke. Falls der Caesar sich bewährte, wollte Constantius, der sich in Oberitalien aufhielt, über kurz oder lang in den Osten zurückkehren. Tatsächlich erreichte Julian während der nächsten Jahre dreierlei: Er machte sich zusehends frei von der Bevormundung durch seine Amtsträger, die in Wirklichkeit diejenigen Constantius' waren. Er schaffte es, diese am Hof anzuschwärzen und sich selbst als loyalsten Untertanen zu profilieren. Gleichzeitig lernte er die Kriegsführung, mit der er bislang nicht vertraut gewesen war. Julian errang einige Erfolge gegen die Alamannen. Schließlich sicherte er sich mehr und mehr die Loyalität seiner Truppen: Nach dem großen Sieg 357 bei Argentorate (Straßburg) wollten sie ihn sogar zum Augustus proklamieren.

Derlei Begebenheiten versetzten Constantius in Alarmstimmung. Wahrscheinlich hätte Julian bald das Schicksal seines Bruders erlitten, hätten ihm nicht die Götter geholfen: Der Perserkrieg trat in eine neue, aggressivere Phase, Shapur II. begann 359 eine große Invasion. Der König rannte sich zunächst an den römischen Befestigungen fest, aber es war klar, daß der Krieg 360 in ähnlichem Ausmaß weitergehen würde. Constantius brach daher nach Antiocheia auf und mußte den Caesar wohl oder übel als Herrscher des Westens zurücklassen. Julian hatte bereits seit 358 eine Rebellion erwogen, und so ist es keine Überraschung, daß er nun die erste günstige Gelegenheit nutzte. Als Constantius Truppen aus dem Westen für die Perserkampagne anforderte, waren die Soldaten wenig begeistert. Sie wollten bei ihren Familien bleiben. Viele von ihnen waren Barbaren, denen versprochen worden war, daß sie Gallien nicht verlassen mußten. Julian nutzte den Unmut, um seine Proklamation zum Augustus zu inszenieren, sich selbst dabei aber als mehr Gezogenen denn als Wollenden hinzustellen. In Wirklichkeit war alles fein orchestriert.

Es war Februar 360. Julian bemühte sich um Constantius' Anerkennung und verwies darauf, daß er nicht freiwillig gehandelt habe. Constantius ließ sich nicht täuschen und wies die Versuche zurück. Der Bürgerkrieg begann allerdings mit Verzögerung: Constantius mußte erst die Ostgrenze gegen Shapur behaupten, was mehr schlecht als recht gelang. Julian mußte seine Soldaten davon überzeugen, daß sie, die ihn zum Augustus gemacht hatten, um Gallien nicht verlassen zu müssen, nun Gallien verlassen sollten, um ihn Augustus bleiben zu lassen. Im Jahr 361 blieb Constantius zunächst noch im Osten gebunden, während Julian einen schnellen Vormarsch auf dem Balkan begann. Eine Meuterei im Rücken ließ ihn aber an Momentum verlieren. Gerade als Julian die ersten ernsthaften Schwierigkeiten überwinden mußte, kam aus Kleinasien die Nachricht, daß Constantius, der sich endlich doch nach Westen aufgemacht hatte, am 3. November 361 nach dem Empfang der Taufe gestorben war. Auf dem Sterbebett hatte er Julian angeblich zum Nachfolger designiert. Dies würde zu seinem unerschütterlichen Festhalten am Vorrang der Konstantinischen Dynastie passen. Es kann aber auch sein, daß seine Vertrauten bei dem neuen Machthaber lediglich gut Wetter für sich machen wollten. Wie auch immer, diese Nachricht half Julian, Akzeptanz zu finden. Mit gerade dreißig Jahren herrschte er über das gesamte Reich.

Julian: Rückkehr zum Heidentum

Der Kaiser Julian ist eine der prominentesten Gestalten der Spätantike, obwohl er nur knappe zwanzig Monate über das Gesamtreich herrschte und den Gang der Geschichte kaum beeinflußte. Aber er erfüllte die Kriterien für einen Heroenkönig à la Alexander: Er kam jung zur Herrschaft, er war direkt, ja ungestüm, er konnte gewinnend im Umgang sein, er sprudelte nur so vor Ideen und Initiativen, es verlangte ihn nach Eroberungen – und er starb jung. Für den zeitgenössischen Geschichtsschreiber Ammianus Marcellinus, den größten lateinischen Historiker der Spätantike, war er der Held der Epoche, genauso wie für den Redner und Rhe-

Julian: Rückkehr zum Heidentum 91

Kaiser Julian mit Vollbart auf einer Goldmünze

toriklehrer Libanios von Antiocheia, den bedeutendsten griechischen Intellektuellen des vierten Jahrhunderts. Und Julian selbst gab ausführlich Einblick in sein Denken und Handeln, in einer von der Qualität wie der Menge beeindruckenden Abfolge von Briefen, Reden, Satiren, Streitschriften und philosophischen, religiösen und politischen Traktaten. Das allein würde Julian einen schönen Platz in den Büchern moderner Historiker sichern. In die populäre Imagination hat er aber Eingang gefunden, weil er das Rad der Zeit zurückdrehen wollte, in die vorchristliche Ära.

Unmittelbar nach Constantius' Tod hatte Julian das Versteckspiel beendet. Er hatte sich einen Bart wachsen lassen, wie ein paganer Philosoph und anders als seine glattrasierten Vorgänger. An seinen Lehrer Maximus schrieb er im November 361: «Ich verehre die Götter offen, und der Großteil des Heeres, das mit mir gekommen ist, verehrt sie. Ich opfere öffentlich Rinder. Den Göttern habe ich zum Dank für meine Bewahrung viele Hekatomben dargebracht. Die Götter befehlen mir, in allem nach Möglichkeit rein zu sein, und natürlich gehorche ich ihnen gern. Großen Lohn werden sie meinen Mühen erweisen, sagen sie, wenn ich nicht nachlasse.»[16] Julians Weg zu dieser stolzen Aussage war nicht ganz einfach gewesen. Er war als Christ erzogen worden. Nach der Auslöschung seiner Familie war der Sechsjährige ausgerechnet dem Bischof Eusebios von Nikomedeia anvertraut worden. Doch die nächsten Jahre blieben Julian in goldener Erinnerung, lernte er doch im Unterricht Homer kennen. Später wurde er einem anderen Bischof übergeben und die Erziehung christlicher. Julian sah diese Zeit im Rückblick weniger verklärt, doch immerhin bemühte er sich noch als erwachsener Mann um die Erhaltung der bischöflichen Bibliothek. Diese scheinbaren Widersprüche erklären sich daraus, daß es eine christliche Bildung nicht gab. Natürlich lernte der Schüler die Bibel kennen, aber die Schulung in der Redekunst – das meinte höhere Bildung damals – erfolgte anhand der klassischen, nun schon seit Jahrhunderten bewunderten Vorbilder, die Themen für die Übungsstücke entnahm auch ein christlicher Lehrer der griechisch-römischen Geschichte und Mythologie, vor allem Homer. Dieses Aufbauen des Christentums auf der traditionellen Kultur machte eine Abschottung gegenüber paganen Intellektuellen unmöglich. Julian geriet in philosophische Kreise, in denen viel von Wundern und Heiligen erzählt wurde, die schweben konnten. Maximus weihte Julian in Mysterienkulte ein, vor allem aber in die Feinheiten neuplatonischer Philosophie. Wahrscheinlich schon jetzt, lange vor seiner Erhebung zum Caesar, erkannte Julian, daß er nicht länger Christ sein konnte.

Bei Julians Abfall, der ihm später den Schimpfnamen Apostata einbrachte, spielte zweifellos der Wunsch eine Rolle, es den Peinigern heimzuzahlen: Constantius, der seine Bewegungsfreiheit reglementierte, den bischöflichen Wächtern, der gesamten Konstantinischen Sippschaft, die ihn zum Waisen gemacht und der neuen Religion zum Sieg verholfen hatte. Im Kern war Julians Entscheidung aber keine politische, sondern – durchaus sympathisch – eine persönliche. Er hatte keine Aussicht auf den Thron, seine Abwendung vom Christentum würde nichts bewegen, sie würde nur für ihn selbst, immerhin ein Mitglied der regierenden Dynastie, sehr unerfreuliche Konsequenzen haben. Julian mußte seine neuen Sympathien also für sich behalten. So besuchte er weiterhin die Kirchen und befolgte die christlichen Riten. Der Tarnung half Julians asketischer Lebensstil, der zu einem Christen fast besser paßte als zu einem Heiden: Fasten, kein Sex (immer eine schlechte Idee für ein Mitglied eines Herrscherhauses), Bescheidenheit im Auftreten. Zehn Jahre lang blieb Julians Abfall unbemerkt, von engsten Vertrauten abgesehen. In dieser Zeit entstand, mit dem Umschwung in Julians Geschicken, das politische Projekt einer Repaganisierung. Auch für Julian war Jesus Christus Gott, der Kaiser glaubte an die Macht des, wie er ihn nannte, Galiläers, aber er war eben nur ein Gott unter vielen. Doch in dieses traditionell polytheistische Konzept war das immer dominantere Christentum nach Julians Ansicht nicht mehr einzubinden, und damit lag er auch gar nicht falsch. So war Julian mit dem eigenen Glaubenswechsel nicht zufrieden, auch die Untertanen sollten ihn vollziehen.

Bei Julians Reformen läßt sich grob zwischen antichristlichen und solchen, die den paganen Kult förderten, unterscheiden. Zunächst zu den negativen Maßnahmen: Paganer, an die Kirche gefallener Besitz wurde restituiert, der Neubau von Kirchen wurde verboten, die Privilegien für Kleriker wurden aufgehoben, überwiegend oder weitgehend christliche Gemeinden wurden zurückgesetzt. Julian traf dabei nicht immer den rechten Ton. So schrieb er anläßlich innerchristlicher Ausschreitungen an die mesopotamische Stadt Edessa:

Ich habe die Galiläer alle so mild und menschenfreundlich behandelt, daß keiner von ihnen irgendwo Gewalt erleiden muß, zum Tempel geschleppt wird oder zu etwas anderem in der Art gegen seinen Willen genötigt wird. [...] Nun ist ihnen von ihrem ganz wunderbaren Gesetz bestimmt, ihre Habe hinzugeben, damit sie mit leichterem Gepäck zum Königreich der Himmel reisen. Auf dieses Ziel arbeite ich zusammen mit ihren Heiligen hin. Daher habe ich angeordnet, daß das gesamte Eigentum der Kirche von Edessa beschlagnahmt und den Soldaten gegeben, der Grundbesitz aber ins Reichsvermögen überführt wird, damit sie durch Armut zur Vernunft kommen und nicht des himmlischen Königreichs verlustig gehen, auf das sie doch hoffen. Euch Einwohner von Edessa aber weise ich an, Euch von jeder Ausschreitung und Streiterei fernzuhalten, damit Ihr nicht unsere Menschenfreundlichkeit gegen Euch selbst aufbringt und für die öffentliche Anarchie bezahlt, mit Feuer, Schwert und Verbannung.[17]

Diese sarkastische Herablassung kann Julian in Edessa nicht viele Freunde gemacht haben. Andere seiner Maßnahmen waren von regelrechter Boshaftigkeit. So wurden alle verbannten Bischöfe, auch Athanasios, zurückgerufen, mit dem Ziel, die innerchristlichen Konflikte anzuheizen. Das sogenannte Rhetorenedikt machte die Beschäftigung von Rhetoren und Grammatikern an öffentlichen Schulen von ihrer moralischen Eignung abhängig. Die sah Julian bei Christen nicht gegeben, denn diese unterrichteten die griechisch-römischen Klassiker, ohne deren Götterglauben zu teilen. Indem er also die traditionelle Kultur auf ihren religiösen Gehalt reduzierte, konnte Julian den christlichen Rhetoren vorwerfen, sie lehrten etwas, was sie selbst für falsch hielten. Er wußte sehr wohl, daß sie keine Alternative hatten, sein Erlaß also auf ein Berufsverbot hinauslief. Der Kaiser riet ihnen, besser in den Kirchen das Neue Testament auszulegen. Das öffentliche (nicht das private!) Bildungswesen wurde damit christlichen Händen entzogen. Schließlich regte Julian die Wiedererrichtung des jüdischen Tempels in Jerusalem an und förderte den Bau massiv – die jüdische Religion war schützenswert, denn sie war alt und missionierte nicht, sie war ‹guter› Monotheismus. Christen wurden allerdings nicht verfolgt. Anders als die spätere Tradition behauptete, gab es keine Gelegenheit zum Martyrium. Auch hatten Christen nach wie vor hohe Positionen im Reichsdienst inne, nicht anders als Pagane unter den christlichen Kaisern. Auf der anderen Seite versuchte Julian eine Art paganer Kirche mit Provinzialpriestern aufzubauen, er empfahl den Heiden, die christlichen Formen karitativer Zuwendung an Bedürftige zu übernehmen, und – das war das wichtigste – er ermutigte zu Opfern und ging dabei selbst mit gutem Beispiel voran.

Julians Kurswechsel fand durchaus Resonanz. Wendehälse unter den Eliten folgten den Zeitläuften und legten das Christentum ab. Immer wieder kam es zu lokalen Übergriffen gegen Christen. Der

Kaiser ordnete sie nicht an, was sie zu einem wertvollen Zeugnis für antichristliche Ressentiments in manchen Regionen macht. Julian ließ die Ausschreitungen meist durchgehen, eine klare Botschaft, daß er diese Ausbrüche des Volkszorns schätzte. Auch in dieser Hinsicht konnte er sich am Vorbild christlicher Kaiser orientieren.

Julian selbst war über den Widerhall seiner Politik enttäuscht. Tatsächlich kam der Tempelbau in Jerusalem wegen Naturkatastrophen – in christlicher Interpretation: wegen des Eingreifens Gottes – nicht recht voran. Die Streitwilligkeit der Christen untereinander hatte der Kaiser überschätzt. Die neue heidnische Gefahr schweißte sie zusammen. Athanasios zum Beispiel wurde in der Bedrängnis zur Lichtgestalt aller Christen, auch der Homöer. Auch Julian sah sich gezwungen, den unbequemen Bischof zu vertreiben. Diese Mißerfolge lassen sich freilich zu einem guten Teil mit der Kürze von Julians Regierung erklären. Auch eine pagane Kirche ließ sich nicht aus dem Boden stampfen, und die Einübung karitativer Verhaltensweisen hätte lange Jahre gebraucht.

Daß allerdings auch das Opfern, die über mehr als ein Jahrtausend eingeübte Form paganer Kultausübung, nicht recht in Schwung kam, läßt sich damit nicht erklären. In Antiocheia, das Julian für eine Hochburg der alten Götter gehalten hatte, erregten sich die Einwohner über die dauernde Opferei des Kaisers: der Gestank, die toten Tiere und das dauernde Fressen der Soldaten. Opfer gehörten nicht mehr zu den normalen Umständen des täglichen Lebens, die als selbstverständlich hingenommen wurden, auch wenn einige Züge störten. Selbst die Priester waren wenig aktiv, die nötigen finanziellen Mittel waren oft gar nicht vorhanden. Als Julian in einer Vorstadt von Antiocheia ein Apollonfest besuchte, traf er nicht auf die erwarteten Hundertschaften von Rindern, die zum Altar geführt wurden, sondern auf einen einzelnen Priester, der eine bescheidenere Gabe mitgebracht hatte – eine Gans. Selbst dieses Tier war nicht auf städtische Kosten beschafft worden, sondern stammte aus dem Garten des Priesters. 50 Jahre nach Konstantins Sieg an der Milvischen Brücke waren selbst die Einwohner von Antiocheia, in dem das Christentum sich tatsächlich schwertat, des zentralen Akts des Heidentums, des regelmäßigen Götterkults, weitgehend entwöhnt.

Nicht nur in Antiocheia entwickelten sich die Dinge so. Bei Konstantins Tod war die Mehrzahl der Reichsbevölkerung noch pagan gewesen, bis zum Ende des vierten Jahrhunderts gerieten die Heiden jedoch in die Minderheit. Sie bildeten zahlenmäßig zwar noch eine beträchtliche Minorität, aber keine gesellschaftlich relevante mehr: Pagane gab es eher auf dem Land als in der Stadt, noch im sechsten Jahrhundert existierten in Kleinasien abgelegene Landstriche, die das Christentum kaum berührt hatte, aber sie waren eben abgelegen. Die offene Ausübung des Kults wurde bis ins fünfte Jahrhundert hinein vielfach verboten. Sich zu den alten Göttern zu bekennen wagten nur Mutige. Wer als Heide etwas werden wollte oder etwas war, pflegte seine Religion lieber im Verborgenen, selbst die im Reich befindlichen Barbaren, die im Militär gebraucht wurden und deshalb kaum Sanktionen für offen dargestelltes Heidentum fürchten mußten, waren zu weiten Teilen christlich. Das Heidentum starb, und es starb recht widerstandslos.

Wehrten sich die Anhänger der alten Religion doch einmal, taten sie es vergebens. Als im Jahr 392 das große Sarapis-Heiligtum in Alexandreia entweiht und die Kultgegenstände in einer öffentlichen Prozession dem Spott preisgegeben wurden, da empörten sich die Heiden, und es kam zu einer großen Straßenschlacht mit vielen Toten und Verwundeten. Doch der Kaiser war Christ, der Staat war christlich, und die Rache mochte fürchterlich sein. Der pagane Mob zerstreute sich, viele flohen aus der Stadt, und so erhielt Bischof Theophilos, der schon für die Entweihung verantwortlich gewesen war, endgültig freie Bahn. Der Statthalter half dem Bischof dabei, alle paganen Tempel der Stadt zu vernichten. Das Sarapeion wurde dem Erdboden gleichgemacht, die Kultbilder zerstört oder eingeschmolzen, über den Resten ließ Theophilos eine Kirche erbauen. Das kam jetzt häufiger vor: Tempel, die nicht nur verlassen oder geschlossen, sondern beseitigt wurden. Nur daß die Heiden protestierten, das war selten.

Das stille Dahinwelken überrascht, wenn man bedenkt, welche Zumutung Christen für die Paganen darstellten. Für einen Heiden, der erfuhr, daß sein Nachbar Christ geworden war, war das nicht einfach dessen Privatsache, nach der Regel, daß ein jeder nach seiner Façon selig werden dürfe. Solche Toleranz hätte für das bloße Glauben im Inneren des Herzens zwar auch in der Antike gegolten, aber zentral war ja nicht der Glaube, sondern das Opfer, also die gemeinschaftliche Betätigung im Kult der Gemeinde. Für die Griechen und Römer war diese Gemeinde aber zentraler Bestandteil der Identität, wichtiger als das Reich, manchmal auch wichtiger als die Familie. Der christliche Nachbar, der die Kultausübung ablehnte, stellte so eine Negation der eigenen Existenz dar. Bis Diokletian hatte sich das Heidentum ja auch nach Kräften gegen die christliche Gefahr gewehrt. Warum also später kaum mehr?

Im wesentlichen lassen sich vier Gründe ausmachen. Da war zunächst die Attraktivität des Christentums. Henotheistische Strömungen, also einen Trend zur Verehrung nur eines, wenn auch nicht des einzigen Gottes, hatte es seit der hohen Kaiserzeit gegeben. Die Popularität des Sonnengottes kam nicht von ungefähr. Das Christentum verfügte aber über eine entscheidende Zusatzqualität: Gott war Mensch geworden und für alle am Kreuz gestorben. Damit war untrennbar die Idee der Nächstenliebe verbunden. Der christliche Gott war dem einzelnen Menschen viel näher als die paganen Götter, die vor allem zur (Kult-)Gruppe sprachen. Und in den Gemeinden war erst einmal jeder willkommen. Es zählte nicht, was er konnte und wer er in der Welt war, sondern allein, ob er glaubte. Julian erkannte diesen Vorteil deutlich, wie sein Bemühen um christliche Standards gelebter Barmherzigkeit zeigt.

Als Zweites ist die Missionierung zu nennen. Seit Paulus wurden nicht mehr nur Juden bekehrt, sondern alle Menschen – dies war und ist ein Hauptziel der christlichen Kirche. Dem hatten die Heiden nichts entgegenzusetzen. Als Polytheisten waren sie darauf aus, weitere Götter in ihr Pantheon aufzunehmen, nicht andere von den Vorzügen der eigenen zu überzeugen. Eine pagane Mission war also aus strukturellen Gründen unmöglich.

Einen weiteren Vorteil stellte die Kirchenorganisation dar. Das Christentum besaß eine eigene Priesterkaste, die hierarchisch gegliedert und zu kollektiven Aktionen fähig war. Die paganen Priester versahen den Kult dagegen oft nur im Nebenberuf, die wichtigsten Opfer waren vielerorts an weltliche Magistraturen geknüpft. Die Organisation war zudem auf die kommunale Ebene konzentriert, es gab nur rudimentäre Ansätze zu Provinzialkulten, die ohne Breitenwirkung blieben. Die Träger des paganen Widerstands waren deshalb nicht die Magistrate, die lieber kuschten und konvertierten, sondern die Bildungseliten. Nicht umsonst führten 392 ein Philosoph und zwei Grammatiklehrer, die daneben Priestertümer ausübten, die Heiden Alexandreias an. Diese Gefolgschaft bestand vermutlich im wesentlichen aus ihren Schülern. Das Problem dabei war, daß Rhetorik und Philosophie Elitenangelegenheiten waren, die bei der breiten Masse nicht verfingen. Den Philosophen fehlte oder schwand eine nennenswerte Anhängerschaft. Im fünften Jahrhundert blieben hochgebildete, am Rande der Gesellschaft stehende Gruppen übrig, die ein sektiererisches Heidentum übten und sich über Platon unterhielten.

Schließlich waren alle Kaiser seit Konstantin christlich, eben mit der Ausnahme Julians. Das bedeutete, daß auch der Staat christlich war und die neue Religion förderte. Aus Opportunitätsgründen, um der Karriere willen oder auch nur, um Schwierigkeiten zu vermeiden, wurde man also besser Christ. Der Einwand, daß solche Menschen in Mentalität und Einstellung kaum überzeugte Christen sein konnten, daß sie mit Jupiter und Sarapis genauso oder besser hätten weiterleben können, sticht nicht. Der Glaubenswechsel erforderte wenigstens die äußere Annahme christlicher Lebensformen und auch – wie ich schon am Beispiel der Konstantinssöhne gezeigt habe – eine christliche Erziehung. Die Kinder der Pseudochristen waren schon christlich sozialisiert, sie wuchsen zu ‹Gesinnungschristen› heran. Eine Rückkehr zum Heidentum war für sie viel schwieriger. Diese Generationenfolge war in den gut 60 Jahren zwischen 337 und dem Ende des vierten Jahrhunderts zumindest einmal möglich.

Angesichts dieser Vorteile wirkt Julian wie ein rückwärtsgewandter Träumer, der nur bei Leuten wie Libanios, also der erwähnten schmalen Bildungselite, wirkliche Unterstützung fand. Den Ausgang seines Kampfes für die alten Götter bestimmte der Tod. Der Perserfeldzug, den Julian umfassend vorbereitet hatte, auch um sich von den schwachen Anstrengungen Constantius' abzuheben, war zunächst ein großer Erfolg und dann eine große Katastrophe. Aufklärung und Logistik versagten, der Rückmarsch am Tigris verlief mehr schlecht als recht, bis Julian, der in der Hektik seinen Brustpanzer vergessen hatte, während eines Scharmützels von einem Speer getroffen wurde. Der Kaiser starb am 26. Juni 363 im Feldlager. Vor seinem Tod sagte er: «Du hast gesiegt, Galiläer!»[18] Diese Worte waren wahrscheinlich gehässige Fiktion eines christlichen Polemikers, aber sie waren gut erfunden.

Die meisten Forscher sind sich darin einig, daß Julians Bemühen um Erneuerung des Heidentums von Anfang an zum Scheitern verurteilt war. Es war daher ein gnädiges Schicksal, das ihm ersparte, die Katastrophe seiner Religionspolitik erleben zu müssen, und ihn statt dessen in den romantischen Schleier des vorzeitigen Todes hüllte. Doch Geschichte ist offen, und es scheint mir alles andere als ausgemacht, daß Julian bei einer längeren Regierung nicht doch Erfolg gehabt hätte. Erst Konstantins Entscheidung hatte dem Christentum ja den Weg zur dominierenden Religion freigemacht. Julian nahm diese Entscheidung zurück, und damit wirkte ausgerechnet der Faktor, der vor 50 Jahren den Ausschlag gegeben hatte, wieder zugunsten der Heiden. Das Umschwenken der Eliten hatte bei Julians Tod schon längst begonnen. Daß nach zwanzig Monaten noch keine entscheidenden Erfolge erzielt waren, versteht sich von selbst. Hätte Julian noch ein Vierteljahrhundert geherrscht wie Konstantin, hätten sich die Dinge entwickeln können. Der Tempel in Jerusalem wäre wiederaufgebaut worden, und Athanasios wäre lange vor Julian gestorben. Sicher war das Christentum nicht mehr zu beseitigen, das hatte schon Galerius erkannt. Aber es hätte der kritischen Masse beraubt werden können, welche die tonangebende Religion im Reich brauchte. Julian hatte richtig diagnostiziert, was es brauchte, um die christlichen Gemeinden auf ihren harten Kern abschmelzen zu lassen: eine Organisation der paganen Priesterschaft und karitatives Engagement. Das Christentum wäre damit zweier wesentlicher Vorteile beraubt worden. Das Heidentum, das aus dieser Reform hervorgegangen wäre, hätte sich stark vom Polytheismus der vorkonstantinischen Zeit unterschieden – und es hätte weit weniger blutige Opfer gegeben, als Julian sie sich wünschte –, aber gerade die Veränderung hätte dem Paganismus neues Leben einhauchen können.

Der Kaiser hätte also über die Jahrzehnte mit seiner Zielstrebigkeit den gleichen Erfolg erzielen können wie sein verhaßter Vorvorgänger. Ein Generationenwechsel, vom bloßen Übertritt zur Verinnerlichung, war auch unter umgekehrten Vorzeichen möglich. Julian wäre auch niemand in den Arm gefallen. Er löste zwar häufig Kopfschütteln aus mit seinem allzu bescheidenen Verhalten: dem Verzicht auf Prunk und Zeremoniell, der Entlassung der Palastdiener in Konstantinopel, dem Händeschütteln mit Freunden. Auf uns wirkt das sympathisch, vielen Zeitgenossen kam es seltsam und kauzig vor. Es wirkte wie (und war) ein gekünsteltes Imitieren einer idealisierten Vergangenheit. Mit der Religion hatte das aber nichts zu tun, und wegen ein paar Idiosynkrasien wurde auch kein Kaiser gestürzt. Entscheidend war, daß die Christen Julian zwar aus tiefstem Herzen verabscheuten – ihm aber keiner seine Herrschaft bestritt. Das Kaisertum war älter als das Christentum, es bedurfte für seine Stabilität weder der Kirche noch der neuen Religion. Die Christen hätten sich nicht erhoben, sie hätten sich mit diesem Alptraum auf dem Thron arrangiert und auf ein Wunder gehofft. Das kam zeitig, in Gestalt eines persischen Speerwurfs. Der frühe Tod Julians stellt also ein zentrales historisches Ereignis dar. Die Konstantinische Wende war ein für allemal bestätigt, das Heidentum verschwand in der Dämmerung.

Neue Unruhe:
die Valentinianische Dynastie und die Goten

Julian starb kinderlos, einen Nachfolger hatte er nicht benannt, und die bei weitem beste Armee der Römer stand führungslos und demoralisiert tief im Feindesland, vom Gegner bedrängt und ohne viel Hoffnung auf Rettung. Hektisch berieten die Generäle und führenden Zivilisten über den Nachfolger, ohne Ergebnis, bis ein paar ungestüme Soldaten, nicht Mitglieder dieses Kreises, kurzerhand den mittleren Offizier Jovian proklamierten – in manchem war die Zeit der Soldatenkaiser auch jetzt noch nicht vergangen. Der neue Herrscher brachte das Heer nach Hause, aber zu einem hohen Preis: Er mußte mit Shapur II. einen Frieden schließen, der die Eroberungen Diokletians und das befestigte Nisibis kostete. Der Zugang zu Mesopotamien war verloren, statt dessen wies von nun an ein persischer Brückenkopf nach Westen. Vielen galt der Frieden als Schande, aber das Reich konnte damit leben, und vor allem war das Perserreich saturiert. Bis ins frühe sechste Jahrhundert, also für 150 Jahre, herrschte mit den Persern fast ununterbrochen Frieden.

Die Religion des neuen Kaisers scheint bei seiner Erhebung keine Rolle gespielt zu haben. Julian hätte also auch ein Heide nachfolgen können… Doch Jovian war Christ. Er rief Athanasios aus dem Exil zurück, und da er sich zum Konzil von Nikaia bekannte, ging er in die spätere christliche Überlieferung als guter Kaiser ein. Sein Bild bleibt aber blaß, denn schon im Februar 364 starb Jovian. Wieder berieten die Großen des Reiches über die Nachfolge, allerdings unter viel angenehmeren äußeren Umständen. Nach langem Hin und Her einigte man sich auf einen Kompromißkandidaten, den mittleren Gardeoffizier Valentinian, vom Balkan und etwas über 40 Jahre alt. Soldaten wie hohe Amtsträger drängten den Augustus, möglichst schnell einen Mitherrscher zu erheben. Binnen Jahresfrist hatte das Heer zweimal eine offene Nachfolgesituation erlebt, diese Wahlfreiheit aber keineswegs als angenehm empfunden. Einen Herrscher auszuwählen stellte für alle Beteiligten eine Zerreißprobe dar, ein Fehler konnte schnell zu einem Bürgerkrieg führen. Eine kaiserlose Zeit war schrecklich, die Sukzession sollte klar sein. Valentinian verbat sich zunächst solche Vorschläge. Doch als der Druck wuchs und eine Kandidatensuche außerhalb der Familie vorgeschlagen wurde, ergriff Valentinian die Flucht nach vorn und erhob im März seinen jüngeren Bruder Valens bei Konstantinopel zum gleichberechtigten Augustus. Gleichberechtigt hieß nicht gleich mächtig: Als die Augusti sich trennten, erhielt Valentinian den größeren Teil des Heeres, ebenso wie den größeren Teil des Reiches. Er regierte die Provinzen, über die einst Constans geherrscht hatte, Valens mußte sich mit dem ursprünglichen Territorium von Constantius begnügen, also mit Ägypten, Asien und dem östlichen Balkan.

Die nächsten Jahre waren recht stabile für das Reich, insbesondere für den Westen. Valentinian führte die Herrschaft engagiert und kompetent, auch wenn er zu Jähzorn und Grausamkeit neigte. Da auch er Nizäner war, stimmte er mit dem ganz überwiegenden Teil seiner christlichen Untertanen in religiösen Dingen überein. Die Heiden standen jetzt wieder unter Druck, aber Valentinian wandte keinen Zwang an: Jeder durfte der Religion anhängen, die ihm gefiel, sie allerdings nicht mehr unbegrenzt ausüben. Valens hatte den undankbareren Part erwischt. Die dogmatische Konfliktlinie zwischen Nizänern und Homöern wurde wieder deutlich sichtbar, und Valens schlug sich, auch hier ein Nachfolger Constantius', auf die Seite der letzteren. Die Methoden, die er anwandte, hatten sich nicht geändert. Wieder einmal wurde Athanasios ins (fünfte) Exil geschickt, nur um nach einem Aufruhr in Alexandreia schon 366 zurückkehren zu dürfen. Im Jahr 373 starb er, unangefochten und als größter Bischof Alexandreias, der feste Verteidiger Nikaias gegen heidnische und homöische Kaiser. Daß Valens ihn die letzten sieben Jahre seines Lebens in Ruhe ließ, ist freilich ein Hinweis, daß seine Verfolgungen nicht allzuschlimm gewesen sein können, auch wenn die nizänischen Quellen sich gar nicht beruhigen können angesichts der Grausamkeit eines Herrschers, der 80 Priester auf einem brennenden Schiff in den Tod geschickt haben soll. Dennoch trotzten immer wieder stolze Asketen dem Willen des ketzerischen Kaisers. Auch auf den Bischof (und Kirchenvater) Basileios von Kaisareia übte Valens vergeblich Druck aus. Der Höhepunkt ihres Kräftemessens ist mit einiger Sicherheit erfunden, er zeigt aber gerade deswegen sehr schön, wie weit die ideologische Konfrontation zwischen Christen gehen konnte:

Nicht viel später geschah es, daß Valens' kleiner Sohn Galates so schwer erkrankte, daß er von den Ärzten aufgegeben wurde. Seine Mutter, die

Kaiserin Domnica, versicherte dem Kaiser, daß sie in ihren Träumen von schrecklichen Bildern gequält worden sei und daß es dem Kleinen so schlecht gehe wegen des Hochmuts gegen den Bischof. Der Kaiser dachte darüber nach und ließ Basileios kommen. Um ihn zu prüfen, sagte er: «Wenn dein Glauben der wahre ist, dann bete, daß mein Sohn nicht stirbt!» Basileios antwortete: «Wenn Du glaubst wie ich, Kaiser, und die Kirche geeint wird, wird der Kleine leben.» Damit war der Kaiser nicht einverstanden. Da sagte Basileios: «So erfüllt sich der Wille Gottes an dem Kleinen.» Nach diesen Worten wurde Basileios weggeschickt. Der Kleine starb wenig später.[19]

Die größten Veränderungen gegenüber der Zeit der Konstantinischen Dynastie vollzogen sich aber auf dem Gebiet der Außenpolitik. Im Osten fochten Römer und Perser nur noch Stellvertreterkriege in den Pufferregionen Armenien und Iberien (im heutigen Georgien) aus, die aber immerhin Valens zwangen, die meiste Zeit seiner Herrschaft in Antiocheia zu residieren. Größere Aufmerksamkeit verlangten jedoch die Flußgrenzen in Europa. Der Tod Julians hatte die Franken und Sachsen, vor allem aber die Alamannen zu neuen Einfällen über den Rhein ermuntert. 368 wurde Mogontiacum eingenommen. Während Valentinian sich meist in Augusta Treverorum aufhielt, führten seine Generäle jährliche Feldzüge, die Befestigungen an Rhein und Donau wurden wieder einmal verstärkt. Diese Anstrengungen blieben nicht ohne Erfolg, und die Römer waren immer noch Herr der Lage.

Doch insgesamt kam das Reich nicht mehr aus der strategischen Defensive heraus, in die es während des dritten Jahrhunderts geraten war. Das Zivilisationsgefälle zwischen der römischen und der barbarischen Welt war weit flacher geworden, schließlich gelangten die Güter und Errungenschaften aus dem Mittelmeerraum inzwischen seit Jahrhunderten nach Norden und Osten. So waren zum Beispiel Sensen und Pflüge oft auf demselben Niveau wie im Reich. Die Produktivität der Landwirtschaft war gestiegen, und im Kampf um knappes Land in Ost- und Mitteleuropa hatten sich schon längst Kriegergruppen an der Spitze der germanischen Gesellschaften etabliert, die eben wegen der höheren Produktivität nicht mehr auf dem Feld arbeiten mußten. In Waffentechnik und Kampfweise waren sie den Römern zunehmend ebenbürtig. Ihre Zusammenschlüsse zu Zweckbündnissen oder gar zu dauerhaften politisch-militärischen Verbünden hatten das Reich schon im dritten Jahrhundert an den Rand des Untergangs gebracht. Trotz der Erfolge der Tetrarchen schienen die Kräfte Roms zu schwinden, während die Barbaren immer selbstbewußter wurden.

Das zeigte sich auch am Wandel der diplomatischen Etikette. Früher hatten die Römer friedenssuchende Germanen nach Rom oder in die jeweilige Residenz kommen lassen. Zum Friedensschluß mit dem Alamannenfürsten Macrianus mußte sich Valentinian 374 aber persönlich an den Rhein bemühen. Damit nicht genug: Während Macrianus am rechten Rheinufer wartete, ging der Kaiser an Bord eines Schiffes und ließ sich so nah an das gegnerische Ufer bringen, daß die Parteien bequem verhandeln konnten. Valentinian kam dem Alamannen also entgegen, wagte es aber nicht, an Land zu gehen. Souverän wirkte das nicht.

Die Katastrophe ereignete sich aber in Valens' Reichsteil, an der unteren Donau. Jenseits des Flusses siedelten schon seit dem dritten Jahrhundert Goten, die in einem komplizierten Verhältnis zum Reich standen. Von offenem Krieg über Handel und den Eintritt einzelner Goten in die römische Armee bis zur offiziellen militärischen Unterstützung spannte sich der Bogen der Verkehrsformen. Dazu gehörte auch die Christianisierung durch den von Constantius II. beauftragten Bischof Wulfila (Ulfilas), der die Bibel ins Gotische übersetzte. Zunächst wurde aber nur ein Teil der Goten bekehrt. Überhaupt gab es nicht einfach ‹die Goten›. Nördlich des Schwarzen Meeres lebten die sogenannten Greuthungen, ihre weiter westlich, hier im Moment mehr interessierenden Landsleute waren die Terwingen. Diese zerfielen wiederum in einzelne Gruppen unter Königen, über denen als Anführer allenfalls ein Primus inter pares stand.

Zur Zeit Valens' ging dieser Anführer, Athanarich, gegen christliche Goten vor, wohl um den vermuteten römischen Einfluß zurückzudrängen. Dagegen erhob sich Widerstand, Athanarich verlor Einfluß und Autorität, die Terwingen fragmentierten sich untereinander (mit freundlicher römischer Unterstützung). Ausgerechnet jetzt griffen zum ersten Mal die Hunnen in das europäische Geschehen ein. Sie besiegten erst die Greuthungen und Alanen, dann die geschwächten Terwingen. Nördlich der Donau brach das Chaos aus, die gotischen Strukturen brachen zusammen. Athanarich zog sich mit wenigen Gefolgsleuten in die Karpaten zurück, andere unter den Königen Fritigern und Alaviv drängten zur Donau und baten um Aufnahme ins Reich.

Valens erklärte 376 von Antiocheia aus sein Einverständnis. Dies schien der beste Weg, um den Druck von der Grenze zu nehmen, gleichzeitig erhielten die Römer viele Siedler und Soldaten (das hatten die Goten versprochen). Die Krise hätte sich wohl zur beiderseitigen Zufriedenheit entspannen lassen, hätte Valens sich selbst um die Abwicklung gekümmert. Der Kaiser blieb aber in Antiocheia, und so lag die Angelegenheit in den Händen seiner Leute vor Ort, von denen nicht zu sagen ist, ob ihre Inkompetenz oder ihre Gewissenlosigkeit überwog. Zunächst verloren die Römer die Kontrolle über die Donauüberschreitung, weit mehr Terwingen als beabsichtigt gelangten ins Reich. Eine adäquate Versorgung der Menschenmassen war schwierig, die römischen Amtsträger nutzten dies nach Kräften und besorgten sich billige Sklaven aus den Reihen der hungernden Goten. Die Erbitterung wuchs, bis die Römer in einer thrakischen Stadt ein Massaker unter den Goten anrichteten, dem auch Alaviv zum Opfer fiel. Jetzt kam es zum Krieg. Über das gesamte Jahr 377 zogen sich die Kämpfe hin, die römischen Generäle wurden der Goten, die sich erstaunlich rasch organisierten, nicht Herr. Diese erhielten willkommenen Zuzug durch gotische Überläufer, durch germanische Sklaven und Arbeiter aus Bergwerken, durch hunnische und alanische Söldner, schließlich durch viele Greuthungen, die die inzwischen ungeschützte Donau überschritten hatten. Die Goten zogen plündernd durch ganz Thrakien. Die Dinge gerieten so außer Kontrolle, daß der Kaiser selbst eingreifen mußte. Im Mai 378 traf Valens in Konstantinopel ein.

Valentinian war inzwischen gestorben. Sein Sohn Gratian wollte aus dem Westen zu Hilfe eilen, wurde dann aber durch einen Einfall der Alamannen aufgehalten. Die bereits auf den Balkan entsandten Vorauskontingente wurden zurückgerufen, Gratian mußte erst einmal am Oberrhein operieren (und überschritt dabei den Fluß als letzter Kaiser überhaupt). Nachdem die Situation bereinigt war, hielt sich Gratian nicht lange auf und gelangte in Eilmärschen nach Sirmium. Nach vier Tagen Rast drängte er weiter, den Onkel bat er zu warten, bis ihre Armeen sich vereinigten. Valens manövrierte inzwischen bei Hadrianopolis, Fritigern hatte seine Truppen gesammelt und suchte die Entscheidung. In Valens' Konsistorium – dem Beratungsgremium eines Kaisers – herrschte Uneinigkeit, ob man auf Gratian warten solle. Valens beschloß schließlich die Schlacht. Die Aufklärung hatte die Stärke des Feindes mit nur 10000 angegeben – diese Zahl sollte sich bald als zu niedrig herausstellen –, die Gelegenheit schien also günstig. Vor allem aber neidete Valens dem Neffen das Prestige, das dieser sich mit seinen Erfolgen gegen die Germanen erworben hatte. Er wollte endlich einen großen Sieg auf dem Schlachtfeld erringen, und zwar als alleiniger Oberbefehlshaber.

Am 9. August 378 wurde die Schlacht in der Umgebung von Hadrianopolis geschlagen. Die Römer ließen ihren Troß in der Stadt zurück, marschierten dann aber an diesem heißen Tag über 17 Kilometer, während die Goten einfach warteten. Mehrere Verhandlungsversuche Fritigerns wurden souverän zurückgewiesen. Ein Ziel dieser letzten diplomatischen Bemühungen war, Zeit zu gewinnen, bis die noch fehlende Kavallerie der Goten zum Heer stieß, aber Fritigern wollte wohl auch das Äußerste vermeiden. Valens jedoch eröffnete die Schlacht. Der Vorstoß wurde von der Reiterei des Feindes, die im rechten Moment eingetroffen war, bitter bestraft, der linke, vorgeschobene Flügel war plötzlich ohne Deckung und wurde vernichtet, auch der rechte Flügel wurde schließlich besiegt. Die Römer erlitten eine vernichtende Niederlage, zwei Drittel der dreißig- bis vierzigtausend Soldaten starben. Valens, der bis zuletzt kämpfte, wurde von einem Pfeil getroffen und fiel unter den einfachen Soldaten. Seine Leiche wurde nie gefunden.

«Nach dem tödlichen Kampf bedeckte schon finstere Nacht die Erde. Die Übriggebliebenen trieb es nach rechts, nach links oder wohin die Furcht sie gerissen hatte, ein jeder suchte seine Kameraden. Außer sich selbst vermochten sie nichts zu erkennen, und doch meinten sie, das Schwert hänge über ihren Köpfen. Aber hören konnten sie, wenn auch aus der Ferne – die elenden Schreie der Zurückgelassenen, das Röcheln der Sterbenden, das qualvolle Weinen der Verwundeten.»[20] Für Ammianus Marcellinus war die Schlacht die größte römische Niederlage seit Cannae. Tatsächlich stand kein ebenbürtiges römisches Heer mehr auf dem Balkan, Gratian wagte nicht, weiter vorzudringen. Attacken auf Hadrianopolis und Konstantinopel scheiterten aber, befestigte Städte hielten stand, denn die Goten waren auf Belagerungen nicht vorbereitet. Da eine dauernde Beherrschung des Landes aber nur von Städten aus möglich war, blieben sie auf das Plündern des Landes verwiesen, wie bisher. Die Situation schien im Moment also schlimmer, als sie war. Das Reich stand nicht vor der Auflösung, nicht einmal die Herrschaft auf dem Balkan war gefährdet. Daß die Folgen gemeistert werden konnten, lag aber auch daran, daß Gratian, der sich einen eigenen Balkanfeldzug nicht zutraute und/oder die Gefahren im Westen (Usurpation und Germanen) bedachte, nicht zögerte, einen ihm fähig erscheinenden Mann mit dem Krisenmanagement zu betrauen und diesen schon Anfang 379 zum Augustus zu erheben, obwohl er nicht zur Dynastie gehörte: Theodosius I.

Theodosius stammte aus Spanien, sein Vater war Heermeister gewesen, und auch er selbst hatte bereits ein eigenständiges Kommando innegehabt. Sein Problem war aber, daß ihm nur wenige Soldaten zur Verfügung standen. Theodosius schlug in den nächsten Jahren keine große Schlacht, sondern versuchte in kleineren Gefechten den Balkan in den Griff zu bekommen. Entscheidend war aber nicht deren Ausgang, sondern der Umstand, daß die Goten trotz aller Ressentiments das Reich nicht zerstören, sondern einen warmen Platz am Ofen haben wollten. Das ermöglichte einen Ausgleich.

Im Jahr 382 wurde ein Vertrag mit den Goten geschlossen, den die Römer als Unterwerfung der Barbaren bezeichneten, der in Wirklichkeit aber eine Abmachung von gleich zu gleich darstellte. Die Goten wurden als *foederati* (von *foedus*, Vertrag) auf Reichsboden angesiedelt, und zwar nicht zerstreut, sondern in geschlossenen Verbänden auf dem Balkan. Die Nähe zur alten Heimat eröffnete die Gelegenheit für weiteren Zustrom von jenseits der Donau. Die Germanen lebten unter ihren eigenen Gesetzen, ihr Land war von Abgaben befreit. Sie durften Einquartierung in Häusern von Römern beanspruchen, sie wurden ernährt von den Erträgen römischer Bauern, und sie erhielten jährliche Gelder durch das Reich. Im Gegenzug leisteten sie dem Kaiser Heeresfolge, als geschlossener Verband unter römischem Kommando. Theodosius gewährte den Goten also weitgehende Autonomie und nahm hohe Kosten auf sich. Dafür bekam er neue, dringend benötigte Soldaten und Ruhe auf dem Balkan.

Das heißt freilich nicht, daß die Ressentiments auf beiden Seiten geschwunden wären. Die Römer arrangierten sich nur deswegen mit den Goten, weil sie nicht die Kraft hatten, sie zu vernichten. Bei Gelegenheit wurde das immerhin im kleinen erledigt: Die Konstantinopolitaner lynchten einmal einen gotischen Soldaten, der sich irgend etwas zuschulden hatte kommen lassen, und warfen seine Leiche ins Meer – trotz des erheblichen Risikos einer Bestrafung, da der Kaiser ja den Ausgleich mit den Goten suchte. Die Goten vergaßen ihrerseits die Ereignisse der ersten Jahre nicht. Immerhin hatten diese Erfahrungen den zufällig zusammengewürfelten Haufen, der ja nicht nur aus Terwingen und Greuthungen bestand, zu einem neuen Volk zusammengeschweißt. Wir nennen es Westgoten.

Der Triumph des nizänischen Christentums

Als Sohn des äußersten Westens war Theodosius, wenig überraschend, überzeugter Nizäner, der nicht nur keine Affinität zu homöischen Überzeugungen zeigte, sondern den christologischen Streitigkeiten des Ostens fremd gegenüberstand. Ein weiteres persönliches Moment bestand darin, daß Theodosius bereits 380, während einer schweren Krankheit, auf dem vermeintlichen Sterbebett die Taufe erhielt. Ein Abwaschen aller kaiserlichen Missetaten kurz vor dem Tod, so wie es Konstantin praktiziert hatte, war für Theodosius nicht mehr möglich. Der Kaiser war also zu einer besonders christlichen, in diesem Fall nizänischen Regierungsführung verpflichtet. Es gab aber auch politische Motive, die Nizäner zu fördern. Gratian betrieb eine deutlich pronizänische Politik. Eine Unterdrückung durch Theodosius hätte, wie einst bei Constantius II., dazu führen können, daß die Nizäner sich am Westkaiser ausrichteten. Am wichtigsten aber war, daß die Homöer ohnehin in die Defensive geraten waren. Der Untergang ihres größten Förderers Valens hatte sie diskreditiert: In Hadrianopolis war ein Gottesurteil gegen den Ketzerkaiser und gegen seine Lehre gesprochen worden.

Bereits im Februar 380 erließ Theodosius ein Edikt, in dem er den Glauben an die «eine Gottheit von Vater, Sohn und Heiligem Geist, in gleicher Majestät und in frommer Dreieinigkeit», vorschrieb. «Wir befehlen, daß diejenigen, die diesem Gesetz folgen, den Namen katholischer Christen annehmen. Die übrigen aber, nach unserem Urteil Wahnsinnige und Rasende, sollen die Schande eines häretischen Glaubens tragen, ihre Versammlungsstätten sollen nicht den Namen von Kirchen führen dürfen. Sie sollen zuerst die Strafe Gottes erleiden, dann auch unsere Rache, wenn wir gemäß dem göttlichen Urteil handeln.»[21] Viel deutlicher ging es nicht, alle nichtnizänischen Richtungen wurden beschimpft. Die früher als sehr hoch erachtete religionspolitische Bedeutung des Edikts wird heute eher relativiert, denn die Strafandrohung war diffus und adressiert war es lediglich an die Einwohner von Konstantinopel. Doch gerade die vage Ankündigung der Rache öffnete den ausführenden Amtsträgern Tür und Tor zu einem Vorgehen gegen die Nichtnizäner, gerade in der oft umstrittenen Frage, wer die Kirchengebäude kontrollierte. Und wenn das Gesetz auch nur an Konstantinopel adressiert war und auch nur dort bekanntgemacht wurde, so war sein Anspruch umfassend: Es richtete sich an *cunctos populos*, an «alle Völker». Die staatliche Festsetzung des rechten Glaubens durch Theodosius I. stellte also für den Osten eine jähe religionspolitische Wende dar, auch wenn sie nicht so hart exekutiert wurde, wie der Wortlaut nahelegte. Theodosius verbot die nichtnizänischen Überzeugungen auch gar nicht, er nahm den Homöern aber die materiellen Ressourcen und wirkte bei Gelegenheit auf die Wahl nizänischer Bischöfe hin. Das erwies sich als weit erfolgreicher als die konfrontative Kirchenpolitik seiner homöischen Vorgänger.

Theodosius berief auch wieder Synoden ein, so wie Constantius II., aber unter umgekehrten Vorzeichen. Die wichtigste dieser Kirchenversammlungen fand von Mai bis Juli 381 in Konstantinopel statt. Obwohl nur 150 Bischöfe vertreten waren, wieder nur aus dem Osten (gleichzeitig fand ein Konzil Gratians in Aquileia statt), ging sie als Zweites Ökumenisches Konzil in die Kirchengeschichte ein. Diesen Rang brachte ihr die Bestätigung des Glaubens von Nikaia, unter Betonung der Rolle des Heiligen Geistes, ein.

Was am meisten an diesem Konzil frappiert, ist die dominierende Rolle des Kaisers. Theodosius führte nicht den Vorsitz, er nahm nicht einmal an den Sitzungen teil, und doch lenkte er den Ausgang. Der Anlaß für die Einberufung waren Schismata in Konstantinopel und Antiocheia gewesen, also Spaltungen der Gemeinde, die aus umstrittenen Bischofswahlen entstanden waren. Es ging hier wohlgemerkt nur um die nizänischen Gemeinden – Homöer waren gar nicht mehr geladen –, dogmatische Eintracht schützte keineswegs vor weiteren kirchenpolitischen Verwerfungen. Trotz aller Anstrengungen der versammelten Kirchenfürsten konnte das Schisma in Antiocheia nicht überwunden werden. Die Kirche Konstantinopels erhielt zwar zunächst einen gemeinsamen Bischof – den Kirchenvater Gregor von Nazianz –, als dieser aber an der Lösung ausgerechnet des antiochenischen Problems scheiterte, trat er zurück. Da zog der Kaiser das Verfahren an sich. Theodosius ließ sich von den Bischöfen eine Liste mit Vorschlägen geben und wählte selbst einen genehmen Kandidaten aus: Nektarios, kein Priester, sondern Senator, noch dazu ungetauft. Er brachte aber politische Erfahrung mit und hatte in Konstantinopel gerade popularitätsbringende Spiele gegeben. Kein Bischof bestritt dem Kaiser ernstlich, daß sein Wille maßgeblich war. Seine Wünsche schlugen sich auch in einem Konzilsbeschluß nieder, der später für viel böses Blut sorgen sollte: Konstantinopel wurde zum zweiten Bischofssitz des Reiches erhoben, hinter Rom, und zwar deswegen, weil Konstantinopel das neue Rom sei, also aus rein politischen Gründen. Diese neue Hierarchie hatte keine konkreten Auswirkungen, sie bezeichnete nur einen Vorrang ehrenhalber. Aber Rom, das nicht gefragt worden war, war düpiert, mehr noch Alexandreia, das traditionell der erste Bischofssitz des Ostens gewesen war.

Auch in dogmatischer Hinsicht ließ Theodosius keine Zweifel an seinem Führungsanspruch aufkommen. Zwei Jahre später bat er Vertreter der verschiedenen Konfessionen nach Konstantinopel. Von allen ließ er sich schriftliche Bekenntnisse ihres Glaubens geben und wählte dann – das nizänische aus. Man neigt dazu, das Ganze angesichts des Ausgangs für eine Farce zu halten. Aber so einfach war es nicht. Theodosius glaubte, unmittelbar von Gott inspiriert zu sein. Der Vermittlung eines Priesters bedurfte er nicht.

Der Sieg des nizänischen Glaubens wurde dadurch erleichtert, daß sein Vorkämpfer bald zum führenden Kaiser aufstieg. Im August 383 wurde Gratian von dem Usurpator Magnus Maximus getötet. Seine Soldaten waren einfach übergelaufen, Gratian hatte es offenbar nicht verstanden, sich die Gunst der wichtigsten Akzeptanzgruppe zu sichern. Trotz aller Feldzüge am Rhein und trotz der Eifersucht des Onkels hatte der Kaiser keinen einzigen großen Sieg gegen die Alamannen errungen. Daß er dann auch noch unter den Truppen die barbarischen Alanen bevorzugte, sorgte für Ressentiments unter den römischen Soldaten. Magnus Maximus, ein erfahrener Offizier, der zuletzt in Britannien kommandiert hatte, schien da der bessere Führer zu sein. Britannien, Gallien und Spanien fielen ihm ohne weiteres zu. Es wäre nun Theodosius' Aufgabe gewesen, Gratian, der ihn immerhin zum Kaiser erhoben hatte, zu rächen. Doch er tat nicht viel. Er wurde zwar nicht gerade zu Maximus' Komplizen, aber er arrangierte sich mit ihm – auf Kosten von Gratians jüngerem Bruder, Valentinian II., der in Italien zwischen den beiden Mächtigeren fast erdrückt wurde. Als Maximus ein paar Jahre später, 387, in Italien einmarschierte und Valentinian nach Osten flüchtete, mußte Theodosius dann doch den Bürgerkrieg wagen. Er versüßte sich das Risiko mit dem Bekenntnis Valentinians zum Nizänertum – dieser war der einzige Kaiser des Westens, der homöische Tendenzen gezeigt hatte – und der Hochzeit mit dessen Schwester Galla. Nicht nur war eine verwandtschaftliche

Bindung mit der Valentinianischen Dynastie hergestellt, Galla war auch attraktiv.

Das heterogene Heer des Ostens war immer noch durch die Niederlage von Hadrianopolis geschwächt. Theodosius begann den Krieg trotz langer Rüstungen als der Schwächere, Maximus aber erwies sich als Zauderer, der rasch und ohne große Gegenwehr besiegt wurde. Die Neuordnung fiel milde aus: Auf Vergeltungsmaßnahmen wurde verzichtet, Maximus' Amtsträger verschont. Teile des besiegten Heeres wurden nach Osten geschickt und in Theodosius' Armee integriert. Valentinian aber wurde nach Gallien abgeschoben. Theodosius war nun der faktische Herrscher des Westens. Er war es dank einem unverschämten Waffenglück, das ihn wie einen Gottbegnadeten aussehen ließ.

In Mediolanum traf Theodosius auf Bischof Ambrosius, einen Meister der (kirchen-)politischen Machination. Ambrosius war damals längst zum ersten Bischof Italiens aufgestiegen. Gegen den Senat von Rom, eine Festung des alten Glaubens, hatte er durchgesetzt, daß der Altar der Victoria nicht mehr in der Kurie aufgestellt wurde, und Valentinian II. hatte er durch eine Gebäudebesetzung daran gehindert, eine Kirche in Mediolanum den Homöern zu übergeben. Die Begegnung der beiden Männer stand daher unter keinem guten Stern. Der eine war von Bischöfen vor allem Gehorsam gewohnt, für den anderen waren kaiserliche Eingriffe in die Kirche unerhört. Den Hintergrund bildete nicht nur Ambrosius' persönliches Format, sondern auch das größere Selbstbewußtsein des Klerus im Westen, der die staatliche Intervention schlicht nicht gewohnt war, da sie viel seltener notwendig gewesen war – die Kaiser stimmten ja fast immer mit der nizänischen Mehrheitsmeinung überein.

Die unterschiedlichen Auffassungen wurden bald in einem Konflikt um Kallinikon, einer Grenzstadt am Euphrat, offensichtlich: Ein christlicher Mob mit vielen Mönchen hatte dort unter Führung des Bischofs eine Synagoge angezündet. Das stellte eine Störung der öffentlichen Ordnung dar, die römischen Gesetze garantierten den Juden eine ungestörte Kultausübung. Theodosius, dem die heikle Sache vorgelegt worden war, entschied also nur nach

Recht und Gesetz, als er die Rädelsführer und Mönche streng bestrafen ließ, den Bischof aber zwang, die Synagoge aus eigenen Mitteln wiederaufzubauen. Ambrosius aber protestierte mündlich wie schriftlich: Ein guter Kaiser müsse auf die Priester hören (also auf ihn). Der Bischof von Kallinikon könne die Synagoge nicht wiederaufbauen, da er zum Verräter an seinem Glauben würde. Weigerte er sich aber, würde er – das war nun melodramatisch – zum Märtyrer werden. Theodosius dürfe das nicht zulassen, immerhin sei die Zerstörung einer Synagoge ein gottgefälliger Akt. Der Antisemitismus dieser Argumentation ist abstoßend. Wir können nur befremdet davon sein, daß ihr Leitmotiv die Milde war – die kaiserliche Milde gegen den Bischof. Theodosius war von ihr zumindest nicht überzeugt, und so mußte Ambrosius zu dem schärfsten Mittel eines Priesters greifen: der Konfrontation im Gottesdienst. Nach einer energischen Predigt über Sündenvergebung und über die Milde, garniert mit Spitzen gegen die Juden, kam es zu einem Wortwechsel mit dem Kaiser. Theodosius äußerte sich zunächst konziliant, aber vage. Als Ambrosius aber drohte, nicht zum Meßopfer zu schreiten, gab er nach. Der Bischof hatte sich durchgesetzt (und erzählte davon triumphierend in einem Brief an seine Schwester), die Synagoge blieb in Trümmern. Theodosius hatte jedoch nicht einfach verloren – er hätte nicht nachgeben müssen. Er entschied sich aber dafür, das zu üben, wozu Ambrosius ihn aufgefordert hatte, nämlich Milde. Das machte einen gottgefälligen Kaiser aus. Der Preis dafür war, daß der Antisemitismus gefördert und fast ein Freibrief für Verfolgungen von Nichtchristen ausgestellt wurde – die Zerstörung des Sarapeions ereignete sich nicht zufällig unter Theodosius. Diesem Kaiser war im Zweifelsfall der Glaube wichtiger als die Ordnung.

Wenig später gab es einen weiteren Vorfall. Im griechischen Thessalonike war es zu einem Konflikt wegen der Inhaftierung eines populären Wagenlenkers gekommen, in dessen Verlauf das Volk den gotischen Garnisonskommandeur Butherich lynchte. Diesen Mord an einem hohen Offizier mußte Theodosius bestrafen, wieder um der Ordnung, aber auch um des Friedens mit den Goten willen. Er ordnete einige Todesurteile an, vielleicht mit dem Gedanken, sie vor der Vollstreckung aufzuheben. Doch noch vor dem Widerruf wurden die Hinrichtungen durchgeführt, und mehr noch: Die gotischen Soldaten richteten ein Massaker unter der Bevölkerung an, angeblich starben 7000 Menschen. Der Tod der Untertanen, geschehen im Namen des Reiches, beschädigte das Image des Kaisers. War Theodosius grausam und ein Gotenfreund? Die Vorfälle belasteten auch das Gewissen des Kaisers. Ambrosius, der sich als Theodosius' priesterlichen Leiter inszeniert hatte, konnte gar nicht anders als eingreifen. Das Unheil konnte diesmal aber nicht wiedergutgemacht werden, die Lösung war also schwieriger. Ambrosius und Theodosius vermieden zunächst eine Begegnung. Ambrosius tadelte den Kaiser statt dessen in einem (öffentlich gemachten) Brief: Theodosius ist ein Sünder, und er erkennt nicht einmal, daß er geirrt hat. Der Kaiser ist mit Blut befleckt, er muß Buße tun. In seiner Gegenwart ist kein Meßopfer mehr möglich. Der Frankfurter Althistoriker Hartmut Leppin hat dies eine «seelsorgerliche Erpressung» genannt.[22] Und Theodosius tat wie geheißen. Zu Weihnachten 390 oder am Gründonnerstag 391 tat er Buße:

Auch er gelangte durch Demut zum Heil. Christus erniedrigte sich, um alle zu erhöhen. Auch er gelangte zur Ruhe Christi, weil er der Demut Christi nachfolgte [...] Er warf jede kaiserliche Insignie von sich, er beweinte in der Kirche vor allen seine Sünde, die ihn durch den Betrug anderer überrumpelt hatte, unter Seufzen und Tränen bat er um Verzeihung. Was Privatleute erröten läßt, ließ nicht den Kaiser erröten: öffentlich Buße zu tun. Auch danach verging kein Tag, an dem er nicht jenen Fehler bedauerte.[23]

Theodosius unterwarf sich also. Spätere kirchliche Quellen verherrlichten diesen Zusammenstoß als Triumph für Ambrosius, der dem Kaiser an der Kirchenpforte den Zutritt verwehrt habe. Das trug wesentlich dazu bei, daß diese Buße lange nur als Niederlage des Staates gegen die Kirche interpretiert wurde, als ein antikes Canossa. Das geht aber zu weit, Theodosius wurde sein Kaisertum nicht bestritten. Sehr wohl allerdings setzte Ambrosius die priesterliche Bußgewalt über den Kaiser durch. Hier half ihm entscheidend, daß Theodosius schon getauft war. Man braucht auch nicht allzusehr zu psychologisieren, um es für plausibel zu halten, daß Theodosius bei aller Reue das Ganze als Demütigung empfand. Doch Demütigung war für Christen nur die Kehrseite der Demut. Entscheidend war der Gedanke der *imitatio Christi*. Der Kaiser folgte Christus nicht nur als Triumphator, sondern auch in der Demut. Das war eine neue Idee, nicht umsonst erwähnte Ambrosius die peinlich berührten Privatleute. Die Demut galt Gott, zeigen mußte der Kaiser sie vor den Menschen. Nicht nur um der Beglaubigung willen, sondern weil Demut gerade in der öffentlichen Bescheidung bestand, der Selbsterniedrigung, im Verzicht auf kaiserliche Privilegien und in der Zurückweisung von imperialer Pracht. Es war damals das erste Mal, daß sich ein Kaiser als gewöhnlicher Christ inszenierte. Dieses Handeln erlaubte dem in der Welt fast allmächtigen Theodosius den Rückzug. Es gab ihm die Chance, einen politischen Fehler einzugestehen, ohne das Gesicht zu verlieren, denn er folgte nur Christus und den von ihm eingesetzten Priestern. Theodosius hatte erkannt, daß die neue christliche Welt manchmal ein neues Verhalten verlangte.

Trotzdem wird der Kaiser nicht traurig gewesen sein, als er bald darauf Mediolanum und Ambrosius verließ, um nach Konstantinopel zurückzukehren. Theodosius hatte den Westen wohlbestellt, und einige Zeit ging alles auch ohne seine Präsenz gut. Nur eines hatte er nicht bedacht: daß Valentinian älter wurde und selbst die Zügel der Regierung ergreifen wollte. Die hielt aber, mit Theodosius' Segen, der Heermeister Arbogast in der Hand. Valentinian versuchte sich freizumachen, es kam zu gescheiterten Entlassungen, gezogenen Schwertern und verzweifelten Hilferufen nach Konstantinopel. Theodosius unterschätzte ihre Dringlichkeit oder ignorierte sie schlicht. Valentinian gelang es nicht, sich der Loyalität der Truppen zu versichern. Am Ende des Machtkampfs war Valentinian tot; ob von eigener Hand oder ermordet, war schon den Zeitgenossen unklar. Aber wie auch immer, Theodosius konnte den Tod des Schwagers natürlich nicht hinnehmen. Das wußte auch Arbogast, der den Rhetor und Kanzleileiter Eugenius zum Marionettenkaiser erhob. Eugenius war natürlich Christ, sein Heermeister aber Heide. Dies und der Umstand, daß seine Politik nicht mehr so scharf antipagan ausfiel wie die von Theodosius, genügte den christlichen Quellen, um die Usurpation des Eugenius als heidnisches Unternehmen zu zeichnen. Angeblich habe Eugenius gedroht, nach seinem Sieg die Kirchen in Ställe zu verwandeln.

Das Gegenstück zu Eugenius' angeblichem Heidentum stellte die christliche Inszenierung des Theodosianischen Feldzugs dar. Regelmäßig wurde in diesem «Feldzug der Wunder» (Leppin) gebetet, ein Heiliger Mann in Ägypten wurde um Rat gefragt (er prophezeite natürlich einen Sieg), und die Entscheidungsschlacht am Fluß Frigidus (im heutigen Slowenien) wurde dank göttlicher Hilfe gewonnen. An der späteren Ausschmückung dieser Schlacht läßt sich schön erkennen, was in der Spätantike einen christlichen Kaiser ausmachte. Was tatsächlich passierte, war ungefähr Folgendes: Zunächst sollten die Goten den Durchbruch erzwingen, scheiterten aber und fielen zu Tausenden (zur großen Begeisterung der römischen Quellen). Am zweiten Tag der Schlacht griff Theodosius persönlich ein, fiel aber einem feindlichen Offizier in die Hände, der zum Glück gerade die Seiten wechselte. Die Wende brachten günstige, heftige Fallwinde, welche die Wurfgeschosse des Feindes unwirksam machten und ihm Mengen von Staub in die Augen wehten. Die christliche Version geht etwas anders: Theodosius verbringt die Nacht auf einem Alpenkamm, weinend und auf dem Boden liegend, im Gebet zu Gott. Da erscheinen ihm der Evangelist Johannes und der Apostel Philippus, die Hilfe im Kampf versprechen. Am nächsten Tag gibt Theodosius mit dem Kreuzzeichen das Signal zur Schlacht und stürzt sich, obwohl taktisch weit unterlegen, zuversichtlich in den Kampf. In einer alternativen Version wird die Gebetsszene erst jetzt eingeschoben, inmitten der ungünstig verlaufenden Schlacht auf einem weithin sichtbaren Felsen. Einigkeit herrscht aber über den wundersamen Wind, der die Geschosse zu den Feinden trägt und deren eigene gegen sie selbst wendet. Der christliche Kaiser brauchte also nicht mehr Waffen und persönliche Tapferkeit, sondern nur die Macht des Gebets.

Eugenius' gesamte Armee kapitulierte, er selbst wurde von den Soldaten gelyncht, Arbogast beging Selbstmord. Theodosius I.

herrschte nun, im September 394, über das gesamte Reich. Wieder ging er milde mit den Besiegten um, insbesondere den Soldaten, die immer noch gebraucht wurden. Theodosius wollte sich diesmal nicht so lange in Italien aufhalten. Deshalb ließ er seinen jüngeren Sohn Honorius, den er 393 zum Augustus erhoben hatte, aus Konstantinopel kommen. Der Zehnjährige sollte in Mediolanum das Kaisertum repräsentieren, geleitet vom Heermeister Stilicho, der nicht nur Theodosius' Vertrauter war, sondern auch der Ehemann der Kaisernichte und Adoptivtochter Serena. Theodosius selbst beabsichtigte, an den Bosporos zurückzukehren, wo sein älterer Sohn Arcadius auf ihn wartete, der bereits seit 383 Augustus war. Es kam anders. Am 17. Januar 395 besuchte Theodosius Wagenrennen im Circus, nach dem Mittagessen fühlte er sich unwohl und schaute nicht weiter zu. Nach Einbruch der Nacht starb der Kaiser, erst 48 Jahre alt, aber nach 16 Jahren Regierung. Nie mehr sollte ein Kaiser die gesamte Mittelmeerwelt in seiner Hand zusammenhalten.

Nizänische Schriftsteller verliehen Theodosius im fünften Jahrhundert den Beinamen ‹der Große›. Er hat sich nicht vollständig durchgesetzt, auch nicht in diesem Buch, anders als bei Konstantin, der kaum jemals ohne den Ehrentitel auskommen muß. Einmal abgesehen von der grundsätzlichen Sinnhaftigkeit solcher Auszeichnungen, ist die Differenz zwischen Konstantin und Theodosius nicht ungerechtfertigt. Der eine etablierte das Christentum als herrschende Religion und lenkte damit die Geschichte in eine neue Bahn, der andere verhalf dem Nizänertum zu einem Sieg, den es wahrscheinlich auch ohne ihn errungen hätte. Welche Spielart des Christentums sich durchsetzte, ist ohnehin weniger wichtig, als daß es sich überhaupt durchsetzte, auch wenn das in mancher christlichen Quelle anders klingt. Ich habe das vierte Jahrhundert hier im wesentlichen als Kaisergeschichte erzählt, aber nicht nur aus Konvention und Bequemlichkeit. Das christliche Zeitalter hätte nicht begonnen, wenn der Staat die neue Religion nicht privilegiert, gefördert, propagiert hätte. Nur dadurch wurde das Christentum fähig, sich flächendeckend durchzusetzen und die antike Kultur stark zu beeinflussen. Bischöfe wurden Mittelpunkte ihrer Gemeinden, die neue Lebensform des Mönchtums wurde im ganzen

Reich und für alle Schichten attraktiv. Auch der eine große Rückschlag, durch den das Erreichte plötzlich auf Messers Schneide stand, rührte nur vom Willen eines einzigen Mannes her, des Kaisers Julian. Das Christentum übernahm das Römische Reich nicht, das Reich eignete sich eine neue Religion an.

Das bedeutete freilich nicht, daß die Kirche vollständig in den Staat integriert wurde. Das verhinderte die durch die Weihe von allen anderen Menschen separierte Priesterkaste. Die Priester und Bischöfe bejahten die bestehende gesellschaftliche Ordnung – von der sie ja jetzt selbst profitierten –, sie unterstützten den Staat und sie nahmen seine Eingriffe in Personalpolitik, Kirchenorganisation und dogmatische Auseinandersetzungen grundsätzlich hin. Aber sie wurden nicht zu Erfüllungsgehilfen des kaiserlichen Willens, sie konnten sich sogar ganz entschieden gegen ihn wehren. Alle Kaiser mußten das erfahren, schon Konstantin, der sich die neue Religion als Projektionsfläche für die eigene Verherrlichung gedacht hatte.

Der Grund dafür lag in der grundsätzlichen Differenz zwischen weltlicher Politik und christlicher Überzeugung. Das Christentum ruhte auf Richtigkeit, Wahrheit und Reinheit des Glaubens, so wie er in der Heiligen Schrift vermittelt wurde. Die Interpretation der Bibel gestaltete sich aber häufig schwierig. Christus hatte keine Regeln für den Umgang mit *lapsi* aufgestellt, und auch die Natur des Gottessohnes war unzureichend erklärt (jedenfalls für an griechischer Philosophie geschulte Geister). Eine Meinung zu diesen Dingen erforderte also eine sorgfältige Ausdeutung der Bibel, die aber, wie die menschliche Natur so ist, bei unterschiedlichen Personen zu unterschiedlichen Ergebnissen führen konnte. Doch nur die eigene Meinung war korrekt – sonst hätte man ja im Glauben gefehlt –, sie war keinem Kompromiß oder einem Aushandeln zugänglich. Man selbst hatte völlig recht, der andere völlig unrecht. Diese Disposition zur Intoleranz schadete nicht nur Nichtchristen, sondern auch anderen Christen, den sogenannten Häretikern (von griechisch *hairesis*: die [falsche] Wahl). Hier lag die Wurzel für die Unlösbarkeit der dogmatischen Streitigkeiten. Der Ausgleich, der auch dem anderen sein Recht läßt, die Privilegierung des Machbaren vor dem Wünschenswerten gehören aber zum Wesen erfolgreicher Politik. Deshalb konnten die Mühe, die Geduld, das Verständnis eines Kaisers noch so groß sein, er konnte keinen dogmatischen Frieden herstellen, da eine Partei ihn immer als Häretiker ansah. Theodosius hatte nur deshalb Erfolg, weil das Homöertum bereits diskreditiert war und er einfach auf Konfrontation setzen konnte.

Wenn nun die dogmatische Ruhe der Kirche für einen Kaiser nur unter besonderen Umständen herzustellen war, warum ließ er es nicht einfach? Warum begnügte er sich nicht damit, seine Sorge auszudrücken und ansonsten einen Handlungsrahmen abzustecken, innerhalb dessen die Kontrahenten sich nach Kräften bekämpfen durften, solange nur Gewalt und Störung der öffentlichen Ordnung ausblieben? Doch die Parteien suchten den Kaiser auf ihre Seite zu ziehen, um so einen wesentlichen Vorteil zu gewinnen, und dieser verweigerte sich schon deshalb nicht, weil auch er Christ war, weil es auch für sein Seelenheil entscheidend war, daß der rechte, also sein Glaube durchgesetzt wurde. Aber da war noch mehr. Vom Glauben hing das Heil des Reiches ab. Mangelnde Frömmigkeit der Untertanen, insbesondere der Geistlichen, zog den Zorn Gottes nicht nur auf die jeweiligen Individuen, sondern auch auf das Reich im ganzen und insbesondere auf den Kaiser. Umgekehrt profitierte der Kaiser von nichts so sehr wie von den Gebeten der (einträchtigen) Kleriker und Mönche. Ohne Frieden in der Kirche konnte es keinen Frieden für das Reich geben.

Die Verbindung von Frömmigkeit und Wohlfahrt band in den Augen der Untertanen auch den Glauben des Kaisers. Schließlich hatte Gott diesem die höchste Schutzgewalt auf Erden anvertraut. Der Kaiser war zwar nicht mehr mit göttlichen Fähigkeiten begabt und auch nicht gottgleich, aber von einem einzigen, allmächtigen und unumschränkten Gott auserwählt zu sein war mehr, als ein Gott unter vielen Göttern zu sein. Dieses Nahverhältnis brachte dem Kaiser eine nahezu unumschränkte Verantwortung ein. Überschritten Feinde die Grenzen, brach ein Feuer aus, gab es eine Hungersnot, so lag es nahe, die Schuld beim Kaiser zu suchen. Hatte er den rechten Glauben? Traf das zu, konnte man sich beruhigt zurücklehnen. Falls nicht, drohte dem Imperium und jedem einzelnen Bewohner Gottes Zorn. So war es die vornehmste Pflicht eines christlichen Kaisers, Eintracht und Unversehrtheit der Kirche zu bewahren und alle Christen in einem, seinem Glauben zu einen. Religiöse und weltliche Sphäre fielen nicht zusammen, aber sie waren auch nicht voneinander zu trennen.

So feierte das Christentum im vierten Jahrhundert seinen größten Erfolg, weil es eine römische Religion geworden war. Im Jahr 395 hatte das Christentum gewonnen, es drang in alle Lebensbereiche ein, es berührte jeden einzelnen, ob er wollte oder nicht. Seine Kraft war so groß, daß es über die Grenzen des Imperiums hinausstrahlte, nach Arabien und Äthiopien, nach Irland und in das europäische Barbaricum hinein. Nicht nur die Goten wurden Christen. Ein Problem gab es allerdings. Die Mission hatte die Germanen in homöischer Form erreicht. Bei ihnen lebte eine Form des Glaubens weiter, die im Reich ausstarb. Mit den Eroberern sollte sie zurückkehren.

4. DAS FÜNFTE JAHRHUNDERT (395–518): DIE VÖLKERWANDERUNG

Das geteilte Reich und die Barbaren

Gegen Ende des Jahres 406 näherte sich von Osten her ein großer Verbund aus Vandalen, Sueben und Alanen dem Rhein. Die Aufgabe des Grenzschutzes hatten die Römer den Franken übertragen, die rechts des Flusses siedelten. Trotz heftiger Gegenwehr konnten diese die Invasoren nicht aufhalten. In der Silvesternacht überquerten die Barbaren den zugefrorenen Rhein. Die römischen Grenzbefestigungen waren nur schwach besetzt, sie stellten kein nennenswertes Hindernis dar. Mogontiacum, Borbetomagus (Worms), Durocortorum (Reims) und Augusta Treverorum wurden erobert, weite Teile Galliens geplündert. Andere Völker nutzten das Chaos, so besetzten die Burgunder die Gegend um Borbetomagus. Die Vandalen, Sueben und Alanen aber drängten weiter und überschritten 409 die Pyrenäen. Nachdem sie wieder ausgiebig geplündert hatten, blieben sie und siedelten sich in verschiedenen Teilen der Iberischen Halbinsel an. Die Sueben und die hasdingischen Vandalen besetzten den Nordwesten am Atlantik, die Alanen das südlich davon gelegene Gebiet (in etwa das heutige Portugal), die silingischen Vandalen ließen sich im Süden, in Richtung Gibraltar, nieder.

Der Rheinübergang in der Silvesternacht hat seit jeher Interesse auf sich gezogen – wegen des dramatischen Settings, wegen der Beteiligung von zwei später berühmt werdenden Völkern (den Vandalen und Franken) und natürlich wegen der erheblichen unmittelbaren Konsequenzen. In vielem ähnelte diese Invasion der Donauüberschreitung der Goten dreißig Jahre zuvor. Auch sie wurde letztlich durch die Unruhe, ja das Chaos ausgelöst, in das die hunnischen Vorstöße aus dem mittelasiatischen Raum die germanische Welt gestürzt hatten. Die Vandalen und die Sueben hatten im östlichen Mitteleuropa gelebt, in der Nähe der Donau, die Alanen aber

122 4. Die Völkerwanderung (395–518)

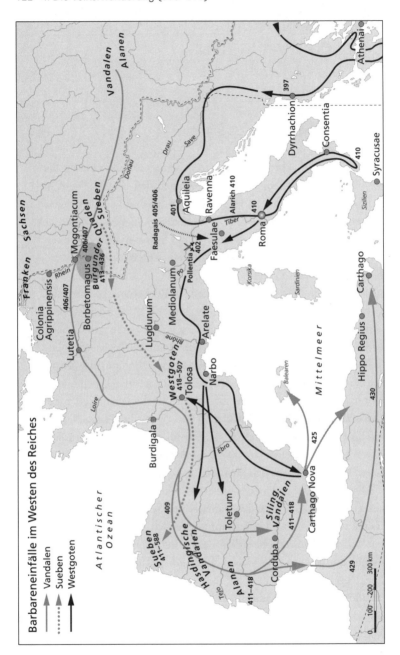

(kein germanisches, sondern ein iranisches Volk) waren wie die Greuthungen von den Hunnen selbst aus dem südrussischen Raum vertrieben worden. Im Westen hofften sie Sicherheit zu finden, neue Wohnsitze und ein auskömmlicheres Leben. Da die Barbaren an Zahl, Waffen und Kampforganisation inzwischen mit den römischen Truppen mithalten konnten, mußten sie sich nicht aufs Bittstellen verlegen. Daß sie bei ihren Plünderungen die Infrastruktur zerstörten, von der sie doch profitieren wollten, widersprach dem nicht. Das war eher einer Hierarchisierung kurz- und langfristiger Wünsche geschuldet – erst Beute machen, dann niederlassen – und natürlich der Notwendigkeit, die widerstrebenden römischen Autoritäten einsichtig zu machen. Was die Barbaren aber nie wollten, war das Reich zu zerstören. Dafür war es viel zu kostbar.

Aufnahme ins Imperium hatten die Völker an den europäischen Grenzen schon seit jeher begehrt, schon im ersten Jahrhundert, und die Römer hatten darauf auf zweierlei Weise reagiert: Entweder hatten sie den Barbaren tatsächlich Siedlungsland zugewiesen, oder sie hatten sie vernichtet. Diesem Muster folgte noch Valens. Nach dem Scheitern der ersten Variante wählte er eben die zweite, ungewohnt war nur der Ausgang. So betrachtet, lag 406 der Unterschied weniger in der Handlungsweise der Angreifer als im Verhalten der Römer. Die Franken hatten die Grenze zu schützen, nicht reguläre Reichstruppen, und als die Vandalen und die anderen im Imperium standen, stellte sich ihnen keine mächtige Armee entgegen, mit dem Kaiser an der Spitze, sondern es gab nur ein paar unbedeutende Gefechte. Die Barbaren konnten machen, was sie wollten. Warum reagierte das Reich so schwächlich?

Zunächst zu den Franken. Schon in der späten Republik hatten germanische Hilfstruppen die Legionen unterstützt, und ebenso hatten seit Jahrhunderten Verbündete im Vorfeld des Imperiums im Interesse Roms gekämpft. Daß eine so neuralgische Grenze wie die am Rhein im wesentlichen Germanen anvertraut wurde, war allerdings neu. Es hat damit zu tun, daß auch in den regulären Einheiten die Trennung zwischen Römern und Barbaren längst unscharf geworden war, wenn sie überhaupt noch existierte. Der Schritt, für essentielle Aufgaben Barbaren außerhalb der Armee heranzuziehen, war nicht allzugroß, wenn schon innerhalb der Armee Barbaren in signifikanter Zahl dienten. Das römische Heer sah in der Spätantike anders aus als während des Prinzipats. Diokletian und Konstantin – es ist unklar, welcher von beiden den größeren Anteil hatte – hatten die Armee angesichts der Erfahrungen der Reichskrise zweigeteilt, in feststationierte Grenztruppen *(limitanei)* und in eine Eingreifarmee, die schnell verlegt werden konnte und gewöhnlich den Kaiser begleitete *(comitatenses)*. In dieser Marscharmee befanden sich nicht nur Reiter, sondern auch Fußsoldaten. Die *limitanei* wurden zwar nicht gerade zu einer Miliz, wie die ältere Forschung annahm, aber die Kampfkraft der *comitatenses* war weit höher. Bald wurden sie freilich ihrerseits unterteilt in regional stationierte Einheiten, welche die wichtigsten Grenzen schützten (etwa Donau und Euphrat) und weiter *comitatenses* hießen, und solche, die beim Kaiser blieben, die *palatini*. Daneben gab es immer noch die Truppen der verbündeten Völker, die *foederati*, welche gewöhnlich in der Nähe ihrer Wohngebiete eingesetzt wurden. Konstantin begann aber damit, germanische Elitetruppen in die *comitatenses* aufzunehmen. Ebenso traten nun in größerem Ausmaß einzelne Germanen ein. Konstantin brauchte Männer für seine Kriege, und da es Bürgerkriege waren, schien die Loyalität fremder Soldaten sicherer als die von Römern. Von der Sache her war das möglich, weil die Stärkung der Reiterei und der Verzicht auf äußerste Disziplin das römische Heer inzwischen der germanischen Kampfweise angenähert hatten, die Hürden für eine Integration also nicht allzuhoch waren.

Zudem und vor allem waren die Barbaren verfügbar und willig. Das war bei Römern nicht mehr unbedingt gegeben. Rekruten wurden gewöhnlich mit Hilfe von Aushebungen gewonnen, die abliefen wie die Erhebung einer Steuer: Sie orientierten sich am Grundbesitz, trafen also nur Bauern und Elitenangehörige. Verzichtete der Staat auf ‹seine› Rekruten, konnte er dafür Ersatz in Gold verlangen. Das war oft für beide Seiten die bevorzugte Option. Statt gezwungener Bauern und unfähiger Arbeiter – die Großgrundbesitzer gaben nicht ihre besten Männer her – erhielt der Staat Geld, das er für die Besoldung eifrigerer Barbaren ausgeben konnte.

Der Sold war ein weiteres Problem – er war zu niedrig. Ein gemeiner Soldat bekam etwa 20 Denare pro Tag mit allen Zulagen, während ein Tagelöhner auf dem Lande nach Diokletians Höchstpreisedikt 25 Denare inklusive Verpflegung verdienen konnte. Da halfen Vergünstigungen wie die Steuerbefreiung wenig, auch nicht, daß die Waffen gestellt und Kleidung und Verpflegung immer öfter in Geld ausgezahlt wurden. Für die meisten Reichsbewohner gab es bessere Möglichkeiten des Broterwerbs als den Armeedienst. Für einen Franken, Alamannen oder Goten jenseits der Grenzflüsse sah das anders aus. Zudem mußte es bei dem Einstiegssold nicht bleiben. Beim Aufstieg in den Rängen bekam man mehr. Der Übergang in die Offiziersränge gelang zwar relativ selten, aber die Hindernisse waren geringer als in den meisten anderen vormodernen Armeen: Seit der Zeit der Soldatenkaiser entschied das Können, nicht die Herkunft. So stellte die Armee das beste Instrument sozialer Mobilität dar, dem einzelnen konnte eine Karriere vom Rekruten zum General gelingen. Eine systematische Benachteiligung der Barbaren ist nicht zu erkennen. Nur der Thron blieb geborenen Reichsbewohnern vorbehalten. Unter den Heermeistern aber fanden sich, je weiter das vierte Jahrhundert fortschritt, immer mehr Germanen. Arbogast war Franke, und als die Vandalen, Sueben und Alanen den Rhein überschritten, war schon seit mehr als zehn Jahren der mächtigste Mann des Westens der Heermeister und Halbvandale Stilicho.

Immer wenn ein Krieg auszufechten war, warben die Kaiser Barbaren an. Verhängnisvoll wirkten sich die großen Bürgerkriege aus, insbesondere der blutige Kampf zwischen Magnentius und Constantius II. Nicht nur mußten davor und danach Barbaren angeheuert werden, es wurden auch die Grenzen entblößt, was anderen Barbaren den Übertritt ins Reich erleichterte. Auch wenn das Selbstbewußtsein der Invasoren wuchs, wie das Beispiel des Alamannen Macrianus gezeigt hat, wurden die Römer mit diesen Invasionen doch ganz gut fertig. Der Charakter des Heeres änderte sich aber stark. Als Julian 360 zum Augustus ausgerufen wurde, hoben ihn seine Soldaten auf den Schild – eine germanische Sitte. Doch trotz des Zustroms von Germanen kann man nicht, wie es einige

Quellen und die ältere Forschung tun, von einer ‹Barbarisierung› des Heeres sprechen. Die Armee blieb in ihrer Mehrzahl immer aus Reichsbewohnern zusammengesetzt, die Barbaren stellten wohl nicht mehr als 25 bis 30 Prozent. Das galt auch für die Heermeister. ‹Barbarisierung› meint aber nicht nur Zahlenverhältnisse, sondern auch Unzuverlässigkeit und geringere Kampfkraft. Doch es gibt kein Zeichen dafür, daß die Barbaren schlechter gekämpft hätten als die Römer, das eben Gesagte spricht für das Gegenteil. Konstantin wäre ein Narr gewesen, hätte er die Barbaren unter solchen Umständen in die Eliteformationen eingereiht. Ebensowenig neigten sie in höherem Maß zum Desertieren und Überlaufen. Auch bildeten die Barbaren keine fünfte Kolonne, die das Reich von innen zerstörte, während es ihre Landsleute von außen taten. Es gab keine große ‹Bruderschaft der Germanen›. Zwischen den einzelnen Völkern überwogen oft die Animositäten, wenn man sich nicht ohnehin bekriegte. Aber auch die Zugehörigkeit zu einem Volk, also die gemeinsame Sprache, die gemeinsamen Bräuche und immer öfter die gemeinsame homöische Religion, bildeten kein Band, das stärker war als die gerade geschuldete Loyalität. Letzteres meint die Zugehörigkeit zu einem Kampfverband. Wenn ein Gote zum Heer des Kaisers gehörte, dann kämpfte er willig gegen andere Goten – solange er bezahlt und gut behandelt wurde. Diese Bedingung galt aber für alle Soldaten.

Tatsächlich taten die Franken Ende 406 alles, was sie konnten. Die Heranziehung von Barbaren für die Verteidigung des Reiches erklärt ihre Rolle hinreichend, aber ein kausaler Zusammenhang mit dem Erfolg der Eindringlinge in Gallien und Spanien besteht nicht. So stellt sich die Frage erneut, und noch dringender: Warum gewannen die Feinde immer öfter? Warum fiel Rom?

Die britischen Althistoriker Bryan Ward-Perkins und Peter Heather haben vor ein paar Jahren dafür plädiert, daß nicht innere Schwäche, sondern äußere Aggression das Reich zugrunde richtete. Das war nicht mehr gegen die alte, längst obsolete Meinung gerichtet, das Christentum habe das Ende der Antike eingeläutet, sondern gegen die gerade in der angloamerikanischen Welt dominierende Auffassung, die Spätantike sei als eine Epoche der Transformation aufzufassen, mit staunenswerten kulturellen und religiösen Errungenschaften. Diese Sichtweise war ihrerseits die heilsame Reaktion auf das von vielen Generationen gezeichnete Nachtgemälde eines spätrömischen Reichs, das an Dekadenz, Verrat und Verfall litt. Ward-Perkins und Heather haben zweifellos recht damit, daß man nun nicht in das gegenteilige Extrem fallen dürfe. Die Bezeichnung Wandel wird dort zum Euphemismus, wo Dinge gewaltsam zum Ende kommen. Der richtige Begriff ist hier Untergang. Und das, was am ehesten zum Untergang des Reiches beitrug, waren eben die Barbaren aus Mittel- und Osteuropa. Ich bitte den Leser zu bedenken, was das auf den vorangegangenen Seiten fast leichthin gebrauchte Wort ‹plündern› konkret bedeutet: fremde Männer in den Straßen, eingetretene Türen, geraubtes Gut, gestohlenes Vieh, Verstümmelung, Sklaverei, Mord aus Übermut, Vergewaltigung, Ende der vertrauten Welt. Auf dem Balkan, im Voralpenland, in Gallien, Britannien, Spanien, Italien und schließlich auch in Africa geschah das im fünften Jahrhundert immer und immer wieder.

Im Schrecken liegt freilich noch nicht die Begründung. Die Germanen des dritten Jahrhunderts gingen nicht rücksichtsvoller mit den Unterworfenen um, und damals behauptete sich das Reich. Ein Vergleich ist natürlich schwierig, aber ich habe nicht den Eindruck, daß Zahl und Gewicht der äußeren Katastrophen unter den Soldatenkaisern geringer waren. Seinerzeit standen die Römer sogar in einem erbitterten Konflikt mit den Persern, während an dieser Grenze seit Julians Tod stabile und meist friedliche Verhältnisse eingezogen waren. Ein Krisenherd war also erloschen. Und damals wie jetzt hatten die Germanen es nicht auf den Untergang des Imperiums abgesehen, damals wie jetzt mißtrauten und bekriegten sie einander (was die Römer immer wieder zu ihrem Vorteil nutzten), und damals wie jetzt gab es immer wieder Kaiser und Amtsträger, die unter schwierigsten Umständen das Beste leisteten. Warum also fiel Rom? Weil das Reich jetzt geteilt war.

Theodosius I. hatte nicht beabsichtigt, das Reich zu teilen. Aber er hatte zwei Söhne, die beide ihren Anteil an der Herrschaft bekommen sollten und ihn, nach Valentinians II. Tod, auch bekommen mußten. Das Arrangement, den kleinen Honorius unter der Aufsicht Stilichos in Mediolanum zu lassen, während Theodosius selbst von Konstantinopel aus regierte, zeigte, daß er die Notwendigkeit eines eigenen Kaisers im Westen erkannt hatte. Valentinian I. und Valens boten das historische Vorbild. Theodosius' unerwarteter Tod änderte daran im Grunde nichts. Arcadius war bereits 18 Jahre alt, nach römischen Maßstäben also ohne weiteres regierungsfähig. Er würde als *senior Augustus* seinen Bruder leiten, Stilicho sein Beauftragter vor Ort sein – wenn Arcadius es denn wollte. Stilicho aber interpretierte seine Aufgabe als eine Art Regentschaft. Gestützt auf Theodosius' angebliche Autorisierung, schuf er sich eine maßgebliche Stellung und verband die eigene Familie so eng wie möglich mit der kaiserlichen: Seine beiden Töchter verheiratete er nacheinander mit Honorius, dessen Schwester Galla Placidia plante er später seinem Sohn Eucherius in die Ehe zu geben. Das war aber noch nicht alles: Stilicho behauptete, Theodosius habe ihm in seiner Todesstunde sogar die Sorge für Arcadius anvertraut. Das ist angesichts von dessen Alter unglaubwürdig. Stilicho versuchte mit dieser Behauptung lediglich seine eigenen Ambitionen zu untermauern. Daß der zehnjährige Honorius Stilicho nichts entgegenzusetzen hatte, überrascht nicht. Arcadius aber war zwar nicht der unfähige Herrscher, als der er von den meisten Forschern angesehen wird, doch er neigte zur Passivität. Zudem kontrollierte Stilicho in den entscheidenden ersten Monaten den Großteil der Armee, denn die östlichen Einheiten hätten erst mit Theodosius zurückkehren sollen. Als Arcadius sich dann doch aufraffte und Stilicho befahl, die Truppen zu übergeben, gehorchte dieser. Vermutlich hätte er mit einer entschlossenen Reise nach Italien Stilicho vollständig in die Schranken weisen können. So aber vergingen die kostbaren ersten Monate, in denen Stilichos Stellung noch nicht so gefestigt war. In Konstantinopel gab es keinen ebenbürtigen Gegenspieler. Dort wechselten die führenden Minister öfter, und ohnehin hatte man so viele andere Probleme – vor allem mit den Goten –, daß an eine Intervention im Westen nicht zu denken war. Stilichos wichtigstes politisches Ziel war dagegen, nach Konstantinopel zu reisen und die Macht im ganzen Reich in seiner Hand zu konzentrieren.

So entfremdeten sich die beiden Höfe binnen kurzer Zeit voneinander. Als der östliche Prätorianerpräfekt Rufinus vor Konstantinopel von den Truppen des gotischen Generals Gainas – genau den Truppen, die Stilicho zurückschicken hatte müssen – ermordet wurde, wurde Stilicho der Tat verdächtigt. Umgekehrt ließ Stilicho den Dichter Claudian einen Propagandafeldzug beginnen, der einige der kunstvollsten, aber auch niederträchtigsten Gedichte der lateinischen Literatur hervorgebracht hat. Die Abgrenzung der Herrschaftsgebiete auf dem Balkan sorgte für Erbitterung auf beiden Seiten, Stilicho wurde in Konstantinopel zum Staatsfeind erklärt. Als der africanische Statthalter Gildo gegen die Regierung in Mediolanum rebellierte, unterstellte er sich Arcadius, und der nahm den Seitenwechsel gerne an (auch wenn er, bezeichnenderweise, nichts unternahm, als Stilicho Africa zurückeroberte). Am deutlichsten wurde das schnelle Auseinanderdriften von Ost und West im Umgang mit den Westgoten Alarichs.

Alarich war einer der Führer des gotischen Kontingents am Frigidus gewesen, das so viele Verluste hatte hinnehmen müssen. Nach Theodosius' Tod wurde er mit den Seinen zurück auf den Balkan geschickt. Die Goten erwarteten sich aber angesichts ihrer Opfer für das Reich eine andere Behandlung und vor allem eine bessere Belohnung. Sie kehrten nicht mehr in ihre Wohnsitze zurück, sondern rebellierten. Ihr Führer Alarich verlangte über die nächsten Jahre immer wieder das gleiche: neues Land, materielle und finanzielle Unterstützung sowie seine Ernennung zum Heermeister. Diese Funktion hätte ihn in die Hierarchie des Reiches integriert und ihm dauernden Zugriff auf dessen Ressourcen ermöglicht. Um seine Ziele zu erreichen, durchzog er immer wieder den Raum von Konstantinopel bis Italien, plünderte und stellte sich furchtlos römischen Truppen entgegen. Obwohl Ost und West gleichermaßen unter Alarichs Zügen litten, vermochten sie sich nicht zu einer gemeinsamen Aktion aufzuraffen. Jeder versuchte für sich mit dem Feind fertigzuwerden. Stilicho setzte zweimal mit einem Heer über die Adria, ohne Absprache mit Konstantinopel, das ihm folgerichtig nicht half. Jedesmal kehrte Stilicho, der kein großer Feldherr war, mit leeren Händen heim. Arcadius ernannte

Alarich 398 dann tatsächlich zum Heermeister und erkaufte sich so eine Verschnaufpause. Als die Goten sich 401 aber gen Italien wandten, handelten sie mit dem Wissen und wahrscheinlich sogar mit dem Segen Konstantinopels. Der andere Reichsteil mochte ruhig leiden, wenn man nur selbst die lästigen Kostgänger los war. Honorius wurde in Mediolanum belagert. Als Stilicho dann aber 402 Alarich mehrmals in Italien schlug und die Westgoten hätte vernichten können, verzichtete er darauf. Die Goten waren ihm als potentielle Kämpfer für die eigene Sache wichtiger. Und tatsächlich, 405 wurde Alarich erneut Heermeister, diesmal für Honorius und mit dem ausdrücklichen Auftrag, Druck auf den Osten auszuüben (das heißt zu plündern). So sollte die territoriale Neuordnung des Balkans in Stilichos Sinne vorbereitet werden. Für diese Entscheidung sollte der Westen bald büßen.

Auch nach 395 gab es formal nur ein einziges Römisches Reich. Arcadius und Honorius erließen Gesetze auch in des anderen Namen, sie setzten den Bruder auf die Münzen, und meist ernannte jeder einen der Konsuln. Die harmonische Herrschaft der Brüder über ein Reich ist eines der Leitthemen in Claudians Werk. Die Einheit wurde von ihm und anderen Zeitgenossen aber deshalb so ausgiebig beschworen, weil sie angesichts der Auseinandersetzungen zwischen Konstantinopel und Ravenna (in diese starke Festung übersiedelte Honorius nach der Belagerung Mediolanums) zu zerbrechen drohte. In den zurückliegenden Jahrzehnten hätten sich die Spannungen in einem Bürgerkrieg gelöst. Doch die eine Seite wollte das Risiko nicht eingehen, die andere konnte es sich nicht leisten: Stilicho stilisierte sich als Sachwalter von Arcadius' Interessen, da konnte er schlecht einen Bruderkrieg anzetteln. So blieb der Status quo erhalten, und Ost und West entfernten sich voneinander, waren bald mehr Teilreiche als Reichsteile.

Der Antagonismus zwischen den Höfen hatte für den Westen zwei wichtige Konsequenzen, eine kurz- und eine langfristige. Zum einen vernachlässigte Stilicho die Grenzen an Rhein und Donau. Ein riesiges Heer von (terwingischen) Goten unter Radagais drang 405 über Donau und Alpen bis nach Etrurien vor, bevor Stilicho es mit äußerster Mühe vernichten konnte. Und 406 waren die Kastelle am Rhein so schwach besetzt, weil Stilicho Truppen nach Italien abgezogen hatte, nicht gegen Radagais, sondern für den baldigen Marsch nach Osten. Diesen Fehler vermochte Stilicho nicht mehr gutzumachen. Bevor er in Gallien eingreifen konnte, hatten die Dinge dort eine Eigendynamik entwickelt, die Honorius die Herrschaft zu kosten drohte. Britannien war vom Rest des Reiches abgeschnitten, und Einfälle der Sachsen machten die Kanal- und Nordseeküsten unsicher. In dieser Lage taten die römischen Truppen das, was sie meist taten, wenn sie sich im Stich gelassen fühlten: Sie riefen einen der Ihren zum Kaiser aus. Nach zwei Fehlgriffen kamen sie auf einen gewissen Constantin, einen einfachen Soldaten und den nunmehr dritten Kaiser dieses Namens. Constantin setzte nach Gallien über und fand Gehorsam. Er konnte zwar nicht viel gegen die Vandalen ausrichten, sicherte aber immerhin die Rheingrenze. Während er einen Zug nach Italien plante, gegen Honorius, erhob sich im von den Barbaren bedrängten Spanien ein weiterer Kaiser. So fielen die westlichen Provinzen ins Chaos. Barbaren plünderten, Kaiser erhoben sich, mit wenig Macht und wenig Erfolg, und Honorius konnte kaum etwas ausrichten. Zeitweise gab es im Westen vier weitere Augusti.

Stilicho erlebte den Höhepunkt nicht mehr mit. Er wurde 408 auf Honorius' Befehl als Verräter hingerichtet. Sein Sturz hatte mehrere Gründe, nicht zuletzt das Emanzipationsstreben des nun erwachsenen Kaisers. Entscheidend aber war, daß seine gescheiterte Politik die Stellung des Heermeisters untergraben hatte. Stilicho kam nie nach Konstantinopel. Immer wenn er glaubte, nun sei es endlich soweit, kam Nachricht von einer neuen Katastrophe, die vielleicht gar nicht eingetreten wäre, hätte er nicht östlichen Schimären nachgejagt. Arcadius ging seinen eigenen Weg, Stilicho aber mußte die Senatoren Roms auspressen, um Alarichs Goldforderungen zu befriedigen. So ließ sich auf Dauer kein Staat machen.

Die langfristige Konsequenz bestand im Verlust des Zugriffs auf die Ressourcen des Ostens. Die volle Wucht der Völkerwanderung traf den Rhein und die mittlere Donau. Früher wäre aus dem Osten Hilfe gekommen, in Form von Soldaten und Geldern, so wie umgekehrt Gratian 378 zu Valens' Unterstützung aufgebrochen war. Sie hätte auch jetzt kommen können. Die Barbaren überschritten zwar ebenso die untere Donau, der östliche Balkan litt nicht weniger als die Westprovinzen. Aber schon Kleinasien blieb in Blüte, trotz der gelegentlichen Barbarenexpedition über den Hellespont und der Einfälle vom Kaukasus her. Und Syrien und Ägypten, volkreiche, wohlhabende Regionen, prosperierten ungestört. Das war ein wesentlicher Grund, warum der Osten überlebte und der Westen nicht. Der so glückliche Umstand, daß die persische Grenze ruhig blieb, half Honorius und seinen Nachfolgern nicht, denn sie hatten kein Anrecht auf die Friedensdividende.

Das System der Mehrkaiserherrschaft hatte das Reich im dritten Jahrhundert gerettet. Die Regionalisierung des Kaisertums hatte funktioniert, weil die Herrscher trotz der Konzentration auf ihren Reichsteil auf die Solidarität der Kollegen und die Ressourcen des Gesamtreichs bauen konnten. Eine flexible Verschiebung von Machtmitteln dahin, wo es brannte, war stets möglich geblieben. Im Prinzip galt das auch im vierten Jahrhundert. Als sich die beherrschten Territorien nach 395 aber zu politischen Gebilden eigenen Rechts verfestigten, war ein solcher Austausch, selbst wenn zwischen den Höfen gute Beziehungen herrschten, nur in geringem Umfang oder unter großen Schwierigkeiten möglich. Der Osten hatte sich als allein lebensfähig erwiesen, er hatte eine eigene Existenz, und so zwang ihn das wohlverstandene Eigeninteresse, den Partikularbedürfnissen des eigenen Reichsteils Vorrang vor dem Erhalt eines eher ideell als konkret erfahrbaren Gesamtreichs zu geben. Bezeichnenderweise schwand unter den Eliten die Zweisprachigkeit. Die Römer, die jahrhundertelang Griechisch als eine zweite Muttersprache betrachtet hatten, sprachen bald nur noch Latein. Für den Kaiser in Konstantinopel war der Kollege im Westen zwar der nächste Fremde, aber ein Fremder nichtsdestotrotz. Im fünften Jahrhundert brachte das System der Mehrkaiserherrschaft dem Westen den Untergang.

Die Westgoten: auf dem Weg zum ersten Germanenstaat

Der Begriff der Völkerwanderung trifft nicht ganz das Richtige, denn was wanderte, waren schon deswegen keine Völker, weil viele, oft die meisten, in der Heimat zurückblieben. Das war beim Übergang der Greuthungen über die Donau so gewesen, das war beim Aufbruch Alarichs vom Balkan so. Es handelte sich auch nicht um einen Treck, mit Planwagen und Siedlern auf der Suche nach Ackerland. Unterwegs war ein Heer. Diesem Heer folgten Frauen und Kinder, aber das war bei sehr vielen Heeren der Vormoderne so, noch in der Frühen Neuzeit. Die Züge nicht nur der Westgoten, sondern auch der anderen Barbaren hatten also einen militärischen Charakter. Das erklärt ihre hohe Kampfbereitschaft, aber auch, warum ein Ausgleich mit dem Reich so schwer zu finden war. Auch die Westgoten kämpften nicht um des Kämpfens willen. Aber sie waren keine Bauern oder zumindest nicht mehr. Sie hatten die Heimat schon lange verlassen und gelernt, sich in einem fremden Land, gegen die Heere des mächtigsten Herrschers der Welt zu behaupten, sie hatten sich daran gewöhnt, nicht mehr anzubauen oder zu züchten, sondern sich mit Gewalt zu nehmen, was sie wollten. Das bloße Angebot von Siedlungsland reichte deshalb nicht mehr aus, und es reichte um so weniger, je länger die Goten unterwegs waren. Warum sollten sie ein entsagungsvolles Leben wählen, das sie schon fast vergessen hatten? Warum sollten sie Amtsträgern, die mehr als einmal gelogen hatten, Abgaben aushändigen? Warum sollten sie einem Kaiser, der sich oft genug als der Schwächere erwiesen hatte, untertan sein? Mit dem Selbstverständnis der Römer waren solche Ansprüche nicht zu vereinbaren, sie mußten ihnen schon aufgezwungen werden. Die Westgoten und die übrigen Barbaren aber meinten, daß sie nur ihren angemessenen Anteil am Imperium verlangten.

Im Moment hatte Alarich nicht einmal die 4000 Pfund Gold, die er von Stilicho gefordert hatte. Nach dessen Tod war er bereit, sich mit weit weniger zufriedenzugeben, aber Honorius lehnte ab. Da marschierte Alarich in Italien ein. Er erhielt sofort Verstärkung durch zahlreiche barbarische Soldaten. Nach Stilichos Tod hatten die Römer ihre Angehörigen, die in italischen Städten lebten, im Exzeß abgeschlachtet. Dieses Massaker war Ausdruck nicht nur eines antigermanischen Ressentiments, sondern auch der Verzweiflung. Überall schienen die Barbaren zu sein, im Heer, außerhalb des Heeres, in Gallien, bei Alarich, in Italien – die Römer fühlten sich umzingelt. Die nächsten Monate wurden nicht leichter.

Da Ravenna nicht einzunehmen war, wandte Alarich sich 408 ungehindert – das kaiserliche Heer konzentrierte sich auf Constantin III. – gegen Rom. Er unterbrach die Getreideversorgung aus Africa und belagerte die Stadt. Hunger und Seuchen regierten, bald wurden die längst verbotenen heidnischen Opfer wiederaufgenommen (mit Einwilligung des Bischofs!). Da der Kaiser ausfiel, wurde der Senat aktiv. Eine Gesandtschaft bat Alarich um einen akzeptablen Frieden, verkniff sich aber nicht die Drohung, daß das römische Volk schon exerziere und zahlreich unter Waffen stehe. Da amüsierte Alarich sich prächtig und soll zur Antwort gegeben haben: «Je dichter das Gras, desto leichter das Mähen!»[24] Tatsächlich bestand die einzige nennenswerte Aktion des Senats darin, daß er in der allgemeinen Barbarenhysterie Stilichos Witwe Serena des Verrats beschuldigte und erdrosseln ließ, unter beifälliger Mithilfe von Galla Placidia, Serenas Cousine und Adoptivschwester. Schließlich zahlte die Stadt, neben 30000 Pfund Silber, 4000 Seidengewändern, 3000 Stück rotem Leder und 3000 Pfund Pfeffer, auch 5000 Pfund Gold – mehr, als Alarich ursprünglich gefordert hatte. Die Belagerung wurde aufgehoben. Alarich verließ Latium nicht nur mit mehr Schätzen, sondern auch mit mehr Männern. Angeblich sollen 40000 germanische Sklaven übergelaufen sein, in der Hauptsache wohl versklavte Goten aus dem Radagais-Zug.

Der Kaiser hatte freilich keinen Anteil an dieser Abmachung, und so änderte sich an Alarichs Lage im Grunde nichts. Honorius schwankte zwischen Kompromißlosigkeit und Nachgiebigkeit, die Regierung war nicht fähig, eine schlüssige Strategie für den Umgang mit den Barbaren zu entwickeln. Alarich verlor die Geduld und suchte sich, da er mit dem momentanen nicht zurechtkam, eben einen anderen Kaiser. 409 zog er erneut vor Rom, und der

Senat ernannte auf sein Geheiß hin den Senator und Stadtpräfekt Attalus zum Kaiser. Als Attalus dann freilich Anstalten zu einer selbständigen Regierungsführung machte, mußte Alarich ihn bald wieder absetzen. Honorius verzweifelte derweil an der Loyalität seiner Generäle und dachte schon daran, sich nach Konstantinopel einzuschiffen. Nur das unerwartete (weil so seltene) Eintreffen eines Hilfskontingents von ebendort ließ ihn neuen Mut fassen. Die nur 4000 Mann brachten freilich keine Wende. Hektisch jagten sich die Ereignisse, Meinungen wie Lage änderten sich von Tag zu Tag, schwierig zu erzählen und im Grunde auch gar nicht wert zu erzählen. Wenn nicht inmitten des Chaos Alarich sich ein drittes Mal gegen Rom gewendet hätte.

Am 24. August 410 wurden durch Verräter die Stadttore geöffnet. Drei Tage lang wurde geraubt, vergewaltigt, ermordet. Dabei fiel das Plündern sogar noch ‹milde› aus, Alarich hatte nämlich befohlen, aufs Zerstören zu verzichten. Zudem wurde das Kirchenasyl respektiert, und die höheren Stände kamen meist mit dem Leben davon. Nach drei Tagen zogen die Westgoten wegen Versorgungsschwierigkeiten ab. Die Stadt erholte sich relativ schnell und prosperierte weiter. Trotzdem war der Fall Roms ein Fanal: Rom war öfter in Bürgerkriegen eingenommen worden, aber seit Unzeiten, genauer gesagt seit der gallischen Eroberung 387 v. Chr., war es nicht mehr von einem äußeren Feind erobert worden.

Der Eindruck im gesamten Mittelmeerraum war ungeheuer, größer wohl als die Wirkung des 11. September in unseren Tagen. Der Kirchenvater Hieronymus schrieb in Bethlehem: «Es stockt mir die Stimme, ich kann vor Schluchzen nicht weiterdiktieren: Die Stadt wird eingenommen, die den gesamten Erdkreis erobert hat.»[25] Der Fall Roms wurde in der Tat als Vorbote für den Untergang des Imperiums aufgefaßt, das die Heiden für ewig gehalten hatten. Doch auch die Christen, die ja eigentlich auf das jenseitige Leben hofften, sahen in der Plünderung den Beginn der Endzeit mit ihren apokalyptischen Ereignissen. Gegenseitige Schuldzuweisungen setzten ein. Die Paganen beklagten die Vernachlässigung der alten Kulte, die Christen verwiesen darauf, daß die heidnischen Opfer von 408 ja auch nichts geholfen hätten. Umfassender führte die Verteidigung der africanische Bischof Augustinus in seinem Hauptwerk *De civitate Dei*: Er verwies darauf, daß der Götterkult schon frühere Katastrophen der römischen Geschichte nicht hatte verhindern können, ein kausaler Zusammenhang sei hier nicht zu erkennen. Die eigentliche Lehre aus dem schrecklichen Ereignis sei, daß die irdischen Güter eben nicht so wichtig seien wie das jenseitige Reich, der Gottesstaat.

Auch für Alarich war die Eroberung Roms schon fast die letzte Tat in dieser Welt. Die Westgoten wandten sich nach Süden, um nach Africa überzusetzen, mußten aber aufgeben, als sie keine geeigneten Schiffe fanden. Auf dem Rückweg erlag Alarich bei Consentia einer Krankheit. Mit reichen Grabbeigaben wurde er im Flußbett des kurzfristig umgeleiteten Busentus beigesetzt. Die Gefangenen, welche die Arbeiten ausgeführt hatten, wurden hingerichtet, damit kein Feind den genauen Ort erfahre und die Ruhe des Grabes störe. Dabei ist es bis heute geblieben. Alarichs Schwager Athaulf übernahm nun die Führung und setzte den Weg nach Gallien fort. Gegenüber Honorius war er durch einen weiteren Trumpf im Vorteil: Bei der Plünderung Roms war Galla Placidia in die Hände der Westgoten gefallen, eine ungeheure Schmach für die Römer.

Ansonsten nahmen Honorius' Geschicke eine von kaum jemandem mehr erwartete Wendung. Mit der Ernennung von Flavius Constantius, einem Offizier aus Dakien, zum ersten Heermeister traf er die glücklichste Personalentscheidung seiner Regierung. Constantius schlug Constantin III. und die übrigen Usurpatoren. Honorius war damit wieder als alleiniger Augustus im Westen etabliert. Die Barbaren konnten aber nicht mehr verdrängt werden, im Gegenteil, Constantius brauchte ihre Hilfe, um mit den Usurpatoren fertigzuwerden. Von einer vollständigen Rückeroberung Galliens konnte nicht die Rede sein. Britannien war sogar ganz verloren. Schon die Amtsträger Constantins III. waren von den Provinzialen vertrieben worden, weil er die verbliebenen Truppen mitgenommen hatte und die zivilen Verwalter die Insel nicht gegen die Einfälle der Sachsen zu schützen vermochten. Die Bewohner Britanniens nahmen deshalb ihre Geschicke selber in die Hand. Dies war freilich nicht als Loslösung vom Reich gemeint, die Britannier gingen selbstverständlich davon aus, daß Honorius neue Statthalter mit neuen Soldaten schicken würde, sobald die politische Lage auf dem Kontinent sich beruhigt hatte. Die Lage beruhigte sich aber nie mehr. Honorius konnte sich keine Entsendung von Soldaten erlauben, die er anderswo, nämlich näher an und in Italien, dringender brauchte. Constantius machte keinen Versuch der Inbesitznahme mehr. Britannien war die erste Provinz, die dem Reich dauerhaft verlorenging. Nach mehr als dreieinhalb Jahrhunderten war die römische Herrschaft über die Insel zu Ende.

Das größte Problem stellten nach wie vor die Westgoten dar, die zahlreichste und schlagkräftigste Barbarengruppe. Athaulf hatte inzwischen Südgallien in Besitz genommen, und, was fast genauso schwer wog, im Jahr 414 nahm er Galla Placidia in Narbo (Narbonne) zur Frau. Athaulf, ein Staatsfeind, war nun also Schwager des Kaisers! Die Hochzeit hatte allerdings nach römischem Ritus stattgefunden, der Bräutigam war gekleidet wie ein römischer General. Dies paßte zu den Plänen, die Athaulf verfolgt haben soll: Da die Vernichtung Roms gescheitert sei, vor allem wegen der zügellosen Barbarei der Goten, habe er das Reich nun durch deren Kräfte wiederherstellen und als Urheber der römischen Restauration in die Geschichte eingehen wollen. Diese Äußerung wird manchmal als zukunftsweisendes Programm für ein römisch-gotisches Miteinander gewertet. Doch der Gewährsmann, der Priester und Geschichtsschreiber Orosius, hörte nur aus zweiter Hand davon, und es wäre doch eher merkwürdig – paßt dafür aber um so besser zu römischen Klischees –, wenn Athaulf die eigenen Leute der zügellosen Barbarei bezichtigt hätte. Auf die Realität weist eher ein Detail der Hochzeitsfeier hin: Galla wurde mit 100 großen Schalen beschenkt, 50 davon mit Gold gefüllt, 50 mit Edelsteinen, alles Beute aus der Plünderung Roms. Ein seltsames Geschenk für eine römische Prinzessin.

Andererseits kann der Bericht über die Pläne Athaulfs nicht völlig aus der Luft gegriffen sein, warum hätte er Galla sonst geheiratet? Der aus der Ehe hervorgegangene Sohn bekam jedenfalls einen programmatischen Namen: Theodosius. Recht betrachtet, standen Athaulfs Ideen gar nicht im Gegensatz zur bisherigen gotischen Politik. Auch Alarich hatte nicht den Untergang Roms gewünscht, dafür hatte er viel zu widersprüchlich agiert. So wie Honorius und Stilicho ihm gegenüber zwischen Bekämpfung und Ehrung schwankten, so versuchte Alarich den Hof durch offene Aggression wie durch demonstrative Loyalität dazu zu bringen, das zu tun, was er wollte. Attalus wurde nur erhoben, weil Alarich nicht mehr weiter wußte. Er wollte nur einen Kaiser, der ihm und seinen Leuten ihren Teil am Reichtum des Imperiums gab. Nie aber betrieben die Invasoren bewußt den Untergang des Reiches, nicht nur die Goten, sondern auch die anderen Germanen, selbst die Hunnen nicht. Dafür gab es einen simplen, pragmatischen Grund: Warum die Kuh schlachten, die einen ernähren soll? Aber da war noch mehr. Auch die Barbaren wurden von der Rom-Idee infiziert, auch für sie war eine Weltordnung undenkbar, in der es keinen Kaiser mehr gab. Rom war ewig. Deshalb waren die meisten von ihnen bereit, sich in das Imperium zu integrieren. Viele Änderungen mußte es geben, die Barbaren gedachten nicht, sich von den Römern Vorschriften machen zu lassen, sie wollten nach ihren eigenen Vorstellungen leben. Aber sie waren willig, von den Römern zu lernen und ihre Gemeinwesen im Rahmen der jahrhundertealten griechisch-römischen Zivilisation auszugestalten. In dieser Haltung schlug sich die kulturelle Überlegenheit der Mittelmeerkulturen nieder. Die Barbaren hatten dem schlicht nichts Vergleichbares entgegenzusetzen. Die Romideologie feierte hier ihren schönsten Erfolg. Erst bei den Arabern sollte sie nicht mehr verfangen.

Athaulf kam nicht dazu, seine luftige Idee in die Wirklichkeit umzusetzen. Der kleine Theodosius starb bald nach der Geburt, und er selbst wurde bereits 415 Opfer eines Attentats, das wegen einer persönlichen Fehde verübt wurde. Aus den Nachfolgekämpfen ging Wallia als Anführer hervor. Für den mit Athaulf nicht verwandten Herrscher war die Witwe seines Vorgängers eher eine Belastung. Damit war ein Ansatzpunkt für neue Verhandlungen mit Honorius gegeben. 416 kehrte Galla Placidia tatsächlich an den Hof zurück, gegen 600000 Scheffel Getreide. Das war aber nur ein Teil des Abschlusses. Wallia wurde zum Heermeister bestellt, die

Westgoten, die inzwischen die Pyrenäen überquert hatten, gingen nun ganz offiziell und in kaiserlichem Auftrag gegen die anderen Barbaren der Halbinsel vor. Die silingischen Vandalen wurden vernichtet, die Sueben und Alanen empfindlich geschwächt. Die gesamte Mittelmeerküste Spaniens war wieder Honorius untertan. Nach dem Abzug der Westgoten formierten sich die Geschlagenen neu, der hasdingische Vandale Gunderich wurde König der Vandalen und Alanen und damit mächtigster Germanenfürst Iberiens. Er siedelte sich mit den Seinen ganz im Süden an, bei Gibraltar.

Wohin aber mit den Westgoten? Die Römer wollten ihnen die reichen Provinzen Spaniens nicht überlassen, zumal diese gefährlich nahe an Africa lagen, das für das Reich wegen seines Getreides unverzichtbar war. Deshalb gestand Ravenna ihnen 418 Gebiet im gallischen Aquitanien zu, weit weg von der Mittelmeerküste. Das Territorium reichte von Tolosa (Toulouse) im Osten bis zum Atlantik. Nach über zwanzig Jahren konnte und wollte das Reich eine Auseinandersetzung, deren siegreiche Beendigung nicht in Sicht war, nicht mehr fortführen. So schluckte Honorius seinen Stolz hinunter. Angesiedelt waren die Westgoten leichter unter Kontrolle zu halten und einfacher zu unterhalten. Diese erhielten dafür endlich Frieden, ihr Land war vom Kaiser garantiertes Eigentum. Die Wanderungszeit war zu Ende.

Kern des Vertrags war die militärische Gefolgschaftspflicht gegenüber dem Reich, im Gegenzug erhielten die Goten Gelder (wohl in Form von Steueranteilen) sowie Land zur Ansiedlung und zur Landwirtschaft. Das galt freilich nur in einem privatrechtlichen, nicht in einem staatsrechtlichen Sinn. Der Kaiser herrschte nach wie vor über dieses Gebiet, es wurde kein unabhängiges Reich der Westgoten gegründet. Sie erhielten zum einen verlassene Äcker, deren Eigentümer wegen der Germaneneinfälle tot oder verschollen waren. Da Aquitanien aber bislang relativ glimpflich davongekommen war, stand aus dieser Quelle längst nicht genügend Land zur Verfügung. So wurde auf kaiserliches Grundeigentum zurückgegriffen, teilweise auch auf das von Senatoren und lokalen Großgrundbesitzern. Die Senatoren waren die am stärksten betroffenen Privatpersonen. Daß das Reich die Enteignung gegen ihre Proteste durchsetzte, zeigt die Dringlichkeit der Sache. Verschmerzbar war der Verlust ohnehin, weil der senatorische Großgrundbesitz meist diversifiziert war, das heißt: Die meisten Betroffenen besaßen anderswo im Westen weitere Latifundien. Kein Senator dürfte durch die gotische Landnahme also ins Unglück gestoßen worden sein.

Die einheimische Bevölkerung wurde nicht vertrieben, sie unterstand auch weiterhin römischer Verwaltung und Gerichtsbarkeit. Die Begeisterung über die neuen Nachbarn hielt sich aber natürlich in Grenzen. Um die unvermeidbaren Friktionen zwischen Provinzialen und Goten abzumildern, wurde eine Versammlung geschaffen, in der die Städte und Gemeinden sowie Repräsentanten der Grundbesitzer vertreten waren. So war ein regionales Forum gebildet, auf dem Mißhelligkeiten zumindest besprochen werden konnten. Der westgotische Anführer nahm mit den Spitzen der Eliten seinen Sitz in Tolosa. Er – den man jetzt als König bezeichnen kann – stand an der Spitze eines Volksverbandes, der nach eigenen Sitten und Gebräuchen lebte.

Dieser vertraglich fixierte Status begann sich aber sofort zu verändern. Die staatliche Durchdringung Galliens durch das Reich blieb auch nach der Wiedereroberung schwach. Seit dem Tod Valentinians II. hatte es auf dieser Seite der Alpen keine Hofhaltung eines allgemein anerkannten Kaisers mehr gegeben. Der Sitz des Verwaltungschefs, des Prätorianerpräfekten Galliens, war längst von Augusta Treverorum nach Arelate (Arles) verlegt worden, hin nach Italien. Vor allem aber konnte das Reich nicht mehr die für eine sichere Kontrolle und Verteidigung benötigten Truppen nach Gallien entsenden. Hohe finanzielle und ökonomische Belastungen zerrütteten über die nächsten Jahrzehnte das Land, mühsam niedergeschlagene Aufstände von Sklaven und perspektivlosen Pächtern zogen ganze Regionen in Mitleidenschaft. Dies versetzte wiederum die Eliten in Angst, die, entsprechend der traditionellen römischen Hierarchieorientierung, wenig Verständnis für die Nöte der besitzlosen Masse aufbrachten. In dieser Situation lag Tolosa nicht nur geographisch näher als Ravenna. Die westgotischen Könige hatten Platz zur ‹Entfaltung›, ja, ihr Hof wurde angesichts der begrenzten Staatlichkeit des gallischen Raums sogar zu einem politischen Anziehungspunkt. Die Provinzialen Aquitaniens wurden zu Untertanen des Königs. Die gotische Herrschaft bezog sich nicht mehr nur auf einen ethnischen Personenverband, sondern auf alle Bewohner des kontrollierten Gebiets. Dieser zunehmenden Autonomie vom Kaiser korrespondierte mit der Zeit eine starke territoriale Ausweitung der Macht nach Norden und Osten. So bildete das zugewiesene Gebiet das Fundament für das sogenannte Tolosanische Reich der Westgoten. Der erste Germanenstaat auf römischem Boden war geboren.

Barbarische Lebensformen

Wie der letzte Abschnitt gezeigt hat, waren die Westgoten Alarichs nicht einfach ein ‹Stamm›, der ein Vierteljahrhundert durchs Römerreich irrte, sondern ein sich personell durchaus veränderner Verband. Aus ihm schieden Gruppen aus, vor allem aber stießen, wegen des Erfolgs, neue dazu, insbesondere die Soldaten Stilichos und die Sklaven aus dem gescheiterten Radagais-Zug. Die Ethnogenese, die 376 eingesetzt und die Westgoten erst geformt hatte, ging also weiter. Nicht alle Neuankömmlinge waren gebürtige Goten. Die Vergangenheit jenseits der Reichsgrenzen verblaßte in der Erinnerung, denn sie wurde nicht von allen geteilt und bot so keinen Anhalt für eine Identitätsbildung. Es waren die Fährnisse der eigenen, gemeinsamen Zeit, welche die Wandernden zusammenschweißten und die Integration von anderen Barbaren erlaubten. Geborene Römer konnten allerdings nicht dazukommen, die Ethnogenese hatte also durchaus ihre Grenzen. Ein unüberwindbares Hindernis bildete zudem der Glauben. Die Westgoten und die übrigen Invasoren bekannten sich inzwischen fast alle zum homöischen Christentum, während die Römer noch Heiden oder, inzwischen weit öfter, Nizäner waren.

Über Schmuck, Tracht, Normen und Bräuche der Westgoten wissen wir nur wenig, die römischen Beobachter interessierten sich nicht für die Dinge abseits der Schlachten. So läßt sich die Gesellschaftsordnung der Barbaren nur über das Kriegswesen halbwegs beleuchten. Frauen, Kinder und Sklaven waren keine Kombattanten. Das Heer im engeren Sinne bildete die breite Masse der freien Krieger. Sie waren gut ausgerüstete Kämpfer, die von Kriegsknechten in die Schlacht begleitet wurden. Viele von ihnen schlossen sich einem einzelnen Mächtigen an. Sie wohnten bei ihm, verteidigten ihn und waren ihm loyal, dafür wurden sie mit Naturalien, Land und Geld bedacht. Dieses Gefolgschaftsverhältnis war eine Einrichtung, die bei den Römern schon vor Jahrhunderten erloschen war. Es blieb auch im Tolosanischen Reich lebendig. Die Mächtigen bildeten die Elite, den Adel. Aus seinen Reihen rekrutierte sich der Anführer des Volkes, der angesichts der dauernden Kämpfe vor allem über militärische Qualitäten verfügen mußte. Eine Königsfamilie gab es nicht. Daß auf Alarich sein Schwager Athaulf folgte, hing weniger an der Verwandtschaft als an der kriegerischen Qualifikation.

Nach der Ankunft in Aquitanien änderte sich vieles, aber bei weitem nicht alles. Schätzungen sind schwierig, aber es waren vielleicht 100 000 Menschen, die sich ansiedelten. Als das Tolosanische Reich wuchs und schließlich weite Teile Galliens und Spaniens umfaßte, dürften die Goten höchstens fünf Prozent der Bevölkerung ausgemacht haben. Sie bildeten also eine deutliche Minorität, aber keine, die in den Provinzialen aufzugehen drohte. Das verhinderten das inzwischen stark ausgeprägte Identitätsgefühl, der Stolz, die herrschende Schicht zu sein, die Monopolisierung des Heeresdienstes und die eigene Sprache – auch wenn mehr und mehr Goten das Lateinische erlernten. Auf kulturellem und zivilisatorischem Gebiet gab es die stärksten Assimilierungstendenzen. Der Umstand, daß Siedlungen der Westgoten archäologisch kaum nachgewiesen werden können, deutet darauf hin, daß sie die römischen Wohnformen schnell übernahmen. Und warum auch nicht: Gerade wegen solcher Vorteile waren sie ja ins Reich gekommen.

Den empfindlichsten Punkt in der Koexistenz von Barbaren und Provinzialen stellte die Religion dar. Es gab immer wieder Spannungen zwischen Homöern und Nizänern, und bei Gelegenheit nutzten die Goten ihre Erzwingungsmacht, um nizänische Kirchen zu beschlagnahmen oder homöische Zwangstaufen vorzunehmen. Auf systematische Zwangsbekehrungen oder gar Verfolgungen verzichteten sie aber, was weniger mit Toleranz als mit Vernunft angesichts der Bevölkerungsrelationen zu tun hatte. Auch konnte so eine Konfrontation mit dem nizänischen Klerus vermieden werden. Dieser wurde in Gallien im Lauf des fünften Jahrhunderts generell recht selbstbewußt, da die Schwäche des Reichs große Freiräume schuf. Einmal fanden viele Söhne der Eliten eine geistliche Laufbahn attraktiver als eine weltliche im Dienst eines schwachen Kaisers. Auch die traditionelle Betätigung in der städtischen Oberschicht vermochte wegen der finanziellen und politischen Überforderung der Kurialen nicht recht zu locken. Ein Bischof verfügte über größere Ressourcen und konnte dank seiner geistlichen Autorität gegebenenfalls auch für seine Stadt mehr erreichen.

Als der westgotische König mit der Zeit das Machtvakuum füllte und die Hoffnungen auf eine Restauration der Kaisermacht erloschen, arrangierten sich die provinzialen Eliten immer besser mit dem Tolosanischen Reich. Das galt für die Kleriker genauso wie für die Laien, die immer öfter in den Hofdienst eintraten und bis in höchste Ämter vordrangen. Ihnen half, daß sie wegen ihrer juristischen und administrativen Kenntnisse für die (weiterhin römisch organisierte) Zivilverwaltung unentbehrlich waren. Selbst unter den militärischen Führern fanden sich vereinzelt Provinziale.

Diese erstaunliche Entwicklung hing auch, vielleicht vor allem, an dem neuen Charakter des Königtums. Die westgotischen Anführer wurden nämlich von fremden Kriegsfürsten zu Herrschern auch der Römer. Sie übernahmen die Aufgaben, die früher Kaiser und Statthalter innegehabt hatten: Gesetzgeber, Richter, Schutzherr der Kirche (auch der nizänischen), Leiter der Verwaltung. Der galloromische Aristokrat Sidonius Apollinaris, der später Bischof (!) wurde, beschrieb in einem Brief ausführlich Charakter, Aussehen und Tagesablauf des Königs Theoderich II., der Mitte des fünften Jahrhunderts regierte. Sidonius Apollinaris stand der homöischen Fremdherrschaft durchaus kritisch gegenüber, sein Portrait des Königs ist keine stereotype Lobhudelei, sondern eine von Zuneigung getragene Skizze eines Individuums: Theoderich ist nicht nur

körperlich ein eindrucksvoller Mann, er weiß sich auch zu pflegen –
die Nasenhaare läßt er sich täglich schneiden –, er ist ein hervorragender Jäger und ehrgeiziger Würfelspieler, er bewirtet Gäste
ebenso delikat wie maßvoll, er behandelt Bittsteller gerecht und
regelt die Staatsangelegenheiten umsichtig. Bei all dem zeichnet er
sich durch große Jovialität aus, oder, wie Sidonius es formuliert:
«der gute Ruf des Gotenkönigs Theoderich empfiehlt den Völkern
seine *civilitas*.»[26] *Civilitas* meint Leutseligkeit, Umgänglichkeit,
Ansprechbarkeit, den Anspruch, daß der Herrscher ein Bürger ist
wie jeder andere auch. Sie war eine typische Kaisertugend. In seiner
‹Zivilisiertheit› entsprach Theoderich II. also nicht mehr einem
zügellosen Barbaren, sondern einem verfeinerten Römer, ja dem
Herrscher des Erdkreises. Angesichts solcher Könige stabilisierte
sich das Verhältnis zwischen Provinzialen und Goten allmählich.
Man fand auf sozialem und politischem Gebiet eine gemeinsame
Basis, ohne daß man völlig zusammengegangen wäre. Am besten
läßt sich das im Bereich des Rechtswesens nachvollziehen.

Die Rechtsordnung

Opfer eines Verbrechens zu werden war in der Antike weit wahrscheinlicher als heutzutage. Auch in der Spätantike war die staatliche Durchdringung, sprich die Zahl der Amtsträger und Amtshelfer, so gering, daß keine regelmäßigen Patrouillen möglich waren
und der Bürger auch nicht die ‹Polizei› rufen konnte. Man war
allerdings nicht vollständig auf Selbsthilfe verwiesen. Es gab durchaus städtische Milizen, manche Großgrundbesitzer stellten Sicherheitstrupps für die Fernstraßen auf, und bei besonders schweren
Störungen der Ordnung griff der Statthalter ein, auch wenn es
dann mehr um die Verfolgung von Tätern als um die Verhinderung
von Taten ging. Daß die Kriminalität gegenüber früheren Epochen
gestiegen wäre, ist nicht zu beweisen, auch wenn die unsichereren
Zeiten dafür sprechen. Die zahlreichen gesetzlichen Regelungen
sind aber wohl eher Zeichen eines wachsenden Normierungswunsches als Reaktion auf eine Zunahme der Mißstände.

Die spätantike Gerichtsbarkeit unterschied sich nicht grundlegend von derjenigen des Prinzipats. Recht sprachen die kaiserlichen Amtsträger, in den Provinzen die Statthalter. Die staatliche Anklageerhebung nahm in der Spätantike zwar zu, aber meist oblag sie auch bei Delikten, die wir dem Strafrecht zuordnen, der privaten Initiative. Wer zu den privilegierten Schichten gehörte (Senatoren, Kurialen, Veteranen), mußte im Normalfall nicht mit Folterung, Zwangsarbeit und entehrenden Hinrichtungsformen wie dem Erhängen rechnen. Das heißt im Umkehrschluß: alle anderen schon, und das war der überwältigende Teil der Bevölkerung. Doch auch die Eliten kamen nicht immer mit Vermögenskonfiskation und Verbannung davon. Hochverräter erlangten nur selten die kaiserliche Verzeihung, an ihnen konnten Strafen vollzogen werden, die ganz dem Temperament des Herrschers entsprachen. So wurde im Jahr 605 einem Verschwörer gegen den Kaiser Phokas die Zunge herausgerissen, Arme und Beine wurden abgeschlagen, der Rest auf einer Bahre durch die Stadt paradiert, am Meeresufer die Augen ausgestochen, schließlich das wimmernde Stück Mensch auf einem brennenden Kahn in die See gestoßen. Das war Barbarei. Doch es gab auch erfreuliche Tendenzen: Der christliche Einfluß sorgte dafür, daß die Kreuzigung verschwand, und vor allem hörte die Verurteilung von Straftätern zu den Gladiatorenkämpfen und zum Kampf mit wilden Tieren auf. Die Menschen der Spätantike ergötzten sich nicht mehr am Abschlachten von Menschen in der Arena, sondern an Wagenrennen. Dafür kam ein neues Kapitaldelikt hinzu, das frühere Zeiten nicht gekannt hatten: der falsche Glaube, also Paganismus und Ketzerei.

Was die Rechtsetzung betraf, so war ihre einzige Quelle der Kaiser. Der Senat, geschweige denn das Volk hatten längst keine Mitsprache mehr. Der Kaiser erließ meist nicht von sich aus allgemeine, normative Gesetze, sondern traf Einzelentscheidungen. Das heißt: Statt selbst initiativ zu werden, reagierte er auf Eingaben und Anfragen von orientierungssuchenden Amtsträgern. Der Kaiser antwortete in einem Reskript. Oft ging es nur um einen speziellen Fall, manchmal galt der Bescheid für den Amtssprengel des Adressaten, meist eine Provinz. Der Kaiser verfügte in sogenannten

Konstitutionen aber durchaus auch Maßnahmen, die allgemeine Gültigkeit beanspruchten – aber nur im Tätigkeitsbereich des angeschriebenen Amtsträgers ausgehängt wurden. Im Rest des Reiches, wo andere Statthalter amtierten oder andere Kaiser herrschten, galten sie ebenfalls, aber dort wußte kaum einer von ihnen. Einer systematischen Fortentwicklung des Rechts war dieses System natürlich nicht dienlich. Zahlreiche sich widersprechende Verfügungen, die alle in Kraft waren, standen nebeneinander. Eine verbindliche Sammlung wie ein Gesetzbuch oder auch nur einen einheitlichen Veröffentlichungsort wie heute das Bundesgesetzblatt gab es nicht. Vor Gericht war man noch mehr als ohnehin schon in Gottes Hand. Ein geschickter Advokat der Gegenseite konnte plötzlich ein fast vergessenes oder nie gekanntes Gesetz aus dem Hut zaubern, das vielleicht schon zweihundert Jahre alt war, aber immer noch galt. Unkenntnis der und Widersprüchlichkeit in der Gesetzgebung beeinträchtigten die Rechtspflege ganz erheblich.

Für Abhilfe sorgte, nach einigen privaten Anläufen, erst die große Gesetzessammlung des östlichen Kaisers Theodosius II. aus dem Jahr 438, der *Codex Theodosianus*. Bei weitem nicht alle kaiserlichen Erlasse wurden aufgenommen, sondern es wurde eine Auswahl nach den Gesichtspunkten der grundsätzlichen Bedeutung und der Relevanz für die Zustände der Gegenwart getroffen. Das führte dazu, daß im *Codex*, der im Prinzip bis Augustus zurückgriff, nur Gesetze seit Konstantin enthalten sind. Die nichtaufgenommenen Kaisergesetze verloren ihre Gültigkeit. Die Gesetze waren nach Sachgebieten geordnet, innerhalb der Rubriken nach Alter. Die ursprünglichen Texte, die oft Begründungen enthielten und den Kaisern besonders in den Vorworten die Gelegenheit zu weitschweifender Entfaltung ihrer Ideologie boten, wurden zum Unglück des modernen Historikers gekürzt und bearbeitet. Für die Benutzbarkeit vor Gericht waren solche Eingriffe aber unabdingbar.

Das große Problem des *Codex* war die Aktualität, denn die Kaiser erließen ja laufend weitere Gesetze. Eine Neuauflage alle paar Jahre kam wegen des großen Aufwands der Buchproduktion – alle Exemplare hätten ja neugeschrieben und reichsweit ausgetauscht werden müssen – nicht in Frage. So behalf man sich damit, wichtige neuere Erlasse zu sammeln und an den *Codex* anzuhängen, als sogenannte Novellen. Die rechtsschöpfende Vereinheitlichung, die den *Codex Theodosianus* auszeichnete, ging diesen Nachträgen natürlich ab, aber das Verfahren war praktikabel. Der Wille zum Supplement war jedoch von Kaiser zu Kaiser unterschiedlich ausgeprägt (falls die Nachträge nicht ohnehin privater Initiative verdankt wurden), und nach ein paar Jahrzehnten hörten die Novellen ganz auf. Der *Codex Theodosianus* veraltete. Deshalb beschloß Justinian 90 Jahre später, eine ganz neue Kodifizierung vornehmen zu lassen und zudem ein Vorhaben anzugehen, das Theodosius nur ins Auge gefaßt hatte: eine Normierung der Schriften der großen ‹klassischen› Juristen des zweiten Jahrhunderts. Diese stellten nämlich nicht bloß Kommentare dar, sondern hatten aufgrund ihrer Autorität inzwischen ebenfalls Gesetzeskraft erlangt. Den Kaiser trieb bei seinem Projekt wie Theodosius eine Hochschätzung des Rechts, aber auch der Anspruch, die Vergangenheit neu zu ordnen.

Nur knappe sechs Jahre, von 528 bis 534, brauchten zwei Kommissionen für Sichtung und Neuordnung des römischen Rechts. Unter den erfahrenen Amtsträgern und Rechtsgelehrten war die treibende Kraft der Jurist Tribonian, der passenderweise bald zum Quaestor sacri palatii (Quaestor des heiligen Palastes) ernannt wurde. Dessen Hauptaufgabe war nämlich der Entwurf und die Ausformulierung der kaiserlichen Gesetze.

Die natürlich *Codex Iustinianus* genannte Sammlung erschien bereits 529 in einer ersten, 534 dann in einer zweiten, im Lichte der inzwischen erarbeiteten *Digesta* (dazu gleich mehr) stark veränderten Ausgabe. Die Sammler gingen bis zum Kaiser Hadrian zurück. Ihre Arbeitsweise folgte derjenigen der Theodosianischen Vorgänger, die Gliederung des Stoffs war eine selbständige: So waren im *Codex Theodosianus* die Gesetze zur Religion erst im sechzehnten, letzten Buch zusammengestellt gewesen, jetzt standen sie, symbolisch bedeutsam, an der Spitze. Die Bücher 2 bis 8 galten dem Privatrecht und den Privatprozessen, in Buch 9 ging es um Strafrecht und Strafrechtsverfahren, in den Büchern 10 bis 12 wurden Verwaltungs- und Finanzrecht behandelt. Justinians eigene

Gesetze bis 534 wurden ebenfalls berücksichtigt. Die große Masse seiner späteren Verordnungen – Justinian war ein schlafloser Gesetzgeber – wurde erneut in Novellen gesammelt und in einem Anhang, kaum kürzer als das Hauptwerk, veröffentlicht.

Der Erfüllung des umfassenderen Ziels dienten zwei weitere Werke. Die *Institutiones* stellten ein Lehrbuch des Rechts dar, geschrieben von zwei Rechtslehrern aus Konstantinopel und Berytos (Beirut). Es wurde verbindlich für die juristische Ausbildung, war also das unverzichtbare Buch für den Jurastudenten. Die Juristenausbildung wurde in drei Städten konzentriert: Konstantinopel, Berytos und Rom. Das eindrucksvollste Ergebnis der Kommissionsarbeit waren die *Digesta* (oder *Pandectae*): Die Rechtsliteratur eines halben Jahrtausends wurde gesammelt, gelesen, analysiert, gekürzt, neu arrangiert, systematisiert, harmonisiert. Dabei blieb man dem Geist der Vorgänger verpflichtet, das Schrifttum wurde zum Beispiel kaum im christlichen Sinn revidiert. Das Ergebnis war *das* Juristenrecht in 50 Büchern. ‹Das› ist kursiv, weil alles, was der Kürzung zum Opfer fiel, ungültig wurde und nicht mehr herangezogen werden durfte. Eine zukünftige Kommentierung wurde ebenfalls verboten, eine Rechtssetzung aus rechtlicher Kompetenz des einzelnen also unmöglich gemacht. Dieses Juristenrecht war in der Sache aber ohnehin erloschen, Revision und Fortentwicklung war längst nur noch durch kaiserliches Gesetz möglich.

Somit war das Recht übersichtlich und leicht zugänglich zusammengestellt. Diesmal wurde nicht nur die Rechtspflege enorm erleichtert, auch die Juristenausbildung wurde auf eine neue Grundlage gestellt. Das Gesamtwerk, das seit dem 16. Jahrhundert gern *Corpus Iuris Civilis* genannt wird, begründete den Ruf der Römer, große Rechtssystematiker gewesen zu sein. Bei allem Scharfsinn der römischen Jurisprudenz war aber gerade dies – ein System – bis zum fünften Jahrhundert kaum vorhanden gewesen. Es war das Verdienst der beiden Kodifizierungsanstrengungen, dies grundsätzlich geändert zu haben. Da alles Nichtberücksichtigte nicht mehr gebraucht wurde und meist verlorenging, ist römisches Recht für uns heute im wesentlichen das von Justinian gesammelte und kodifizierte. Im Osten blieb sein Werk ungebrochen in Kraft, im

Westen geriet es lange in Vergessenheit, bis es im hochmittelalterlichen Bologna wiederentdeckt wurde. Seitdem übten der *Codex Iustinianus* und die *Digesta* einen prägenden, manchmal übermächtigen Einfluß auf die europäische Rechtsentwicklung aus, bis ins 19. Jahrhundert hinein.

Die germanischen Reiche beeinflußte aber der *Codex Theodosianus* mehr, aus dem schlichten Grund, daß die meisten von ihnen in ihrer inneren Ordnung längst ausgeprägt waren, als der *Codex Iustinianus* erschien. Damit kehre ich zu den Westgoten zurück. In den 470er Jahren erließ König Eurich ein eigenes westgotisches Gesetzbuch, den (in der Moderne so bezeichneten) *Codex Euricianus*. Das nur fragmentarisch erhaltene Werk war in Latein verfaßt und von römischen Juristen gestaltet. Daß es sich auch inhaltlich stark auf römische Normen stützte, kann schon deswegen nicht überraschen, weil es häufig gar keine gotischen gab, die dem hohen und differenzierten (und damit komplizierten) Stand der römischen Zivilisation gerecht wurden. Der *Codex Theodosianus* galt weiter, ebensowenig wurde aber das überkommene gotische Recht außer Kraft gesetzt. Eurichs Werk nahm sich vor allem des Problemkreises an, den weder das römische noch das gotische Recht befriedigend regeln konnten: die gotisch-römische Koexistenz. Das bedeutet, daß der *Codex Euricianus* kein sogenanntes Volksrecht war, das heißt, er galt nicht nur für die Westgoten, sondern für Barbaren und Provinziale gleichermaßen. Die spätere *lex Romana Visigothorum* von 506, eine Art Kurzversion des römischen Rechts, band aber nur die Provinzialen. Eine rechtliche Vereinheitlichung aller Untertanen strebten die Könige der Westgoten nicht an.

Die spätantike Stadt

Ob schon unter Barbarenherrschern oder noch unter dem Kaiser, die meisten Menschen lebten auf dem Land. Die gesellschaftlichen und wirtschaftlichen Umschlagplätze, die Orte, wo man sich begegnete, waren aber die Städte. Städte, ob groß oder klein, waren das markanteste Kennzeichen der griechisch-römischen Zivilisation, auch wenn viele von ihnen nach unseren Maßstäben oft gar nicht das Ausmaß von Städten erreichten, sondern eher als Märkte oder Dörfer zu klassifizieren wären. So wie heute nicht eine jede Stadt ein Opernhaus oder ein Einkaufszentrum besitzen kann, so wies auch in der Antike nicht ein jeder Flecken alle äußeren Merkmale des städtischen Lebens auf (einige aber doch): Säulenhallen, breite Straßen, ein Forum oder eine Agora, Bäder, Theater und eine Arena für Wagenrennen, einen Hippodrom.

Entscheidend war ohnehin etwas anderes: Die Gemeinden verwalteten sich selbst. Sie bildeten die kleinen Bausteine des Imperiums, das in seiner riesigen Ausdehnung nur bestehen konnte, weil die meisten öffentlichen Entscheidungen vor Ort fielen, im Rahmen der städtischen Autonomie. Getroffen wurden sie vom Rat, in dem die lokalen Eliten, die Kurialen, ihren Platz hatten. Die Mitglieder wurden nicht gewählt, sondern waren durch ihre Herkunft verpflichtet einzutreten. Die Größe des Gremiums hing von der Größe der Stadt ab – in der Metropole Antiocheia bestand es aus etwa fünfhundert Mitgliedern –, immer war aber der Großteil der Oberschicht eingebunden. Die herrschenden Familien bildeten keine völlig homogene Schicht, einige waren erheblich wohlhabender als die anderen, aber für gewöhnlich ragte kein Clan derart heraus, daß ihm allein kraft seiner ökonomischen Ressourcen ein Führungsanspruch zugefallen wäre. Organisiert war diese Elitenherrschaft in Form eines sogenannten Honoratiorenregiments: Die Kurialen erhielten keine Entschädigung für ihre Tätigkeit, im Gegenteil, sie arbeiteten nicht nur ehrenamtlich, sondern finanzierten aus ihrem Privatvermögen öffentliche Aufgaben, zum Beispiel Gebäude, Spiele oder öffentliche Speisungen bei Festen. Im Gegenzug erhielten sie Ämter, Einfluß, Anerkennung, Ehreninschriften und Statuen ihrer selbst auf dem Marktplatz – kommunale Unsterblichkeit.

Ich habe im Abschnitt über die Kirche bereits darauf hingewiesen, daß dieses System im vierten Jahrhundert nicht mehr so gut funktionierte. In Libanios' Schriften spiegelt sich der Glanz seines geliebten Antiocheia, aber seine Briefe sind auch schon voll von Überlegungen, wie man dem Kurialenstand am besten entfliehen könne. Die finanziellen Lasten, die auf den lokalen Eliten ruhten, wurden immer drückender: Die Steuern, welche die Kurialen für das Reich eintrieben und für die sie geradestanden, wurden höher. Gleichzeitig sanken die kaiserlichen Zuwendungen an die Städte, und die Lücke mußten wieder die Kurialen schließen. Hinzu kamen außerordentliche Abgaben für das Reich, etwa das Kranzgeld anläßlich des Herrschaftsantritts eines Kaisers. Den wachsenden Aufwendungen standen aber stagnierende Vermögen gegenüber.

Damit einher gingen schwindende Gestaltungsmöglichkeiten. In Antiocheia gab es zwar einen Stadtrat, aber keine Amtsträger der Exekutive. Die bedeutenden politischen Ämter wurden schon seit dem dritten Jahrhundert nicht mehr besetzt. Die zu erledigenden kommunalen Aufgaben (etwa die Spiele) wurden zwar Mitgliedern des Rates übertragen, aber ernannt wurden sie nicht von ihren Standesgenossen, sondern vom kaiserlichen Statthalter. Antiocheia und ebenso die meisten anderen Städte verloren damit ein wesentliches Merkmal einer sich selbst verwaltenden Kommune, sie wurden in die imperiale Hierarchie eingebunden. Im sechsten Jahrhundert gab es vielerorts dann nicht einmal mehr Räte. Diese Entwicklung stand in Wechselwirkung mit den finanziellen Lasten, denn die Statthalter kontrollierten die Städte wegen der dringender gebrauchten Steuern natürlich sorgfältiger. Vermögenseinbußen und schwindende Kompetenzen machten den kommunalen Dienst unattraktiv. Den Kurialenstand konnte man nicht einfach verlassen, aber gerade den Ehrgeizigen und Begabten boten sich zwei gute Möglichkeiten: Sie gingen in den Reichsdienst, konnten etwas bewegen und waren von nun an (steuerbefreite) Senatoren. Oder sie wurden (ebenfalls steuerbefreite) Priester.

Falls aus diesen Priestern Bischöfe wurden, konnten sie gleichfalls etwas bewegen. Die Christianisierung war die zweite große Veränderung, welche die Spätantike für die Städte brachte. Ich habe oben schon die neue kommunale Rolle des Bischofs nach dem Sieg der neuen Religion erwähnt. Er war der wichtigste unter den ‹Big Men›: Darunter versteht man bedeutende Männer in einem Gemeinwesen, die für dieses formal keine Verantwortung tragen, weil sie neben den staatlichen Strukturen agieren, aber dennoch maßgeblichen informellen Einfluß ausüben. Hier ist neben den Bischöfen zum Beispiel an pensionierte kaiserliche Amtsträger zu denken. Bis zum sechsten Jahrhundert wurden viele dieser ‹Big Men› dann doch Funktionäre, aber sie wurden nicht von den Kurialen oder vom Volk gewählt, sondern vom Kaiser oder Statthalter ernannt. Auf die Bischöfe traf das zwar nicht zu, aber in Justinians Gesetzen bildeten sie in lokalen Angelegenheiten regelmäßig den Ansprechpartner für die kaiserliche Verwaltung. Längst waren sie zu den entscheidenden Vermittlern zwischen Stadt und Reich avanciert.

Christianisierung bedeutete auch, daß sich das Schwergewicht des öffentlichen Lebens vom Marktplatz zur Kirche verschob. Äußerlich war dies daran erkennbar, daß große Plätze manchmal verbaut wurden. Der öffentliche Diskurs verarmte. Die Begegnung unter freiem Himmel, die Auseinandersetzung im öffentlichen Raum um das Gemeinwesen, die Politik also im engen, aber besten Sinne kam zum Erliegen. Entscheidungen zogen sich hinter die Mauern von Bischofs- und Statthalterpalästen zurück. In der Kirche wurde nicht mehr debattiert, sondern zugehört. Dem entsprach das Zurückgehen und schließlich Verschwinden der Inschriften, der eindrucksvollsten Zeugen für den öffentlichen Charakter der griechisch-römischen Stadt. Nur die christlichen Grabinschriften hielten sich und nahmen sogar zu.

Trotz dieser gravierenden Veränderung will ich aber nicht behaupten, daß das Christentum den Untergang der spätantiken Stadt auslöste (und damit indirekt doch das Ende der Antike). Die Gemeinwesen wandelten sich merklich, aber sie existierten weiter, und zwar in hoher Kontinuität zu ihrer vorchristlichen Geschichte. Die großen Plätze wurden nicht nur verbaut, weil sie funktionslos geworden waren, sondern auch und wahrscheinlich öfter wegen schlichten Platzmangels. Die Städte schrumpften, sie wurden stärker befestigt, die Siedlungen konzentrierten sich um oder in einer befestigten Burg. Selbst die Friedhöfe wurden ins Innere der Stadt gezogen. Allmählich wurde stärker zwischen Stadt und Land differenziert, ein Unterschied, der politisch bislang keine Rolle gespielt hatte. Kurzum: Kleinere, mittelalterliche Strukturen kündigten sich an.

Die Menschen bekamen zunehmend Angst vor Angriffen. Im fünften Jahrhundert wurde das Leben im Westen unsicherer, im sechsten Jahrhundert dann auch im Osten. Hinzu kam zwischen 500 und etwa 560 eine ungewöhnliche Häufung von Erdbeben in der Levante – und die Pest, die seit der Mitte dieses Jahrhunderts in mehreren Wellen die Mittelmeerwelt heimsuchte. Hier liegen die wesentlichen Gründe für einen Prozeß, der wie das Ende der Antike generell zwischen den Polen von Transformation und Niedergang diskutiert wird. Die Analyse hat hier noch deutlicher nach Zeitstellung und Region zu differenzieren. Im Nordwesten des Reiches begann die Krise bereits Anfang des fünften Jahrhunderts, in Italien markierten erst die Gotenkriege über einhundert Jahre später eine allgemeine Wende zum Schlechteren. Die Städte Africas prosperierten trotz der Vandalenherrschaft und des wachsenden Drucks durch die Berber bis zur arabischen Eroberung im späten siebten Jahrhundert. Die Donaugrenze wurde in der zweiten Hälfte des fünften und wieder in der zweiten Hälfte des sechsten Jahrhunderts von zahlreichen Barbaren durchdrungen. Die zweite Schwächephase wurde nicht mehr überwunden: Sogar Städte mit den größten Namen – Sparta, Argos, Korinth – wurden aufgegeben zugunsten besserer, das heißt sichererer Plätze im Bergland. Lange unbehelligt blieben Asien und Ägypten. Unter den Perserkriegen des sechsten Jahrhunderts litten natürlich die Städte Kleinasiens und Syriens, aber sie wurden, wie in früheren Kriegen, nicht in ihrer Existenz getroffen. Das mehrmals von Persern und Erdbeben zerstörte Antiocheia wurde stets wiederaufgebaut, wenngleich kleiner. Insgesamt prosperierten die Städte der Levante bis zu den großen Invasionen der Perser und Araber im siebten Jahrhundert. In der kleinasiatischen Grenzzone gab es dann allerdings starke Zivilisationsbrüche. Syrien und Ägypten dagegen überstanden die Eroberung halbwegs schadlos.

Selbst Ende des sechsten Jahrhunderts gab es also keinen flächendeckenden Sinkflug. Auf den Stufen der Tempel wuchs Gras, wenn sie nicht ganz beseitigt waren. Oft wurden sie in Kirchen umgebaut, gern wurden die Steine aber auch für neue Gebäude benutzt, manchmal auch Wohnhäuser. Überhaupt wurden größere

Gebäude häufig neuen Zwecken zugeführt. Neubauten wurden seltener – wenn es nicht Kirchen waren. Immerhin konnte der Historiker Prokop ein umfangreiches Werk nur über die Bautätigkeit Justinians schreiben. Zumindest die größeren Städte fielen keineswegs in Subsistenzwirtschaft zurück. Der wirtschaftliche Austausch verlor zwar an Intensität, aber immer noch umspannten die Handelsnetze das gesamte Mittelmeer. Und man konnte leben in diesen Städten: Im gesamten gegenwärtigen wie ehemaligen Territorium des Reiches standen, trotz der Beschwerden der Bischöfe über das unchristliche Vergnügen, die Hippodrome. Die Rennställe und deren Anhängerschaften waren überall nach Farben benannt. Die wichtigsten waren die Grünen und Blauen. Diese sogenannten Zirkusparteien standen in entschiedener Opposition zueinander, die zunächst nur im Sport begründet lag, aber auch eine politische Dimension annehmen konnte. Die Zirkusparteien waren nämlich die größten und schlagkräftigsten nichtstaatlichen Organisationen. ‹Schlagkräftig› ist dabei ganz wörtlich zu nehmen: Gewaltsame Auseinandersetzungen kamen regelmäßig vor, meist zwischen Grünen und Blauen, gelegentlich aber auch als Kampf mit der Obrigkeit. Die institutionalisierte Unruhe ging jedoch nicht so weit, daß das Funktionieren der Städte grundsätzlich beeinträchtigt wurde. Der Straßenkampf zwischen Bürgern war auch gar nicht ungewöhnlich, zumindest für die griechischen Städte war er seit der archaischen Zeit typisch gewesen. Auch die Stadt des sechsten Jahrhunderts war noch eine antike Stadt.

Die Frage nach Transformation oder Niedergang ist also nicht einfach zu beantworten. Es gab Städte, die recht stabil ins Mittelalter kamen, während Nachbarorte verlassen wurden. Freilich darf der Historiker nicht bei der Sammlung von Einzelbefunden stehenbleiben, er muß die großen Linien herausarbeiten und pauschalisieren, um den Preis, daß er den Details auch einmal Unrecht tut. Und in dieser, der Vogelperspektive, ist dann doch, bei allem verkrafteten Wandel und bei aller Differenz in der zeitlichen Entwicklung, festzustellen, daß die antike Stadt am Schluß überall unterging, so wie auch die Antike unterging – nicht in friedlicher Transformation, sondern in qualvollem, oft gewaltsamem Zivilisationsbruch.

Die Hunnen

Diejenigen, welche die Goten und die anderen Völker Richtung Westen in Bewegung gesetzt und damit dem Reich den ganzen Schlamassel beschert hatten, waren die Hunnen. Sie stammten von irgendwoher in Mittel- oder Ostasien. Die früher populäre Gleichsetzung mit fernöstlichen Reiternomaden, die aus chinesischen Quellen bekannt sind, scheitert an den komplexen Formationsprozessen wandernder Völker, die ich oben am Beispiel der Westgoten beschrieben habe. Auch die Hunnen waren dauernd im Werden begriffen, Gruppen stießen hinzu, andere lösten sich. Wir wissen nicht einmal, ob es sich bei den Hunnen um ein iranisches oder um ein Turkvolk handelte. Attila war jedenfalls ein germanischer Name.

Was wir wissen, ist angesichts der wenigen archäologischen Reste und der einseitigen römischen Berichte dürftig. Die Hunnen waren Reiternomaden aus der eurasischen Graslandzone, vergleichbar eher mit den mittelalterlichen Ungarn oder Mongolen als mit germanischen Völkern wie den Goten, die nicht im Sattel lebten und keine Nomaden waren. Die Hunnen waren auf kriegerische Unternehmungen konzentriert und führten in Gruppen schnelle, gezielte Plünderungszüge durch. Da dies die Grundlage ihrer Lebensweise war, strebten sie nie nach der Zuteilung von Land und einer Seßhaftwerdung im Reich. Innerhalb der einzelnen Gruppen herrschte eine strikte Hierarchie, diese selbst standen aber mehr nebeneinander, als daß sie ein Volk bildeten. Der geringe Zusammenhalt führte dazu, daß Machtbildungen meist ephemerer Natur waren. Sie hingen an einzelnen Personen, die dank ihres Formats und ihrer Verbindungen Vorrang vor den anderen Führern gewannen. Militärisch waren die Hunnen den anderen Barbaren überlegen, und die Lockerheit ihres Verbandes mit nur schwachen Oberherren ließ es den Besiegten durchaus attraktiv erscheinen, Teil des hunnischen Zusammenschlusses zu sein. Die Goten, die jenseits der Donau verblieben waren, waren solche Unterworfene. Zur ethnischen Verschmelzung kam es wegen der unterschiedlichen Lebensweise nicht. Die Goten und die übrigen

156 4. Die Völkerwanderung (395–518)

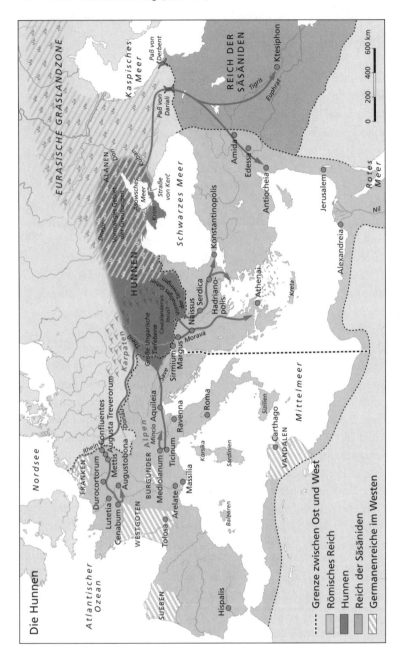

Völker in Gefolgschaft blieben für sich und stellten den hunnischen Herren lediglich ihre Kampfkraft zur Verfügung. Ihre Anführer waren durch Verwandtschaftsbeziehungen, Geiselstellung und Treueid an den Hunnenkönig gebunden.

Etwa um 400 langten die Hunnen in der Großen Ungarischen Tiefebene an und übten bald unmittelbaren Druck auf das Römische Reich aus. Arcadius konnte den Hunnen noch dankbar sein, denn ihr Führer Uldin tötete den gotischen Condottiere Gainas, der dem Osten sehr zu schaffen gemacht hatte. Sein Sohn Theodosius II. aber mußte dem Hunnenkönig Rua, der sich eine Vorrangstellung unter den Hunnen erarbeitet hatte, Kontributionen in derartiger Höhe bezahlen, daß der Blitzschlag, der den plündernden Rua nach dem Überschreiten der Donau traf, auf die Gebete des Kaisers zurückgeführt wurde. Rua und die Hunnen waren im Westen aber noch wichtiger – und nicht für alle in einem negativen Sinn. Nach dem Tod Honorius' 423 kam es zu einem Bürgerkrieg zwischen dem neuerhobenen Kaiser Johannes und Theodosius II., der seinem Cousin Valentinian, dem Sohn Galla Placidias und des inzwischen verstorbenen Constantius, den Thron des Westens sichern wollte. Theodosius' Heer setzte sich mit Geschick und Glück durch – sehr viel Glück. Der an Truppen unterlegene Johannes hatte den jungen Offizier Aetius mit viel Geld losgeschickt, um bei den Hunnen Söldner zu werben. Aetius war für diese Aufgabe prädestiniert, denn er war als Jugendlicher Geisel bei den Hunnen gewesen und seitdem mit ihren Gepflogenheiten vertraut. Aetius kehrte drei Tage zu spät zurück, der Bürgerkrieg war bereits entschieden. Sein Heer von 60 000 Hunnen verschaffte ihm aber ausreichend Rückhalt, um nicht nur seinen Kopf zu retten, sondern auch seine Aufnahme in den Dienst Valentinians III. zu erzwingen. Die Söldner wurden entlassen und von Ravenna ausbezahlt. Einige Jahre später, 430, stürzte sich Aetius in einen Machtkampf mit anderen Heermeistern und Galla Placidia, in dem er zunächst unterlag. Er floh über die Donau zu Rua und kam erneut mit einem hunnischen Heer zurück. Mit dessen Hilfe errang er 433 die maßgebliche und in Zukunft unbestrittene Stellung als führender Heermeister, so wie sie einst Stilicho innegehabt hatte. Für die nächsten zwanzig Jahre wurde er der bestimmende Mann im Westen, dank der Hunnen. Was Rua eigentlich für seine Unterstützung erhielt, wird aus den Quellen leider nicht klar, vermutlich kam es nie zum Vollzug, denn schon 434 geriet Rua in das tödliche Gewitter.

Wie die Nachfolge geregelt (oder ausgekämpft?) wurde, ist uns leider verborgen. Die Neffen Attila und Bleda setzten sich durch, sie vermochten die Hegemonie Ruas auf sich zu übertragen und den Gruppenverbund zusammenzuhalten. Aetius aber konnte auch in den nächsten Jahren über hunnische Kontingente verfügen. Mit ihrer Hilfe zerschlug er das erste Reich der Burgunder am Mittelrhein, ein Ereignis, das sich im Nibelungenlied widerspiegelt. Man hat diese Kooperation früher so interpretiert, daß Aetius im steten Bündnis mit den Hunnen, ja sogar deren Marionette gewesen sei. Doch wir wissen nichts über ein Nahverhältnis zu Attila und Bleda, anders als zu Rua. Die Hunnen, über die er verfügte, waren vielleicht die gleichen, die er 433 mitgebracht hatte. Der Verbleib, vielleicht auch der Zuzug dieser Söldner ist nach einem Vorschlag des Jenaer Althistorikers Timo Stickler eher mit den Auseinandersetzungen nach Ruas Tod zu erklären: Es waren wohl nicht alle Hunnen mit dem Ergebnis einverstanden, einige suchten ihr Heil im Dienst des Reiches. Selbst zur Hochzeit Attilas standen keineswegs alle Hunnen unter seiner Kontrolle.

Bleda und Attila wandten sich zunächst dem ungleich reicheren Osten zu, denn die noch unerprobten neuen Könige brauchten große Erfolge, um ihre Herrschaft zu stabilisieren. Die 430er und 440er Jahre waren angefüllt mit Beutezügen auf dem Balkan und hunnischen Erpressungsversuchen. Die Wiederholungen erklären sich nicht nur aus dem hunnischen Geldbedarf, sondern auch aus der schlechten Vertragsmentalität Konstantinopels. Die Römer hielten sich nämlich nur läßlich an die oft mühsam ausgehandelten Friedensbedingungen. Sie wischten sie beiseite, sobald sie sich stark genug fühlten. Ein wesentlicher Grund dafür war zweifellos Haß gegen die heidnischen Angreifer. Anders läßt sich kaum erklären, daß ein römischer Bischof 441 hunnische Fürstengräber nördlich der Donau plündern ließ. Hinzu kam unbegründete Überheblichkeit gegenüber den Barbaren, die freilich vermischt war mit dem sehr begründeten Eindruck, daß der hunnische Verband nicht sehr festgefügt war und es den Hunnen an Geduld und Know-how für längere Städtebelagerungen fehlte. Konstantinopel war für sie uneinnehmbar. Der Preis für dieses Kalkül war sehr hoch: Der Balkan wurde fast jährlich verwüstet, wichtige Städte wie Naissus und Sirmium fielen, die Römer wurden mehrmals in offener Feldschlacht besiegt, 447 gelangten die Hunnen in scheinbar mühelosem Siegeszug sogar bis zu den Thermopylen und den Dardanellen. Frieden erhielt Theodosius nur gegen einen Tribut von 2100 Goldpfund pro Jahr und die Einrichtung einer Pufferzone von fünf Tagesreisen an der Donau: Innerhalb dieser durften die Römer keine Befestigungen mehr errichten. Der Balkan war damit zu weiten Teilen schutzlos, und die Abgaben belasteten den Osten aufs schwerste. Der fromme Theodosius II. mußte, um sie zu erfüllen, sogar auf das Vermögen der Kirche zugreifen. Attila hatte gezeigt, daß er kein Papiertiger war – den Römern und mehr noch den eigenen Leuten. Denn zwei Jahre zuvor hatte er seinen Bruder Bleda ermordet. Dieses Blut ließ sich mit nichts besser abwaschen als mit Erfolgen.

Attila stand nun auf dem Höhepunkt seiner Macht, er schien der Herr der Welt zu sein. Just zu dieser Zeit, genauer gesagt im Jahr 449, kam eine römische Gesandtschaft zu Attila, die nicht um ihrer selbst willen erinnernswert ist, sondern weil ihr der Amtsträger und Historiker Priskos angehörte, der in seinem Geschichtswerk von seinen Erlebnissen erzählte. Gerade angesichts der sonstigen, meist pauschal feindseligen und von allzuviel Kenntnis der Hunnen ungetrübten Quellen ist der Bericht eines Augenzeugen unschätzbar. In der Hauptsache schreibt Priskos von diplomatischem Geplänkel. Das fing schon damit an, daß die Gesandten an der Errichtung ihres Zelts gehindert wurden, weil es sonst Attilas Zelt überragt hätte. Es gab noch mehrmals Gelegenheit zum Ab- und Wiederaufbau dieses Zeltes, denn die Römer mußten dem beständig durch sein Reich reisenden König – eine Hauptstadt gab es nicht – folgen. Dabei erfuhren sie, daß zur Gastfreundschaft, die bei den Hunnen großgeschrieben wurde, auch schöne junge Frauen gehörten, die für die Nacht geschickt wurden. Die Römer lehnten diese Ehrung ab und blieben lieber für sich – sagt jedenfalls Priskos. Ein andermal traf er einen griechischen Kaufmann von der Donau, der bei der Eroberung seiner Stadt Familie und Reichtum verloren hatte und dennoch zufrieden mit seinem Schicksal war. Er hatte sich nämlich bei den Hunnen militärisch ausgezeichnet, hatte seine Freiheit wiederbekommen und war zu neuem Wohlstand und sogar einer neuen Familie gelangt. Doch so etwas war natürlich nicht die Regel. Typisch war eher der Anblick eines römischen Spions, der in einem Hunnendorf am Kreuz hing, oder der von zwei Kriegsgefangenen, die ihre neuen Herren ermordet hatten und nun dem gleichen Schicksal zugeführt wurden. Umgekehrt wäre es freilich zu vergleichbaren Szenen gekommen.

In der Hauptsache taktierten die Gesandten hinhaltend, und auf hunnischer Seite fehlten die Ansprechpartner. Ausgebildete Institutionen und Ämter gab es nicht, was zählte, waren persönliche Beziehungen und das Gewicht der einzelnen Führer bei Attila. Diesem war also eine bemerkenswerte Hierarchisierung hin auf seine eigene Person gelungen. Nur Attila konnte weitreichende Entscheidungen treffen. Da man bei formalen Audienzen und bei Diners sein Gegenüber kaum kennenlernt, bleibt Priskos' Bild des Königs unscharf, doch ist es nur ab und zu getrübt von Vorurteilen und erhellt von Beobachtungen im Detail. Bei einer Audienz fing Attila einmal jähzornig zu toben an, doch man fragt sich, ob die Römer hier nicht auf eine Inszenierung als unberechenbarer Nomadenfürst hereingefallen sind. Denn meist scheint der König bescheiden und beherrscht gewesen zu sein: hölzerner Teller, hölzerner Becher, einfaches, sauberes Gewand, schmucklose Waffen, obwohl es all dies bei seinen Gefolgsleuten in prächtigeren Ausführungen zu sehen gab. Bei Gastmählern blieb er selbst zu vorgerückter Stunde formal, nur seinem jüngsten Sohn war er in zärtlicher Liebe zugetan. Am interessantesten liest sich Priskos da, wo er von Attilas Herrschaftspraxis berichtet:

Als Attila in dieses Dorf einzog, schritten zur Begrüßung Mädchen vor ihm, unter zarten, weißen Schleiern von beträchtlicher Größe. Frauen hielten die Schleier auf beiden Seiten, unter jedem gingen hintereinander sieben oder mehr Mädchen. Es gab viele solcher Reihen, und sie sangen hunnische Lieder. Als er an den Häusern des Onegesios [der zweite Mann bei den Hunnen] vorbeikam – durch diese führte nämlich der Weg zum Palast –, kam ihm dessen Frau mit einer Menge von Dienern entgegen, die Speisen und Wein trugen. Dies ist die größte Ehre bei den Hunnen. Sie begrüßte ihn und bat ihn, von den Gaben zu nehmen, die sie ihm in Freundschaft brachte. Attila zeigte sich der Frau seines Vertrauten gnädig und aß, sitzend auf dem Pferd. Die Barbaren seines Gefolges hielten ihm dazu eine silberne Tafel hoch. Nachdem er auch aus dem ihm gereichten Becher getrunken hatte, ritt er zu seinem Palast. Der war größer als die anderen Gebäude und lag auf einer Anhöhe.

Wenig später beobachtete Priskos Attila bei den täglichen Geschäften:

Ich stand unter all den Menschen, die Menge wurde unruhig und murmelte. Rufe kamen auf, als Attila erschien. Er kam aus dem Haus, sah hierhin und dorthin und ging im Imponiergehabe herum. Schließlich blieb er mit Onegesios vor dem Haus stehen. Viele traten vor ihn, legten ihm ihre Streitfälle dar und empfingen seine Entscheidung. Dann zog er sich ins Haus zurück und empfing Gesandte von barbarischen Völkern.[27]

Was Priskos nicht wußte, war, daß die Führer der Gesandtschaft zusammen mit hunnischen Verrätern ein Attentat auf Attila planten. Das Vorhaben wurde früh entdeckt und zog für die Römer keine Konsequenzen nach sich. Überhaupt zeigte Attila sich auch nach seinen großen Siegen unbarbarisch geduldig angesichts der immer noch bescheidenen Fügsamkeit Konstantinopels. Oft beließ er es bei Drohungen und Spott. Attila war nämlich auf ein Mindestmaß an Kooperation von seiten der Römer angewiesen.

Attilas Macht war nie als Territorialherrschaft organisiert. Man kann schon deshalb nicht von einem Großreich der Hunnen vom Ural bis zum Rhein sprechen. Er regierte einen Personenverband, an der Annexion von Reichsterritorium war er nicht interessiert. Das Reich war vielmehr das Opfer, von dem sich die hunnischen Löwen ernähren wollten, oder besser, denn das Opfer durfte nie ausgeweidet werden: das Wirtstier, mit dem die Hunnen in parasitärer Symbiose zusammenlebten. Einfälle und Plünderungen steigerten das Prestige eines hunnischen Anführers, gleichzeitig zwangen sie den Kaiser im Idealfall dazu, Zahlungen und Geschenke zu leisten, die wiederum das Prestige des Führers steigerten. So gewannen besonders erfolgreiche Führer wie Rua und Attila die Hegemonie über alle Hunnen. Ohne das Imperium konnte Attilas Reich nicht existieren, der Strom der Tribute und Geschenke durfte nicht abreißen, sonst hätten sich unzufriedene Gruppen vom offenbar unfähigen Oberherrn abgesetzt und ihr Glück auf eigene Faust versucht. Attila stand also ständig unter Druck, bei Erfolgen erstarkte seine Kriegerkoalition und wuchs, was freilich neuen Druck aufbaute, weitere Erfolge und Beute zu erringen. So blieben die Hunnen im Modus der dauernden Aggression, ein beständiger Friede zwischen ihnen und den Römern war nicht zu gewinnen.

Ein dauerhafter Ausgleich allerdings schon. Attila beabsichtigte keineswegs, das Reich zu vernichten. Und seine Aggressionen wurden dadurch abgemildert, daß sie abwechselnd dem Westen und dem Osten galten. Die Hunnen hatten sich nicht zufällig in der Großen Ungarischen Tiefebene konzentriert. Von dort waren beide Reichsteile gut zu erreichen. Das bedeutete aber auch, daß der gerade nicht attackierte Reichsteil halbwegs seine Ruhe hatte. So war die Hunnennot trotz aller Plünderungen insgesamt erträglich, und das sorgte dafür, daß die Römer sich mit der Situation arrangierten, anstatt alle Ressourcen zu mobilisieren und die Entscheidung zu suchen. Das ging so lange gut, bis Attila die Toleranzkraft des dahinsiechenden Westens überschätzte und diesen doch in Lebensgefahr brachte. Dagegen wehrten sich die Römer dann noch einmal mit allem Mut der Verzweiflung.

Dabei war dieser Reichsteil bislang glimpflicher davongekommen. Attila war von Valentinian III. sogar nominell zum Heermeister ernannt worden (was erlaubte, die ihm zufließenden Tribute als Gehaltszahlungen zu deklarieren). Die Verwicklungen begannen mit einer Affäre, die einer Vorabendsoap würdig ist. Valentinians ältere Schwester Honoria lebte, unverheiratet und Anfang Dreißig, ohne rechte Entfaltungsmöglichkeiten am Hof. Ein ebenbürtiger Bräutigam fehlte, denn Theodosius II. hatte keinen Sohn, und im Westen kam kein Anwärter in Frage, da dieser und erst recht ein

Sohn aus dieser Verbindung zu einem heißen Thronanwärter geworden wäre – Valentinian war ebenfalls ohne Söhne. Auf die Gefahr hin, zu sehr Klischees zu bemühen: Honoria war reich, isoliert und unzufrieden. Sie verliebte sich in den Verwalter ihrer Güter und wurde wahrscheinlich schwanger. Der Bruder tobte, ließ den Liebhaber hinrichten und die Schwester aller Ehren entkleiden, einsperren und bald mit einem ungefährlichen Senator verheiraten. So weit, so gut oder ungut. Das Ganze könnte hier unerwähnt bleiben – wenn Honoria sich nicht gewehrt hätte, und das in einer Art und Weise, die man als Landesverrat oder als völlig verrückt bezeichnen kann, die in ihrer Entschlossenheit aber Bewunderung weckt: Sie schickte ihren vertrauten Eunuchen Hyacinthus 450 an den Hof der Hunnen, mit einigem Geld, mit der Botschaft, Attila möge ihre Schmach rächen, und mit einem Verlobungsring. Das Ganze war kaum das Ergebnis eines großen politischen Plans mit Hintermännern, etwa um Aetius zu stürzen, sondern schlicht das, was es zu sein schien: Honoria wollte Genugtuung und zusammen mit Attila ein neues Leben und eine neue Stellung gewinnen, mochte Rom auch dabei untergehen.

Attila war elektrisiert. Er faßte die Hand der Kaiserschwester so auf, daß er die Hälfte des westlichen Reiches, auf die sie Anrecht habe, erhalten würde. Wahrscheinlich handelte es sich hier um bewußtes Mißverstehen. Weibliche Herrscher gab es nämlich bei den Hunnen ebensowenig wie bei den Römern. Jedenfalls teilte Attila gerade anwesenden Gesandten Theodosius' II. mit, daß er nun Honorias Interessen wahrnehmen werde. Erst über den Cousin erfuhr Valentinian von der Tat der Schwester. Er ließ Hyacinthus foltern und hinrichten, und mit Honoria hätte er am liebsten das gleiche getan. Theodosius empfahl die Auslieferung Honorias, um Attila zu besänftigen. Das ging Aetius und Valentinian aber zu weit. Lieber nahm der Kaiser einen Krieg in Kauf, als unter solchen Umständen einen heidnischen Schwager zu bekommen, der exorbitante Forderungen stellte. Und nicht zu vergessen: Honoria war bereits verheiratet.

Attila forderte zweimal vergeblich die Auslieferung Honorias und eine Reichsteilung. Nun blieb ihm kaum etwas anderes übrig als ein großer Krieg. Beider Parteien Rücksicht auf das eigene Prestige ließ also die Situation eskalieren. Attilas strategisches Ziel zeigte, daß es längst nicht mehr nur um Honoria ging. Statt sich gegen Italien zu wenden, um Honoria zu befreien, marschierten die Hunnen Richtung Gallien, in dem Aetius durch die unermüdliche Arbeit der letzten 25 Jahre die römische Macht halbwegs konserviert hatte. Die Chancen der Römer standen aber schlecht: Nur Italien befand sich noch vollständig unter ihrer Kontrolle, in Africa, weiten Teilen Spaniens und Galliens regierten schon lange die Barbaren. Zudem konnte Italien wegen einer schweren Hungersnot nur wenig zu den Verteidigungsbemühungen beitragen. Alles hing davon ab, wie sich die Barbaren im Reich stellten. Beide Seiten warben im Vorfeld um die Franken und um den westgotischen König Theoderich I.

Im Frühjahr 451 brach Attila mit mehreren zehntausend Mann nach Westen auf. Thüringer, Burgunder und Franken stießen zum Heer. Noch beim Einmarsch in Gallien empfahl sich Attila als ‹Hüter der römischen Freundschaft›. Die Taten sprachen allerdings nicht für seine Glaubwürdigkeit: Durch das östliche Gallien schlug er eine Schneise der Zerstörung oder drohte sie zumindest an. Die Bischöfe (nicht die Kurialen!) bemühten sich, durch Verhandlungen ihren Städten das Schlimmste zu ersparen. Das gelang nicht immer. Attila wurde schon von den Zeitgenossen als Geisel Gottes wahrgenommen. Panik breitete sich in weiten Teilen des Landes aus. Die Hunnen stießen über Augusta Treverorum, Mettis (Metz) und Durocortorum ins Herz Galliens vor, nach Cenabum (Orléans). Die Einwohner hielten der Belagerung stand, aber ohne Entsatz waren sie verloren. Wo war Aetius?

Der stand mit dem römischen Aufgebot in Arelate, ganz im Süden, zu schwach, um den Kampf gegen Attila zu wagen, und verhandelte hektisch mit Theoderich. Der König zögerte, denn er hatte keine Lust, die weitgehende Selbständigkeit der Westgoten zu gefährden, indem er die Römer stärkte und diesen offen Gefolgschaft leistete. Andererseits war Attila eine unberechenbare Größe, er näherte sich schon dem eigenen Territorium. Ein Kampf auf sich gestellt war eine sehr zweifelhafte Sache, und Attilas Herrschaft würde sicher nicht angenehmer sein als die römische.

Die Einwohner von Cenabum schwankten derweil zwischen Hysterie und Resignation. Ihr Bischof Anianus erhielt von Aetius nur Durchhalteparolen und wurde ansonsten auf den 14. Juni vertröstet, den Zeitpunkt des angeblichen Entsatzes. Als der Tag herangekommen war, bereiteten die Bürger die Übergabe ihrer Stadt vor. Sie glaubten nicht an Aetius' leere Versprechungen. Hunnische Vortrupps standen bereits in der Stadt, um eine Plünderung ohne Blutvergießen zu organisieren – da erschien das Heer der Alliierten. Das Bündnis zwischen Rom und Theoderich war geschlossen, die Westgoten waren in Zukunft weder zu dauernder Heeresfolge noch zur Unterordnung verpflichtet. Aetius trieb die überraschten Hunnen aus der Stadt. Attila wagte die Entscheidungsschlacht nicht und zog sich Richtung Osten, nach Augustobona (Troyes), zurück.

Das war die Wende. Die Römer hatten den scheinbar unaufhaltsamen Vormarsch des Feindes gestoppt, das Momentum lag nun auf seiten Aetius'. Zu verdanken war dies dem leidenschaftlichen Widerstand der Einwohner von Cenabum, die so lange standhielten, bis die Allianz geschmiedet war. Attila stand nun unter Druck. Der Hochsommer machte das Fouragieren für die Pferde schwierig, immer mehr Barbaren schlossen sich dem siegreichen Aetius an, sein Prestige war angekratzt. So entschloß er sich zur Schlacht. Sie wurde Ende Juni 451 auf den Katalaunischen Feldern in der Nähe von Augustobona geschlagen. Aetius kommandierte, neben vielen anderen, Franken, Burgunder, Sachsen, Goten – und Römer. Der Verlauf ist unklar, beide Seiten erlitten starke Verluste. Am Abend zogen sich die Hunnen erschöpft ins Lager zurück, aber auch die schwer angeschlagenen Römer wagten nicht, auf dem Schlachtfeld zu nächtigen. Zudem hatte der wichtigste Verbündete einen schlimmen Verlust zu beklagen: Theoderich war gefallen.

Die Hunnen setzten die Schlacht am nächsten Tag nicht fort, sondern zogen nach Osten ab und machten so aus dem taktischen Unentschieden eine strategische Niederlage. Die Koalition der Sieger endete auf dem Schlachtfeld: Die Franken wollten kein erneuertes Rom, zudem sorgten sie sich um ihre Heimat am Rhein, welche die Hunnen durchziehen würden. Der neue westgotische

König Thorismund mußte erst einmal seine Autorität im Innern festigen, eine Anlehnung an einen mächtigen Aetius half dabei wenig. So mußten die Römer, alleingelassen, auf eine Verfolgung verzichten. Trotzdem war ein großer Sieg gelungen. Bei aller notwendigen Unterstützung durch Franken und vor allem Westgoten wäre er ohne die Diplomatie des Heermeisters Aetius, die Waffen der Provinzialen und die Anstrengungen der übrigen Soldaten aus den noch unter unmittelbarer kaiserlicher Kontrolle stehenden Gebieten nicht zustande gekommen. So war dieser Sieg in erster Linie ein Sieg des Reiches. Noch einmal hatte Rom gezeigt, daß es, wenn es darauf ankam, wie jedesmal in den letzten 650 Jahren die stärkste Macht Europas und der Mittelmeerwelt war.

Attilas Ruf war schwer angeschlagen. Im nächsten Jahr versuchte er die Scharte in Italien auszuwetzen. Die Hunnen drangen bis Ticinum vor, scheiterten dann aber erneut. Diesmal nicht an Aetius, der nur schwache Kräfte aufbieten konnte, sondern an Seuchen und Hunger sowie einem Entlastungsangriff, den der östliche Kaiser Markian gegen die Ungarische Tiefebene richtete. Attila kehrte als geschlagener Mann heim. Angesichts seiner wiederholten Erfolg- und Beutelosigkeit wurde seine Herrschaft porös, er selbst mußte aber nicht mehr mit den Folgen kämpfen. Anfang 453 starb er in seiner letzten Hochzeitsnacht – Attila hatte viele Frauen – an einem Blutsturz. Seine Söhne vermochten es nicht, den hunnischen Verband zusammenzuhalten. Bereits 454 unterlagen sie abgefallenen Gruppen in einer großen Schlacht, die unterworfenen Goten und andere Völker lösten sich aus der hunnischen Herrschaft. Die Söhne sind als Herrscher über kleine Kontingente noch für einige Jahre bezeugt, aber sie spielten keine nennenswerte Rolle mehr. Völlig aufgesplittert, wurden die Hunnengruppen zerschlagen oder ins Reich integriert. Einige verbanden sich auch mit anderen Gruppen zu neuen Völkern.

Dies war das plötzliche Ende der Hunnen: Als der Erfolg fehlte, fiel auch die wesentliche Grundlage für den Zusammenhalt fort. So blieben Attila und seine Herrschaft eine Episode in der europäischen Geschichte, wenn auch eine, die sich dem historischen Gedächtnis für immer eingebrannt hat. Die eigentliche Bedeutung der Hunnen liegt darin, daß sie die Völkerwanderung ausgelöst haben. Honoria aber wird in den Quellen nicht mehr genannt. Sie starb wahrscheinlich einige Jahre später.

Der Untergang des westlichen Kaisertums

So gewaltig der Sieg auf den Katalaunischen Feldern auch war, er vermochte das Reich im Westen nicht mehr zu retten. Aetius' Prestige hatte stark gewonnen, und die Barbaren dachten etwas länger darüber nach, ob sie etwas gegen die Interessen Roms unternehmen sollten. Doch dieser Effekt war verloren, als Aetius drei Jahre später vom eigenen Kaiser ermordet wurde. Es hätte aber keinen großen Unterschied gemacht, wenn er bis zum natürlichen Ende seiner Lebensspanne – bei seinem Tod hatte er die Sechzig deutlich überschritten – den westlichen Reichsteil gelenkt hätte. Ein Vierteljahrhundert lang hatte er den Mangel verwaltet. Das hatte er höchst erfolgreich getan, sein Wirken verlängerte die Existenz des westlichen Kaisertums um Jahre, vielleicht Jahrzehnte. Aber an den ungünstigen Bedingungen vermochte auch er nichts zu ändern. Die entscheidenden Fehler waren bereits vor ihm gemacht worden, unter Honorius. Die Westgoten waren nicht mehr aus Gallien zu vertreiben, auch wenn Aetius es noch einmal mit aller Macht versuchte, ebensowenig die Franken. Selbst die Burgunder, deren Reich Aetius vernichten konnte, siedelte er weiter südlich, in den Westalpen, an. Die Sueben terrorisierten von ihrer nordwestlichen Ecke aus die gesamte Iberische Halbinsel, und die Vandalen – die Vandalen versetzten dem Westen den härtesten Schlag.

Unter Führung ihres Königs Geiserich überschritten 80 000 Menschen, darunter 16 000 Krieger, 429 die Straße von Gibraltar und wandten sich gegen Africa. Das war die dichtestbevölkerte, städtereichste, steuersprudelndste Provinz des Westens. Die günstige geographische Lage hatte niemanden in Africa um seine Sicherheit fürchten lassen. Geiserich, der ein ebenso guter Feldherr wie strategisch denkender Politiker war, nutzte die Überraschung der Provinzialen und die Kämpfe der Heermeister in Italien, welche die Reaktionen Ravennas langsam und schwach ausfallen ließen. In dieser Not schickte Theodosius II. ein starkes Heer nach Africa, aber Geiserich war nicht beizukommen. Die Römer mußten seine Präsenz vertraglich akzeptieren, und nach einigen Jahren nutzte Geiserich einen günstigen Zeitpunkt, zerriß das Papier und eroberte 439 mit Carthago eine der größten Städte der Welt, mitsamt der im Hafen liegenden Flotte. Africa war vandalisch. Die seit einem halben Jahrtausend bestehende, unumstrittene römische Seeherrschaft im Mittelmeer war zu Ende. So groß war der Eindruck, daß man sich in Konstantinopel eilends an die Befestigung zum Meer hin machte. Die Stadt war nicht ernsthaft gefährdet, aber tatsächlich bekamen die Vandalen schnell Seebeine, plünderten die Küsten Siziliens und Italiens und störten mit Kaperfahrten die maritimen Handelswege. Geiserich dachte aber wohl nicht an weitere Eroberungen, vielmehr wollte er einen vorteilhaften Frieden gewinnen. 442 erhielt er ihn: Die unterbrochenen Getreidelieferungen für Rom wurden wiederaufgenommen, und der Kaiser behielt einige Territorien in Africa. Doch die fruchtbaren Gebiete und reichen Städte fielen an die Vandalen. Zudem wurde Geiserichs Sohn Hunerich mit der Kaisertochter Eudokia verlobt. Der Vandalenherrscher war damit als ebenbürtig anerkannt.

Die Landnahme der Vandalen war von einer anderen Art als die der Westgoten. Den Westgoten war ihr Territorium vom Kaiser zugewiesen worden, widerwillig zwar, aber doch vom Reich gebilligt. Die Vandalen dagegen gründeten ihren Staat in offener Aggression. Diese unterschiedliche Genese führte zu einer anderen Herrschaftspraxis. Unter Geiserich wurden die Nizäner systematisch benachteiligt, der Klerus sogar verfolgt – im Interesse einer homöischen, vandalischen Eigenständigkeit. In großem Stil requirierten die Vandalen Grundbesitz, die bisherigen Eigentümer flohen oder wurden versklavt. Die neuen Herren lebten von der gewonnenen Beute und von den Erträgen ihrer neuen Güter, die provinziale Landarbeiter erwirtschafteten. Es wurden aber nicht alle sozialen Verhältnisse umgewälzt (dies taten zu eben dieser Zeit die Angeln, Sachsen und Jüten in Britannien). Die römischen Städte und die bestehende Siedlungsstruktur blieben erhalten. Die Vandalen lebten zwar unter sich, aber nicht in neuen Städten. Da sie kaum archäologische Spuren hinterlassen haben, paßten sie sich offenbar äußerlich schnell an die römische Zivilisation an, hierin dann doch den Westgoten ähnlich.

Die Konsequenzen für den strauchelnden Westen waren gravierend. Die Getreideversorgung der Stadt Rom hing nun vom guten Willen Geiserichs ab. Schlimmer noch: Mit Africa fehlte ein ganz erheblicher Teil der Steuern. Die finanziellen und damit auch die politischen Ressourcen schwanden. An der Gründung des Vandalenreiches wurde offensichtlich, was spätestens mit der Rheinüberschreitung in jener lange zurückliegenden Silvesternacht des Jahres 406 begonnen hatte. Jeder Einfall, den die Römer nicht überzeugend beantworten konnten, schwächte das Prestige des Reiches und provozierte die nächste Attacke. Jede Landnahme, die hingenommen werden mußte, weckte neue Begehrlichkeiten. Jede Abgabe, die nicht in die Taschen des Kaisers, sondern in die eines barbarischen Anführers wanderte, reduzierte die Mittel, die für eine Rückeroberung oder Eindämmung aufgewandt werden konnten. Jede Demütigung minderte die Bereitschaft der Untertanen, für eine verlorene Sache und einen schwachen Kaiser in den Krieg zu ziehen. Die senatorischen Großgrundbesitzer, die ohnehin viel vermögender waren als ihre Kollegen im Osten, wurden unwillig, Geld zu zahlen. Die Bauern hatten keine Lust, als Soldaten ihr Leben einzusetzen, wenn das Reich sie nicht schützen konnte – woraufhin das Reich sie natürlich erst recht nicht schützen konnte. Die Menschen nahmen ihre Angelegenheiten lieber selbst in die Hand oder suchten sich mit den neuen germanischen Herren zu arrangieren. Sie wandten sich von Rom ab, weil sie glaubten, daß Rom sich von ihnen abgewandt habe.

Aus diesem Grund mußte Aetius sich auf barbarische Helfer stützen, auf die hunnischen Söldner und später sogar auf die Westgoten Theoderichs. Und deshalb wurden die Burgunder nach ihrer Niederlage lediglich umgesiedelt. Aetius brauchte ihre Manpower, viel dringender, als Stilicho einst die der Goten gebraucht hatte. Angesichts der begrenzten Ressourcen mußte der Heermeister Prioritäten setzen. Um eine Rückeroberung Africas bemühte

Aetius sich nicht mehr ernsthaft, und auch auf der Iberischen Halbinsel tat er nur das Nötige. Kern der römischen Macht waren Italien und eben Gallien. Es spricht Bände, daß er selbst dort die Herrschaft des Imperiums nur mit der Kampfkraft von Hunnen, der Hilfe von Franken – welche die Grenze am Niederrhein schützten –, der Schonung von Burgundern und der Akzeptanz von Westgoten aufrechterhalten konnte. Eine flächendeckende Projektion römischer Macht gelang nicht mehr. Nur Barbaren vermochten dem Reich noch gegen Barbaren zu helfen.

Auch Aetius' Ermordung war Ausdruck der Systemkrise. Der Heermeister hatte sich seine Position erkämpft, gegen den Willen der Kaiserinmutter Galla Placidia. Ihm gehörte die Treue der Soldaten, er war der erste Feldherr des westlichen Reichsteils, auf ihn waren auch die Loyalitäten der zivilen Eliten ausgerichtet. Valentinian war anfangs noch ein Kind, aber auch später, als er erwachsen war, änderte sich nicht viel. Aetius hatte das letzte Wort. Niemals scheint der Heermeister daran gedacht zu haben, zu usurpieren und selbst den Thron zu besteigen. Er war Römer, er hätte es gekonnt. Aber wozu? Er hätte sich Schwierigkeiten mit dem Osten eingehandelt, auf dessen Hilfe jeder Kaiser in Italien unbedingt angewiesen war. Dazu kam die Bürde des Zeremoniells, ohne daß Aetius irgend etwas an Macht hinzugewonnen hätte. Statt dessen schritt er auf dem Wege fort, den Stilicho schon ein gutes Stück gegangen war. Der erste Heermeister war auch der erste Minister, er war dabei, so etwas wie ein Hausmeier zu werden. Der Kaiser aber war aufs Repräsentieren verwiesen. Er herrschte, aber er regierte nicht mehr.

So betrachtet, ließe sich Valentinians Tat als entschlossene Wiederherstellung der kaiserlichen Autorität verstehen, auch wenn die Form der Entlassung drastisch ausfiel – wenn es denn nicht eine erbärmliche Meuchelei gewesen wäre, vollbracht während einer Audienz, vom Kaiser selbst und ein paar Vertrauten. Niemand außerhalb von Valentinians engstem Kreis wußte Bescheid, überall, im Senat, in der Armee, beim Volk und selbst bei den Barbaren war das Entsetzen groß. Die Erneuerung der kaiserlichen Autokratie endete ein halbes Jahr später damit, daß Valentinian auf dem Marsfeld Roms von zwei Gefolgsleuten Aetius' niedergestochen wurde, ausdrücklich als Rache für ihren toten Herrn. Niemand stand dem Kaiser bei.

Damit war der Westen binnen kurzer Zeit seines klügsten Politikers und der Dynastie beraubt. Aus der Familie Theodosius' stand kein männlicher Nachfolger mehr bereit. Der neue Kaiser war der reiche Senator Petronius Maximus, dessen bemerkenswerteste Tat war, daß er Valentinians Witwe zur Ehe zwang. Als die Vandalen drei Monate später Rom plünderten (diesem Überfall verdanken sie ihren schlechten Ruf), wurde er von den Einwohnern wegen seiner Feigheit beschimpft und von einem Stein tödlich an der Schläfe getroffen. Die Menge stürzte sich auf den Leichnam, zerriß ihn in Stücke und trug die Überreste im Triumph durch die Straßen. Es war ein Fanal für das, was kommen sollte.

Der neue starke Mann war nicht mehr der nächste Kaiser, sondern der Heermeister Ricimer, Sohn eines suebischen Großen und der Tochter eines Westgotenkönigs. Ricimer beseitigte und berief Kaiser nach einem Gutdünken, von dem Arbogast, der Stammvater aller herrschsüchtigen Heermeister, nicht einmal geträumt hatte. Doch auch jetzt ging der westliche Reichsteil nicht in spätrömischer Dekadenz dahin. Kaiser wie Majorian und Anthemios waren nicht weniger begabt als Konstantin oder Theodosius. Sie wollten Africa zurückerobern, doch sie scheiterten an mangelnder Fortune, an Geiserichs überlegener Kriegsführung, vor allem aber am Mangel an Möglichkeiten. Sie versuchten sich von Ricimer zu emanzipieren, aber ohne Erfolg, denn die meisten Soldaten gehorchten im Zweifelsfall ihrem unmittelbaren Führer. Zeitweise regierte Ricimer Italien sogar ohne Kaiser, als Vertreter des östlichen Kaisers. Dann aber wurde doch immer ein Herrscher des Westens ernannt, von Ricimer oder in Konstantinopel. Noch glaubte Italien nicht ohne Kaisertum sein zu können. Doch gerade das verschärfte die Krise: Nicht mehr das Kaisertum stand in der Mitte des politischen Systems, sondern der Heermeister, der Hausmeier, der Shogun. Die Herrschaft war von der Leitung der Geschäfte endgültig entkoppelt, doch es gelang nicht, dieses neue System zu stabilisieren, im Gegenteil. Der Übergang und die damit verbundenen Auseinandersetzungen – das Kaisertum ergab sich nicht einfach in sein Schicksal – trugen wesentlich zur Katastrophe bei.

Der Heermeister und seine Kaiser rieben sich in Hahnenkämpfen in Italien auf, während der westliche Reichsteil auseinanderfiel. Im Voralpenland dominierten die Rugier. Die Besitzungen an der mittleren Donau, die früher die Hunnen kontrolliert hatten, übernahmen die Goten. Die Burgunder und vor allem die Westgoten breiteten sich über weite Teile Galliens aus, die Franken saßen im Norden und am Niederrhein, die Reste der Provinz machten sich selbständig. Auf der Iberischen Halbinsel machten sich ebenfalls die Westgoten breit, auf Kosten auch der Sueben. Ihr Reich erstreckte sich bald auf beiden Seiten der Pyrenäen. Und Geiserich besetzte die verbliebenen Territorien in Africa, zudem die Balearen, Korsika, Sardinien und Teile Siziliens. So schrumpfte der westliche Staat auf Italien zusammen. Die Halbinsel war immer noch reich und vom Krieg wenig getroffen. Aber das war zuwenig, um ein kollabierendes Imperium zu stabilisieren. Kaiser und Reich waren den Menschen nicht gerade gleichgültig, aber sie waren auch nicht mehr bereit, viel für ihren Erhalt zu tun.

Ricimer starb 472 eines natürlichen Todes. Der Nachfolger, sein Neffe Gundobad, zog dem Amt des ersten Heermeisters bald den Thron der Burgunder vor. Der nächste Heermeister Orestes setzte 475 seinen eigenen, unmündigen Sohn Romulus als Kaiser ein. Schon die Zeitgenossen nannten diesen ‹Klein Augustus› (*Augustulus*). Orestes fiel bald einer Meuterei zum Opfer. Die Heruler, Skiren und Thüringer im Heer machten den Germanen Odoakar zum Anführer und zum – König. Am 4. September 476 wurde Ravenna besetzt und Romulus gefangengenommen. Odoakar, angeblich gerührt von der Schönheit des Kindes, ließ es mitsamt seinen Angehörigen auf eine Villa in Kampanien verweisen. Romulus lebte dort mit einer stattlichen Apanage bis weit ins sechste Jahrhundert hinein. In der Politik spielte er nie mehr eine Rolle. Odoakar hatte richtig kalkuliert: Der Glanz des Kaisernamens war so stumpf geworden, daß sein Träger nicht einmal mehr umgebracht werden mußte. Odoakar hätte nun einen eigenen Kaiser ernennen und ihn als Heermeister beherrschen können, aber es war nur konsequent und seinem Königstitel entsprechend, daß er darauf verzichtete. Statt dessen schickte er eine Abordnung des Senats nach Konstantinopel, die den kaiserlichen Ornat überbrachte und mitteilte, im Westen brauche man keinen Kaiser mehr.

Eine oder zwei Naturen Christi?
Der Verlust der Glaubenseinheit

Im Osten des Reiches verlief die politische Entwicklung ungleich geordneter. Das heißt nicht, daß es nicht auch dort starke Erschütterungen gegeben hätte. Im Jahr 400 kontrollierte der rebellische General Gainas für drei Monate den Kaiser und Konstantinopel. Die Hunnen zwangen auch den Osten auf die Knie. In der zweiten Hälfte des fünften Jahrhunderts drohten ebenfalls mächtige Generäle den Kaiser in den Schatten zu stellen. Gerade zu der Zeit, als das westliche Kaisertum zugrunde ging, wurde Konstantinopel von gleich zwei erfolgreichen Usurpationen erschüttert. Doch das wurde ausgestanden, die politische Krise betraf einzelne Kaiser, nicht das Kaisertum an sich. Die Provinzen entwickelten sich gedeihlich. Es gab nur einen kurzen Krieg mit den Persern, die Stellvertreterkonflikte in den Pufferregionen Armenien und Arabien blieben im Rahmen, die gelegentlichen Einfälle von barbarischen Völkern über den Kaukasus vermochten die Prosperität nicht dauerhaft zu stören. Vor allem die lange Regierungszeit Theodosius' II. von 408 bis 450 wirkt, auch ohne Vergleich mit dem Westen, wie eine Zeit großer Stabilität. Kein einziger Usurpator erhob sich, das Recht wurde auf eine neue Grundlage gestellt, das Reich blieb von allzu vielen Mißernten und Naturkatastrophen verschont. Ausgerechnet in jener Zeit brach der Streit um den rechten Glauben erneut aus, oder, wie Otto Seeck es formuliert hat: Es gab «neue Ketzereien».[28]

Nach der Diskreditierung der Homöer hatte sich das Dogma von Nikaia allgemein durchgesetzt. Die wenigen verbleibenden Abspaltungen waren Splittergruppen – die Donatisten in Africa ausgenommen. Der homöische Glaube kehrte zwar mit den Germanen zurück, blieb aber trotz der Bemühungen eines Geiserichs auf diese Minorität beschränkt. Kirchenpolitische Streitigkeiten drehten sich in den ersten Jahrzehnten nach 395 vor allem ums Personal (Bischofsernennungen und -absetzungen) und um Einfluß (Grenzen von Kirchenprovinzen und Gerangel zwischen Rom, Konstantinopel, Antiocheia, Alexandreia). Die dogmatische Auseinandersetzung aber ruhte. Dabei war trotz oder gerade wegen des Sieges der Nizäner noch vieles unklar. Das Verhältnis des Sohnes zum Vater war geklärt, aber wie stand es mit der Natur Christi selbst? Wenn Jesus Gott war, der für uns Mensch geworden war, wie verbanden sich das Göttliche und das Menschliche in ihm? Aus dem Neuen Testament war die Antwort, wie üblich, nicht eindeutig ersichtlich. Das Problem beschäftigte viele kluge Geister rund um das Mittelmeer, und das war so lange keine Schwierigkeit, als diese Männer nicht aufeinandertrafen und feststellten, daß ihre Lösungen voneinander abwichen.

Im Jahre 429 installierte Theodosius den antiochenischen Priester Nestorios als neuen Bischof Konstantinopels. Nestorios war ein großer Prediger, aber er machte sich mit seiner Strenge nicht viele Freunde in Volk, Klerus und Mönchtum. Selbst Theodosius' Schwester Pulcheria, die sich über die Jahre als eine Art jungfräuliche Kaiserin eine Sonderstellung in der Kirche aufgebaut hatte, stieß er vor den Kopf, als er ihr den Zutritt zum Altarraum verweigerte. Der Kaiser selbst stand aber treu zu seinem Bischof, und das mag diesen ermutigt haben, theologischen Fortschritt zu erzielen. Als es Streit um die Frage gab, ob Maria als Gottes- oder als Menschengebärerin zu bezeichnen sei, sprich: ob Jesus Gott oder Mensch gewesen sei, glaubte Nestorios eine salomonische Lösung gefunden zu haben, als er ‹Christusgebärerin› vorschlug. Diese Benennung entsprach Strömungen der Antiochener Gotteslehre. Es kann daher gut sein, daß der Streit Nestorios ganz recht kam, vielleicht sogar von ihm inszeniert wurde. Er übersah dabei aber, daß die Angelegenheit, im Grunde eine hochkomplizierte Frage für Gelehrte, durchaus einen Sitz im Leben der meisten Christen besaß. Maria, die in den Evangelien nur am Rande vorkommt und auch im frühen Christentum keine große Rolle spielte, erfreute sich seit einiger Zeit immer größerer Achtung. Die Marienverehrung griff um sich, und wahrscheinlich ist es kein Zufall, daß Pulcheria gerade ihre Jungfräulichkeit einsetzte, um eine starke religiöse Stellung zu gewinnen. Daß der Bischof Maria von der Gottesgebärerin zur Christusgebärerin machte, wirkte da wie ein Anschlag auf die Mutter Gottes. Diese Degradierung stand quer zum theologischen und vor allem rituellen Mainstream der Hauptstadt und weiter Teile des Reiches.

Der Streit erfüllte bald die gesamte Mittelmeerwelt. In Konstantinopel gab es heftigen Widerstand, und Nestorios, alles andere als ein Diplomat, forcierte die Auseinandersetzung noch in seinen Predigten. Als im Gottesdienst der Ruf laut wurde: «Wir haben einen Kaiser, aber keinen [rechtgläubigen] Bischof»,[29] wurden einige der Störer ins Gefängnis gebracht und gezüchtigt. Nestorios bediente sich also ohne Zögern des weltlichen Machtapparats, um seine Gegner zu disziplinieren. Die bedeutendsten Gegenspieler griffen jedoch von auswärts an. Die Bischöfe Kyrill von Alexandreia und Caelestin von Rom ließen Nestorios von regionalen Bischofssynoden in Ägypten und Italien absetzen, und sie beeinflußten nach Kräften die Stimmung in Konstantinopel. So wurde das Urteil aus Alexandreia Nestorios nach einer Messe überbracht, als zahlreiche geistliche und weltliche Größen im Bischofspalast versammelt waren. In dieser Situation großer Öffentlichkeit konnte der Bischof sich schlecht wehren.

Theodosius hielt an Nestorios fest, sicher weil dieser ihm seine theologischen Vorstellungen plausibel machen konnte, aber auch, weil er ‹seinen› Bischof nicht fallenlassen wollte. Angesichts dieser Unterstützung wähnte Nestorios sich unangreifbar, und so verlangte er zur Klärung der Streitfrage ein Konzil, auf dem er seine Feinde endgültig zu vernichten hoffte. Er ging dabei wohl davon aus, daß es in der Hauptstadt stattfinden würde. Statt dessen lud Theodosius die Bischöfe für Pfingsten 431 nach Ephesos. Der Kaiser versuchte so, eine Zuspitzung der öffentlichen Konfrontation in Konstantinopel zu vermeiden. In Ephesos traf Nestorios aber auf einen feindlichen Stadtbischof, sein kaiserlicher Patron war weit entfernt, und sein Gegner Kyrill war sowohl ihm als auch den kaiserlichen Repräsentanten in politischer Geschicklichkeit um einiges voraus. Er brachte das Gros der Bischöfe (wieder fast nur aus dem Osten) dazu, Nestorios als Häretiker, der die Göttlichkeit Christi leugne, abzusetzen. Nestorios, der sich mit wenigen Getreuen in einem Haus in Ephesos verbarrikadiert hatte, schaffte es nur, ein Konzil der Minorität zu bilden und seinerseits Kyrill abzusetzen. Geklärt war damit freilich noch nichts. Ob Mehrheit oder Minderheit, zählte nicht, es kam nur auf die Begnadung durch den Heiligen Geist an. Die Entscheidung darüber, bei welcher Versammlung er gewaltet hatte, lag aber nicht bei einer geistlichen Instanz, sondern bei Theodosius: Jeder synodale Beschluß bedurfte der Bestätigung durch den Kaiser. Diesmal standen sogar zwei konträre zur Auswahl.

So kehrte die Auseinandersetzung nach Konstantinopel zurück. Insbesondere das Volk und die Mönche positionierten sich noch deutlicher gegen Nestorios. Der Bischof hätte jetzt dringend des Ohrs seines Kaisers bedurft, aber er saß in Ephesos fest. Aus der Ferne wirkte er weniger überzeugend, während die Opposition in den Straßen, in den Kirchen und am Hof um so besser zur Geltung kam. Schließlich ließ der Kaiser Nestorios fallen. In der gereizten Atmosphäre bestand die Gefahr, daß Theodosius' eigene Rechtgläubigkeit zweifelhaft erschien. Das hätte schwerwiegende Konsequenzen haben können, bis zu seinem Sturz. Deshalb war für den Kaiser die Ruhe der Hauptstadt ein hohes, ja ein höchstes Gut.

Das Konzil von Ephesos, genauer gesagt die Kyrillianische Versammlung, ging als Drittes Ökumenisches Konzil in die Kirchengeschichte ein. Daß der Sohn des Vaters und der Sohn Marias ein und derselbe Gott waren, war damit bestätigt. Nestorios fand sich in der syrischen Wüste wieder, seine Anhänger waren bald marginalisiert. Sie wichen über die Grenze nach Persien aus und begründeten dort die sogenannte Kirche des Ostens. Sie existiert heute noch unter dem Namen der Assyrischen (oder Ostsyrischen) Kirche. Im Reich aber hatte Kyrill triumphiert und mit ihm der Bischof von Rom.

Im Eifer des Gefechts hatte Kyrill aber Positionen bezogen, die recht drastisch formuliert waren. Sie betonten die eine, das heißt die göttliche Natur Christi nach Ansicht vieler auf Kosten der menschlichen. Ende der 440er Jahre brach der christologische Streit erneut aus, wieder in Konstantinopel. Der Abt Eutyches, der eifrig Jagd auf tatsächliche und vermeintliche Nestorianer machte, genoß die Unterstützung von Dioskoros, Kyrills Nachfolger und Gralshüter. Sein Gegner Flavian, der Bischof von Konstantinopel, vertrat zwar keine Nestorianischen Positionen, aber mit seinem Hyperkyrillianismus stand Eutyches tatsächlich deutlich weiter von Nestorios entfernt. Nichts aber scheute der Kaiser, der einst Nestorios lange gestützt hatte, so sehr wie den Vorwurf des Nestorianismus. Zudem warf er Flavian vor, den Streit begonnen zu haben, obwohl ein Bischof sich seiner Meinung nach um das Wohl seiner Gemeinde zu sorgen und sich von theologischer Unruhestiftung fernzuhalten habe. Das war deshalb so schlimm, weil der Osten gerade unter den horrenden Zahlungen an Attila litt. In einer solchen Situation war der Friede der Kirche noch bedeutsamer als ohnehin. Zerbrach auch er, war dann die Gnade des Herrn nicht endgültig verloren?

Wieder wurde ein Konzil nach Ephesos einberufen. Theodosius hatte sich bereits mit Dioskoros verständigt, und so lief diesmal alles ohne Überraschungen ab. Der Bischof von Alexandreia dominierte das Konzil von 449, Flavian wurde abgesetzt, und es triumphierte die Lehre von der einheitlichen Natur (*mia physis*) Christi, in der sich Menschliches und (vor allem) Göttliches untrennbar verbunden hätten. Das Ergebnis war eine Kirchenspaltung: Diese miaphysitische Lehre war für den Westen unannehmbar, insbesondere für den Bischof von Rom, der Flavian vergeblich unterstützt hatte. Hatte Christus nicht wie ein Mensch gelitten? Setzte es seinen Kreuzestod für die gesamte Menschheit nicht herab, wenn er nicht auch selbst vollständig Mensch geworden war? Das waren gewichtige Fragen, aber Theodosius hatte seinen Willen durchgesetzt. Dabei blieb es bis zu seinem Tod ein Jahr später.

Sein Nachfolger Markian dachte anders, ja er wurde vielleicht deswegen Kaiser, weil er anders dachte. Das Zweite Konzil von Ephesos brachte es nicht zu einem Ökumenischen Konzil, es wurde statt dessen als Räubersynode abgetan. Markian berief 451 ein neues Konzil ein, nicht mehr nach Ephesos, sondern, um es besser kontrollieren zu können, nach Chalkedon, gleich jenseits des Bosporos. Dort versuchten die (wiederum fast vollständig östlichen) Bischöfe, einen Weg zwischen dem Nestorianischen und dem miaphysitischen Extrem zu finden. Sie legten fest, daß Christus wahrer Gott und wahrer Mensch sei. Zwei Naturen bestünden in ihm, eine göttliche und eine menschliche, diese seien unvermischt, unverändert, ungeteilt und ungetrennt miteinander verbunden.

Es ist nicht ganz einfach, sich etwas Unvermischtes und dennoch Ungetrenntes vorzustellen. Die Glaubensformel von Chalkedon verdankte sich einem zähen Ringen um jeden Buchstaben, und so unbefriedigend sah das Ergebnis auch aus. Einen Kompromiß stellte sie aber nicht dar. Im Westen wurde sie sofort akzeptiert. Das Entscheidende, das gleichberechtigte Zusammenwirken von Göttlichem und Menschlichem, war nämlich gegeben. Chalkedon ging in die Geschichte als Viertes Ökumenisches Konzil ein.

Für die Miaphysiten war Chalkedon aber unannehmbar, auch deshalb, weil ihr Anführer Dioskoros von Alexandreia vom Konzil abgesetzt worden war. Schnell kam es zur Kirchenspaltung. In Ägypten, aber auch in weiten Teilen Syriens lehnten die Menschen die Zwei-Naturen-Lehre ab, sie sahen sie als Rückkehr zum Nestorianismus. In Alexandreia, dem Zentrum des Widerstands, konnten chalkedonische Bischöfe sich nicht behaupten. Es kam, trotz militärischer Unterstützung, zu Lynchmorden. Kleinasien, die Balkanländer und Konstantinopel selbst waren dagegen überwiegend chalkedonisch und standen in Kommunion mit Rom, das heißt, die Bischöfe erkannten einander als rechtgläubig an und teilten das Abendmahl.

Die Einheit der Kirche war zerbrochen, und der Riß ging mitten durch den östlichen Reichsteil. Für heutige Betrachter ist es befremdlich, daß der Ausgang eines jeden der drei Konzile dieser Epoche vom Willen eines einzigen Politikers, des Kaisers, bestimmt wurde. Religiöse und weltliche Sphäre, Kirche und Staat waren immer noch untrennbar miteinander verbunden. So war es auch jetzt die Aufgabe des Kaisers, den Kirchenfrieden wiederherzustellen. Markian und sein Nachfolger Leon versuchten Chalkedon manchmal mit Gesprächsbereitschaft, manchmal mit Waffengewalt durchzusetzen – vergeblich. Kaiser Basiliskos wechselte deshalb im Jahr 475 den Kurs jäh: In einem Erlaß, dem sogenannten Enkyklion, billigte er die Konzile von Nikaia, Konstantinopel und Ephesos (beide!), Chalkedon verwarf er ausdrücklich. Konstantin und Theodosius II. waren für ihn rühmenswerte Vorgänger, über Markian und Leon schwieg er. In Ägypten und Syrien wurde dieses Einschwenken auf die miaphysitische Linie bejubelt. Den zu erwartenden Widerstand aus Rom glaubte Basiliskos ignorieren zu können, weil Rom weit weg war. Ganz nah war aber die eigene Hauptstadt. Der Glaubenswechsel brachte das Volk und die meisten Mönche, schließlich auch den Bischof gegen Basiliskos auf. Dieser Widerstand wurde zu einem entscheidenden Faktor bei Basiliskos' Sturz nach nur zwanzig Monaten Regierung. Das war nicht nur ein religionspolitisches Fanal: Basiliskos hatte die Einheit des Reiches über die Interessen der Hauptstadt gestellt. Dafür bezahlte er mit dem Leben.

Sein Nachfolger, Kaiser Zenon, dem vor seiner Thronbesteigung ebenfalls miaphysitische Sympathien nachgesagt worden waren, lernte daraus. Das Problem blieb aber das gleiche. Zenon unternahm deshalb einen neuen Anlauf, diesmal mit ausgleichendem Charakter: Sein Henotikon (griechisch *hen*: das eine), entworfen von Bischof Akakios von Konstantinopel, suchte 482 die Einheit herzustellen, indem es die Uhr zurückdrehte. Erneut wurden die ersten drei Ökumenischen Konzile bestätigt, Ephesos II und Chalkedon aber ignoriert. Einem Großteil der Miaphysiten bot das Henotikon eine akzeptable Grundlage. Ihre Überzeugungen wurden zwar nicht ausdrücklich gebilligt, aber das Konzil, auf dem sie verworfen wurden, wurde nicht mehr erwähnt. So erfüllte das Henotikon seinen Zweck, es gelang halbwegs ein Ausgleich mit den östlichen Provinzen. Konstantinopel stand wieder in Kommunion mit Alexandreia und Antiocheia.

Die meisten Chalkedonier lehnten das Henotikon aber ab, aus dem simplen Grund, daß sie Chalkedonier waren. ‹Chalkedon› war inzwischen über seine tatsächliche Bedeutung hinaus ein Symbol für den rechten Glauben geworden. Ignorieren wirkte da wie Verwerfen. In Kleinasien und auf der Balkanhalbinsel sorgte das Henotikon für Unruhe. Zenon mußte damit leben, daß die meisten Konstantinopolitaner seinen kirchenpolitischen Weg nicht mitgingen. Daß er sich trotz dieser Unsicherheit bis zu seinem Tod 491 auf dem Thron halten konnte, war eine große Leistung, zeigt aber auch, daß der Kaiser in seiner Hauptstadt durchaus über einen gewissen Spielraum in dogmatischen Angelegenheiten verfügte. Der Bischof von Rom bekämpfte das Henotikon natürlich mit aller Macht. Da die lateinische Hälfte des Reiches den Beschlüssen von Chalkedon ohne weiteres folgte, mußte er sich auch nicht mit den Problemen herumschlagen, die Zenon und Akakios umtrieben. Da es inzwischen in Italien keinen Kaiser mehr gab, sondern zunächst Odoakar, später Theoderich die Halbinsel kontrollierten, drohten dem Bischof von Rom keine Sanktionen des römischen Staates. Der Kaiser hatte schlicht keine Möglichkeit, ihn zu kontrollieren. So exkommunizierte der Bischof von Rom seinen Kollegen Akakios. Das daraus entstehende Schisma heißt nicht zu Unrecht das Akakianische. Der Riß verlief nun woanders, aber er bestand immer noch.

Die Ostgoten und Konstantinopel

Neben der Kirchenpolitik und diversen Usurpationsversuchen hatte Zenon ein außenpolitisches Problem: Seit dem Ende des Hunnenreiches Mitte der 450er Jahre traten die Goten im Osten wieder als politisches Handlungssubjekt auf. Anfangs siedelten sie mit kaiserlicher Erlaubnis als *foederati*, aber eine dauerhafte Befriedung des Heeresverbands gelang Konstantinopel jetzt ebensowenig wie seinerzeit bei den Westgoten. Ihre militärische Schlagkraft gestattete den Goten mehr, als für halbwegs ordentliche Jahrgelder auf Plünderungen zu verzichten. Seit etwa 470 machten mehrere Gruppen den Balkan unsicher. Einerseits waren sie zu schwach, um die politische Stabilität des Reiches ernsthaft zu gefährden. Mehrere Angriffe auf Konstantinopel scheiterten kläglich. Andererseits waren sie zu stark, um vernichtet werden zu können. Der Versuch, sie in die Reichsstrukturen zu integrieren, mißlang, wenn er denn überhaupt ernstgemeint war. Zwei ihrer Führer, Theoderich Strabo und Theoderich der Amaler, wurden zu unterschiedlichen Zeiten zu Heermeistern ernannt. Ein nennenswerter Einfluß in Konstantinopel verband sich damit aber nicht. Die Goten blieben stets potentielle Feinde, die einmal offen bekämpft, dann wieder eingebunden wurden. Unbegründet war diese Einstellung nicht. Den Theoderichen ging es, nicht anders als seinerzeit Alarich, um das Wohl ihrer Goten, sie wollten Beute und Versorgung. Wenn das mit dem Reich zu bekommen war, um so besser, wenn nicht, dann eben gegen das Reich. Den Römern half, daß die beiden Theoderiche keineswegs immer in gemeinsamer Opposition zu Konstantinopel standen (oder sie sich teuer abkaufen ließen), sondern miteinander rivalisierten und sich bei Gelegenheit bekämpften. In jeder Konstellation aber verwüsteten sie den Balkan.

Theoderich der Amaler stand lange im Schatten Strabos. Nach dessen Tod 481 blieb aber er als der bedeutendste Gotenführer übrig. Es ist nicht ganz klar, von wem die Initiative ausging, aber im Jahr 488 schloß er eine Übereinkunft mit Zenon: Theoderich sollte alle Goten zusammennehmen und im Auftrag des Kaisers nach Italien ziehen, um die Herrschaft Odoakars durch die eigene zu ersetzen. Beide Seiten profitierten von diesem Deal. Theoderich erhielt endlich Sicherheit und Wohnsitze für seine Leute, dazu ein großes Reich und den ewigen Ruhm, Italien gewonnen zu haben. Was war dagegen schon Africa? Konstantinopel wurde die Goten auf dem Balkan los, und Zenon brachte seine Rechte auf Italien zur Geltung. Schließlich war er es, der Theoderich in Marsch setzte.

Odoakar stand zwar gar nicht außerhalb der imperialen Ordnung. Er sah sich nicht als König über die Römer, sondern über die barbarischen Völker (oder besser Söldner), die sich gerade in Italien aufhielten. Er trug nicht den Purpur, und Goldmünzen prägte er nur im Namen des Kaisers in Konstantinopel. Gleichzeitig mit der Übersendung des Kaiserornats hatte er darum nachgesucht, zum Patricius ernannt zu werden. Das war der Titel, den Aetius getragen hatte. Damit akzeptierte er die Oberhoheit des Kaisers. Doch bald erkannte Zenon, daß das wenig half, wenn er faktisch über keinen Einfluß in Italien verfügte. Die Lage nach 476 wurde vom Osten also eher hingenommen als akzeptiert. Mit dem Gotenpakt bot sich nun die Gelegenheit, gleich zwei Probleme zu lösen.

489 langten die Goten in Italien an. In erbitterten Kämpfen in Oberitalien setzten sie sich (mit gelegentlicher Unterstützung der Westgoten) durch, dann aber schaffte es Theoderich in mehr als zwei Jahren nicht, den in Ravenna eingeschlossenen Odoakar zu bezwingen. Schließlich sicherte er seinem Gegner Schonung und gewisse Garantien zu, über die wir deshalb nicht viel sagen können, weil Theoderich das Arrangement schon nach ein paar Tagen durch die eigenhändige Ermordung Odoakars beendete. So wurde Theoderich der Herr Italiens und des angrenzenden Balkans. Zenon und er hatten nicht fixiert, was genau nach der Eroberung geschehen solle. Nach östlicher Lesart sollte Theoderich als eine Art Vizekönig herrschen, bis der Kaiser persönlich in Italien eintraf (was freilich, da die Augusti Konstantinopel kaum verließen, vielleicht erst in ferner Zukunft geschehen würde). Theoderich betrachtete Italien dagegen als Geschenk für seine Mühen. Doch wurde er von Zenons Nachfolger Anastasios trotz seiner Bitte nicht zum König erhoben. Da ließ er sich kurzerhand von seinen Goten zum König ausrufen. Durch die Kämpfe der letzten Jahre waren die auf dem Balkan zersplitterten Gruppen endgültig zu einem Volk zusammengewachsen: den Ostgoten.

Vier Jahre brauchte Anastasios, bis er die neuen Verhältnisse anerkannte. Dann wußten die Römer in Italien endgültig, daß sie sich mit einem neuen Herrn zu arrangieren hatten. Theoderich machte es ihnen aber einfach. Er folgte für seine Staatsgründung mehr dem westgotischen als dem vandalischen Vorbild. Die meisten der vielleicht 100 000 Goten siedelte er nördlich des Po an, auf Land, das Odoakar seinen Leuten gegeben hatte. Hier entstanden also kaum Irritationen im Verhältnis zu den Römern. Weiter südlich gab Theoderich sich mit Geldzahlungen zufrieden. Die somit nur maßvoll neugeordneten Bodenverhältnisse wurden zudem garantiert, die Römer mußten also nicht befürchten, im Laufe der Zeit doch noch ihr Land an einzelne Goten zu verlieren. Ohnehin waren sie vor Gericht mit den Goten fast gleichgestellt, auch wenn es eben-

sowenig wie bei den Westgoten zu einer einheitlichen Rechtsordnung kam: Ein gotischer Richter urteilte über Streitigkeiten zwischen Goten, ein römischer über die zwischen Römern, bei Auseinandersetzungen zwischen Goten und Römern entschied ebenfalls der gotische Richter, aber er hatte einen römischen Rechtsexperten beizuziehen. Maßgeblich war nämlich das römische Recht.

Die Ostgoten stützten sich schon aus Gründen der Praktikabilität auf die römische Verwaltung, die unter Odoakar recht ordentlich weiterfunktioniert hatte. Der Senat wurde demonstrativ in die Zivilverwaltung eingebunden, offizielle Verlautbarungen wurden von Römern nach dem Vorbild kaiserlicher Stilistik formuliert. Beide Konsuln ernannte zwar der Kaiser, den einen, westlichen, aber auf Vorschlag Theoderichs. Der König baute, vor allem Kirchen, und überhaupt pflegte er, obwohl selbst Homöer, gute Beziehungen zur nizänisch-chalkedonischen Kirche. Hier half ihm erheblich das Akakianische Schisma. Für die italischen Christen lebten auch im Osten Häretiker, es gab also keine Alternative zu einem Arrangement mit den homöischen Herren.

Trotz oder gerade wegen der gedeihlichen Verhältnisse Italiens blieb das Verhältnis zum Kaiser schwierig. Anfang des sechsten Jahrhunderts gab es einen bewaffneten Konflikt im Grenzgebiet auf dem Balkan, ein gotischer Feldherr schlug ein Heer Konstantinopels. Anastasios war durch einen neuen Perserkrieg gebunden, und so blieb der große Krieg aus. Einige Unfreundlichkeiten später wies der König Anastasios aber doch darauf hin, daß er zwar dessen überlegene Stellung anerkenne, als Besitzer Roms aber durchaus ähnliche Autorität besitze, als einer von zwei Herrschern innerhalb des Reiches. Das war eine kaum verhüllte Drohung.

Aus Furcht vor einer Invasion Konstantinopels bemühte Theoderich sich darum, sich mit den anderen Germanenreichen abzustimmen und sie in einem Bündnissystem unter seiner Leitung zusammenzuführen. Sein bevorzugtes Mittel dazu war eine Heiratspolitik im großen Stil: Seine Schwester heiratete den Vandalenkönig, seine Nichte den Thüringerkönig, eine Tochter den Westgotenkönig, eine weitere den burgundischen Thronfolger, und er selbst vermählte sich mit der Schwester des Frankenkönigs Chlodwig.

Dieser Chlodwig – zu ihm gleich mehr – bereitete ihm aber seine größte politische Niederlage. Als Chlodwig den Konflikt mit den Westgoten suchte, wollte Theoderich ihn an der Spitze der Koalition einiger germanischer Völker aufhalten. 507 wurde er dann aber selbst daran gehindert einzugreifen: Während Chlodwig die Westgoten besiegte, attackierten kaiserliche Schiffe in einer offensichtlich koordinierten Aktion die italische Küste. Theoderich

Theoderich auf einem Goldmedaillon

mußte sich darauf beschränken, die Existenz des iberischen Teils des Westgotenreichs zu garantieren. Daß er dann aber selbst einen Großteil der gallischen Mittelmeerküste in Besitz nahm, war wohl weniger ein Ausweis von Doppelbödigkeit als der Versuch, die territoriale Verbindung mit dem stammverwandten Reich zu erhalten. Als 511 sein Enkel Amalarich zum König der schwer geschlagenen Westgoten erhoben wurde, agierte Theoderich als sein Vormund, auch wenn er die Regierung nicht persönlich ausübte.

Theoderich blieb zuerst und vor allem ein König der Goten. Auf seinen Goldmünzen war, wie bei Odoakar, der Kaiser zu sehen. Nur ein Medaillon, das nicht im regulären Umlauf war, zeigte den König selbst. Er ist kaum anders dargestellt als ein Augustus, er hält sogar einen Globus samt Siegesgöttin in der Hand. Ins Auge springt aber die Barttracht: nicht glattrasiert wie die meisten Kaiser, kein Vollbart wie bei Julian, sondern der Schnurrbart eines Germanen.

Theoderichs Priorität zeigte sich am deutlichsten daran, daß er nicht als Nachfolger der Caesaren in Rom residierte, sondern in Norditalien zwischen Ravenna, Verona und Ticinum pendelte, nahe dem Gros seiner gotischen Untertanen. Durch seine ausgleichende Politik hielt er seine Soldaten im Zaum, wurde aber auch für die Einheimischen zur Respektsperson, für viele wohl auch zum akzeptierten Herrn. So wie die Goten als Soldaten dienten, so erbrachten die Römer ihren Anteil als Steuerzahler. Sie erlebten endlich wieder stabile und sogar halbwegs friedliche Zeiten. Niemals kam es zu einem Aufstand, trotz des religiösen Gegensatzes, trotz der barbarischen Fremdherrschaft und trotz (oder wieder: wegen) des Verzichts darauf, den Römern möglichst viele Machtmittel zu nehmen. Theoderichs Leistung im Frieden übertraf die im Krieg. Nicht wenig half ihm dabei die schlichte Dauer seines Lebens. 33 Jahre, länger als eine Generation, herrschte er unangefochten über das alte Kernland des Imperiums, als bedeutendster Germanenkönig seiner Zeit.

Chlodwig und die Franken

Chlodwig hatte es einfacher als Theoderich. Als er 481 oder 482 zur Herrschaft kam, war Gallien dem Einfluß und zu einem guten Teil auch dem Interesse Konstantinopels entrückt. Weder brauchte er einen Auftrag des Kaisers noch ein Arrangement mit ihm. Statt dessen konnte er, fast wie ein auswärtiger Herrscher, Bündnisse mit ihm schließen, die sich gegen gemeinsame Feinde (Theoderich) richteten. Ohne die geographische Entfernung wäre das nicht denkbar gewesen. Ein weiterer Vorteil war, daß Chlodwig nicht als Fremdherrscher ins Land kam. Die Franken siedelten schon seit der Mitte des vierten Jahrhunderts diesseits des Rheins. Mit der Zeit hatten sie sich von ihrem Kerngebiet am Niederrhein nach Westen ausgebreitet, angesichts der römischen Agonie mal mit der Billigung des Kaisers, mal ohne sie. Zu Chlodwigs Zeit gab es eine ganze Reihe fränkischer Herrscher im Raum zwischen Ärmelkanal, Oberrhein und Maingegend. Die Franken waren natürlich nicht auf Einladung der Provinzialen gekommen. Aber in den zurückliegenden Jahrzehnten hatten beide Seiten Gelegenheit gehabt, sich kennenzulernen oder, um es nicht zu harmonisch auszudrücken, einigermaßen miteinander auszukommen. Es gab allerdings ein großes Hindernis, das ähnliche Annäherungsprozesse wie am Westgotenhof in Tolosa verhinderte: Die meisten Franken waren Heiden.

Chlodwig selbst stammte aus der Gegend um Tornacum (Tournai). Er war der Enkel Merovechs und der Sohn Childerichs. Das im 17.Jahrhundert entdeckte Grab Childerichs enthielt einen Siegelring, auf dem der Vater als *rex* bezeichnet wurde. Er hatte sich also einen römischen Titel zugelegt (oder ihn sogar von römischen Autoritäten verliehen bekommen). Gleichzeitig wurde er mit Beigaben beerdigt, die zu keinem Römer, sondern nur zu einem germanischen Fürsten der Völkerwanderungszeit paßten. Am meisten fallen die mehr als zwanzig Pferde auf, die mit dem König bestattet wurden, eines, offenbar das persönliche Streitroß, sogar in einer Kammer über der Childerichs selbst. In diesem Spannungsfeld zwischen germanischem Königtum und (post-)römischer Staatlichkeit wurde das Frankenreich geschaffen.

Childerich hatte im Zusammenspiel mit dem Heermeister Aegidius gegen die Westgoten gekämpft und sich eine nicht unerhebliche Stellung im nordgallischen Raum geschaffen. Aber er war nicht König der Franken. Da die Franken nie als großer Heeresverband durch weite Teile Europas gewandert waren, hatte keine Notwendigkeit bestanden, sich einem einzelnen als Anführer und später als Heerkönig unterzuordnen. Die fränkischen Fürsten lebten nebeneinander her. Doch Chlodwig war klüger und skrupelloser als die meisten, ja alle von ihnen. Er verbrachte die etwa dreißig Jahre seiner Herrschaft im wesentlichen damit, seine Kollegen zu besiegen, auszutricksen und bei Gelegenheit zu ermorden. Der Erfolg erzeugte sich zudem bald aus sich selbst heraus. Da Chlodwig siegreich war, es an seiner Seite also besonders viel Beute und Prestige zu gewinnen gab, traten viele Gefolgsleute anderer fränkischer Könige zu ihm über. Im Grunde wurde so der Zusammenschluß, der bei anderen Völkern durch den Druck der Wanderung erzwungen worden war, durch die Anziehungskraft des Siegers Chlodwig in einem begrenzten geographischen Raum geschaffen. Die Franken wären ohne Chlodwig keine politisch handlungsfähige Einheit geworden.

Die Provinzialen hatten unter diesen Kämpfen natürlich zu leiden, und wir wissen nichts davon, daß Chlodwig sonderliche Rücksicht auf sie genommen hätte. Allerdings wurde seine Herrschaftsetablierung eben nicht als Invasion des eigenen Landes erfahren, sondern als eine der schon oft erlebten Umwälzungen in der Machtarchitektur des gallischen Raumes. Der Bischof Remigius von Durocortorum beglückwünschte den jungen Chlodwig schon, als der die Nachfolge seines Vaters antrat. Das war noch kein Zeichen für große Vertrautheit oder politische Übereinstimmung, aber Chlodwig war von Anfang an eine bekannte Größe. Die Provinzialen konnten sich auf ihren immer mächtiger werdenden fränkischen König einstellen, und Chlodwig wußte, was gallische Bischöfe und römische Notabeln erwarteten. In Caesarodunum (Tours) inszenierte er sich für sie als König im römischen Stil, indem er im Purpur und mit dem Diadem auf dem Haupt durch die Stadt ritt und mit eigenen Händen Gold und Silber an die Schaulustigen verteilte. Hier halfen die guten Beziehungen zu Konstantinopel: Anastasios hatte ihm die Abzeichen eines Konsuls übersandt.

Den Höhepunkt dieser Entwicklung markierte Chlodwigs Übertritt zum Christentum. In der zweiten Hälfte seiner Regierung (wohl 496 oder kurz danach) ließ er sich zusammen mit 3000 Kriegern von Remigius taufen, bezeichnenderweise nach einer gewonnenen Schlacht. Chlodwig hatte keinen Grund, sich dem Homöertum zuzuwenden, er nahm das Bekenntnis von Chalkedon an. Die Gnade der späten Christianisierung verschaffte den Franken somit einen großen Vorteil gegenüber den anderen Germanenvölkern, die Reiche auf dem Territorium des Imperium Romanum gegründet hatten. Auch Chlodwig unterschied zwischen Franken und Provinzialen, auch in seinem Reich gab es für die beiden Bevölkerungsgruppen unterschiedliche Rechtssysteme. Aber es fehlte das in den anderen Reichen manchmal fast ängstliche Bemühen, sich von den Römern abzugrenzen und sich ja nicht völlig an die überlegene Zivilisation anzupassen. Zudem annektierten die Franken nicht einen guten Teil des Bodens, wie es die Westgoten und die Vandalen getan hatten. Das minderte Ressentiments. Sie hatten auch keinen eigenen Glauben mehr zu verteidigen. Und sie waren weit zahlreicher: Die Franken blieben zwar deutlich in der Minderheit, aber sie bildeten auch nicht bloß eine dünne Erobererschicht. Durch die Lage des Reiches am Rhein erlebten sie eine beständige ‹Auffrischung› durch nachziehende Germanen.

Chlodwig erweiterte das Gebiet seines Vaters um Tornacum und Camaracum (Cambrai) in alle Richtungen. Dabei traf er natürlich nicht nur auf Franken. Im Osten siegte er über Thüringer und Alamannen, nach Süden zu zerschlug er die Herrschaft von Aegidius' Sohn Syagrius um Augusta Suessionum (Soissons), das letzte Überbleibsel des Imperiums. Einen burgundischen Bruderzwist nutzte er 500 zu einem Vorgehen dort, aber ein entscheidender Erfolg blieb ihm durch die Intervention des Westgotenkönigs Alarich II. versagt. Die Westgoten waren der mächtigste und entschlossenste Gegner Chlodwigs, denn sie waren bisher auf einem guten Weg gewesen, Gallien vollständig zu unterwerfen. Zwischen Goten und Franken herrschte schon länger Krieg, 498 hatte Chlodwig bereits Burdigala (Bordeaux) besetzt. Im Grunde waren die Westgoten überlegen. Sie kontrollierten inzwischen weite Teile der Iberischen Halbinsel, und hinter ihnen stand die ostgotische Macht Theoderichs. Chlodwig begann aber, den Machtkampf als religiöse Auseinandersetzung zu inszenieren: rechtgläubige Katholiken gegen arianische Ketzer. Es ist schwer zu sagen, ob ihm das mehr einbrachte als das stille Daumendrücken manches römischen Untertanen Alarichs. Von großen Abfallbewegungen hören wir jedenfalls nichts. Wichtiger war eine andere Entwicklung, die freilich auch mit der Religion zu tun hatte. Der Burgunderkönig Gundobad (einst der Nachfolger Ricimers) hatte seinen Untertanen einen rechtgläubigen Herrscher in Aussicht gestellt, indem zwar nicht er, aber doch sein Sohn zum chalkedonischen Glauben wechselte. Chlodwig fand also erste Nachahmer. Diese Gemeinsamkeit dürfte eine gewisse Rolle bei der fränkisch-burgundischen Allianz gespielt haben, ebenso wie die Abneigung Gundobads gegen einen westgotischen Protektor. So waren die Westgoten ohne schlagkräftige Verbündete, als es zur Entscheidung kam. Theoderich wurde ja von der kaiserlichen Flotte zurückgehalten. Das diplomatische Netz Chlodwigs reichte bis nach Konstantinopel. Auf dem Campus

Vogladensis, in der Nähe von Pictavi (Poitiers), schlugen Chlodwig und Gundobad 507 die Westgoten vernichtend. Alarich fiel. Ohne weiteres zogen sich die Verlierer über die Pyrenäen auf die Iberische Halbinsel zurück. Ungeheure Reichtümer, Landbesitz und Geld fielen Chlodwig in die Hände – eine ausgezeichnete Gelegenheit, die fränkischen Eliten zu belohnen.

Es war nur der doch noch erfolgten Intervention Theoderichs zu verdanken, daß die Westgoten Reste der gallischen Mittelmeerküste behalten durften. Den anderen Teil, der sonst den Burgundern zugefallen wäre, behielt Theoderich für sich. Chlodwig hatte also keinen Zugang zum Mittelmeer gewonnen. Aber davon und vom Burgunderreich abgesehen, herrschte er über Gallien und selbst über rechtsrheinische Gebiete. Neben Theoderich war Chlodwig nun der wichtigste Germanenkönig. Er konnte sich nicht lange an diesem Status freuen: Chlodwig starb bereits 511 und hinterließ das Reich seinen vier Söhnen, die es gemäß merowingisch-fränkischem Brauch unter sich teilten. Das war kein gutes Omen für die Fortdauer von Chlodwigs Schöpfung. Aber mehrere Dinge standen fest: Die Westgoten spielten in den Angelegenheiten diesseits der Pyrenäen kaum mehr eine Rolle. Die Franken waren auf absehbare Zeit das maßgebende Volk Galliens. Und welche politische Form ihre Macht auch immer annehmen mochte, sie hatte angesichts des gemeinsamen Glaubens und der erfreulicheren Vergangenheit so gute Chancen wie noch keine Germanenherrschaft vor ihr, bei den Provinzialen rückhaltlose Akzeptanz zu gewinnen. Daß aus Chlodwig der Begründer einer modernen Nation werden sollte, war freilich noch in der Zukunft verborgen.

Ein verwandeltes Imperium

Zwischen 400 und 500 veränderte sich die Karte des Mittelmeerraums wie seit einem halben Jahrtausend nicht mehr. Bis auf einige Balkanregionen waren dem Reich alle lateinischsprachigen Länder verlorengegangen, zuletzt mit Italien sogar die Wiege des Imperiums. Überall im Westen herrschten Germanen: Franken, Burgunder, Goten, Sueben, Vandalen. Diese Territorien waren den Römern mit Gewalt entrissen worden oder zumindest gegen ihren eigentlichen Willen – auch die Entsendung Theoderichs nach Italien stellte lediglich einen Notbehelf dar. Doch nur Britannien, wo die Angeln, Sachsen und Jüten sogar das Christentum weitgehend verdrängten, war der römischen Welt vollständig entrückt. Überall sonst dominierte noch das Lateinische. Römische Kultur, Lebensart und selbst der Glaube an Rom verschwanden trotz aller Brüche nicht von heute auf morgen. Die Eroberer vermischten sich zwar schon wegen ihres homöischen Glaubens nicht mit den Provinzialen, aber sie öffneten sich zumindest den materiellen Errungenschaften der römischen Zivilisation. Ihre Anführer übernahmen die wesentlichen Elemente der Staatsverwaltung, die sie vorfanden, nur das Militär blieb weitestgehend frei von römischem Einfluß. Zu Änderungen bestand hier auch kein Grund, hatten sich die Barbaren doch als überlegen erwiesen, und ohnehin sollte der Charakter der Heeresgefolgschaft aus der Wanderungszeit nach Möglichkeit aufrechterhalten werden. In Repräsentation und Hofhaltung eiferten die Germanenherrscher aber kaiserlichen Formen nach, und noch mehr, sie akzeptierten den Kaiser als überlegen, Odoakar und Theoderich sogar als Oberherrn. Aus dieser Perspektive stellt sich das Ende des westlichen Kaisertums 476 gar nicht als epochaler Einschnitt dar. Es gab ja immer noch einen Augustus – die längste Zeit hatte ohnehin ein einziger Kaiser über das Mittelmeer geherrscht –, und daß er jetzt tausend Kilometer weiter im Osten residierte, entspannte die Dinge eher. (Daß damit die Zweikaiserherrschaft, welche der Völkerwanderung zum vernichtenden Erfolg verholfen hatte, durch diese selbst beseitigt war, stellte nur noch eine humorvolle Fußnote der Geschichte dar.) Als man dreihundert Jahre später dann doch glaubte, im Westen wieder einen Kaiser zu brauchen, wurde das Imperium mit Hilfe seiner germanischen Eroberer wiederaufgerichtet. So stark wirkte Rom auf seine Bezwinger.

Auch der Osten fand sich überraschend leicht in die neuen Verhältnisse. Der Kaiser in Konstantinopel hatte hier und da versucht, dem strauchelnden Kollegen zu helfen, vor allem gegen die Vandalen, die im gesamten Mittelmeer als Gefahr empfunden wurden. Als Romulus Augustulus, der letzte Kaiser im Westen, aber abgesetzt war, bestand das Reich ohne weiteres fort. Das wird meist als selbstverständlich betrachtet, kann aber gar nicht genug betont werden. In nichts zeigt sich eindrucksvoller die Kraft der Rom-Idee oder, wenn man so will, die Unentbehrlichkeit des Imperium Romanum: Es existierte einfach weiter, ohne die Stadt Rom, ohne das Kernland Italien, ohne die allermeisten lateinischen Provinzen. Die Römer im Osten gaben sich auch nicht allzusehr dem Selbstmitleid hin, sondern stellten sich flexibel auf die neuen, unerfreulichen Verhältnisse ein. Anastasios war der erste Kaiser, in dessen Herrschaft ein Erhalt oder eine Erneuerung des westlichen Kaisertums nur noch eine theoretische Möglichkeit war. Er verschwendete keine Ressourcen auf Militärexpeditionen in den Westen, statt dessen nutzte er das verbliebene Prestige des Römernamens, um seine Hoheit gegenüber den Barbaren aufrechtzuerhalten. Daß er sie gelegentlich gegeneinander ausspielte, wie Chlodwig und Theoderich, unterstrich, daß mit dem Römischen Reich auch im Westen stets zu rechnen war.

Ansonsten akzeptierte Anastasios aber die enger gewordenen Grenzen und tat alles, um sie zu befestigen. Nach dem Abzug der Goten wurde der Balkanraum von der staatlichen Verwaltung erneut durchdrungen, neuangelegte Forts an der Donaulinie sollten die Flußgrenze für die nächsten Jahrzehnte schützen (und taten es auch). Dem ersten Perserkrieg seit mehreren Generationen begegnete er mit einer Armee von über 50000 Mann, der größten im Osten seit den Kriegen des vierten Jahrhunderts. Mit ihr und mit einer hohen Geldzahlung stellte er den Status quo ante wieder her. Das war ein Erfolg, denn die Perser hatten den Krieg begonnen. Auch an dieser Grenze wurde jetzt ein Befestigungsprogramm aufgelegt. Daß ihm solche Maßnahmen und überhaupt ein großangelegter Gegenschlag möglich waren, hatte Anastasios maßvollen Ausgaben und einer energischen Steuereintreibung zu verdanken, vor allem aber einer wiedergewonnenen inneren Stabilität: Der mehr als Sechzigjährige war 491 als Kompromißkandidat Kaiser geworden, eine typische Übergangslösung. Dann aber regierte er

27 Jahre lang, bis zum Jahr 518. Weder ein mehrjähriger Aufstand in Kleinasien noch Erhebungen des Volkes in Konstantinopel ließen Anastasios die Nerven verlieren. Er setzte sich jedesmal durch und gewann so dem Thron eine Autorität zurück, die dieser seit dem Kaiser Markian in den 450er Jahren nicht mehr besessen hatte.

Nicht in allem war Anastasios erfolgreich. In der Religionspolitik wußte auch er keine Lösung. Der Kaiser hielt am Henotikon seines Vorgängers fest, das Akakianische Schisma dauerte fort. Mit der Zeit waren die Miaphysiten und die Chalkedonier des Ostens immer schwerer auf dieser Grundlage zusammenzuhalten, und so bekannte sich Anastasios offener zu miaphysitischen Positionen, denen er ohnehin schon lange nahegestanden hatte. Dieser Kurswechsel brachte ihm zwei Volksaufstände in Konstantinopel und die Meuterei eines Heermeisters auf dem Balkan ein, nicht aber die kirchenpolitische Befriedung des Ostens. Daß die Distanz zu Rom und dem gesamten Westen durch diese Politik ebenfalls wuchs, nahm Anastasios in Kauf. Das war eine bezeichnende Entscheidung: Sein Reich lag nur in der östlichen Mittelmeerhälfte, er fühlte die Verantwortung für die gesamte Kirche nicht mehr in dem Umfang wie seine Vorgänger. So war gegen Ende von Anastasios' Herrschaft unklar, in welche Richtung sich die Mittelmeerwelt entwickeln würde. Würde sie trotz der germanischen Reichsbildungen kulturell, religiös und auch politisch einigermaßen zusammenbleiben, umspannt vom Römernamen und der Autorität des christlichen Kaisers, oder würde die Kluft zwischen dem chalkedonischen, römischen, germanischen Westen und dem miaphysitischen, griechischen, kaiserlichen Osten größer werden? Die Antwort der Geschichte fiel, wie üblich, kompliziert aus.

5. DAS SECHSTE UND SIEBTE JAHRHUNDERT (518-641): KAISER UND REICH

Konstantinopel

Um 500 war Konstantinopel die bedeutendste Stadt der Welt. Mehrere hunderttausend Menschen lebten am Bosporos. Ein neuer Mauerring hatte im frühen fünften Jahrhundert die Stadt nach Westen erweitert. Diese sogenannten Theodosianischen Mauern umschlossen eine fast doppelt so große Fläche, wie es die durchaus großzügig gedachte Konstantinische Anlage getan hatte: über 14 Quadratkilometer. In stürmischer Entwicklung hatte sich die Einwohnerzahl seit den Tagen des Gründers vervielfacht, und die Neuankömmlinge mußten jetzt nicht mehr eigens angelockt oder gar zwangsumgesiedelt werden. Überall wurde gebaut, gehandelt, versorgt, gelebt – und von staatlicher Seite mit Mühe reguliert, um die Entwicklung der Metropole halbwegs in den Griff zu bekommen. Nur allmählich verlor die Entwicklung an Dynamik: Die Innenstadt und die wichtigste Straße, die Mese (griechisch für: die Mittlere), hatte bereits die Theodosianische Dynastie ein für allemal geprägt, insbesondere mit dem Theodosius- und dem Arcadiusforum. Neubauten entstanden dort meist nur noch nach den allerdings gar nicht so seltenen Großbränden. Anastasios und insbesondere Justinian, der größte Bauherr des sechsten Jahrhunderts, vermochten der Stadt also nicht mehr ihren Stempel aufzudrücken, aber sie errichteten überall in Konstantinopel und Umgebung Gebäude, insbesondere, dem Zug der Zeit folgend, Kirchen.

Es war natürlich die dauernde Anwesenheit des Kaisers, welche die Dynamik der städtischen Entwicklung ausgelöst und aufrechterhalten hatte. Theodosius I. hatte die Stadt als erster Kaiser seit Konstantin zu seiner bevorzugten Residenz gemacht. Neigung spielte dabei eine Rolle, wichtiger war die geographische Lage: An der Euphratgrenze herrschte Friede, die wichtigsten Krisenherde

dieser Zeit lagen auf dem Balkan (die Westgoten) und im unruhigen Westen. Dafür war Konstantinopel ungleich besser gelegen als Antiocheia oder gar Alexandreia. Aber noch Theodosius war ein Reisekaiser, der zwar neun seiner 16 Regierungsjahre am Bosporos verbrachte, aber die restlichen sieben Jahre eben woanders: auf Feldzügen gegen innere und äußere Feinde. Es war zunächst nur biographischer Zufall, daß sein Sohn Arcadius mit dem Militär wenig im Sinn hatte und nie persönlich eine Armee kommandierte. Statt dessen blieb er in Konstantinopel. In 13 Regierungsjahren besuchte Arcadius lediglich ein paarmal zur Sommerfrische Kleinasien, insgesamt verbrachte er wohl kaum länger als ein Jahr außerhalb Konstantinopels. Der Enkel Theodosius II. hielt sich dann nicht mehr als eineinhalb Jahre außerhalb der Stadt auf – bei einer Regierungszeit von 42 Jahren. Ein Feldzug war nicht darunter. Die Nachfolger setzten dieses Verhaltensmuster fort, die Abwesenheitszeiten wurden noch kürzer. Lediglich die Kaiser Markian und Maurikios (am Ende des sechsten Jahrhunderts) befehligten kurze Kampagnen auf dem Balkan, bekamen dabei aber den Feind vielleicht nicht einmal zu Gesicht. Erst Kaiser Herakleios führte im siebten Jahrhundert, nach mehr als zweihundert Jahren, wieder Krieg im großen Stil und verließ dafür den Bosporos. Konstantinopel war im fünften und sechsten Jahrhundert der ständige Kaisersitz und damit die Hauptstadt des östlichen Reichsteils bzw. des Römischen Reiches, so wie es in den beiden ersten nachchristlichen Jahrhunderten Rom gewesen war.

Die plötzliche Aufgabe der Reisen durch das Reich markierte eine dauerhafte politische Strukturveränderung, die durch den Unwillen oder die Unfähigkeit eines einzelnen Kaisers zur Kriegführung nicht befriedigend erklärt werden kann. Unter Arcadius' Nachfolgern befanden sich immerhin mehrere bewährte Generäle. Es war vielmehr so, daß das politische System von einer festen Residenz wesentlich profitierte. Schon bald nach 395 stellte sich heraus, daß der Aufenthalt in Konstantinopel dem Reich nicht schadete und das Kaisertum stärkte. Da das beherrschte Territorium wesentlich geschrumpft war, ließ sich der östliche Reichsteil trotz der Völkerwanderung wieder von einem Punkt aus regieren. Daß dieser Punkt eine mediterrane Großstadt war, veränderte die Spielregeln des Akzeptanzsystems entscheidend. Kaum etwas neutralisiert militärische Macht so sehr wie eine Metropole mit lebendigem Leben, zahllosen Menschen und engen Gassen. Der Rückzug nach Konstantinopel erlaubte dem Kaiser, sich von der Dominanz der Soldaten und von den Ansprüchen der Generäle zu befreien. Wenn der Herrscher sich sicher in Konstantinopel aufhielt, fern von der Armee, kam nicht mehr so viel auf die Popularität beim Heer und auf die Meinung der Truppen an. Statt dessen waren in gewisser Weise die Bedingungen wiederhergestellt, die einst in der Stadt Rom geherrscht hatten: Der Kaiser konnte sich auch auf andere Akzeptanzgruppen stützen, vor allem die Eliten und das Volk.

Die eigene Stellung wurde dadurch stabiler, denn von nun an konnte keine Akzeptanzgruppe mehr allein den Herrscher stürzen. Das galt ganz besonders für das Militär. Dessen Rolle war noch schwächer ausgeprägt als in Rom. Innerhalb der Mauern befanden sich keine regulären Einheiten, die Garden und die Sicherheitskräfte aber waren zahlen- und kräftemäßig schwach, sie vermochten die Bevölkerung, insbesondere wenn diese zum erbitterten Mob wurde, nicht zu kontrollieren. Außerdem standen sie in einer besonders engen Loyalitätsbeziehung zum Kaiser. Die Garden besaßen keine eigenen Kasernen, wie einst die Prätorianer in Rom, sondern waren mit dem Hof und einem Großteil der Zentralverwaltung auf dem weitläufigen Palastareal im Südosten der Stadt untergebracht. Ein Korpsbewußtsein, das nicht primär auf der Treue zum Kaiser ruhte, konnte sich deshalb nicht ausbilden. Die Akzeptanz der Garden war daher relativ leicht zu gewinnen.

Von außen war Konstantinopel aber seit der Fertigstellung der (teilweise heute noch erhaltenen) Theodosianischen Mauern im Jahr 413 nicht mehr zu erobern. An den acht Meter hohen Außenwall mit 92 kleineren Türmen und an einen kleinen Zwischenraum schloß sich die Hauptbefestigung an, die Innenmauern, elf Meter hoch, knapp fünf Meter dick, mit etwa 95 Türmen in Abständen von 40 bis 60 Metern. An besonders gefährdeten Stellen waren Gräben angelegt, bis zu 20 Meter breit und bis zu sieben Meter tief. Bis zum Vierten Kreuzzug 1204 sollten diese Mauern jedem Eroberungsversuch standhalten.

Auch gegen ein Aushungern war die Stadt gefeit: Sie konnte übers Meer versorgt werden, solange der Kaiser die Überlegenheit zur See behielt (und das tat er bis zum Ende der Antike). Darüber hinaus war der Raum zwischen der neuen Mauer und der alten, Konstantinischen, nicht durchgängig besiedelt, sondern von grünen Landschaften geprägt, in die neben Klöstern, Villen und Gütern der Elite, Friedhöfen und Gärten auch Zisternen eingelassen waren. Drei riesige, offene Wasserspeicher, die im fünften Jahrhundert angelegt wurden, sicherten die Wasserzufuhr Konstantinopels. Und da auf den Wiesen Nutztiere weiden konnten, wurde sogar die Lebensmittelversorgung in Notzeiten verbessert. Für das Feldheer

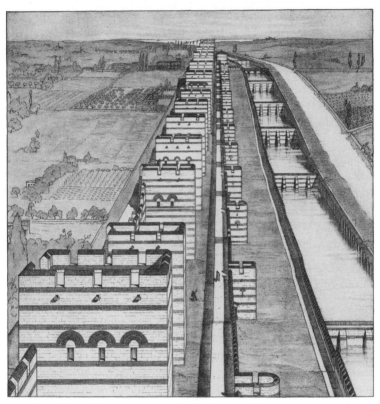
Eine bildliche Rekonstruktion der Theodosianischen Mauern

außerhalb der Stadt bedeutete all das: Es konnte den Kaiser nicht mehr stürzen, der Herrscher disponierte über die Armee, ohne sich Sorgen um den Bestand seines Throns machen zu müssen. Kein Wunder, daß kaum ein Kaiser mehr daran dachte, Konstantinopel zu verlassen.

Der Gewinn an innerer Stabilität und die Sicherheit vor äußeren Attacken waren, neben der vorteilhaften geographischen Lage des östlichen Reichsteils, ein weiterer, wesentlicher Grund dafür, daß der Osten die Völkerwanderung so glimpflich überstand. Alarich, Attila, Theoderich, sie alle vermochten nichts gegen die Mauern Konstantinopels. Und waren die Verheerungen auf dem Balkan noch so groß, der Thron des Kaisers geriet nicht in Gefahr, solange ihm die Akzeptanz der Hauptstadt sicher war (und für die tat er mehr als für das Wohlergehen von Bauern an der Donau). Was das für einen Unterschied ausmachte, zeigt ein Blick in den Westen. Honorius war nicht viel anders gestrickt als sein Bruder. Er residierte zunächst in Mediolanum, seit 402, als die Stadt von den Goten bedroht wurde, dann meist im schwer einnehmbaren Ravenna. Diese Stadt blieb über die nächsten 40 Jahre fast ununterbrochen Residenz. Aber Ravenna war eher eine stattliche Provinzstadt als eine Metropole. Die kritische Masse an Bevölkerung war nicht vorhanden, es mangelte an einem Bischofssitz mit reichsweiter Bedeutung, es fehlte an den zivilen Institutionen außerhalb des Hofes, vor allem an einem Senat, welcher als Körperschaft wenig Macht besitzen mochte, dafür aber zahlreiche Aristokraten an die Hauptstadt binden konnte. Ravenna war eben keine Kapitale, die Armee konnte nicht eingehegt werden. Militär und Heermeister konnten sich dort recht frei entfalten, mit verheerenden Konsequenzen.

Der Preis für die ‹splendid isolation› in Konstantinopel war, daß der Kaiser um so mehr Aufmerksamkeit für die Akzeptanzgruppen innerhalb der Mauern aufbringen mußte. Diese wogen freilich unterschiedlich schwer. Aus den Eliten stammten die Amtsträger, Verwalter und Generäle, ohne sie war das Reich nicht zu regieren. Noch wichtiger in den Kategorien des Akzeptanzsystems war, daß aus ihren Reihen auch die potentiellen Usurpatoren kamen. Um diese Gefahr möglichst selten Realität werden zu lassen, mußte der Kaiser die Eliten pfleglich behandeln. Nie aber traten sie als einvernehmlich handelnde Gruppe auf, die dem Herrscher auch einmal seine Grenzen aufzeigte. Die Eliten bildeten nämlich keinen Erb-, sondern einen Funktionsadel, das heißt, ihre Distinktion hing von den bekleideten Ämtern und Würden ab. Die aber vergab der Kaiser, er bestimmte über das politische und gesellschaftliche Avancement des einzelnen Elitenangehörigen. Deshalb regierte Konkurrenz statt Solidarität das Verhältnis zu den übrigen Aristokraten. Geschlossen stemmten sie sich dem Kaiser nie entgegen, die übliche Form des Akzeptanzentzugs war nicht die Adelsfronde, sondern die Verschwörung.

Im christlichen Imperium spielte natürlich auch der Klerus eine große Rolle. Doch die Geistlichkeit – Bischof, Mönche, fromme Asketen – konnte das Funktionieren des soziopolitischen Systems nur situativ beeinträchtigen. Der Widerstand der Mönche war als solcher nicht anerkannt, er wurde als Unruhestiftung aufgefaßt und deshalb meist repressiv beantwortet (siehe dazu den Abschnitt über die Mönche im dritten Kapitel). Heilige Männer durften ihr Renommee zwar nach allgemeiner Meinung auch in politischen Angelegenheiten einsetzen, aber es wirkte nur für kurze Zeit. Die Außergewöhnlichkeit eines Heiligen Mannes mußte sich in außergewöhnlichen Taten niederschlagen, etwa einem spontanen Marsch zum Palast nach Jahrzehnten in einer isolierten Klause. Derartige Interventionen lebten von ihrer Seltenheit, Wiederholung brauchte das soziale Kapital eines Heiligen Mannes schnell auf. Zur Ausübung längeren Drucks auf den Kaiser war eine Macht dieser Art nicht geeignet. Es war sehr einfach, den Widerspruch eines Heiligen Mannes zu überwinden: durch schlichtes Aussitzen. Wegen seiner Strukturvoraussetzungen trat er ohnehin so sporadisch auf, daß er für das Funktionieren des Akzeptanzsystems unerheblich war. Der Bischof schließlich verfügte zwar über eine Legitimation eigener Art, aber gerade in Konstantinopel verhinderten die Anwesenheit von Hof und Eliten den Aufstieg zu einem auch in weltlichen Angelegenheiten bestimmenden Herrn. Er blieb beschränkt auf eine pastorale Funktion, die ihm nicht einmal in sakralen Angelegenheiten einen wesentlichen Gestaltungs- oder wenigstens Verhinderungsanspruch einbrachte. Nur wenn ihn andere Akzeptanzgruppen unterstützten, konnte er etwas bewegen. Blieb diese Hilfe aus, war der Bischof, wie Nestorios' Beispiel gezeigt hat, ein Spielball des kaiserlichen Willens. Regelmäßige Rücksichtnahme oder gar Konsensherstellung mit der Geistlichkeit hielt der Kaiser daher nicht für nötig. Die Welt war christlich geworden, aber das Kaisertum hatte ältere, römische Wurzeln. Bei der Proklamation eines Kaisers waren das Gebet, später sogar die Krönung durch den Bischof willkommen. Politisch unabdingbar oder gar rechtlich konstitutiv wurde seine Beteiligung jedoch nie.

Es bleibt das Volk. Sein Stellenwert war höher als in Rom, nicht so sehr, weil es stärker, sondern weil Armee und Eliten schwächer waren. Allein das Volk trat dem Kaiser mit offener Kritik gegenüber, es artikulierte seine Anliegen klar und erstaunlich geschlossen. Fehler des Herrschers konnte ein Individuum, auch wenn es noch so mächtig war, angesichts des Statusunterschieds nicht offen sanktionieren. In der Masse ging der einzelne aber unter, ihn schützte die Anonymität – der Kaiser konnte nicht weite Teile des Volkes aufhängen. So diente nur das Kollektiv des Volkes als permanentes Verhaltenskorrektiv.

Das Volk erwartete von seinem Kaiser zuallererst, daß er es vor Unterdrückung und Not bewahre. Das hieß, daß er gegen Ungerechtigkeiten seiner Amtsträger vorgehen mußte, aber auch, daß er die Getreideversorgung (für das Grundnahrungsmittel Brot) sicherzustellen hatte. Das war insofern eine delikate Aufgabe, als Konstantinopel wegen seiner Größe nicht aus dem Umland zu versorgen war. Der Großteil des Getreides kam aus Ägypten – sowohl Mißernten als auch Transportschwierigkeiten konnten zu Hunger in der Stadt führen, mit der entsprechenden Unzufriedenheit. Der Kaiser mußte darüber hinaus den rechten Glauben besitzen, also nizänisch bzw. später chalkedonisch sein. Ein paganer Augustus war seit dem fünften Jahrhundert undenkbar. In welche Schwierigkeiten ein Kaiser geraten konnte, wenn seine Orthodoxie in Zweifel stand, habe ich am Beispiel Theodosius' II. und der Probleme, denen sich Basiliskos und Anastasios gegenübersahen, bereits gezeigt. Schließlich mußte ein Kaiser bestimmte Verhaltensanforderungen erfüllen: Er sollte großzügig, leutselig und fromm sein, ein angemessenes Familienleben führen, und, am wichtigsten, er sollte sich dem Volk gegenüber angemessen verhalten. Das Volk wünschte keine Anerkennung seiner ‹Gleichheit› – eine Idee, die in der politischen Wirklichkeit der Antike kaum Wirkung entfaltete –, sondern die Versicherung, daß seine Wünsche und Vorstellungen, ja schlicht seine Existenz für den Kaiser zählten. Das wichtigste Instrument war hierbei die kaiserliche Präsenz bei den Wagenrennen, die oft den ganzen Tag über stattfanden und Kaiser und Volk in einträchtiger Begeisterung zusammenführten. Wie wichtig der

Hippodrom für die Kommunikation mit dem Volk war, zeigt sich darin, daß der Circus, der knapp 30000 Menschen faßte, an den Großen Palast (kein einzelnes Gebäude, sondern ein ganzes Viertel mit verschiedenen, über Jahrhunderte entstandenen und ständig umgestalteten Bauten) angrenzte. Der Kaiser gelangte über eine eigene Treppe direkt in seine Loge. Wenn das Volk im Hippodrom an den Kaiser Sprechchöre richtete, dann hatte dieser eine Ablehnung vernünftig zu begründen oder der Bitte zu entsprechen. Schweigen, Verlassen der Loge oder gar ein Einsatz der Garden verletzten das Jovialitätsgebot.

In einem solchen Fall hatte der Kaiser mit lautstarken Protesten zu rechnen. Bewirkten auch diese nichts, griff das Volk zur Gewalt. Gelegenheiten gab es genug. Der spätantike Kaiser verbrachte seine Zeit nämlich nicht, wie es das Klischee will, abgeschottet von seinen Untertanen im Palast, umgeben von willfährigen Eunuchen und ehrfürchtigem Schweigen, ohne Ahnung davon, was draußen vor sich ging. Schon die häufigen Prozessionen und Kirchgänge brachten den Herrscher in ständigen Kontakt mit der Bevölkerung, und ebenso war es ein vertrauter Anblick, daß der Kaiser zur Jagd vor die Stadt ritt, öffentliche Gebäude einweihte oder einen der anderen Paläste in oder außerhalb Konstantinopels besuchte. Bei all diesen Gelegenheiten war der Kaiser für den einzelnen zwar nicht ansprechbar, aber sichtbar und trotz Garden nicht gefeit vor einem Zwischenruf oder einer gewaltsamen Störung.

Wenn unsere Quellen nicht täuschen, dann bemühte der Kaiser sich um das Volk ausgiebiger und länger als um die übrigen Akzeptanzgruppen, er verbrachte mehr Zeit mit ihm, er griff ihm gegenüber häufiger zur integrativen Geste. Denn wenn ihm der Akzeptanzerhalt nicht gelang, drohte ihm im Extremfall das Toben und Randalieren einer entfesselten Menge, gegen welche die Garden nichts vermochten. Ich werde weiter unten auf Beispiele zu sprechen kommen. Die Macht des Volkes konnte sich aber auch schon bei der Erhebung eines Kaisers zeigen. Niemals wurde sie so offensichtlich wie nach dem Ableben Anastasios' im Juli 518.

Einen starken Mann oder einen Nachfolger, auf den alles zulief, gab es nicht. Der alte Kaiser hatte keinen seiner drei Neffen designiert, und da die römische Autokratie ohnehin keine Erbmonarchie war, spielten sie bei den Nachfolgekämpfen keine Rolle. Der neue Kaiser wurde somit im freien Spiel der Akzeptanzgruppen bestimmt. Soldaten und Volk versammelten sich am Morgen nach Anastasios' Tod, es war der 10. Juli, im Hippodrom und formulierten ihre Erwartungen: «Viele Jahre für den Senat! Senat der Römer, du siege! Einen Kaiser von Gott für das Heer! Einen Kaiser von Gott für die Welt!» Zur selben Stunde trafen sich im Palast die Eliten und berieten, zusammen mit dem Patriarchen, über Anastasios' Nachfolger. Die Senatoren konnten sich nicht einigen. Pairs tun sich stets schwer damit, einen aus ihrer Mitte dauerhaft über sich zu setzen. Die Zeit verging im Streit. Ein hoher Amtsträger, der Magister officiorum Keler, soll die Anwesenden unter Druck gesetzt haben: «Solange wir die Möglichkeit haben, laßt uns überlegen und entscheiden. Wenn wir nämlich schnell einen Nachfolger benennen, werden uns alle folgen und Ruhe halten. Zögern wir aber, werden wir nicht mehr Herren des Verfahrens sein und anderen zu folgen haben.»[30] Das war weise vorhergesagt (und vielleicht deshalb von unseren Quellen gut erfunden). Kelers Worte fruchteten nichts, die Debatte ging ergebnislos weiter. Die Menge hatte zunächst brav gewartet, war dann aber unruhig geworden. Nun geschah im ungeduldigen Hippodrom genau das, was Keler befürchtet hatte. Die beiden Gardetruppen, die Exkubitoren und die Scholarier, begannen Kandidaten auf den Schild zu heben. Keiner von ihnen gewann allgemeine Zustimmung, die blaue Zirkuspartei bewarf den einen Fast-Kaiser mit Steinen. Der zweite Favorit der Exkubitoren war ein gewisser Justinian, der aber ablehnte. Daß die Soldaten schnell von ihren Kandidaten abließen, wenn diese sich nicht durchsetzten, und neue Vorschläge machten, verblüfft auf den ersten Blick. Hinter diesem Verhalten stand aber nicht Beliebigkeit, sondern der Wunsch, selbst die entscheidende Initiative zu starten, so die eigene Wichtigkeit zu unterstreichen und sich den neuen Kaiser zu verpflichten. Umgekehrt galt es, die Aktionen der anderen zu vereiteln. Volk und Soldaten wollten schnellstmöglich einen Kaiser, wer genau es wurde, war zweitrangig. So entstand ein Teufelskreis, in dem eine Gruppe ihren Kandidaten auf den Schild heben wollte und die nächste das verhinderte.

In dieser Situation griff der Oberhofeunuch Amantios ein. Eunuchen waren in der römischen Gesellschaft stigmatisiert und gerade deshalb geschätzte Vertraute eines Kaisers – die Eunuchen konnten nicht usurpieren und nur in begrenztem Umfang eigene Machtressourcen aufbauen. Im wesentlichen waren sie auf die Gunst des Kaisers angewiesen. So drohte Amantios ein vollständiger Macht- und Ehrverlust, sollte der neue Kaiser ihm nicht gewogen sein. Er wollte sein Schicksal selber gestalten, anstatt es zu erleiden. Sein Bürochef sollte Kaiser werden, den Weg ebnen sollte ihm Geld. So händigte Amantios dem Anführer der Exkubitoren, dem greisen Offizier Justin, beträchtliche Geldmittel aus, die er unters Volk (und die Armee) bringen sollte. Justin tat wie geheißen, nur daß er das Gold und Silber nicht in Amantios' Namen verteilte, sondern in seinem eigenen. Angesichts der unzähligen Menschen im Hippodrom bekam wohl nicht ein jeder etwas ab und von den Glücklichen auch keiner ein Vermögen. Die ausgezahlten Beträge werden klein gewesen sein, mehr war aber gar nicht notwendig. Die Menschen mußten ja nicht mit Geld zum Gegenteil dessen überredet werden, was sie eigentlich vorhatten. Sie wollten nur einen Kaiser. Unter diesen Umständen genügte eine symbolische Summe, um den Teufelskreis zu durchbrechen und große Zustimmung für einen ganz neuen Aspiranten zu erzeugen. Warum nicht Justin? Er hatte seine Zeit lange bei den ergebnislos beratschlagenden Eliten im Palast verbracht, während seine Exkubitoren auf eigene Faust einen Kaiser suchten. Da Justin erst so spät ins Rennen ging, wurde er nicht als deren Favorit wahrgenommen, zumal Zirkusparteien und Scholarier genauso mit Geld bedacht worden waren.

Volk und Armee hatten ihren Augustus gefunden. Die Kaiserkür im Zirkus war keine Befürchtung mehr, sondern eine Tatsache. Hielten die Eliten im Palast geschlossen dagegen, so konnten sie eine ordnungsgemäße Proklamation verhindern, wahrscheinlich das Kaisertum Justins vereiteln. Aber das Chaos hätte regiert, die Kommunikation mit Armee und Volk wäre zusammengebrochen, und die führenden Männer des Staates hätten um Leib und Leben fürchten müssen. Die Eliten bekamen es mit der Angst zu tun, und so ergriffen alle, auch Amantios, die Flucht nach vorn. Die Versammlung einigte sich plötzlich – auf Justin. So wurde der fast siebzigjährige Gardekommandeur, der vor vielen Jahren als mittelloser Bauernsohn nach Konstantinopel gekommen war, zum Kaiser. Justin bestieg den Thron dank der Erhebung durch Gardetruppen und Volk, die den Eliten ihren Willen aufzwangen. Die Unterstützung einfacher Bürger und Soldaten verhalf einer Dynastie zur Macht, deren Herrschaft den Höhepunkt der Autokratie im spätantiken Konstantinopel bezeichnen sollte. Justins Neffe hieß Justinian. Trotz oder vielleicht gerade wegen der Ereignisse des Juli 518 würde er später so viel Wert auf das Gottesgnadentum seiner Kaisermacht legen wie keiner seiner Vorgänger.

Justinian: die Erneuerung des Imperiums

Wie einst bei der Nachfolge Julians spielte die Religion bei der Kaiserkür von 518 keine Rolle. Auf diesem Feld fiel aber sofort eine grundlegende Richtungsentscheidung. Justin begünstigte offen die Chalkedonier und trat in Gespräche mit dem Bischof von Rom ein, die nach wenigen Monaten in eine vollständige Übernahme der römischen Position und eine Aussöhnung zwischen Bischof und Kaiser mündeten. Das Akakianische Schisma war beendet. Die Kompromißlosigkeit der römischen Bischöfe hatte sich ausgezahlt, die Verhandlungen mit dem Kaiser fast von gleich zu gleich und der triumphale Besuch Johannes' I. 526 in Konstantinopel können als kirchenpolitischer Höhepunkt des spätantiken ‹Papsttums› gelten.

Der Kurswechsel Justins ist aber nicht als Kapitulation vor westlichen Geltungsansprüchen aufzufassen, er war wohlbegründet. Der Kaiser stammte aus einer lateinischsprachigen Gegend auf dem westlichen Balkan, wo der Miaphysitismus nie Fuß gefaßt hatte. Er dürfte zutiefst von der religiösen Richtigkeit seines Handelns überzeugt gewesen sein. Die einzige vertretbare Alternative, ein Festhalten am Henotikon, war inzwischen keine mehr. Diese

Kompromißformel vermochte Chalkedonier und Antichalkedonier immer weniger zusammenzuhalten. Anastasios hatte die Konsequenz gezogen, sich dem Miaphysitismus zu nähern. Justin ging den anderen Weg. Das hatte den großen Vorteil, daß das Bekenntnis des Kaisers von nun an mit dem der Mehrheit der Konstantinopolitaner übereinstimmte. Selbst Anastasios, der ein ausgebuffter Politiker gewesen war, hatte sich in seinen letzten zehn Jahren nur mit Mühe gegen den Unwillen der Hauptstadt behaupten können. Justin hatte dieses Problem nicht mehr. Auch deshalb stellte kein Nachfolger die Wende von 519 in Frage, das Kaisertum war von da an zuverlässig chalkedonisch. Für die Zufriedenheit Konstantinopels schien die bittere Enttäuschung im fernen Ägypten und Syrien ein vertretbarer Preis zu sein. Über die nächsten Jahre wurden miaphysitische Bischöfe vor die Wahl gestellt, Chalkedon zu akzeptieren oder ihr Amt zu verlieren. Etwa 50 Bischöfe wurden abgesetzt, viele blieben aber in Kontakt mit ihren Gemeinden und wurden nach wie vor als rechtmäßige Hirten, ja als Bekenner angesehen. Die Chalkedonier hatten darauf gesetzt, daß die Miaphysiten zerstreut würden oder das Reich verlassen würden. Statt dessen durchzog der Riß, den Zenon schließen hatte wollen, den Osten tiefer als je zuvor.

An den Verhandlungen mit Rom war Justinian an wichtiger Stelle beteiligt gewesen. Die Forschung hat ihn lange als maßgeblichen Mann schon während der neunjährigen Herrschaft Justins angesehen. Dies ist das Bild, das der Zeitgenosse Prokop gezeichnet hat, der bedeutendste griechische Historiker der Spätantike. Tatsächlich hatte Justin, der selbst keinen Sohn hatte, den Neffen wohl schon vor einiger Zeit adoptiert. Darauf deutet der Name hin: Justinian hieß ursprünglich Petrus Sabbatius. Dieser war wohl von Anfang an der aussichtsreichste Kandidat für die Nachfolge. Nach ein paar Jahren wurde er als solcher auch herausgestellt: 525 wurde Justinian zum Caesar erhoben, im April 527 machte ihn der schon kranke Justin zum Augustus. Das bedeutet aber nicht, daß er zuvor schon die Richtlinien der Politik bestimmt hätte. Den deutlichsten Hinweis darauf liefert der Umstand, daß Justins Tod im August 527 den Beginn einer neuen Ära markierte. Eine weitgespannte Aktivität auf fast allen denkbaren Feldern staatlicher Tätigkeit setzte ein, getrieben von so ungeheurem Elan, daß sich der Betrachter unwillkürlich fragt, wie es ihr Impulsgeber Justinian während der Jahre Justins nur vermocht hatte, all seine Energie zu zügeln.

Die schönste Frucht seiner Bemühungen war zweifellos die große Rechtskodifizierung bis 534. Justinian gab sich damit aber nicht zufrieden, sondern erließ währenddessen und danach eine Fülle von Gesetzen, lange und kurze, grundsätzliche und detaillierte, mit denen er das Leben seiner Untertanen zu regeln versuchte. Dabei wurden auch Bereiche erfaßt, die bisher nicht der staatlichen Gesetzgebung unterlagen, etwa Bischofs- und Abtwahlen. Überhaupt strebte Justinian danach, die Lebensführung von Klerikern und Mönchen zu normieren. Das war an sich nicht neu, aber es überraschen die Dichte und Dimension der Versuche, die alles zu erfassen suchende Systematik seiner Ansätze, die in der Gesetzgebung der Antike, die für gewöhnlich Exemplarisches hervorhob, bisher unüblich gewesen war.

Die Falschgläubigen bekamen Justinians Entschiedenheit besonders deutlich zu spüren. Von den Miaphysiten abgesehen – zu ihnen später mehr –, ging Justinian gegen alle Nichtchalkedonier vor. Sie verloren vor Gericht ihr Zeugnisrecht gegen Rechtgläubige, ihr Erbrecht wurde eingeschränkt, und christliche Sklaven durften nicht mehr im Eigentum von Häretikern stehen. Die Juden büßten ihre bisherigen Sonderrechte ein, die sie zu einer geduldeten Gruppe gemacht hatten. Widerstand dagegen kam von den Samaritanern, einer jüdischen Sondergemeinschaft, welche die meisten jüdischen Propheten nach Moses und den Tempelkult in Jerusalem ablehnte. Sie machten einen regelrechten Aufstand, in dem größere Siedlungen angegriffen, Christen attackiert und Reliquien geschändet wurden. Die Erhebung wurde brutal niedergeschlagen, Tausende fielen, Zehntausende mußten fliehen, angeblich sollen 20000 Kinder in die Sklaverei verkauft worden sein. Die Gemeinschaft der Samaritaner wurde fast ausgelöscht.

Die Heiden mußten sich christlich unterweisen und taufen lassen oder auf jede öffentliche Betätigung verzichten. Dabei blieb es aber nicht. Immer noch war die römische Zivilisation in vielem nicht christlich durchdrungen. Das galt für die Spektakel im Hippodrom, gegen die Kirchenmänner vergeblich predigten, für die Sklaverei, für viele Formen der öffentlichen Repräsentation genauso wie für Philosophie, Dichtung und Geschichtsschreibung. Für den Staat sichtbar waren weniger die Bauern in abgelegenen Landstrichen Kleinasiens, die vom Christentum immer noch kaum berührt waren, als Angehörige der Eliten mit starken intellektuellen Neigungen. Unter ihnen waren relativ viele Heiden, und die Christen unter ihnen – sicher die deutliche Mehrzahl – kamen oft in Verdacht, insgeheim doch Heiden zu sein. Schon im fünften Jahrhundert war dieser Vorwurf vernichtend gewesen. Justinian machte diesen Verdacht nun zum Prinzip einer Reihe von Gesetzen. Das öffnete der Denunziation Tür und Tor, ein Klima der Furcht etablierte sich, da Intellektuelle fürchten mußten, zu Recht oder zu Unrecht als Heiden enttarnt zu werden. Es ging also nicht mehr bloß um den Rückzug der Paganen aus dem öffentlichen Leben, sondern auch um die Überwachung ihrer Gesinnung. Auch dies war der antiken Gesetzgebung neu, wenngleich von einem christlichen Standpunkt aus durchaus konsequent. Mit aller Macht beförderte Justinian das Heil seiner Untertanen, und sei es mit Gewalt.

Das prominenteste Opfer war Platons Schule in Athen, die Akademie. Immer noch beschäftigten sich die dortigen Philosophen mit der Auslegung des Gründers und mit allgemeiner Philosophie. Justinian ordnete die Schließung nicht an, aber die lokalen Behörden nutzten den neuen, eisigen Wind, um der Akademie Steine in den Weg zu legen. Im Jahr 529 gingen die Philosophen freiwillig ins persische Exil, blieben dort zwar nicht lange und kehrten ins Reich zurück, aber die Schultradition der Akademie war nach 900 Jahren abgebrochen. Die geistigen Horizonte verengten sich. Unter Justinian wurde das noch nicht richtig spürbar, im Gegenteil, seine Ära markierte den letzten Höhepunkt der griechischen Kultur. Die späteren Generationen aber erlebten Philosophie vor allem als Theologie, und im siebten Jahrhundert verschwand sogar die säkulare Geschichtsschreibung im Stil Thukydides' und Prokops. Diese kulturelle Verarmung war nun nicht allein die ‹Schuld› Justinians, aber sein Wirken paßte zu einer Epoche, in der Christianisierung nicht mehr nur den Glauben meinte, sondern überhaupt die innere Einstellung und Gestaltung der Lebensführung – bei allen Menschen. Justinian war auch deshalb so erfolgreich, weil er ganz auf der Höhe seiner Zeit war.

Wir wissen recht gut über Justinians (offizielle) Selbstsicht Bescheid. Er gibt über sie in den einleitenden Begründungen zu seinen Gesetzen gerne Auskunft. Immer handelte er aus einem Geist der paternalistischen Fürsorge heraus. Justinian wußte, daß er sehr fähig war, und das nährte seine Überzeugung, daß er die ganze Welt neu machen solle und das auch könne. Der Tübinger Althistoriker Mischa Meier hat vor ein paar Jahren die Aufmerksamkeit auf eine frühe Konstitution gelenkt, in der das überbordende Selbstbewußtsein des Kaisers schön zum Ausdruck kommt:

Von Gott eingesetzt, lenken wir unser Reich, welches uns von der himmlischen Majestät übergeben worden ist, führen Kriege glücklich zu Ende, zieren den Frieden und erhalten den Bestand des Gemeinwesens. Und so richten wir unser Herz auf den Beistand des allmächtigen Gottes, daß wir weder auf Waffen vertrauen noch auf unsere Soldaten noch auf Feldherren noch auf unser eigenes Können, sondern unsere ganze Hoffnung allein in die Vorsehung der höchsten Dreifaltigkeit setzen; von ihr her haben sich die Bausteine der gesamten Welt entwickelt und ist ihre Anordnung zum Erdkreis geschaffen worden.[31]

Die Betonung der Gnade Gottes als wesentliche, ja als einzig notwendige Voraussetzung für das Kaiserglück – das war keine neue Idee, Justinians Vorgänger hatten das auch schon so gesehen, das Gottesgnadentum war eine längst akzeptierte Idee. Neu war aber die ausdrückliche, ja euphorische Negation aller anderen Faktoren, nicht nur der eigenen Unzulänglichkeit, sondern auch der materiellen Mittel, der Reichsbevölkerung und der Eliten: Waffen, Soldaten und Generäle sind zweifellos als partes pro toto zu fassen.

Justinian erließ dieses Gesetz im Dezember 530, als ihm noch gar keine nennenswerten Erfolge gelungen waren. Seine Selbstgewißheit nährte sich also nicht aus seinen Taten, sondern die Taten werden erst durch Justinians Sendungsbewußtsein so richtig verständlich. Im Januar 532 brach im Hippodrom ein Volksaufstand aus, den Justinian leicht hätte verhindern können: Die Bitten der Grünen und Blauen um die Begnadigung einiger Verbrecher aus ihren Reihen akzeptierte er nicht, er begründete seine Ablehnung auch nicht, sondern ignorierte sie schlicht. Das paßte zur Welt- und Selbstsicht eines Kaisers, der keinen Widerspruch vertrug. In seiner ideologischen Befangenheit mißachtete Justinian eine, ja die zentrale soziopolitische Gruppe und verletzte so die Regeln des Akzeptanzsystems. Das Ergebnis waren ein Zusammenschluß der eigentlich verfeindeten Zirkusparteien und ein mehrtägiges Chaos, das Justinian fast den Thron kostete. Seine Unnachgiebigkeit und Kompromißlosigkeit half ihm aber auch aus der Situation. Er ließ das Militär einmal, zweimal einschreiten, vergeblich, dann aber ein katastrophales drittes Mal, als das Volk im Hippodrom bereits den nächsten Kaiser ausrief. Im weiten Oval des Hippodroms konnten sich die teilweise aus der Umgebung nach Konstantinopel beorderten Truppen frei entfalten, es kam zu einem Massaker. Die einen wurden mit dem Schwert erschlagen, die anderen von Pfeilen getroffen, die meisten wohl in der verzweifelten Masse zertrampelt. Ungefähr 35000 Menschen starben. Auf diese Schlächterei hatte Justinian es nicht angelegt, er schreckte aber auch nicht davor zurück. Es stellt keine geringe Ironie dar, daß gerade die Bedingungen der öffentlichen Kommunikation im Hippodrom, die Justinian zuvor ignoriert hatte, ihm nun die Rettung ermöglichten. In Konstantinopel herrschte zunächst Friedhofsruhe. Für einige Zeit wurden keine Spiele mehr angesetzt, die Zirkusparteien leisteten sich auf Jahre hinaus keine Unruhen mehr. Justinians Selbstvertrauen aber wurde durch die überstandene Krise noch gestärkt.

Im selben Jahr beendete Justinian einen Krieg mit den Persern, den er von Justin geerbt hatte. Das Reich hatte diesen Konflikt aus einer Position der Stärke heraus provoziert. Der stabile Frieden, der jahrzehntelang geherrscht hatte, war schon im späteren fünften Jahrhundert einem mißtrauischen Nebeneinander gewichen, in dem die Sasaniden sich von den Römern mißachtet fühlten und die Römer es schlecht ertrugen, daß die Sasaniden die für die Abwehr gemeinsamer Feinde im Kaukasus bezahlten Gelder als Tribute

Justinian: die Erneuerung des Imperiums 211

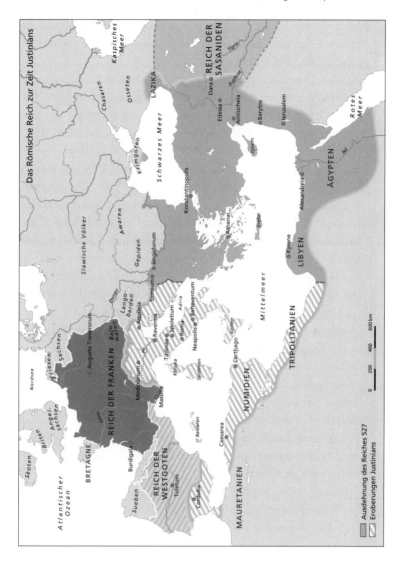

auffaßten. Keine der beiden Großmächte profitierte vom Wiederaufleben der Auseinandersetzungen seit Anastasios, denn sie waren etwa gleich stark. Der Friede von 532 konnte nur deshalb mit leichten Vorteilen für Konstantinopel geschlossen werden, weil der neue König Chosroes I. Zeit brauchte, um seine Herrschaft im Innern zu stabilisieren. Justinian gab dies aber den Freiraum und die Truppen für militärische Interventionen anderswo. Als erste bekamen das die Vandalen zu spüren.

Dabei hatte sich der starke Gegensatz zwischen Konstantinopel und den Eroberern Africas über die Jahrzehnte abgemildert. Die Römer hatten sich mit der Existenz des Vandalenreiches abgefunden, die Aggressivität der Vandalen nach innen wie nach außen war deutlich zurückgegangen. Unter Hilderich, einem Enkel Geiserichs und immerhin mütterlicherseits Enkel des westlichen Kaisers Valentinian III., herrschten fast freundschaftliche Beziehungen, der König soll sich sogar dem chalkedonischen Glauben genähert haben. Vielleicht trug aber gerade das dazu bei, daß Hilderich 530 nach einer Niederlage gegen die Berber abgesetzt wurde. Der neue König Gelimer, ein Urenkel Geiserichs aus einer anderen Linie, war kein Kaiserverwandter und schlug einen traditionelleren Kurs ein. Dem protestierenden Justinian waren wegen des Perserkriegs zunächst die Hände gebunden. 532 entschloß er sich dann zu einer Flottenexpedition gegen Africa. Die Bedenken in Konstantinopel waren groß: Kaiser Leon hatte den letzten derartigen Versuch unternommen, war kläglich gescheitert und hatte die Staatskasse ruiniert. Justinian setzte sich über die Zweifel hinweg und entsandte Belisar, der sich im Perserkrieg und zuletzt beim Massaker im Hippodrom bewährt hatte, im Juni 533 nach Westen. Ziel war die Wiedereinsetzung des gefangenen Hilderich. Die 500 Schiffe und etwa 15 000 Mann fuhren ins Ungewisse, selbst der Befehlshaber wußte nicht recht, was ihn erwartete.

Im September zog Belisar siegreich in Carthago ein, im Dezember vernichtete er das letzte vandalische Aufgebot. Diese Leichtigkeit des Sieges war staunenswert, von niemandem erhofft. Die überraschten Vandalen waren unvorbereitet gewesen, und später hatte Gelimer schwere strategische und taktische Fehler begangen. Bei der geringen Größe des vandalischen Volkes – ein paar zehntausend Menschen – reichten aber schon wenige Niederlagen, um alle Ressourcen zu erschöpfen. Justinian nahm die Siegesbeinamen Alanicus, Vandalicus und Africanus an. Belisar wurde 534 mit einem Triumph geehrt. Es war das erste Mal seit Augustus, also seit mehr als 500 Jahren, daß ein Nichtmitglied der Dynastie triumphieren durfte. Allerdings zog Belisar nicht mehr hoch zu Roß oder auf einem Wagen durch die Straßen Konstantinopels, sondern er ging zu Fuß, und das Ziel des Zuges war nicht ein Tempel, auch keine Kirche (so weit ging die Verchristlichung dann doch nicht), sondern der Kaiser im Hippodrom. Der General warf sich vor Justinian zu Boden, ebenso wie der gefangene Gelimer, dem der Purpurmantel des Königs abgenommen wurde. Während früher überwundene Feinde gern im Kerker erdrosselt wurden, durfte Gelimer bis zu seinem Tod auf einem ansehnlichen Gut in Kleinasien leben. Selbstverständlich war das nicht, denn er hatte während der Kämpfe Hilderich und dessen Familie hinrichten lassen und damit jede Möglichkeit zum Ausgleich ausgeschlossen. Auch deswegen war aus dem Hilfszug für Hilderich ein Sieg auf ganzer Linie geworden.

Africa wurde als römische Provinz reorganisiert. Eine neue Verwaltungsstruktur wurde aufgebaut, Carthago hieß nun Carthago Iustiniana, Verteidigungsanlagen wurden befestigt. Denn nach der Eroberung mußte Africa auch behauptet werden, und zwar gegen versprengte Vandalen und die Nomadenvölker am Übergang zur Sahara. Die chalkedonische Kirche wurde in ihre Rechte eingesetzt, überhaupt wurde die aus dem übrigen Reich bekannte Religionspolitik auf Africa übertragen, ja sogar noch verschärft. Die Umwandlung von Synagogen in Kirchen begründete Justinian mit einem denkwürdigen Satz, der so recht den Geist seiner Epoche einfängt: «Wir dulden nicht, daß Juden, Heiden, Donatisten, Arianer und irgendwelche anderen Häretiker ihre Höhlen haben oder irgend etwas gleichsam nach kirchlichem Ritus tun, da es völlig absurd ist, gottlosen Menschen zu erlauben, Gottesdienste abzuhalten.»[32] Justinian aber dürfte sich geradezu verpflichtet gefühlt haben, so zu handeln. Wer hatte schon damit gerechnet, daß das Vandalenreich so schnell zusammenbrechen würde? Gott mußte seine Hand im Spiel gehabt haben.

Justinians Aufmerksamkeit wandte sich jetzt dem Ostgotenreich zu. Theoderich war 526 gestorben. Anstatt seine Großen einen neuen König aus ihrer Mitte wählen zu lassen, hatte er den Thron unbedingt in der Familie der Amaler halten wollen, obwohl aus dieser kein geeigneter Nachfolger bereitstand. Seine Tochter Amalaswintha übernahm die Regentschaft für den kleinen Athalarich, ihren Sohn und Theoderichs Enkel. So lange war der Kriegerverbund noch nicht seßhaft geworden, als daß die Herrschaft einer Frau unumstritten gewesen wäre. Sie lehnte sich daher an Konstantinopel an, um Rückhalt zu finden. Immerhin standen die meisten Goten loyal zu Theoderichs Tochter, auch die Senatoren Roms taten nach wie vor willig ihren Dienst. Als Athalarich 534 starb, geriet die Situation jedoch außer Kontrolle. Ein halbes Jahr darauf wurde Amalaswintha im Bad erstickt, wohl mit dem Wissen ihres Cousins und Mitherrschers Theodahad. Der Kaiser sah über die Ermordung seiner Vertrauensperson in Italien nicht hinweg, die Gelegenheit war zu verlockend. Anders als 533 plante Justinian nun wohl bewußt die große Lösung: Italien sollte erobert, das Ostgotenreich zerschlagen werden. Nach modernen Maßstäben handelte es sich eindeutig um einen Angriffskrieg. Justinian hätte wahrscheinlich erwidert, daß er lediglich wiedergewinne, was dem Römischen Reich rechtmäßig zustehe.

Der Krieg gestaltete sich nicht ganz so einfach wie der in Africa. Doch schnell waren der westliche Balkan und Sizilien gewonnen. Belisar setzte über die Meerenge und traf erst in Neapolis auf erheblichen gotischen Widerstand, der von den Juden der Stadt, die von Justinians Gesetzen zweifellos gehört hatten, nach Kräften unterstützt wurde. Die Römer nahmen die Stadt durch eine List ein und behandelten sie, anders als Carthago, als Kriegsbeute: Neapolis wurde geplündert. Im allgemeinen wurden die Soldaten aus dem Osten von den Einheimischen freundlich willkommen geheißen. Hier half, daß durch die Beendigung des Akakianischen Schismas der religiöse Gegensatz beseitigt war. Selbst Germanen begannen überzulaufen. Im Dezember 536 mußten die Ostgoten sich aus Rom zurückziehen, Belisar zog ein und sandte die Schlüssel der Stadt nach Konstantinopel. Das alte und das neue Rom waren wieder unter der Herrschaft eines Kaisers vereint.

Der Krieg war für die Goten katastrophal verlaufen, aber weil das Zentrum ihrer Macht in Oberitalien lag, waren sie noch keineswegs geschlagen. Witigis, anstelle des unfähigen Theodahads zum König erhoben, führte den Krieg geschickter, und nun begann ein Ringen, in dem Belisars ganze Kriegskunst gefordert war. Bereits 537 stieß Witigis nach Süden vor. Justinian hatte Belisar nur 7500 Mann mitgegeben, viel zuwenig, um Italien dauerhaft zu halten. Witigis schloß Belisar in Rom ein. Die Goten unterbrachen die Aquädukte und blockierten den Nachschub zu Lande, die Römer aber besetzten Schlüsselstellungen in Latium und brachten den Feind ihrerseits in Versorgungsnot. Auf beiden Seiten grassierten Hunger und Seuchen, bis aus Konstantinopel ein Entsatzheer eintraf. Witigis mußte die Belagerung nach einem Jahr aufheben, die Römer hatten sich dank Belisars Führung behauptet.

Der große Verlierer war die Stadt Rom. Sie wurde schlimmer getroffen als einst von den Plünderungen der Westgoten und Vandalen. Darüber hinaus wurden weite Teile Mittel- und Oberitaliens durch Römer und Goten gleichermaßen verheert, das abgefallene Mediolanum eroberten die Goten zurück und plünderten es brutal. Die Bauern flohen, was zu Ernteausfällen und weiterem Hunger führte. Nur der Süden stand sicher unter römischer Kontrolle. Zudem lähmten Kompetenzstreitigkeiten mit den neueingetroffenen Generälen die römische Kriegsführung. Schließlich hatte Justinian ein Einsehen und übertrug Belisar wieder das alleinige Kommando. Nun wurde Mittelitalien systematisch erobert, bis es Belisar Ende 539 gelang, Witigis in Ravenna einzuschließen. Belisar soll durch ein gotisches Angebot in Versuchung geraten sein, sich zum Augustus ausrufen zu lassen und mit gotischer Hilfe das westliche Kaisertum zu erneuern. Als die Stadttore geöffnet wurden, erwies er sich aber als treuer Gefolgsmann Justinians. Mit Witigis und zahlreichen gotischen Großen als Gefangenen kehrte er nach Konstantinopel heim, wo ihn Justinian nach dem jüngst Vorgefallenen nicht so enthusiastisch willkommen hieß wie das letzte Mal, obwohl die Leistung weit größer war.

Der Kampf in Italien schien im wesentlichen vorbei. Zwar standen immer noch Goten unter Waffen, aber es handelte sich um einzelne Trupps, deren Anführer sich um gute Bedingungen bemühten. Neuerhobene Könige erkannte Justinian nicht mehr an, da der letzte rechtmäßige, Witigis, sich ja ergeben hatte. Dieser Krieg war sehr viel mühsamer gewesen, der Siegespreis dafür um so größer. Rom und Italien waren auch faktisch wieder Teil des Imperiums. Die glänzendsten Zeiten der römischen Geschichte schienen im christlichen Gewand wiedergekehrt.

Justinian stand auf dem Höhepunkt seiner Macht. Selbst seine Gegner, und das waren insbesondere in den Hofeliten nicht wenige, konnten ihm widerwilligen Respekt nicht versagen. Prokop stellte in einer Mischung aus Verwunderung und Abscheu fest, daß bei Hofe recht leicht Audienz zu erlangen war: «Justinian fiel alles leicht, weniger weil er einfach zufriedenzustellen war, sondern weil er, wie gesagt, nur sehr selten schlief und für alle Menschen ohne weiteres zugänglich war. Den Leuten, selbst völlig unbekannten und unbedeutenden, stand es weitgehend frei, vor diesen Tyrannen nicht nur zu kommen, sondern auch, sich mit ihm zu unterhalten und insgeheim mit ihm zusammenzutreffen.»[33] Machten sie aus Unwissenheit oder Nervosität Fehler, sah der Kaiser darüber hinweg: «Er gab sich leicht zugänglich und freundlich gegenüber denen, die mit ihm zusammentrafen. Kein Mensch wurde vom Zutritt zu ihm ausgeschlossen, er wurde nicht einmal mit denen jemals ärgerlich, die vor ihm standen oder sprachen, ohne das Zeremoniell einzuhalten.»[34] Das ist nun nicht so zu verstehen, daß wirklich jedermann ohne weiteres in Justinians Vorzimmer auftauchen konnte. Der normale Konstantinopolitaner sah den Kaiser in der Kirche, bei einer Prozession und natürlich im Hippodrom – ohne Möglichkeit zu einem Gespräch. Diejenigen, die individuellen Zutritt zu Justinian erhielten, waren durchaus Mitglieder der Oberschichten, aber solche, die bislang nicht regelmäßig bei Hof erschienen waren: Magistrate der mittleren Hierarchieebene, aus Konstantinopel und den Provinzen, lokale Eliten, Senatoren niederen Ranges, die sonst fern der Hauptstadt weilten. Nur für die Elite der Elite, die Hofgesellschaft, sah es so aus, als ob einfaches Volk sich die Klinke in die Hand geben würde.

Wenn Justinian also kein Kaiser zum Anfassen war – was ohnehin überraschen würde –, so stellt sich doch die Frage, warum er all diese Menschen empfing. Der Grund dafür liegt wiederum in der gottgegebenen Fürsorgepflicht und Justinians Überzeugung, daß ihr niemand auch nur annähernd so gut nachkommen könne wie er. Das führte zu einem persönlichen Regiment, das nicht auf Delegierung an Minister, sondern auf eigene Erledigung setzte. Modern ausgedrückt: Justinian verkörperte nicht den Politikertyp des Generalisten, sondern den des Detailkrämers, der sich um alles am liebsten selbst kümmert. Er zitierte also Amtsträger wegen aller möglichen Fragen herbei. Als sich herumsprach, daß der Kaiser für so ziemlich alles ein offenes Ohr hatte, setzte ein Wettlauf zum Palast ein. Denn was war wertvoller als eine Entscheidung des Kaisers selbst, die endloses Gezerre auf unteren Ebenen schlagartig beendete? Selbst hohe Reisekosten schreckten nicht, wenn eine Audienz beim Kaiser sicher und ein positiver Entscheid möglich schien. Justinian verbrachte viel Zeit damit, die Einbestellten, Ratsuchenden und Bittsteller zu versorgen.

Die schiere Größe des Reiches und die Letztverantwortung des Kaisers für so ziemlich alles, was in diesem Reich geschah, erforderten von jedem Kaiser ungeheuren Einsatz, damit er der Unmenge an Aufgaben gerecht werden konnte. Justinian war auch hierin besonders eifrig und besonders erfolgreich. Der von Prokop angesprochene wenige Schlaf spiegelt nur eigene Aussagen des Kaisers wider. Justinian betonte in Gesetzesbegründungen öfter seine unermüdliche Vorsorge, seine schlaflosen Nächte für die Untertanen. Im Jahr 540 sah es so aus, als ob das ewig so weitergehen würde. Für Justinians Kritiker, Feinde und Opfer war das eine schreckliche Vorstellung.

Der Kaiser und seine Helfer

Trotz seines Glaubens, so gut wie alles selbst am besten zu können, besaß Justinian ein ausgezeichnetes Auge für Mitarbeiter. Von seinem Heermeister Belisar war schon die Rede, auch von Tribonian, der als Quaestor sacri palatii die Rechtskodifikation vorantrieb. Johannes der Kappadoker kümmerte sich als Prätorianerpräfekt des Ostens zehn Jahre lang um die Finanzen, und Narses, der Praepositus sacri cubiculi (Oberhofeunuch, wörtlich Vorsteher des heiligen Schlafzimmers), war nicht etwa nur in den Privatgemächern Justinians zu finden, sondern an der Niederschlagung des Aufstands von 532 beteiligt; später kommandierte er erfolgreich in Italien.

Abgesehen vom Amt des Heermeisters (das heißt des kommandierenden Generals) sind die von diesen Männern bekleideten Ämter nur schwer mit heutigen Ressorts zu vergleichen. Am ehesten geht das noch beim Quaestor sacri palatii, der als der Zuständige für Entwurf und Ausformulierung der kaiserlichen Gesetze eine Art Justizminister war, freilich ohne Verantwortlichkeit für die Rechtsprechung. Der Praepositus sacri cubiculi führte die Aufsicht über die Kammerdiener, es handelte sich also um ein höfisches, nicht ein staatliches Amt. Er stand in engem, intimem Kontakt mit dem Kaiser und hielt sich meist im Zimmer nebenan auf. Fast immer hatten das Amt Eunuchen inne, die wegen ihrer sozialen Randexistenz auf den Kaiser angewiesen und ihm daher besonders loyal waren. Dieses Nahverhältnis machte den Inhaber oft zu einem der mächtigsten Männer des Reiches, und das manchmal nicht nur in einem informellen Sinn. Eutropios kommandierte unter Arcadius Armeen, ohne zum Heermeister ernannt worden zu sein, und das gleiche galt für Narses in Italien.

Vor allem mit finanziellen Belangen waren zwei weitere Spitzenleute betraut. Der Comes sacrarum largitionum (Verwalter der heiligen Spendenkasse) kümmerte sich um Gold und Silber: die Edelmetallminen und die Münzstätten, die Steuern, die auf diese Metalle erhoben wurden, ihre Auszahlung in Münzform an Amtsträger in Armee und Zivilverwaltung, die Bewaffnung, soweit sie aus Gold und Silber bestand. An das letzte knüpfte sich die Zuständigkeit für Kleidungsherstellung und -verteilung für Armee und Zivilverwaltung. Der Comes rei privatae (Verwalter des Privatvermögens) war gerade nicht für eine etwaige kaiserliche Privatkasse zuständig, sondern für die staatlichen Güter. Das bedeutete konkret den Einzug ihrer Erträge, die Überführung von konfiszierten oder dem Staat vererbten Gütern ins Reichsvermögen, ebenso ihre Ausgabe an beschenkte Untertanen.

Das bunteste Aufgabenbündel hatte der Magister officiorum (Herr der Ämter) zu tragen. Er war eine Art Stabschef, mit der Verwaltungs- und Disziplinaraufsicht über die Ämter am Hof. Diese Kompetenz hatte er auch gegenüber den Garden inne, aber er besaß keine Kommandogewalt über sie. Er trug die Verantwortung für die Kommunikation nach außen, also für den kaiserlichen Schriftverkehr, die Staatspost und die Entsendung von Emissären. Ebenso regelte er den Zutritt zu den kaiserlichen Audienzen, ein Privileg, das freilich oft durchbrochen wurde. Er stellte Haftbefehle ebenso aus, wie er die Waffenfabriken kontrollierte.

Das traditionsreichste Amt war das des Praefectus praetorio (Prätorianerpräfekt). Noch Aper, der Rivale Diokletians, hatte in dieser Funktion wie seit ehedem das Kommando über die kaiserliche Leibwache geführt. Während der Tetrarchie übte der Prätorianerpräfekt schon eine Reihe anderer, nichtmilitärischer Funktionen aus, etwa als Appellationsinstanz bei Gerichtsverfahren. Deshalb überlebte die Prätorianerpräfektur, als Konstantin die Prätorianer, die an der Milvischen Brücke gegen ihn gekämpft hatten, auflöste. Der Prätorianerpräfekt trug die Verantwortung für die Rekrutierung und Versorgung der Armee, war aber sonst auf rein zivile Aufgaben beschränkt. Am bedeutendsten war die Kontrolle der Provinzialverwaltung. Weil das Reich zu groß war, als daß diese Aufgabe zentralisiert werden konnte, gab es mehrere Prätorianerpräfekten mit geographisch getrennten Amtsbereichen (s. Karte S. 19). Im vierten Jahrhundert waren es vier gewesen: einer für Gallien, Britannien und Spanien, einer für Italien und Africa – diese Zusammenfassung über das Meer hinweg war wegen der africanischen Getreideversorgung für Rom sinnvoll –, einer für Illyricum (den mittleren Balkan und Griechenland) und einer für den Orient (Thrakien, Kleinasien, Syrien, Ägypten). Die italische und die illyrische Prätorianerpräfektur wurden öfter zusammengefaßt, mit der Teilung von 395 hörte das natürlich auf. Nach dem Untergang des westlichen Kaisertums verblieben die beiden Präfekten im Osten, erst mit Justinian kamen wieder zwei hinzu, für Africa und für Italien. Der mit Abstand bedeutendste der Prätorianerpräfekten war derjenige des Orients, wegen der Größe seines

Sprengels, der die wertvollsten Provinzen umfaßte, und wegen seines Amtssitzes in Konstantinopel. Er war der mächtigste zivile Amtsträger am Hof. Den Prätorianerpräfekten unterstanden die Provinzgouverneure, teilweise wurden diese auf ihren Wunsch hin ernannt. Die Kompetenzen der Statthalter waren relativ klar: Sie waren für alle zivilen Angelegenheiten zuständig außer denen der beiden Comites für Finanzen.

Ausgenommen von dieser Hierarchie waren nur die beiden Städte Rom und Konstantinopel, weniger wegen sachlicher Erfordernisse als wegen ihrer Sonderstellung als Hauptstädte. Da die Funktion im Falle Roms meist eine nominelle war, hatte der dortige Praefectus urbi (Stadtpräfekt) nur lokale Bedeutung. Der in Konstantinopel aber hatte Sicherheit und Ruhe der Kaiserresidenz zu garantieren. Angesichts der Ausformung des städtischen Akzeptanzsystems besaß er damit eine Schlüsselstellung. Der Stadtpräfekt war für die Feuerbekämpfung zuständig, für die Prävention und Ahndung von Kriminalität, für die Verhinderung von Ausschreitungen. Das Amt war eines der angesehensten, aber auch eines der schwierigsten. Dem Stadtpräfekten stand kaum Militär zur Verfügung, Polizei und Feuerwehr nur in Rudimenten. In einer Stadt von mehreren hunderttausend Einwohnern gab es gerade 563 Feuerwehrleute. Der Kaiser hielt die Zahl der Uniformierten neben seinen Garden bewußt gering. Da die Konstantinopolitaner auf den Einsatz bewaffneter Macht empfindlich reagierten, diente diese Zurückhaltung in erster Linie der Vermeidung von Provokationen. Aber auch der Wunsch, einem Amtsträger innerhalb der Mauern nicht zuviel an bewaffneter Macht anzuvertrauen, dürfte eine Rolle gespielt haben.

Diesen höchsten Chargen arbeiteten Büros zu, unter denen wiederum andere Büros und andere Amtsträger standen. Reichsweit arbeiteten vielleicht 30000 bis 35000 Personen in der Zivilverwaltung. Das war die mit Abstand größte Bürokratisierung, die in der Antike erreicht wurde. Sie ist jedoch nicht einmal von ferne mit dem Instanzenzug und dem Behördenaufbau der Gegenwart vergleichbar. Nicht nur deckten sich die antiken Ämter nur bedingt mit modernen, es gab auch ein wildes Durcheinander von Funktionen, Hierarchien und Kompetenzen. Dieses System war seit dem dritten

Jahrhundert gewachsen und unterlag nur punktuellen, dem Interesse des Augenblicks dienenden Eingriffen. Eine systematische Organisation hatte selbst Diokletian nicht in Angriff genommen.

Nicht der Grund, aber eine wesentliche Konsequenz dieses Wildwuchses war, daß der Kaiser im Mittelpunkt stand. Er war nicht ein Herrscher, der über allem stand, sondern vielmehr das Herz der staatlichen Verwaltung, von dem alles ausging und auf das alles zulief. Die Rivalität zwischen den höchsten Amtsträgern und die institutionelle Konkurrenz zwischen den Büros verhinderten eine geordnete Verwaltung, aber sie nützten dem autokratischen Anspruch des Kaisers. Ein Statthalter konnte sich direkt an den Herrscher wenden, ebenso konnte der Kaiser, wie das Beispiel Justinians zeigt, jederzeit auf jeder Ebene eingreifen. Umgekehrt ließ der Kaiser manchmal die Dinge in der Schwebe und hielt sich mit einer Entscheidung bewußt zurück. Die daraus resultierende Unsicherheit über die kaiserlichen Absichten diente dazu, die Letztverfügungsgewalt des Kaisers nicht in Vergessenheit geraten zu lassen. Die Macht selbst des bedeutendsten Ministers fand so ihre institutionellen Grenzen, eine Regierung im modernen Sinne existierte nicht. Die Spitzen der Verwaltung trafen mit dem Kaiser regelmäßig im Konsistorium zusammen (lateinisch *consistere*: sich hinstellen – der Kaiser saß, die übrigen standen). Es handelte sich dabei weniger um ein Kabinett als eine Art Hofrat. Das Konsistorium war nämlich kein Organ, das formale Beschlüsse faßte, sondern nur ein Beratungskörper für den Kaiser, der ihn jederzeit übergehen konnte, ja nicht einmal zusammenrufen mußte, und statt dessen nach Belieben entscheiden konnte. Der Kaiser war ‹in control›.

An das gewaltige Ausmaß des Verwaltungsapparates hat die ältere Forschung die These vom Zwangsstaat geknüpft: Der Staat habe weiten Bevölkerungskreisen fast jede Bewegungsmöglichkeit genommen, die Bauern seien an die Scholle, die Handwerker ans Gewerbe, die Kurialen an den Stadtrat gebunden worden. Grundherren hätten dominiert, die staatlichen Eingriffe vor allem in die Wirtschaft – das Höchstpreisedikt – hätten zur Konzentration der Vermögen und zu einer Verarmung der Masse geführt. Die Versuche, die Bevölkerung bis zum letzten Mann zu erfassen, seien

Ausdruck eines dominanten und manchmal an den modernen Totalitarismus erinnernden Staates gewesen.

Rolf Rilinger und Mischa Meier haben aber darauf hingewiesen, daß dieses Urteil allzusehr von modernen Begrifflichkeiten und Vorstellungen geleitet ist, etwa der eines Wirtschaftsliberalismus. Die Antike kannte keine individuelle Freiheit vom Staat, sondern nur Privilegien einzelner Gruppen im Staat. Die Menschen dürften das spätrömische Reich also kaum als ‹Zwangsstaat› empfunden haben. Freilich macht die Unfähigkeit, die eigene Not begrifflich zu formulieren, diese Not noch keineswegs inexistent. Doch auch in der Sache deutet nur wenig auf eine staatlich kontrollierte, erstarrte Gesellschaftsordnung hin. Es gab eine gewisse soziale Mobilität, vor allem, aber nicht nur in der Armee. Mit unseren Möglichkeiten war sie nicht vergleichbar, aber für vormoderne Bedingungen durchaus beachtlich. Der größere Verwaltungsapparat (ebenfalls um ein vielfaches geringer als der heutige) war die nicht sonderlich überraschende Konsequenz aus der Erfahrung der Reichskrise, daß die bislang nur rudimentäre Organisation nicht mehr ausreichte. Ein Zwangsstaat hätte vor allem einen effizienten, kurzfristig und situativ handlungsfähigen Erzwingungsstab benötigt, der das riesige Reichsgebiet unter Kontrolle hätte halten können. Die vormodernen Kommunikations- und Transportbedingungen ließen das nicht im Ansatz zu. Die hohe Zentralisierung der Entscheidungsprozesse trug nicht zu ihrer Effizienz bei, im Gegenteil. Dem staatlichen Zugriff zu entfliehen war nicht schwer, und das ist gar nicht in einem räumlichen Sinne gemeint. Zahlreiche Maßnahmen konnten nur unzureichend oder nur punktuell umgesetzt werden. Die Vielzahl der Gesetze, die das Immergleiche einschärften, deutet eher auf deren Unwirksamkeit als auf erfolgreiche Repression hin. Ohnehin reagierten die kaiserlichen Maßnahmen oft eher auf äußere Anstöße und auf Regelungswünsche aus der Provinz, als daß sie eigene Initiativen darstellten. Die Regelungsmacht des Staates blieb zu gering, um die Gesellschaft vollständig zu durchdringen und dauerhaft zu kontrollieren.

Die Effizienz der Verwaltung ist auch deswegen nicht mit der heutigen vergleichbar, weil Effizienz gar nicht deren vordringliches

Ziel darstellte. Zwar wurde auch der Zivildienst als *militia*, als Militärdienst aufgefaßt, die Amtsträger trugen den breiten Ledergürtel der Soldaten. Aber einmal davon abgesehen, wie effizient eigentlich die Armee organisiert war, wurden die Ämter nicht als Aufgabe und als Pflicht aufgefaßt, sondern als zu erringender Preis oder gar als Beute. Auf unterer und mittlerer Ebene waren Posten nur auf Vorschlag höherer Amtsträger zu bekommen. Diese Unterstützung war aber weniger mit Leistung als mit der Zahlung einer Gebühr zu gewinnen. Diese Praxis war im wesentlichen anerkannt. Es handelte sich also nicht um illegale Korruption, sondern um legalen Ämterkauf. Hatte man erst einmal sein Amt, erwartete einen eine vorhersehbare Karriere: Entweder bekleidete man das gekaufte Amt bis zum Tod, oder man stieg nach einer bestimmten Zeit in das nächsthöhere auf. Besonderer Einsatz wirkte sich nicht positiv aus, Nachlässigkeit kaum negativ. Angesichts dieser Sicherheit war der Aspirant bereit, für seinen Eintritt in den Staatsdienst viel zu bezahlen.

Die reguläre Besoldung war gering und erfolgte zudem in Naturalien. Die Aufwendungen für den Kauf des Amtes wurden davon nicht gedeckt. Die Gelder für den eigenen Unterhalt kamen vielmehr von den Untertanen. Das konnte auf illegale Weise geschehen, vor allem für Gefälligkeiten bei der Rechtsprechung. (Da die Steuererhebung in der Hand der Kurialen lag, war dieser Weg den meisten Amtsträgern verschlossen.) Wichtiger waren jedoch die seit dem späten dritten Jahrhundert erhobenen Gebühren, die es eben nicht nur für Ämter, sondern auch für staatliche Dienstleistungen zu entrichten galt. Der Zugang zu den zeitlichen und materiellen Ressourcen des Staates wurde damit an die Finanzkraft des einzelnen gebunden. Dieses Gebührensystem stand einer sachlichen und damit effizienten Verwaltungsführung natürlich entgegen. Das war aber für die Römer insofern kein Problem, als bei administrativen Entscheidungen die Orientierung an der Sache seit jeher hinter derjenigen an der Person zurückstand – wenn auch nicht primär ihrem Vermögen, sondern ihren Verbindungen.

Ich erinnere an die häufigen Treffen Justinians mit mittleren Amtsträgern und niederrangigen Senatoren. Zwangsläufig orientierten sich die so getroffenen Entscheidungen stärker an sachfremden Kriterien, weil Justinian bei allem Können die Orts- und Detailkenntnis der eigentlich zuständigen Instanzen nicht wettmachen konnte. In einer modernen westlichen Demokratie wäre das ein schwerwiegendes Problem, für die Antike war es vernachlässigbar (und wurde auch von Prokop in seiner ansonsten so kritischen *Geheimgeschichte* gar nicht gerügt): Das Funktionieren der Gesellschaft ruhte ohnehin auf dem Zusammenspiel von persönlichen Beziehungen. Objektivierte, ohne Ansehen der jeweils Betroffenen greifende Entscheidungsprozesse traten demgegenüber weit zurück, noch in der Bürokratie der Spätantike. Patronage kam bereits bei der laut Prokop rechts- und gesetzeskonformen Verwaltung von Justinians Amtsträgern eine wesentliche Rolle zu. Zog Justinian als oberster Patron mehr und mehr an sich, so brachte das zwar eine Zunahme an Entscheidungen mit sich, die von den Betroffenen gegebenenfalls als ungerecht empfunden wurden. Das lag aber in der Natur der Sache, und dahinter stand nichts anderes als der kaiserliche Versuch, der Fürsorgepflicht für die Untertanen nachzukommen. Bei den meisten anderen Kaisern schlug sie sich vor allem in zahlreichen Erlassen, Reskripten und Entsendungen von Sonderbeauftragten nieder. Justinian bevorzugte dagegen die Einbestellung nach Konstantinopel. Die Zeitgenossen können darin, solange sie nicht so übelwollend wie Prokop waren, nicht mehr als eine Übersteuerung in einem ansonsten allgemein gebilligten Patronagesystem erkannt haben, keine Pervertierung oder gar einen Systemwechsel.

Angesichts solcher Verwaltungsprioritäten mag sich der moderne Betrachter wundern, daß das Reich nicht binnen Wochen zusammenbrach. Die Frage zeigt aber bloß, wie anders die Anforderungen an die Effizienz, Unparteilichkeit und Gerechtigkeit heutiger Administrationen sind. Im differenzierten Staat der Moderne sind sie auch notwendig, andere Epochen kamen mit geringeren Ansprüchen gut zurecht. Letztlich funktionierte der spätantike Staat ganz leidlich, da die meisten Aufgaben einfach waren und die Amtsträger nicht viel Expertise benötigten.

Etwas anders sah dies bei den Spitzenpositionen aus. Sie konnte man nicht kaufen, der Kaiser vergab sie als Belohnung für seine Untertanen. Er selbst traf die Auswahl, und dabei legte er dann doch einigen Wert auf Sachkunde. Zwar besaß kaum ein hoher Amtsträger eine im engeren Sinn administrative Ausbildung, aber für die entsprechenden Ämter empfahl sich finanzielle Vorbildung, und allgemein öffnete die Kenntnis des Rechts, wie auch heute noch, die Tür zu den höchsten Positionen. Allzulange verblieben die wichtigsten Amtsträger allerdings nicht in ihren Funktionen. Ein bis drei Jahre waren der Normalfall, längere Fristen ein Zeichen besonderen Vertrauens. Auch die Besetzung verschiedener hoher Ämter nacheinander war selten. Die obersten Helfer des Kaisers wechselten also häufig. Fähige Köpfe konnten sich im Amt gar nicht recht bewähren, ordentliche Amtsausübung sicherte einem keine weitere Verwendung. Ein Grund dafür war, daß dem Kaiser eine große Kumulation von Erfahrung und Amtsautorität unter Umständen gefährlich werden konnte. Ein anderer war der hohe Konkurrenzdruck unter den Eliten. Der Kaiser mußte seine Gunst unter vielen streuen. Damit komme ich zur Hofgesellschaft.

Ich behandle sie in diesem Abschnitt, weil die Verwaltung vom Hof kaum zu trennen war. Das war typisch für vormoderne Monarchien. Früher war der Hof mit dem Kaiser durchs Reich gereist, jetzt bewohnte er die zahlreichen Gebäude auf dem Palastgelände beim Hippodrom. An der personellen Zusammensetzung änderte sich über die Jahrhunderte nicht viel. Da waren die Kammerherren, bestehend meist aus Eunuchen, das Hofpersonal wie Köche und Reitknechte, Lehrer und Rhetoren, die Zeremonienmeister, die Gardetruppen, natürlich die kaiserliche Familie, kurz, alles was auch heute noch einen monarchischen Hof ausmacht. Aber da waren eben auch die hohen Amtsträger mit ihren Büros, die Stäbe der am Hof präsenten Heermeister (aber natürlich nicht deren Truppen), die Finanzbeamten und die sonstigen Zivilverwalter der Zentrale.

Die wichtigeren von ihnen gehörten dem Senatorenstand an. Senator zu sein bedeutete jetzt etwas ganz anderes als im dritten Jahrhundert. Damals waren die Senatoren von den Rittern aus den wichtigsten Ämtern verdrängt worden. Konstantin zog sie wieder für wichtige Aufgaben heran, und, was noch wichtiger war, er verband den Eintritt in den Senat mit der Bekleidung zentraler Ämter. Die wichtigsten Amtsträger wurden also automatisch Senatoren. Das Rittertum verschwand aus den Toppositionen. Diese Würde wurde statt dessen nach unten ausgeweitet, auf immer nachgeordnetere Verwaltungschargen, bis sie um 400, weitgehend bedeutungslos geworden, verschwand. Die einzige Aristokratie des Reiches bestand nun aus dem *ordo senatorius*.

Viele strebten in hohe Ämter und damit in den Senatorenstand. Manche Aufsteiger kamen von ganz unten, die meisten aber aus der nächsten gesellschaftlichen Schicht, der städtischen Elite der Kurialen. Ein Grund dafür war, wie schon geschildert, die Abschüttelung der kurialen Verpflichtungen. Es ist allerdings sehr zweifelhaft, ob so wirklich viel Geld zu sparen war, denn der Aufstieg in den Senat verband sich mit vielen Gebühren und mit teuren Spielen, die aus eigener Tasche zu bezahlen waren. Unter der wachsenden finanziellen Not des Reiches schwand die Abgabenfreiheit der Senatoren später ohnehin, mehr und mehr wurden sie zu Sonderlasten herangezogen. Das Hauptmotiv, Senator zu werden, war jedenfalls weniger ein finanzielles als der Hunger nach Macht und Prestige.

Der senatorische Normenkanon stimmte mit der Realität seiner Lebensverhältnisse weitgehend überein. Im vierten Jahrhundert waren vornehme Herkunft, Vermögen (Landbesitz), Einsatz fürs Gemeinwesen (Ämter), Bildung und vor allem *virtus* oder *areté* (persönliche Vortrefflichkeit) wünschenswert. Zum Glück wurde von niemandem die Erfüllung aller Ideale erwartet. Waren einige in besonderem Maße vorhanden, wurde über das Fehlen anderer hinweggesehen, etwa wenn einer kein märchenhaftes Vermögen besaß oder im Lesen und Schreiben nur Grundschulkenntnisse vorweisen konnte.

Zweihundert Jahre später las man in den Palästen Konstantinopels aber immer noch Homer und die großen Autoren des fünften Jahrhunderts v.Chr. Das Lateinische wurde allerdings immer weniger gelernt. Es wurde im wesentlichen in der juristischen Ausbildung gepflegt, doch auch hier brach die Tradition ab, als Justinian begann, seine Gesetze in Griechisch zu veröffentlichen. Der letzte große lateinische Epiker Coripp stammte nicht umsonst aus dem lateinischsprachigen Africa. Die Rhetorik, die in Libanios im vierten Jahrhundert einst einen Höhepunkt gefunden hatte und auch von manchem Bischof begeistert angewandt worden war, war weitgehend verschwunden: Die öffentliche Rede wurde nicht mehr gebraucht, selbst die Prunkrede vor dem Kaiser war tot. Gerade unter Justinian gingen die Angehörigen der Elite besser in die Kirche. Die Bibel begann, die klassische Erziehung zu verdrängen. Das bedeutete keine Umwertung aller Ideale, aber die neuen kamen immer öfter zum Tragen. Ein großer Aristokrat in Konstantinopel mußte mit seinem Reichtum angeben, um standesgemäß zu wirken. Doch längst war auch der asketische Lebensstil akzeptiert und, da ihn letztlich doch nur wenige wählten, als heilig angesehen. Viele Mönche stammten jetzt aus bestsituierten Kreisen.

Trotz der gemeinsamen oder besser: sich für alle gemeinsam wandelnden Normenwelt verlor der Senatsstand während der Spätantike an sozialer Kohäsion. Das lag an der wachsenden Zahl der Senatoren – die Würde konnte sowohl verdient als auch ererbt werden. Neben der alten Elite befanden sich germanische Offiziere und Aufsteiger aus niedrigeren Schichten. Der Senat in Rom hielt trotzdem zäh an seinen alten Traditionen fest, lange sogar am Heidentum. Dank ihrer riesigen Güter konnten manche Familien den Fall des weströmischen Kaisertums recht ungeschoren überstehen, ja sogar das politische Vakuum und die oft unklaren Verhältnisse in den Germanenreichen für sich nutzen. Noch unter Theoderich verkörperten sich in den römischen Senatoren die Traditionen des Prinzipats und zumindest in der Eigenwahrnehmung sogar der Republik. Es war bitter, daß ausgerechnet die Justinianische Rückeroberung Rom ruinierte. Der Senat bestand weiter, aber er war nur noch ein Schatten seiner selbst.

Der neue Senat in Konstantinopel war schon von Constantius II. auf die gleiche Ebene gehoben worden wie sein stadtrömisches Pendant. Da es diesem Senat an stolzen Traditionen mangelte, war er für den Kaiser viel leichter lenkbar. So war er zum Beispiel von Anfang an gut christlich. Das heißt freilich nicht, daß der Senat größere politische Bedeutung gewonnen hätte, auch nicht nach 395. Viele Senatoren, die ansonsten Hinterbänkler gewesen wären, glänzten durch Abwesenheit. Sie blieben lieber auf ihren Gütern oder in ihren Heimatprovinzen, was vom Kaiser zunächst toleriert, später ganz offiziell erlaubt wurde. Nur diejenigen, die hohe Ämter in der Hauptstadt bekleideten, besuchten die Versammlung. Ein solcher Senat konnte kein identitätsstiftender Treffpunkt einer Adelsschicht werden, mit distinktem Selbstverständnis und in Abgrenzung zum Herrscher. Er besaß lediglich zeremonielle und legitimierende Aufgaben. Im Senat von Konstantinopel wurde nicht diskutiert, sondern akklamiert.

Der Senatorenstand war keine autonome Gemeinschaft, die sich nach eigenen Regeln und Konventionen definierte, die nur im Konsens der Gruppe abänderbar waren. Er hing ganz vom Kaiser ab. Der grenzte ihn von den anderen Schichten sorgfältig ab und legte seine Privilegien fest. Er bestimmte durch die Ämtervergabe, wer Senator wurde und, falls er es schon durch Geburt war, welche Stellung er im *ordo* einnahm. Diese hing nämlich von den bekleideten Ämtern ab. Die spätantike Hofelite war ein Funktionsadel. Wer kein einfacher *vir clarissimus* bleiben wollte, mußte hohe und höchste Ämter bekleiden, um *vir illustris*, *vir spectabilis* oder gar (im sechsten Jahrhundert) *vir gloriosissimus* zu werden. Der Ehrgeizige brauchte nicht das Wohlwollen seiner Pairs, sondern die Gunst seines Kaisers. So standen die Senatoren für sich und gegeneinander im Wettbewerb. Der Kaiser bekam eine pflegeleichte Verwaltungselite, die auf ihn, den Quell von Geldern und Ämtern, ausgerichtet war.

Wie weit die Freiheit des Kaisers ging, zeigte sich an einer Änderung des Hofzeremoniells durch Justinian:

Bislang hatte der Senat, wenn er vor den Kaiser trat, auf folgende Weise seine Reverenz erwiesen: Ein Patrizier [kniete nieder und] küßte ihn auf die rechte Brust; der Kaiser küßte ihn dann auf den Kopf und entließ ihn. Alle anderen beugten das rechte Knie und entfernten sich. Der Kaiserin diese Begrüßung zu erweisen war nie üblich gewesen. Unter Justinian und Theodora traten sie alle, die Patrizier eingeschlossen, ein, warfen sich sofort zu Boden, streckten Hände und Füße weit aus, berührten die Füße eines jeden mit den Lippen und standen auf. Auch Theodora verzichtete nämlich nicht auf diese Ehrung.[35]

In der Spätantike besaß die Idee der Gleichheit, wie in den meisten vormodernen Gesellschaften, keinen besonderen Stellenwert. Soziale Ungleichheiten waren nicht nur in hohem Maße vorhanden, sie galten auch als selbstverständlich. Die Unterschiede zwischen den Schichten wurden nicht verwischt, sondern in Kleidung, Gesetzgebung und beruflicher Tätigkeit betont. Der Kaiser mußte sich also nicht darum bemühen, den Abstand zu den Patriziern zu verringern, im Gegenteil, jeder erwartete, daß er ihn aufrechterhielt und auch äußerlich, im Zeremoniell, zum Ausdruck brachte. Spontane Verbrüderungen, wie sie Julian bei Gelegenheit inszeniert hatte, lösten nur Ratlosigkeit aus. Ebenso wichtig aber war, daß der Kaiser die gesellschaftlichen Gruppen nicht gleich behandelte, sondern gemäß ihrem Status. Deshalb nahmen die Hofeliten Anstoß daran, daß durch Justinians offene Audienzen ihr Privileg des unmittelbaren Zugangs zum Kaiser entwertet wurde. Und deshalb genossen die Patrizier, die vornehmsten Senatoren, ihr Vorrecht, beim Kniefall die kaiserliche Berührung zu erfahren, während die Standesgenossen dem Kaiser nicht nahekommen durften.

Das Empörende an Justinians Reform bestand einmal natürlich in der Einführung des Fußkusses, der die Distanz dann doch etwas zu sehr hervorhob, zumal er auch der Kaiserin zu gelten hatte. Darüber hinaus aber hatten ihn alle Senatoren gleichermaßen zu verrichten. Während sich die übrigen Senatoren im Staub immerhin am neuen Vorrecht der kaiserlichen Berührung erfreuen konnten, mußten die Patrizier im Gegenteil hinnehmen, daß ihnen dieses Distinktionsmerkmal genommen war. Zu protestieren wagte niemand, die Hofeliten hatten dem Kaiser nichts entgegenzusetzen. Aber es wird nun klarer, warum Justinian ausgerechnet in der Oberschicht der Hauptstadt teilweise erbittert gehaßt wurde.

Justinian: Katastrophen und Apokalyptik

«Justinian selbst war der erste, der erkannt zu haben glaubte, daß er im Zeitalter Justinians lebte.»[36] Besser läßt sich Justinians Selbstbewußtsein nicht charakterisieren. Die Worte Mischa Meiers zielen auf die ersten Regierungsjahre, aber bis zum Jahr 540 wuchs die Überzeugung von sich selbst eher noch, und auch alle anderen wußten, in wessen Ära sie lebten. Die Westgoten und Franken waren den Römern nicht in den Arm gefallen, obwohl die Vandalen und Ostgoten sich um sie bemüht hatten. Wer wußte schon, ob der neue Julius Caesar sich nicht demnächst gegen sie wenden würde? Von Konstantinopel aus wurde wieder die Welt regiert. Die Stadt selbst, deren Zentrum durch den Aufstand von 532 stark in Mitleidenschaft gezogen worden war, erstrahlte in neuem Glanz. Die zerstörte Große Kirche gegenüber dem Palast, die Hagia Sophia, war größer und prächtiger neuerrichtet worden. Ungefähr 375 000 Menschen lebten jetzt in der Kaiserstadt. Justinian sah sich 539 gezwungen, den Zuzug durch genaue Kontrollen zu regulieren. Konstantinopel platzte aus allen Nähten. Zwei Jahre später kam die Pest.

Die Seuche brach in Ägypten aus und verbreitete sich von dort zu Land und zur See über das Mittelmeergebiet. Der Augenzeuge Prokop berichtet von ihrem viermonatigen Wüten in Konstantinopel. Zehntausende starben, die Menschen kamen mit den Bestattungen nicht mehr nach, bis die Garden auf Befehl Justinians die Beerdigung der unversorgten Toten übernahmen. Vor den Toren wurden Massengräber ausgehoben, und als diese überfüllt waren, wurden die Leichen in die Türme der Stadtmauern geworfen. Ein Totengeleit oder eine Zeremonie am Grab gab es nicht. Ein jeder blieb zu Hause, wenn er nur irgendwie konnte, die Geschäfte waren geschlossen, das öffentliche Leben zusammengebrochen. Das Brot blieb aus, und so kam zur Pest der Hunger, der seinerseits viele Tote forderte. So wie in Konstantinopel sah es in vielen Teilen des Reiches aus.

Die Seuche wütete als Beulenpest, als Lungenpest und als Pestsepsis. Weite Landstriche wurden unbewohnbar. Einige Regionen wurden natürlich stärker getroffen als andere, aber insgesamt erlagen wenigstens 20 bis 30 Prozent der Bevölkerung der Seuche – eine ungeheure Zahl. Zudem kehrte die Pest nach ihrem ersten Durchzug 541/42 bis zum Ende des Jahrhunderts regelmäßig wieder, wenn auch mit schwächeren Ausbrüchen. Nicht zu übersehen sind auch die indirekten Folgen. Die Ernte konnte vielerorts nicht mehr eingebracht werden, was zu Nahrungsmittelengpässen und weiteren Seuchen führte. Die Bevölkerungszahl erholte sich nicht von dem Schlag, den ihr die Pest versetzte. Innerhalb der Theodosianischen Mauern sollten nie mehr so viele Menschen leben wie in den glücklichen Jahren vor 541.

Den Menschen der Antike fehlten das Wissen und die Methoden, die natürliche Ursache der Krankheit festzustellen. Da lag es nicht fern, die Erklärung bei Gott zu suchen. Das spiegelte sich schon in Prokops Beobachtung, daß Verbrecher plötzlich gottesfürchtig wurden (wenn auch nur für kurze Zeit). Andere wurden deutlicher: Die Pest war der Ausdruck von Gottes Zorn über die Sünden der Menschen. Der Kaiser selbst erkrankte und überlebte. Vielleicht äußert Prokop versteckte Kritik an Justinian, wenn er an anderer Stelle bemerkt, daß gerade die schlechtesten Menschen überlebten. Unberechtigt wäre ein solcher Vorwurf nicht gewesen. Der Kaiser stand dem Herrn am nächsten, also mußte in seinem Verhältnis zu Gott etwas in Unordnung geraten sein, wenn das Reich so heimgesucht wurde. Der Eindruck wurde durch andere Ereignisse verstärkt. Erdbeben traten häufiger auf als gewohnt. Und schon 536 hatte in der nördlichen Hemisphäre eine Kälteperiode eingesetzt, die ein Vulkanausbruch oder ein Meteoriteneinschlag ausgelöst hatte. Die Sonne leuchtete schwächer, Mißernten häuften sich.

Diese Kumulation von Katastrophen – die politischen habe ich noch gar nicht genannt – weckte in vielen Menschen den Glauben, sie lebten in einer Endzeit. Das entsprach ohnehin der christlichen Heilserwartung. Schon vor einigen Jahrzehnten war man durch Zahlenkalkulationen, die auf einem wörtlichen Verständnis der Bibel beruhten, darauf gekommen, daß gegen 500 das Ende der Welt oder besser: die Apokalypse kommen werde. Sie trat dann erst mal nicht ein, aber die Verzögerung führte nicht zu einer Abwendung von solchen Rechnungen, sondern zu einer großen Verunsicherung. Es schien nun, daß der Antichrist jederzeit kommen könne. Die Pest und ihre Begleiter überzeugten viele davon, nun sei er schon fast da. Dieser Eindruck verdichtete sich nicht so weit, daß Justinians Herrschaft ins Wanken geriet. Auch jetzt errang der Kaiser noch große Erfolge, aber nichts gelang mehr so einfach wie bisher, fast wie von selbst. Die Dinge wurden mühsamer, der Kaiser wurde schwächer, und es gab weit mehr Rückschläge. Offenbar konnte er nicht mehr so selbstverständlich wie bisher auf die göttliche Gnade bauen.

Die grassierende Furcht führte zu Verdächtigungen, die uns absurd vorkommen. Prokop wußte von Palastdienern zu berichten, die gesehen hatten, wie des Nachts der Rumpf des Kaisers ohne Kopf umherwanderte. Ein anderer wollte beobachtet haben, wie Justinians Gesicht sich für kurze Zeit in einen schemenlosen Fleischbatzen verwandelte. Und ein von Gott geliebter Mönch aus der Wüste – fast schon ein Beweis für absolute Zuverlässigkeit – erlangte bei Hof Audienz, kehrte aber sofort um, als er Justinian nur von weitem sah. Befragt, was das denn solle, antwortete er seinen Begleitern: «Den Fürsten der Dämonen sah ich im Palast auf dem Thron sitzen. Ihn möchte ich weder treffen noch etwas von ihm erbitten.»[37] Das war eine ungeheuerliche Anschuldigung, denn in der Spätantike glaubte ein jeder an Dämonen. Der Vorwurf war also keineswegs von vornherein unsinnig, auch wenn er nüchterne Gemüter kaum überzeugt haben dürfte. Die Vorstellung vom Fürsten der Dämonen wurzelte tief in eschatologischen Vorstellungen der Juden und Christen. Daß an der Spitze des Reiches der Fürst der Dämonen sitze, implizierte die völlige Umkehrung, ja die Aufhebung der gottgewollten Ordnung. Der Fürst der Dämonen war niemand anderer als der Teufel.

Wir wüßten gern, wie Justinian selbst die Ereignisse verarbeitete. Der Mangel an Quellen erlaubt uns jedoch kaum einen Einblick. Nach außen hin änderte sich nichts. Im März 542, also während der Pest, formulierte Justinian wie eh und je:

Wie die Macht der Tugend stets im Unglück aufscheint, so wird auch die kaiserliche Voraussicht und Regierungskunst bei Nöten der Untertanen sichtbar. Zwar beten wir darum, daß unserem Staat niemals Unglück widerfährt. Wenn aber die Wechselhaftigkeit der menschlichen Angelegenheiten oder ein Wink des göttlichen Willens den Menschen Übel auferlegen, dann wird die von oben mit Menschenfreundlichkeit kommende Disziplinierung Grundlage kaiserlicher Voraussicht und Menschenfreundlichkeit.[38]

Tatsächlich ließ Justinians Elan nach, er erließ bei weitem nicht mehr so viele Gesetze. Aber das mag schlicht an seinem Alter gelegen haben, der Kaiser war schon sechzig. Auch die Betonung von Bußpraktiken sollte nicht vorschnell als ‹Flucht in die Religion› interpretiert werden. Ein derart frommer Mensch wie Justinian war immer um den Glauben und die Wohlfahrt der Kirche besorgt. Viel mehr Erfolg als seine Vorgänger hatte er allerdings nicht.

Das religionspolitische Hauptproblem war immer noch die Schließung der Kluft zu den Miaphysiten. Justinian behandelte sie anders als die Heiden. Er verzichtete darauf, sie Häretiker zu nennen, lud ihre führenden Bischöfe zu Versöhnungsgesprächen ein und rief unter Justin Verfolgte zurück. Das war keine bloße Taktik. Eine gewisse Rolle spielte, daß die eigene Ehefrau, Theodora, dem Miaphysitismus zuneigte. Aber auch Justinian selbst vermied nach Möglichkeit persönliche Härten und erwies Miaphysiten, die durch Lebensführung und -haltung herausragten, immer wieder große Achtung. Doch der Respekt für individuelle Heiligkeit führte nicht zu Nachgiebigkeit im Dogma. Hartmut Leppin hat das große Dilemma von Justinians Kirchenpolitik herausgearbeitet: Es leuchtete ihm offenbar nicht ein, daß persönlich untadelige Männer einer anderen Form des Glaubens anhingen als er selbst. So blieb sein Verhältnis zum Miaphysitismus immer ambivalent.

Mochte die Stimmung bei den Religionsgesprächen also noch so freundlich sein, substantielle Zugeständnisse machte Justinian nicht. Sein Werben um die Miaphysiten blieb vergebens, die Kontakte rissen allerdings nicht ab. Bewegung kam in die Kirchenpolitik erst, als der von Justinian selbst ausgesuchte Patriarch Anthimos zu große Versöhnlichkeit gegenüber den Miaphysiten zeigte, ja selbst in den Verdacht des Miaphysitismus geriet. Der römische Bischof Agapet erzwang 536 seine Absetzung – das war die Konsequenz davon, daß Justin den Bischof von Rom so stark gemacht hatte –, und als Justinian zur kirchenrechtlichen Absicherung dieser Angelegenheit eine große Synode einberief, wurde dort die Forderung nach einem allgemein härteren Vorgehen gegen die Miaphysiten laut. Der Kaiser hatte einen solchen Verlauf wohl nicht geplant, aber er wirkte ihm auch nicht entgegen. Vielleicht war er von den vorgebrachten Argumenten beeindruckt, vielleicht hatte er schlicht die Geduld mit den Miaphysiten verloren. Jedenfalls bestätigte er die Beschlüsse der Synode in einem Gesetz: Die miaphysitischen Gemeinden sollten aufgelöst, ihre theologischen Schriften vernichtet werden.

Eine Phase der Verfolgung brach an, die in ihrer Härte dem Vorgehen gegen die übrigen Andersgläubigen entsprach. Die Miaphysiten in Ägypten waren auch unter Justin unbehelligt geblieben, denn die Versorgung Konstantinopels mit ägyptischem Getreide sollte nicht beeinträchtigt werden. Justinian versuchte nun aber mit Macht, in Alexandreia einen chalkedonischen Patriarchen zu installieren. Das Ganze endete im Chaos, die Miaphysiten kämpften sogar untereinander, und Narses mußte mit Waffengewalt für Ordnung sorgen. Dem chalkedonischen Patriarchen Paulos gelang es nicht, die Anerkennung der Miaphysiten zu gewinnen, sie hielten an ihrem nach Konstantinopel deportierten Bischof Theodosios fest und wählten erst nach dessen Tod einen neuen Patriarchen. Die Chalkedonier vermochten Alexandreia auf Dauer zu behaupten, aber nur auf die Bajonette gestützt. Als Justinian im Jahr 552 den hohen Offizier Apollinarios zum Patriarchen bestimmte, kam der als Soldat in die Stadt, entledigte sich erst in der Kirche der Uniform und feierte dann, da er darunter wie ein Bischof gekleidet war, die Messe. Die Miaphysiten mußten sich in andere Städte und aufs flache Land zurückziehen. Das Schisma wurde dadurch aber nur verhärtet: Der miaphysitische Patriarch residierte schlicht woanders. Die Kirchenspaltung konnte in der Antike nicht mehr rückgängig gemacht werden, und dabei blieb es, bis zum heutigen Tag: Die Gläubigen der miaphysitischen Kirche stellen in der Gegenwart die deutliche Mehrheit der ägyptischen Christen, sie werden

Kopten genannt. Die Chalkedonier, heute die Griechisch-Orthodoxen, blieben stets in der Minderheit, damals und heute noch viel mehr.

Was das für einen Einschnitt in der Kirchengeschichte darstellte, wird erst bei einem Blick auf die ähnliche Entwicklung in Syrien deutlich. Dort hatte sie schon früher eingesetzt, weil hier die Justinische Repression ihren Schwerpunkt gehabt hatte. Die Miaphysiten waren im sechsten Jahrhundert sowohl mit tatkräftigen Bischöfen als auch mit großen Theologen gesegnet. Sie fügten sich dem kaiserlichen Spruch nicht und zogen sich auch nicht einfach zurück, sondern betrieben energische Opposition. Heute würde man sagen, sie gingen in den Untergrund. Johannes von Tella weihte Tausende von Diakonen, Priestern und Bischöfen, Philoxenos von Mabbug baute die miaphysitische Theologie aus. Jakob Baradaeus war Theologe und Kirchenorganisator in einem. Er durchreiste, jahrzehntelang und immer wieder, den riesigen Raum zwischen Konstantinopel und Ägypten. Bischöfe und Priester wurden nachts und heimlich geweiht, einmal sogar auf einer Kirchenempore, während unten die chalkedonische Messe gefeiert wurde. So wurden eigene Kirchenstrukturen aufgebaut, parallel zu den chalkedonischen. Die miaphysitische Kirche in Syrien und Kleinasien wurde die Jakobitische genannt, nach Baradaeus. Heute ist sie die Syrisch-Orthodoxe Kirche.

Bisher war es immer darum gegangen, sich innerhalb der einen Kirche durchzusetzen, sowohl im Dogma als auch in der Besetzung der Bischofsstühle. Die Gegner mußten verdrängt werden. Schismata entstanden wegen strittiger Bischofswahlen, und sie wurden meist beigelegt, wenn der eine Rivale starb. Die Miaphysiten gaben nun aber den Anspruch auf, innerhalb der Reichskirche – die man jetzt mit Fug und Recht als solche bezeichnen kann – die Anhänger von Chalkedon zu verdrängen. Statt dessen separierten sie sich in einer eigenen Organisation. Das war unendlich mühsam, denn die Miaphysiten entbehrten des staatlichen Apparats, ja hatten ihn meist gegen sich. Die neue Kirche war deswegen aber auch viel freier. Sie war gegen den Willen des Kaisers begründet worden, und so konnte sie dessen Ausgleichsbemühungen viel selbstbewußter begegnen. Die Kircheneinheit war endgültig verlorengegangen. Das war nicht allein und auch gar nicht in erster Linie Justinians Schuld. Die Aufgabe, die Kirche zusammenzuhalten, war jetzt aber zu einer unmöglichen geworden.

Offensichtlich ist das freilich nur im Rückblick. Justinian machte unbeirrt weiter. Ausgerechnet Konstantinopel war ein Hauptzufluchtsort für verfolgte Miaphysiten. Theodora gewährte ihnen im Hormisdaspalast, ganz nah am Hippodrom und den zentralen Gebäuden des Palastviertels, Zuflucht und Schutz. Dahinter stand natürlich auch eine politische Kalkulation: Wenn die Miaphysiten eine Fürsprecherin an höchster Stelle wußten, dann hielt sie das vielleicht von Opposition gegen die kirchenpolitischen Vorstellungen des Kaisers ab. Justinian aber wußte nicht nur von Theodoras Hort, er suchte die miaphysitischen Kleriker bei Gelegenheit sogar auf und ließ sich von ihnen segnen.

Der Kaiser scheint davon zumindest inspiriert worden zu sein. Ein charakteristischer Ausfluß seines Selbstverständnisses war, daß er den rechten Glauben nicht nur aussuchte, wie es etwa Theodosius I. und Zenon getan hatten, sondern daß er ihn gleich selbst formulierte. Die Vorgänger hatten von Klerikern ausgearbeitete und von ihnen als richtig anerkannte Meinungen als bindend festgesetzt, Justinian aber betätigte sich selbst als Theologe. Gleich zu Beginn seiner Herrschaft erließ er in gesetzlicher Form ein eigenes Glaubensbekenntnis. Im Jahr 543 verfaßte er einen langen theologischen Traktat, in dem er Origenes, einen großen Theologen des dritten Jahrhunderts, verurteilte. Justinian argumentierte auf hohem Niveau, aber die Schwierigkeit solcher theologischen Initiativen lag darin, daß sie ihn zur Partei in Auseinandersetzungen machten, in denen der Natur der Sache nach kein Ausgleich möglich war.

Am deutlichsten wurde das im Dreikapitelstreit. Justinian verurteilte Werke von drei Theologen des fünften Jahrhunderts, die alle im Streit um Maria zu den Gegnern Kyrills von Alexandreia gehört hatten, ohne Anhänger von Nestorios zu sein. 449 waren sie in Ephesos verurteilt, 451 in Chalkedon rehabilitiert worden. Bei Miaphysiten standen sie aber seit jeher im Verdacht, verkappte Nestorianer zu sein. Als Justinian die drei in einem Edikt von 544 oder

545 verurteilte, mit ausführlicher theologischer Rechtfertigung, war das also ein kirchenpolitisches Entspannungssignal an die Miaphysiten. Doch Justinians Spruch widerrief eine Entscheidung von Chalkedon, und so konnte er als Angriff auf ausgerechnet das Konzil begriffen werden, das längst auch eine ungeheure symbolische Bedeutung gewonnen hatte.

Die östlichen (chalkedonischen) Patriarchen stimmten nur unter Vorbehalt zu, im Westen aber war die Ablehnung deutlich. Wieder einmal kam alles auf den Bischof von Rom an. Justinian ließ ihn kurzerhand nach Konstantinopel holen – die Erneuerung der Herrschaft über Italien hatte ihm neue Möglichkeiten gegenüber Rom eröffnet. Es war der dritte Aufenthalt eines Bischofs von Rom in Konstantinopel binnen 25 Jahren. Wieder zog ihm der Kaiser entgegen, es gab Küsse, Freudentränen und eine prunkvolle Messe. Diesmal aber wurde der Besuch nicht zu einem Triumph, im Gegenteil. Bischof Vigilius ging nämlich von der bewährten Methode seiner Vorgänger (und meisten Nachfolger) ab, in dogmatischen Fragen einen klaren Kurs zu steuern und keinerlei Zugeständnisse zu machen. Acht Jahre lang, von 547 bis 555, blieb Vigilius in Konstantinopel und versuchte es beiden Seiten recht zu machen, den Bischöfen daheim, die eine Verteidigung der Drei Kapitel erwarteten, und dem Kaiser, der eine Verurteilung der Drei Kapitel erwartete. Die Quadratur des Kreises gelang Vigilius natürlich nicht. Statt dessen steuerte er einen Zickzackkurs, indem er einmal dies, ein andermal jenes versprach und sich gefährliche Blößen gab. An persönlichem Mut fehlte es ihm dabei nicht. Als er sich einmal ins Kirchenasyl flüchtete, befahl Justinian, dessen Geduld mit widerspenstigen Kirchenmännern im Alter schwand, kurzerhand seine Verhaftung. Als Soldaten ihn aus der Kirche schleppen wollten, klammerte er sich, gezogen an Bart und Füßen, mit solcher Verzweiflung an die Altarsäulen, daß der Altar zusammenbrach. Für die zahlreichen entsetzten Schaulustigen war dies ein Gotteszeichen, die Soldaten zogen sich erst einmal zurück. Eine spätere Aussöhnung mit dem Kaiser blieb äußerlich.

Nur ein Konzil schien die verworrene Situation klären zu können. Im Mai 553 trafen sich 160 Bischöfe. Kein einziger Miaphysit war unter ihnen, fast alle kamen aus dem Osten, nur acht aus Africa, keiner aus Italien. Vigilius, der den Vorsitz übernehmen hatte sollen, blieb lieber fern, wahrscheinlich fürchtete er seine Majorisierung. Das tat er nicht ohne Grund. Justinian nahm zwar an keiner Sitzung teil, hatte aber schriftlich klare Vorgaben gemacht. Da das Konzil in der Kaiserstadt stattfand, war mit Überraschungen wie seinerzeit in Ephesos ohnehin nicht zu rechnen. Justinians Schrift zu den Drei Kapiteln wurde akzeptiert, diese selbst wurden als Häresie verurteilt, während die Lehren Kyrills, auch die bedenklicheren, miaphysitisch scheinenden, gebilligt wurden.

Vigilius hatte versucht, von außen mit einer differenzierten Stellungnahme einzuwirken. Vergebens. Statt dessen machte der Hof ältere, bislang unbekannte Schriftstücke publik, in denen Vigilius bereits die Verurteilung der Drei Kapitel zugesagt hatte. Für den Bischof war das eine kirchenpolitische Katastrophe. Seine Autorität war zerbrochen. Vigilius gab nun nach und verurteilte in einer neuen Stellungnahme die Drei Kapitel ohne Vorbehalt. Im Gegenzug wurden die Konzilsprotokolle redigiert und die größten Peinlichkeiten für den Bischof beseitigt.

Jetzt durfte Vigilius endlich heimkehren, doch er starb während der Rückreise auf Sizilien. Das war ein gnädiges Schicksal, denn es ersparte Vigilius, im vollen Umfang zu erfassen, wie sehr er die Stellung Roms im Westen beschädigt hatte. Da der Nachfolger Petri seine Zustimmung zu den Konzilsbeschlüssen aber nun einmal erteilt hatte, wurden auch sie als Glaubenswahrheiten anerkannt. Die Kirchenversammlung von 553 ist bis heute von den katholischen, protestantischen und griechisch-orthodoxen Kirchen als Fünftes Ökumenisches Konzil anerkannt. Die Miaphysiten aber waren nicht beeindruckt. Sie hielten an ihrer prinzipiellen Gegnerschaft zu Chalkedon fest. Justinians größter Ausgleichsversuch war somit gescheitert, gleichzeitig hatte er viele Chalkedonier brüskiert, insbesondere in Italien, in Africa und selbst in Gallien.

Der schlaflose Kaiser versuchte es weiter, wieder wurden freundliche Religionsgespräche geführt. Gegen Ende seines Lebens kam er der Lehre von der einen, göttlichen Natur sogar um den Preis entgegen, daß das menschliche Leiden Christi fast verharmlost wurde: Der Leib Christi sei durch die Passion nicht verändert worden (Aphthartodoketismus, von griechisch *aphthartos*: unverdorben). Der Widerstand unter den Chalkedoniern war groß und unbeugsam. Bis zuletzt arbeitete Justinian also mit Zuckerbrot und Peitsche, ohne zu sehen, daß Menschen zum Glauben nicht überredet und nicht gezwungen werden können.

Auch an den Grenzen entwickelten sich die Dinge seit 540 schwieriger. Die Kämpfe in Italien und im Osten brachen erneut aus. Das Reich geriet in einen Zweifrontenkrieg und damit genau in die bedrohliche Situation, die Justinians Vorgänger im fünften Jahrhundert vermieden hatten. Nachdem er seine Herrschaft über die Perser gefestigt hatte, dachte Chosroes an eine Wiederaufnahme des Krieges. Die großen Siege der Römer im Westen schienen die Balance zwischen den Mächten zu sehr zu verschieben. Im Jahr 540 nahm der Perserkönig Streitigkeiten unter den Arabern zum Anlaß und schlug zu. Die ausgedünnten, unterbezahlten und überraschten römischen Truppen wurden überrollt. Dies war eine weitere, diesmal eindeutig menschengemachte Katastrophe in der Peripetie von Justinians Herrschaft. Antiocheia wurde geplündert, die überlebende Bevölkerung deportiert. Als erster Perserkönig seit dreihundert Jahren erreichte Chosroes das Mittelmeer. Er vollzog mit Meereswasser eine Reinigungszeremonie und opferte dann in dem lange verwaisten Apollonhain, in dem Julian einst nur die kümmerliche Gans angeboten worden war. Die Auseinandersetzung trug Züge eines Religionskrieges. Als später um Edessa gekämpft wurde, setzten die Perser alles daran, die Stadt zu erobern. Angeblich hatte nämlich Christus den Edessenern seinen Schutz bis ans Ende der Tage versprochen. Heer und Bevölkerung hielten gerade wegen dieser Verheißung durch.

Über die nächsten Jahre entspann sich nun ein Ringen vom Schwarzen Meer bis ins mittlere Syrien. Justinians Feldherren vermochten ein weiteres Desaster zu verhindern, gewannen aber auch nicht die Oberhand. Zwar wurde 545/46 ein Waffenstillstand auf Grundlage des Status quo vereinbart. Doch die umkämpfte, einst von Justin gewonnene Region Lazika war davon ausgenommen, und anderswo ging der Krieg mittels Stellvertretern weiter. Erst nachdem die Kämpfe zwischenzeitlich wieder im vollen Umfang aufgeflammt waren, wurde 561/62 Frieden geschlossen. Chosroes gewährte den Christen im Perserreich Glaubensfreiheit, allerdings nicht das Recht der Missionierung. Die Grenzen blieben unverändert. Die Perser versprachen, wie seit jeher die Barbaren im Kaukasus abzuwehren, und erhielten dafür, weil das im gemeinsamen Interesse lag, jährliche römische Zahlungen. Justinian entrichtete diese gleich für mehrere Jahre im voraus, um den Verdacht des regelmäßigen Tributs loszuwerden. Gerade der letzte Punkt war für die Römer schwierig, aber angesichts der großen römischen Niederlagen zu Anfang war das Reich mit einem blauen Auge davongekommen.

In Italien lebte ein schon entschiedener Krieg wieder auf. Ein Grund dafür war, daß der neue Perserkrieg und die Pest die Ressourcen des Reiches schwächten. Die wesentlichen Fehler wurden aber in Italien gemacht. Nach der Rückberufung Belisars gab es keinen Oberkommandierenden mehr. Das führte zu einer Zersplitterung der Operationen. Gleichzeitig wurde der Sold für die Soldaten gekürzt oder blieb ganz aus. Umgekehrt wollten die Römer jetzt etwas von ihrer Provinz haben: Der Steuerdruck stieg, gleichzeitig benahmen sich die östlichen Truppen manchmal wie Besatzer. Den Ostgoten erwuchs dagegen ein neuer, fähiger und charismatischer König, Baduila, besser bekannt unter der Namensvariante Prokops: Totila.

Totila organisierte die Goten neu und spornte ihren Widerstandsgeist an. Er errang große Erfolge. Zeitweilig kontrollierten die Goten wieder weite Teile Mittel- und Süditaliens, zweimal eroberten sie sogar Rom. Totila bemühte sich darum, den Kampf nicht nur als einen der Goten gegen den Kaiser erscheinen zu lassen, sondern auch als einen Italiens gegen den griechischen Osten. Tatsächlich gab es immer wieder Überläufer (allerdings nicht aus der Senatsaristokratie), insgesamt blieb die Wirkung aber begrenzt. Totila verfügte nur über wenige Soldaten und knappe Ressourcen, und auf Zwangsmaßnahmen gegen die Bevölkerung konnte auch er nicht verzichten. Ein angestrebtes Bündnis mit den Franken kam nicht zustande, die nutzten lieber die Gelegenheit, um Teile Norditaliens zu besetzen. Justinian konnte es sich angesichts der schmalen Basis des Feindes erlauben, den Krieg mit geringen Ressourcen zu führen. Er sah Totila als lästigen Rebellen an, nicht als ernsthafte Bedrohung. Falsch war das nicht.

Die Folge war aber, daß den Römern lange kein entscheidender Sieg gelang, auch nicht Belisar, der für einige Zeit in das Land seiner größten Erfolge zurückkehrte. Das Land und die Bevölkerung mußten für diesen in die Länge gezogenen Krieg mit unendlichem Leid büßen. Als Totila 546 Rom einnahm, sollen nur fünfhundert Menschen in einer Stadt zurückgeblieben sein, die für eine Million ausgelegt war. Nur wenige kamen später wieder.

Erst Narses, Justinians Mann fürs Grobe, erhielt 551 genügend Soldaten und Geld, um den Krieg zu beenden. Die Goten waren am Ende ihrer Kräfte. Totila mußte sich zur Entscheidungsschlacht stellen. Sie wurde 552 an den Busta Gallorum bei Tadinae in Mittelitalien ausgefochten. Die angreifende Kavallerie der Ostgoten wurde von einem solchen Pfeilhagel eingedeckt, daß sie zurückweichen mußte und auf die eigene, nachrückende Infanterie prallte. Die Schlachtordnung brach auseinander, die Panzerreiter der Römer stießen vor und richteten ein Blutbad an. Tausende Goten fielen, auch Totila. Sein blutverschmiertes Gewand wurde nach Konstantinopel geschickt und Justinian zu Füßen gelegt.

Nach letzten Gefechten durften die überlebenden Goten abziehen. Die Franken räumten die besetzten Teile Oberitaliens lieber. Die Halbinsel war aber durch das lange Ringen ruiniert. Das Land war ausgeblutet, die Infrastruktur zerstört, die Stadt Rom nur noch ein Schatten ihrer selbst. Die Römer hatten ihr Stammland wiedererobert, dabei aber zusammen mit den Goten römische Tradition und Kultur weitgehend zerstört. Der ferne Kaiser setzte nie einen Fuß nach Italien. Er gab auch kein Geld für einen Wiederaufbau. Der Schwerpunkt des Reiches blieb im Osten. In Italien begann das Mittelalter.

Justinian hatte das Eroberte bewahrt. Und sogar noch einmal ausgeweitet. Im Jahr 551 hatte er einen westgotischen Bürgerkrieg ausgenutzt und einen Küstenstreifen im Süden Spaniens besetzt. Der Kaiser herrschte in seinen letzten Jahren von Gibraltar bis zum Kaukasus, von den Alpen bis zum Oberlauf des Nils. Als er im November 565 im Palast in Konstantinopel starb, mit 83 Jahren und nach 38 Jahren Herrschaft, hatte das Römerreich sich stark verändert, und das nicht nur in geographischer Hinsicht. Das Konsulat, das seit mehr als tausend Jahren dem Jahr den Namen gegeben hatte, hatte Justinian auslaufen lassen. Er bevorzugte die Datierung nach seinen Regierungsjahren. Die stärkste noch verbliebene Verbindung zur alten Republik war damit gelöst. Das Fest der Hypapante aber, der Präsentation Jesu im Tempel 40 Tage nach seiner Geburt (heute Mariä Lichtmeß), hatte er ganz wesentlich aufgewertet, und zwar als Bußfest. Das geschah vermutlich in Reaktion auf den Pesteinbruch. Beim Hypapantefest ging der Kaiser barfuß in der Prozession und erwies so Gott seine Demut. Überhaupt war Gott der Fixpunkt von Justinians Handeln. Alte Einrichtungen ohne christlichen Bezug sanken ins Grab, das Reich war deutlich christlicher geworden. Um so mehr schmerzte den Kaiser, daß auch er die Kircheneinheit nicht wiederhergestellt hatte, ja sogar mitansehen hatte müssen, wie die Spaltung sich weiter vertiefte. Dennoch hatte Justinian unglaublich viel bewirkt. Mit ungeheurer Energie hatte er sein Amt ausgefüllt. Das machte ihn für die einen zum unermüdlichen Wohltäter des Erdkreises, für die anderen zum Fürsten der Dämonen. Kalt ließ er jedenfalls keinen.

Die Nachfolger Justinians

Die Jahrzehnte nach 565 stehen im Schatten der Forschung. Das liegt nur teilweise an der Überlieferung. Prokop war wahrscheinlich noch vor Justinian gestorben, aber es gab Historiker in seiner Nachfolge, zudem Chroniken und Kirchengeschichten wie die in der Einleitung erwähnte des Evagrios. Der Grund ist eher ein institutioneller. Die Althistoriker gehen oft nicht über das Jahr 565 hinaus, während die Aufmerksamkeit der Byzantinistik stärker der Zeit ab dem siebten Jahrhundert gilt. Aber auch in anderer Hinsicht stehen die Kaiser Justin II., Tiberios und Maurikios im Schatten: Die Justinianischen Unternehmungen hatten so viel Kraft gekostet, daß ähnlich Staunenswertes jetzt kaum mehr möglich war. Der Frieden mit den Persern war brüchig, und Italien war so erschöpft, daß es eher eine Belastung als eine Stärkung des Reichsverbands darstellte. Nicht zu vergessen ist auch, daß die Ressourcen durch die Pest, die ja die Mittelmeerwelt gelegentlich erneut heimsuchte, eingeschränkt waren. So wurde das Reich von einer gestaltenden zu einer reagierenden Macht.

Justinians Neffe Justin begann freilich mit einer energischen Initiative: Er verweigerte den Awaren – zu ihnen gleich mehr – die bislang üblichen Geldzahlungen. Es handelte sich hier um die verständliche und oft zu beobachtende Reaktion nach dem Tod eines lange regierenden Herrschers, um fast jeden Preis neue Akzente zu setzen. Justin bediente mit seinem Nein den weitverbreiteten Unwillen zu Tributzahlungen an Barbaren. Als er damit Erfolg hatte, wandte er die Methode 571 erneut an, diesmal gegen die Perser. Freilich zeigte sich in beiden Fällen, daß Justinians Politik von Frieden gegen Geld so schlecht nicht gewesen war. Denn bald hatte man Krieg und auch kein Geld, denn das mußte die Regierung für die Armee ausgeben.

Den Krieg gegen die Perser hatten die Römer bewußt herbeigeführt, und da König Chosroes ungerüstet war, glückten ihnen große Anfangserfolge. Dann aber wendete sich das Blatt: Chosroes gelang 573 die Eroberung der wichtigen Festung Dara. Die Nachricht soll Justin so erschüttert haben, daß er bald darauf die Regierung an den neuernannten Caesar Tiberios abgeben mußte. So stellte sich bald wieder das Auf und Ab von Siegen und Niederlagen ein, das viel Gold und viele Soldaten kostete, ohne daß einer Seite ein entscheidender Schlag gelang. Diesmal dauerte der leichtfertig herbeigeführte Konflikt fast zwanzig Jahre. Gegen Ende der 580er Jahre gerieten die Römer zunehmend in Schwierigkeiten. Konstantinopel ging das Geld aus – es half nicht, daß Tiberios mit dem Gold nur so um sich geworfen, Steuern im großen Stil erlassen oder sogar ganz abgeschafft hatte. Dies war die zu Anfang dieses Buches beschriebene Situation, in der Maurikios versuchte, den Sold um ein Viertel zu senken. Daß die Armee dank Gregors Appell wieder zum Gehorsam zurückkehrte, löste das Problem für den Augenblick, ließ für die Zukunft aber Schlimmes erwarten.

Die Rettung brachte ein Umsturz im Perserreich. Chosroes' Sohn und Nachfolger Hormisdas wurde ermordet, ein Bürgerkrieg brach aus, und der Usurpator Bahram und Hormisdas' Sohn, Chosroes II., bemühten sich beide um die Unterstützung des Kaisers. Maurikios entschied sich für Chosroes, und tatsächlich setzte sich dieser dank der römischen Hilfe bis 591 durch. Nun wurde der Perserkrieg zu günstigen Konditionen beendet. Chosroes mußte sich vom Kaiser als Sohn bezeichnen lassen. Das war ein deutlicher Ausweis der verschobenen Kräfteverhältnisse. Doch die Perser bekamen keine Tribute auferlegt, und der kluge Maurikios begnügte sich mit territorialen Verschiebungen in Armenien, die das Prestige des neuen Königs nicht zu sehr ankratzten. Der Friede war nicht zu hart, und so lag hierin auch nicht der Keim für den großen Perserkrieg des siebten Jahrhunderts, der das Reich ruinieren sollte. Dieser sollte unter anderen Bedingungen ausbrechen.

Maurikios hatte nun aber die Hände oder besser: die Armee frei und verlegte sie sofort auf den Balkan. Dort wurde sie dringend gebraucht. Die Donaugrenze war von Anastasios, Justin I. und Justinian sorgfältig befestigt worden, durchaus mit Erfolg. Seit Mitte des Jahrhunderts überschritten aber immer öfter Germanen, Anten, Kotriguren, Gepiden, Awaren, Bulgaren und Slawen den Fluß und drangen auf ihren Raubzügen teilweise bis nach Griechenland, einmal sogar bis vor Konstantinopel vor. Die Zustände des fünften Jahrhunderts kehrten zurück. Am gefährlichsten (und damit hier am interessantesten) waren die Slawen und die Awaren.

Die Slawen, die letzte der großen europäischen Sprachfamilien, tauchten erst ganz am Ende der Antike auf. Sie stammten wahrscheinlich aus Osteuropa, ihre Ethnogenese ist aber unklar. Es handelte sich um zahlreiche Gruppen auf niedrigem Zivilisationsniveau, die politisch kaum integriert waren. Es kam also zu keiner größeren Herrschaftsbildung. Insofern waren die Slawen keine Bedrohung für den Bestand des Reiches, aber es gab auch keine Ansprechpartner unter ihnen, die für große Teile ihres Volkes hätten handeln können. Die Slawen liefen meist unter dem römischen

Radar. Sie eroberten nicht Teile des Balkans, sondern sickerten in kleinen Gruppen ein und zogen, durchaus gewaltsam, bis nach Südgriechenland. Dabei trafen sie nur auf wenig Widerstand von Einheimischen, denn der Balkan trug immer noch schwer an den Folgen der hunnischen und gotischen Verwüstungen. Die Bevölkerungsdichte war gering.

Ganz anders die Awaren. Es handelte sich bei ihnen um einen Turkstamm aus dem asiatischen Raum. Von den Türken aus Mittelasien vertrieben, zogen sie wie einst die Hunnen nach Westen. Die Awaren waren das letzte große Reitervolk, das während der Antike die Grenzen des Reiches bedrohte. Justinian betrachtete sie als nützliches Gegengewicht zu den Gepiden im Donauraum und suchte sie mit Geld zu lenken. Die Zahlungsverweigerung durch Justin II. blieb nur deshalb folgenlos, weil die Awaren sich zunächst gegen die Franken wandten. Nachdem sie zusammen mit den Langobarden das Gepidenreich zerschlagen hatten, ließen sie sich im Karpatenbecken nieder und begründeten dort ein Reich, das wie das hunnische vom Pferderücken aus regiert wurde: groß, aber wenig integriert und stabil, geführt von einem Khagan. Bald verlangten sie die Übergabe Sirmiums. Um dem die Spitze abzubrechen, kehrte Tiberios zur Politik der Zahlungen zurück und erhielt dafür awarische Unterstützung gegen die Slawen. 578 gab es sogar ein gemeinsames Flottenunternehmen: Römische Schiffe transportierten angeblich 60000 Awaren auf der Donau flußabwärts und entließen sie dann nach Norden. So sollten die auf Reichsgebiet vorgedrungenen Slawen gezwungen werden heimzukehren. Dieser Plan ging nach hinten los: Die Slawen flohen in großer Zahl nach Süden, nun nicht mehr nur auf Raubzügen, sondern um sich niederzulassen. Die bergige Landesnatur des Balkans erschwerte dem Reitervolk der Awaren die Entfaltung, erleichterte den Slawen aber die Ausbreitung. Da die einzige Armee, welche Konstantinopel noch bezahlen konnte, gegen die Perser kämpfte, konnte von einer nennenswerten römischen Verteidigung kaum die Rede sein. Der Balkan entglitt dem Reich über die nächsten zehn Jahre. Im Süden ließen sich die Slawen nieder, im Norden walteten die Awaren: 582 mußte ihnen nach langer Belagerung Sirmium übergeben werden. 584 nahmen sie Singidunum (Belgrad) ein und gaben es nur gegen viel Gold zurück. Wieder war das Reich zum Opfer eines Steppenvolkes geworden. Auf dem Balkan waren nur noch einzelne Punkte römisch, die Awaren drangen fast nach Belieben ein und verbündeten sich bei Gelegenheit sogar mit den Slawen.

Erst die Verlegung der Armee auf den Balkan führte die Wende herbei. Über die nächsten zehn Jahre drängten Maurikios' Generäle die Awaren in kleinen, aber stetigen Schritten aus dem Reich heraus. Bis zum Ende des sechsten Jahrhunderts war die Donaugrenze wieder erreicht, ja die Römer operierten sogar weiter nördlich. Die slawische Landnahme war damit zwar nicht rückgängig gemacht, aber immerhin standen die Slawen jetzt unter römischer Herrschaft.

Der Kaiser war hochzufrieden, seine Armee war es allerdings nicht. Dies war ja im wesentlichen dasselbe Heer, das schon in Syrien ein Jahr lang gemeutert hatte. Die Situation von Soldaten des sechsten Jahrhunderts war generell nicht beneidenswert. Die Dienst- und Soldbedingungen hatten sich nicht verbessert, und seit Justinian war das Heer chronisch unterfinanziert. Maurikios brüskierte das Heer zudem mit besonderer Sparsamkeit. So nachvollziehbar diese vom Standpunkt der Staatsfinanzen aus auch war, so sehr entfremdete sie ihm die Soldaten. Ihnen wurde einmal ein Großteil der Beute weggenommen, ein andermal erneut der Sold gemindert. Im Herbst 593 ordnete der Kaiser gar an, die Armee möge den Winter im Feindesland jenseits der Donau verbringen. Üblich war, daß sie im Winter nach Süden, ins Innere Thrakiens, geführt wurde. Ein Grund für den Befehl war natürlich, daß ein Winterfeldzug Angst und Schrecken unter die Barbaren tragen würde, ein anderer aber finanzielle Not: Das Heer wäre gezwungen, sich aus dem Land zu ernähren, und die kaiserliche Kasse würde für ein paar Monate Versorgungskosten sparen. Nur mit einer Meuterei konnten die Soldaten den Plan vereiteln. Das Vertrauen in Kaiser und Befehlshaber war bis 598 so zerrüttet, daß ein paar taktische Fehler des Generals Komentiolos am abendlichen Lagerfeuer der Soldaten für Vorsätzlichkeit gehalten wurden. Als sie Gesandte nach Konstantinopel schickten, unter ihnen ein Zenturio namens Phokas, und Komentiolos offen des Verrats beschuldigten, verhinderte Maurikios einen förmlichen Urteilsspruch. Die Soldaten dachten deswegen nicht besser vom Kaiser, und so kam ein böser Verdacht auf: Maurikios selbst hatte befohlen, das Heer in den Untergang zu führen. So wurde ein äußeres Problem mehr und mehr zu einem inneren. Der Balkan geriet zunehmend unter, die Armee außer Kontrolle.

Der germanische Westen

Daß die Römer weite Teile Italiens bald wieder verloren, erklärt die Forschung vor allem mit der Erschöpfung des Reiches. Das ist nicht falsch, aber es fehlte auch der rechte Wille, Italien zu behaupten. Narses lud die Langobarden ein, sich in den alten ostgotischen Wohnsitzen nördlich des Po anzusiedeln, die jetzt verlassen waren. Italien brauchte dringend neue Menschen. Die Langobarden waren den Römern schon lange bekannt. Justinian hatte ihnen Wohnsitze an der mittleren Donau zugestanden, sie hatten in der Schlacht von Busta Gallorum gegen die Ostgoten mitgekämpft, und unlängst hatten sie, ganz im römischen Sinne, zusammen mit den Awaren das Gepidenreich zerschlagen. Seit 568 ließen sie sich unter ihrem König Alboin in Norditalien nieder. Als aber immer mehr von ihnen kamen, ja die Einwanderung zu einer Invasion anschwoll und einige Gruppen bis nach Beneventum in den Süden gelangten – da taten die Römer nichts. Erst Tiberios versuchte, mit Gold – die Soldaten waren ja im Perserkrieg – ein paar langobardische Große zu kaufen und die Franken in Marsch zu setzen, aber daraus wurde nicht viel. Die Römer hatten es nur der baldigen Zersplitterung der Langobarden in einzelne Herrschaften zu verdanken, daß sie nicht ganz vertrieben wurden. Umgekehrt hätten die Langobarden ihre Macht nicht fragmentiert, wenn die Römer ein formidabler Gegner gewesen wären.

Der Langobardenkönig herrschte von Mediolanum, später von Ticinum aus über einen lockeren Verbund langobardischer Gruppen in weiten Teilen Oberitaliens. In Spoletium und in Beneventum etablierten sich autonome Fürstentümer. Ähnlich wie der Ostgotenkönig Theoderich griffen die Langobarden so wenig wie möglich in die bestehende Gesellschaftsordnung ein. Allmählich wechselten sie auch vom homöischen zum chalkedonischen Glauben. Das brachte ihnen die Kooperation der italischen Eliten ein. Die Könige knüpften sogar an kaiserliche Repräsentationsformen an, doch war inzwischen zuviel verwüstet und zerstört, auch von den Langobarden, als daß die Antike zum Leben erweckt hätte werden können. Deutlich zeigte sich das im *Edictum Rothari* von 643. Diese Zusammenstellung des Volksrechts war in der Sprache und im Kodifikationsakt römisch, im Inhalt aber langobardisch: Es ging um die Blutfehde, die Geschlechtergesellschaft, den König als Garant von Identität und Tradition der Langobarden. Die antike Rechtstradition wirkte nur noch schwach.

Der territoriale Zusammenhang der römischen Herrschaft war zerrissen. Sie beschränkte sich auf einen Streifen in Mittelitalien von Ravenna bis Rom (der schon die Konturen des Kirchenstaats vorwegnahm), auf Teile Süditaliens (Stiefelspitze und -absatz) sowie die Inseln. Der Herr dieses geschrumpften Besitzes war der Exarch in Ravenna. In seinem Amt war die zivile Gewalt des Prätorianerpräfekten und die militärische eines Heermeisters zusammengefaßt. Diesen Bruch mit der spätantiken Verwaltungstradition hatte die Not der entlegenen Provinz erzwungen. Der mächtigste Mann der Halbinsel war der kaiserliche Statthalter nämlich längst nicht mehr.

Der Träger der römischen Tradition in Italien sollte eine andere Institution werden, eine, die gerade eine ihrer tiefsten Demütigungen erlitten hatte. Die Bischöfe von Rom hielten an Vigilius' Verurteilung der Drei Kapitel fest und mußten dafür hinnehmen, daß Africa und die Bischöfe von Mediolanum und Aquileia in offener Ablehnung verharrten. Von einem Papsttum, das unabhängig von seinen individuellen Trägern eine unangefochtene Führung ausübte, konnte noch nicht die Rede sein. Die Jurisdiktionsgewalt des einen Bischofs von Rom über alle anderen Bischöfe war nicht unwiderruflich. Zwar gestanden ihm die lateinischen Bischöfe wegen der Petrusnachfolge einen gewissen Primat zu, aber das bedeutete nicht, daß man sich Rom unbedingt unterordnete. Erst als Konstantinopel die Kontrolle über Italien wieder verlor, gewann der Bischof von Rom an Bewegungsfreiheit. Die Stadt Rom blieb zwar kaiserlich, aber in Ermangelung von Soldaten, Geldern und Verwaltern aus dem Osten stieg der Bischof zu einer Art weltlichem Treuhänder, ja fast zum Stadtherrn auf. Der Bischof von Rom geriet nie mehr in eine solche Abhängigkeit vom Kaiser wie unter Justinian. Zwar sprach er den Kaiser ehrerbietig als Herrn an, die Könige des Westens aber waren nur Söhne. Der Weg zur weltlichen Herrschaft, zur Krönung eines Kaisers – was in der Antike nie vorgekommen war – und zum Papsttum war zwar noch lang, aber er stand offen.

Der Rückgang der Kaisermacht hatte Konsequenzen über Italien hinaus. War Mitte des sechsten Jahrhunderts eine Reintegration Westeuropas in den Reichsverband als realistische Möglichkeit erschienen, so hatten die Römer nun genug damit zu tun, sich an ihren italischen Resten festzuhalten. Nennenswerten Einfluß konnte der Kaiser jenseits der Alpen nicht mehr ausüben, und, noch wichtiger, die Ausstrahlung der römischen Kultur und Zivilisation ging stark zurück. Britannien war ohnehin schon vollständig aus dem römischen Orbit geschleudert worden. Kein Land wurde härter von der Völkerwanderung getroffen. Die römischen Strukturen waren spätestens seit der Mitte des fünften Jahrhunderts zusammengebrochen. Keine Münzen wurden mehr geprägt, das Lateinische ging verloren, das Christentum wurde an den westlichen Rand der Insel gedrängt, selbst Orte, die sich heute auf die Römer zurückführen (etwa London), wurden verlassen. Bis zum Ende des sechsten Jahrhunderts waren diejenigen Teile der Bevölkerung, die sich nicht den germanischen Eroberern fügen hatten müssen, entweder auf den Kontinent geflohen und hatten sich dort ein neues Britannien geschaffen, die Bretagne, oder sie waren an die Westküste abgedrängt worden, insbesondere das spätere Wales sowie Devon und Cornwall. Die romanobritische Kultur hatten sie weitgehend verloren. Sie sind eher als Kelten anzusprechen.

Als gegen Ende des sechsten Jahrhunderts das Christentum nach Britannien zurückkehrte, geschah dies zwar von Rom aus, aber es war keine weltliche Institution, sondern der Bischof der Stadt, der die Initiative ergriff. Gregor der Große sandte vierzig Mönche nach Kent, deren Anführer Augustinus begründete dort das Erzbistum Canterbury. Die Christianisierung der Angelsachsen lief nicht ohne große Rückschläge ab, und sie wäre ohne die Hilfe iroschottischer Missionare auch gar nicht gelungen. Am Ende des siebten Jahrhunderts aber integrierte sich das angelsächsische Britannien endgültig in den christlichen Weltkreis. Die große Zahl der Invasoren und der Assimilationsdruck auf die verbliebenen Britannier hatten das Land in viel stärkerem Maße barbarisiert, als das sonst in den Nachfolgestaaten des Römerreiches der Fall war. Im germanischen Erbe Englands, man denke etwa an Sprache oder Rechtsordnung, wirkt dies bis heute nach.

In Gallien entwickelten sich die Dinge dank der im Vergleich fast harmonisch wirkenden Reichsgründung der Franken viel gedeihlicher. Gerade die größere Nähe zwischen Provinzialen und Eroberern führte dazu, daß relativ bald etwas Neues entstand, das nicht mehr als antik zu bezeichnen ist. Nach dem Tod Chlodwigs beschäftigten sich seine Erben ein Jahrhundert lang hauptsächlich mit Machtkämpfen untereinander. Zeitweise zerfiel das Reich sogar in drei Teile. Trotzdem ging die Herrschaft der Franken darüber nicht zugrunde. Chlodwigs Familie, die Merowinger, hatte es nämlich geschafft, das Anrecht auf den Thron auf diejenigen zu beschränken, die ihres Blutes waren, und durch Heiraten innerhalb der Familie und außerhalb des Frankenreiches vermied sie es auch, dieses Blut zu sehr zu streuen. Die Großen des Reiches hatten also selbst keine Chance auf den Thron, es ging nur darum, welcher Merowinger gerade wo herrschte. Das nahm den Auseinandersetzungen nichts an Bitterkeit, es verhinderte aber, daß sich nicht mehr zu überbrückende Fronten zwischen den Franken bildeten. Die meisten Adeligen waren im ganzen Reich begütert, man kannte einander und wechselte bei Gelegenheit die Loyalität. Interesse an einem dauerhaften Auseinanderbrechen des Reiches hatte niemand.

Die merowingische Währungseinheit, in der die Eignung für den Thron gemessen wurde, war immer noch der Erfolg im Krieg. Deshalb führten die Rivalitäten nicht nur zu Bürgerkriegen, sondern auch zu weiteren Eroberungen. Die Westgoten verloren während des sechsten Jahrhunderts ihre verbliebenen gallischen Besitzungen, das Burgunderreich wurde erobert, vor allem aber wurde das Reich weit nach Osten erweitert, im Norden deutlich über den Rhein hinaus, im Süden sogar bis zur heutigen bayerisch-tschechischen Grenze. Den Franken gelang die Eroberung und vor allem die Integration eines Gebietes, an dem die Römer stets gescheitert waren. Eine zentrale Rolle kam dabei den Klöstern zu, die nicht mehr in (ohnehin kaum mehr existenten) Städten angelegt wurden, sondern auf dem Land, frei von Bischöfen und unter starken Äbten. Als Zentren der Ökonomie und des Wissens waren sie dazu geeignet, das Christentum auch in die Gegenden zu tragen, die nie romanisiert worden waren. So wurde das Frankenreich weit mehr als ein Nachfolgestaat des Imperiums, der antike Institutionen fortentwickelte und sich an der griechisch-römischen Kultur orientierte.

Zwar beriefen die Könige Konzile im Stil eines Kaisers ein, sie erfreuten sich an Wagenrennen, und Theudebert I. ließ zur Zeit Justinians sogar sein Portrait auf Goldmünzen setzen. Diese Verletzung der Prärogative des Kaisers zeigte aber, daß die Merowinger nicht mehr wie selbstverständlich bereit waren, sich dem Imperium auch nur nominell unterzuordnen. Sie setzten sich an die Stelle der Caesaren. So fanden auch die römischen oder besser gallo-römischen Eliten immer mehr ihren Platz im Reich. Sie blickten nicht mehr nach Südosten, von wo kein Kaiser mehr kommen würde. Dieser war so fremd geworden wie die griechische Sprache. Der König war nicht mehr Barbarenherrscher, sondern ‹ihr› König. Umgekehrt bevorzugten viele fränkische Große das Lateinische vor dem Fränkischen. Die Sprache war kein Marker ethnischer Verschiedenheit mehr, aus Germanen und Römern wurde eine einheitliche fränkische Reichselite. Sie kämpfte gemeinsam, sie pflegte einen gemeinsamen Lebensstil, sie folgte denselben Gesetzen und Normen, und sie besetzte gemeinsam die Bischofsstühle.

Immer noch berief der König die Mitglieder der Hofelite zu *duces* und *comites*, und das waren keineswegs leere Titel. Die so Ausgezeichneten widmeten sich in römischer Tradition der Rechtsprechung und der Eintreibung der Steuern, in Absprache mit den lokalen Eliten (was auch Tradition war). Doch eine eigentlich staatliche Verwaltung, die sich unmittelbar auf den Willen der Zentrale stützte, gab es nicht mehr. Aus diesem Grund brauchte der König die Erzwingungsmacht der Eliten. Zwar konnte nur er allgemein anerkannte Besitz- und Ehrenrechte verleihen. Die Eliten waren jedoch nicht mehr auf die Ämter des Königs angewiesen, sie bildeten keinen Funktionsadel. Die Ämter erweiterten jetzt nur noch die Stellung von ohnehin schon mächtigen Erbadeligen.

Auf der Iberischen Halbinsel blieb der römische Einfluß stärker, auch wegen des von Justinian besetzten Mittelmeerstreifens, der für 70 Jahre, wenngleich schrumpfend, unter römischer Kontrolle blieb. Nach der Katastrophe von 507 war für die Westgoten, wenig überraschend, eine längere Zeit der Thronkämpfe angebrochen. Bei ihnen gelang es keiner Dynastie, das Königtum zu monopolisieren. Jeder mächtige Adelige konnte usurpieren. Aber auch die Westgoten bewahrten ihr Reich. Anders als bei den Franken, aber ganz ähnlich wie im Osten bildete sich mit der Zeit ein fester Königssitz aus, dessen Kontrolle mit dem Königtum selbst einherging: das zentral gelegene Toletum (Toledo). Nach dieser Stadt nennt die Forschung das zweite Reich der Westgoten in Spanien das Toledanische (nach dem Tolosanischen in Gallien). Ein weiterer Vorteil lag in der Landesnatur. Das Meer und die Pyrenäen schirmten das Reich ab und gaben die Grenzen der maximalen staatlichen Ausdehnung vor. Diese wurde fast erreicht. Nachdem 585 das Suebenreich im Nordwesten erobert war, blieben nur die Basken und eben die römische Küste außerhalb der westgotischen Kontrolle.

Ähnlich wie die Kollegen in Gallien inszenierten sich die Könige allmählich als kleine Kaiser: Sie prägten das eigene Bild auf Münzen, setzten einen separaten Münzstandard, trugen den Purpur und empfingen nur noch auf einem Thron sitzend. Das war auch hier ein Identifikationsangebot an die Provinzialen. In diese Richtung ging auch die Aufhebung des Heiratsverbots zwischen Goten und Römern. Solchen Ehen und überhaupt einer Assimilation stand aber der homöische Glaube der Westgoten entgegen. 589 jedoch setzte König Rekkared, gestärkt durch militärische Erfolge, auf einem Konzil in Toletum, das unter seinem Vorsitz (!) stattfand, die Konversion zum chalkedonischen Glauben durch. Den homöischen Bischöfen garantierte er, daß sie, falls sie übertraten, ihre Ämter behalten durften. Die Westgoten folgten dem Beschluß ohne großen Widerstand. Damit war das größte Hindernis für eine stärkere Integration der Einheimischen beseitigt.

Der westgotische Staatsbau war derjenige, der am ehesten dem römischen gleichkam. Doch der Zivilisationseinbruch durch die Kriege der letzten zweihundert Jahre ließ auch hier die differenzierten Formen römischer Verwaltung und Steuererhebung obsolet werden. Am deutlichsten zeigte sich das beim Militär. Auch bei den Westgoten gab es kein bezahltes Heer, sondern bei Bedarf wurden alle Freien zum Dienst aufgerufen. Sie folgten dann entweder dem eigenen lokalen Herrn in dessen Aufgebot oder dem königlichen *dux*. Auch in diesem Fall ist das oben zu den Franken Gesagte zu bedenken: Neben und vor den staatlichen Titeln stand die Macht der großen Familien und das Prestige der erfolgreichen Anführer. Daß das Königtum die Gefolgschaftsbeziehungen nicht stärker auf sich auszurichten vermochte, lag vor allem an den dauernden Thronkämpfen.

Es fehlte allerdings nicht an originellen Strategien, die grundsätzlich gefestigte Position des zentralisierten Königtums auszubauen. So wurde nach 589 eine westgotisch-hispanisch-chalkedonische Identitätsstiftung betrieben, die auf Toletum und den König ausgerichtet war. Die Kirche wurde eine prononciert ‹nationale›. Und es war kein Zufall, daß es ein westgotischer König war, der bei seiner Krönung als erster in der abendländischen Geschichte mit Öl gesalbt wurde, nach dem Vorbild der israelitischen Herrscher. Eine Immunisierung des Königtums gelang dadurch zwar nicht, auch ein gesalbter König konnte gestürzt werden. Doch das Westgotenreich blieb innovativ und zeigte keine Zeichen des Verfalls. Daß es den Arabern zu Beginn des achten Jahrhunderts nicht viel entgegenzusetzen hatte, lag schlicht an deren militärischer Überlegenheit. Nur Gewalt vermochte das älteste Völkerwanderungsreich zu vernichten.

Italien, Britannien, Germanien, Gallien und Spanien gingen unterschiedliche Wege in der Neuorganisation von Gemeinschaft und Herrschaft. Alle Länder aber entfernten sich dabei vom antiken Erbe. Das war in erster Linie ein Ergebnis der Verwüstungen der Völkerwanderung und ihrer Folgekriege. Die materielle, geistige und kulturelle Infrastruktur der Antike war im Nordwesten des Imperiums stark beschädigt. Unvermeidlich war der Abschied von der Antike deswegen noch nicht. Hätte es das Römische Reich vermocht, diese Räume auch politisch wieder zu durchdringen, wären zwar nicht die Zeiten Konstantins und Theodosius' zurückgekehrt. Aber es wäre eine Entwicklung im antiken Rahmen möglich gewesen. Der großangelegte Versuch Justinians zerbrach aber an der Rücksichtslosigkeit der Wiedereroberung, die weite Teile Italiens zur Einöde machte, an den Substanzverlusten durch Kriege und Pest, vor allem jedoch an der eigenen Gleichgültigkeit. Von Griechenland und Kleinasien aus gesehen, war Italien so weit weg wie seit eineinhalb Jahrtausenden nicht mehr. So mußte das Römische Reich im Osten die Antike allein weitertragen.

Usurpationen in Konstantinopel: die Grenzen der Autokratie

Kaiser Maurikios saß im November 602 seit zwanzig Jahren auf dem Thron. Angesichts der fiskalischen Zwänge und eines Zweifrontenkrieges hatte er eine mehr als respektable Bilanz vorzuweisen: Den Krieg gegen die Perser hatte er als Sieger beendet, auf dem Balkan war wieder die Donau erreicht – und Maurikios hatte sechs Söhne. Nach zweihundert Jahren, in denen kein östlicher Kaiser einen herrschaftsfähigen Sohn gehabt hatte, war das mehr als ein gutes Zeichen für die Zukunft. Doch Maurikios stürzte noch im November 602. Als er der Armee erneut befahl, jenseits der Donau zu überwintern, kam es zur Meuterei. Die Offiziere verließen das Heer, die Soldateska zog unter dem Zenturio Phokas nach Süden, zur Kaiserstadt. Wenige Tage später war Phokas Kaiser und Maurikios tot. Sein Kopf wurde in Konstantinopel zur Schau gestellt. Die Dinge scheinen für sich selbst zu sprechen. Maurikios hatte es sich durch seine übertriebene Sparsamkeit, welche die Befindlichkeiten der Soldaten ignorierte, mit dem Heer verdorben, und so verlor er seinen Thron an einen Soldatenführer. Die meisten Forscher charakterisieren die Ereignisse als Militärputsch.

Aber wie hätten Phokas und seine Kameraden Konstantinopel erobern sollen? Die Stadtmauern waren für sie ebenso uneinnehmbar wie für alle Angreifer vor ihnen. Tatsächlich wurden ihnen die Tore freiwillig geöffnet. Aber der Reihe nach. Die Nachrichten von der Donau sorgten in der Hauptstadt natürlich für Unruhe. Doch Maurikios setzte Spiele im Hippodrom an und wurde dort mit loyalen Sprechchören ermutigt. Die Führer der Zirkusparteien sagten ihm sogar zu, mit ihren Leuten die Stadtmauern zu besetzen – keine ideale, aber doch eine ausreichende Verstärkung. Die Meuterer würden gegen die Wälle anrennen, dann enttäuscht ein wenig in Thrakien plündern, bevor sie zum Gehorsam zurückkehrten. Daß Maurikios sich der Treue der Konstantinopolitaner versicherte, war nur klug. Er hatte aber einen besonderen Grund dafür: Er war auch in der Hauptstadt nicht beliebt. Er galt als geizig (schon wieder!), als repressiv und als unbarmherzig. Gerade die letzte Untugend war für einen Kaiser gefährlich, negierte sie doch eine Grundanforderung an christliches Verhalten. Trotzdem blieb zunächst alles unter Kontrolle. Es war Maurikios selbst, der den Frieden zerstörte. Als er erfuhr, daß die Meuterer dem Senator Germanos, dem Schwiegervater seines ältesten Sohnes Theodosios, den Thron angeboten hatten, bestellte er ihn am frühen Morgen des 22. November in den Palast ein. Germanos hatte keinerlei Neigung gezeigt anzunehmen. Aber darauf kam es nicht an. Allein als Kaiser gehandelt zu werden machte Germanos zu einem unkalkulierbaren politischen Risiko. Er stellte die Alternative zum regierenden Kaiser dar, den Phantasien der Akzeptanzgruppen war Tür und Tor geöffnet. Maurikios hätte ihn festnehmen, ja am besten hinrichten lassen müssen. Statt dessen beging er den Fehler, es bei Drohungen zu belassen. Germanos mußte fürchten, daß ihn über kurz oder lang doch der Todesbefehl erreichen würde, und so flüchtete er sich am Nachmittag ins Kirchenasyl. Als ein kaiserlicher Eunuch, von Maurikios geschickt, ihn überreden wollte aufzugeben, rettete er sich in eine prominentere Kirche: die Hagia

Sophia. Maurikios verlor nun, es war bereits Abend, die Geduld und schickte die Garden los.

Der Trubel an der Kirche lockte viele Schaulustige an. Germanos gab schließlich auf und verließ die Kirche, da rief ihm einer aus der Menge, der Vorbeter Andreas, zu: «Lauf in die Kirche zurück, Germanos! Rette Dein Leben! Dein Tod ist beschlossen.»[39] Germanos lief tatsächlich zurück, im selben Augenblick aber brach der Sturm los: Das Volk rief wilde Beschimpfungen gegen den Kaiser und steigerte sich schnell in seine Erregung hinein. Die Garden zogen sich lieber zurück. Die Zirkusparteien, die brav die Mauern bewacht hatten, verließen nun ihre Posten und mischten sich unters Volk. Spätestens jetzt wurde der Aufruhr gewalttätig. Der Mob randalierte in der ganzen Stadt und sang Spottlieder auf den Kaiser. Mitten in der Nacht gab Maurikios auf, legte den Purpur ab, kleidete sich wie ein gewöhnlicher Untertan und floh ans kleinasiatische Ufer. Ein paar Tage später wurde er auf Befehl seines Nachfolgers geköpft.

Nicht die Armee wurde Maurikios zum Verhängnis, sondern seine Mißachtung der Erwartungen des Volkes. Germanos war in die Hagia Sophia gewechselt, um sich mehr Öffentlichkeit und damit mehr Schutz zu verschaffen. Das ging auf. Auch Germanos war im Volk nicht sonderlich populär, aber zu sehen, wie ein Wehrloser bedroht und aus der Kirche in den sicheren Tod geführt wurde, das war ungeheuerlich mitanzusehen. Offenbar scherte sich Maurikios nicht um die Heiligkeit des Gotteshauses, es fehlte ihm nicht nur an der klassischen Herrschereigenschaft der Milde, sondern auch an den Tugenden, die vor Christus am wertvollsten waren: Demut und Barmherzigkeit. Dieser eklatante Mangel an Gottesfurcht traf die Menge derart, daß es nur noch des Rufs eines x-beliebigen Vorbeters bedurfte, um aus betäubter Beobachtung revoltierende Tat werden zu lassen.

Das Volk hatte Maurikios gestürzt, und es machte auch gleich den nächsten Kaiser. Die Eliten waren abgetaucht, der Patriarch war während der kritischen Nacht nicht zu sehen, die Armee war etwas ratlos vor der Stadt angekommen. Das Volk war, selbst wenn es nicht gerade durch die Straßen getobt hätte, nicht zu einer kollektiven Entscheidungsfindung fähig. Aber es gab einen Teil von ihm, der über eine gewisse Organisation verfügte und dank dieser Organisation Handlungsmöglichkeiten nutzen konnte. Ich meine die Zirkusparteien. Germanos, auf der Höhe der Ereignisse, versicherte sich der Unterstützung der Blauen. Die größere und entscheidende Zirkuspartei aber waren die Grünen. Als er um deren Unterstützung warb, gegen schriftlich zu fixierende Konzessionen – offensichtlich eine Art Wahlkapitulation –, da handelte er sich eine Absage ein: Germanos sei ein zu entschiedener Anhänger der Blauen! Daraus sprach nicht nur die Ablehnung eines Fans des ‹anderen Clubs› (aber das eben auch), sondern die Befürchtung, daß es der eigenen Farbe unter einem Kaiser Germanos nicht gut ergehen würde. Einige führende Grüne hatten insgeheim schon einen besseren Deal ausgehandelt. Sie waren zum Heer gegangen und hatten mit Phokas gesprochen. Nach der Entscheidung gegen Germanos zogen die Grünen vor die Stadt und jubelten Phokas zu. Noch am Freitag – es waren nur gute 24 Stunden vergangen – bestellte Phokas Volk, Patriarchen und Senat zu sich. Alle akklamierten Phokas, auch Germanos.

Maurikios' Sturz entsprach den Regeln des Akzeptanzsystems. Daß eine solche Erklärung den Perserkönig Chosroes nicht befriedigt hätte, versteht sich von selbst. Es mag sein, daß er tatsächlich Bedauern für das Schicksal desjenigen Mannes empfand, der ihm auf den Thron geholfen hatte. Vor allem aber sah er die günstige Gelegenheit. Unter dem Vorwand, dem zu ihm geflüchteten Kaisersohn Theodosios – der in Wahrheit zusammen mit seinem Vater geköpft worden war – zu seinem Recht zu verhelfen, eröffnete er den Krieg gegen das Reich. Phokas mußte die Soldaten der Balkanarmee, die eben noch seine Kameraden gewesen waren, 604 in den Osten schicken. Dort stellte sich bald das übliche Patt zwischen den Großmächten ein. Auf dem Balkan aber gingen alle Gewinne der letzten zehn Jahre verloren. Die Donau geriet wieder aus dem Blickfeld, die Awaren plünderten wie eh und je. Das war ein schwerer Rückschlag, allerdings kein existentieller. Phokas war überall als Kaiser anerkannt und führte eine unspektakuläre, aber sichere Regierung. Usurpator gewesen zu sein stigmatisierte einen Kaiser nicht.

Ein großes Handicap brachte Phokas aber mit. Seine Vorgänger waren einigermaßen auf die Anforderungen des Akzeptanzsystems vorbereitet gewesen, weil sie den Eliten angehört hatten und über lange Jahre beobachten hatten können, wie ein Kaiser zu agieren hatte. Selbst Justin I., der aus einfachsten Verhältnissen stammte, hatte vor seiner Thronbesteigung Jahrzehnte in hohen und höchsten Ämtern verbracht. Phokas war nur Zenturio gewesen und kannte die soziopolitischen Spielregeln Konstantinopels nicht. Er machte zwangsläufig Fehler, schwere Fehler. Zu den Garden unterhielt er, wenig überraschend, ungetrübte Beziehungen, ebenso, und das erstaunt schon mehr, zum Patriarchen und zur Geistlichkeit. Sein Verhältnis zu den Eliten und zum Volk aber konnte nach ein paar Jahren als zerrüttet gelten. Angesichts der dürftigen Quellenlage können wir die Ereignisse nicht genau nachvollziehen. Es gab mehrere Verschwörungen gegen den Kaiser. Eine Rolle spielte dabei vielleicht der Umstand, daß Phokas, der auf die Sechzig zuging, keinen Nachfolger designierte. Seinem Schwiegersohn Priskos machte er, und zwar noch während der Hochzeitsfeierlichkeiten, mit einem Wutanfall im Hippodrom klar, daß er nicht der Auserwählte war. Die offene Sukzession belastete die Beziehungen zu den Eliten und verstärkte das Klima des Mißtrauens innerhalb der Aristokratie. Warum lavierte der Kaiser so lange, wen würde er erwählen?

Folgenreich sollte auch das Zerwürfnis mit den Grünen werden. Sie hatten Phokas zum Kaiser gemacht. Nach ein paar Jahren zerbrach das Einvernehmen aber, und zwar deswegen, weil der Kaiser die Zirkuspartei nicht angemessen behandelte. Ein Beispiel aus dem Jahr 609 zeigt, woran es Phokas fehlte. Der Kaiser gab Spiele, war aber zu betrunken, um rechtzeitig zu erscheinen. Die Grünen verspotteten den doch noch Aufgetauchten: «Wieder hast Du den Wein getrunken, wieder hast Du den Verstand verloren.»[40] Phokas, außer sich, ließ viele verstümmeln und ermorden. Da zündeten die Grünen das Amtslokal des Stadtpräfekten an und gaben den dort einsitzenden Häftlingen die Gelegenheit zur Flucht. Der Kaiser untersagte ihnen daraufhin die Ausübung öffentlicher Ämter. Die Koalition von 602 war zerbrochen. Natürlich war der Spruch der

Grünen unverschämt, aber er war nur eine Reaktion auf Phokas' viel schärferen Regelbruch: Das Volk wollte seinen Kaiser als begeisterten Zuschauer bei den Spielen sehen – und Phokas war nicht einmal da. Er hätte, als er erschien, beschwichtigen müssen. Statt dessen ordnete Phokas Tod und Verderben an, und zwar mittels ausgesucht grausamer Strafen. Die Brandstiftung war da nur die angemessene Erwiderung der Grünen, ihnen im Gegenzug die Ämterausübung zu verwehren war es wieder nicht: Phokas beschränkte sich damit nicht auf eine punktuelle, wenn auch noch so harte Bestrafung, sondern suchte für alle Zukunft die Wirkungsmöglichkeiten der einzelnen Mitglieder der Grünen zu beschränken. Phokas' Unvermögen, die Normerwartungen an einen Kaiser zu erfüllen, führte dazu, daß die soziopolitischen Gruppen sich Alternativen öffneten.

Im Jahr 608 rebellierte Herakleios, der Exarch von Africa. Die Gründe sind unklar, vielleicht trieb den Statthalter nur die Furcht vor seiner baldigen Ablösung. Herakleios profitierte von der Randlage seiner Provinz, die Phokas eine schnelle Reaktion erschwerte. Seinem Neffen Niketas gelang sogar die Eroberung Ägyptens und ein Sieg über das aus Syrien kommende Heer. Das gab Herakleios den Mut, das Äußerste zu wagen: Er schickte seinen jungen, gleichnamigen Sohn mit einer Flottille nach Konstantinopel, auf daß er dort das Kaisertum gewinne. Das war eine Operation mit hohem Risiko, allerdings kein blinder Übermut. Priskos, der enttäuschte Schwiegersohn, stand nämlich im Bund mit den Rebellen. Das war insofern eine höchst wertvolle Verstärkung, als Priskos die Exkubitoren kommandierte, die kaiserliche Garde.

Herakleios, im Oktober 610 vor Konstantinopel angekommen, erwartete, daß die Stadt sich für ihn erheben würde. Er versuchte nicht einmal einen Angriff. Doch nichts geschah. Phokas behielt die Kontrolle über die Stadt, die Zirkusparteien halfen sogar dabei, die Häfen an der Propontis gegen Herakleios' Schiffe zu decken. Da gelang Herakleios mit einem genialen Zug die Beendigung des Stand-offs: Er ließ einen einzelnen Bewaffneten in einem Kahn in den Kaisarioshafen einfahren, der von den Grünen bewacht wurde. Der Mann trug einen Helm, der seine Gesichtszüge unkenntlich machte. Ein einziger Soldat stellte keine Bedrohung dar, deshalb ließen ihn die ebenso verdutzten wie neugierigen Grünen unbehelligt. Als er die Mole erreichte und an Land ging, nahm er den Helm ab, und alle erkannten ihn: Es war der Wagenlenker Kalliopas. Wir kennen ihn nicht, aber in Konstantinopel kannten ihn alle. Kalliopas war ein Lionel Messi des Hippodroms. Ihn jetzt plötzlich als Parteigänger des Usurpators zu sehen änderte alles. Es war der Anstoß für die Grünen, nicht mehr die bisherigen Verhältnisse zu erdulden, sondern neue zu schaffen. Sie schwenkten zu Herakleios um und eröffneten den Straßenkampf, während Kalliopas weiterzog und die Exkubitoren ähnlich beeindruckte. Am nächsten Tag war Phokas tot und Herakleios Kaiser. Der junge Rebell hatte es nicht gewagt, sich schon in Africa zum Augustus ausrufen zu lassen. Er wußte, daß das Kaisertum an Konstantinopel hing. Das Wohlwollen der Stadt konnte auf Dauer aber nur behaupten, wer die Akzeptanzgruppen und insbesondere das Volk angemessen behandelte.

Herakleios und die Perser

Am Tag seiner Proklamation zum Kaiser hatte Herakleios geheiratet. Die Flitterwochen waren kurz. Der von seinem Vater begonnene Bürgerkrieg hatte die Ostgrenze weitgehend entblößt. Nur deswegen gelang den Persern der Durchbruch. Edessa, das bis ans Ende der Tage unter dem Schutz Christi hatte stehen sollen, fiel, und 610, kurz vor Phokas' Sturz, eroberten die Perser Antiocheia und erreichten das Mittelmeer. Das waren nur die Vorboten weit schlimmerer, nie gesehener Ereignisse.

Über die nächsten zehn Jahre verloren die Römer weite Teile der Levante. Der Feind erreichte die Anatolische Hochebene und konnte von dort bis zur Ägäis vorstoßen. Ephesos, die reichste Stadt des westlichen Kleinasiens, wurde zerstört. 615 erreichten die Perser sogar den Bosporos und blickten auf die Stadt am anderen Ufer. Herakleios mußte um Frieden bitten. Da Chosroes sich weigerte, mit Herakleios, den er nicht als Kaiser anerkannte, zu verhandeln, mußte der Senat einen langen, demütigen Brief an den Perserkönig schicken. Die Überbringer, unter ihnen immerhin ein Stadt- und ein Prätorianerpräfekt, hießen darin Chosroes' Sklaven. Der König nahm diese Formulierung wörtlich und ließ die Gesandten im Gefängnis verrotten. Gespräche mit dem am Boden liegenden Feind schienen ihm nicht mehr nötig zu sein.

Sie waren es auch nicht. Bereits 614 waren die Perser in Palaestina einmarschiert, unterstützt von vielen Juden, die sich von den Persern Besseres erhofften als von den zunehmend intoleranteren Christen. Jerusalem fiel. Die christliche Bevölkerung wurde nach einem Aufstand massakriert, die Sieger sollen auf dem Wahren Kreuz, also dem Kreuz Christi, herumgetrampelt sein. Diese Jahre mit ihrer Verdichtung katastrophaler Ereignisse waren die dunkelsten seit Hannibals Siegeszug durch Italien. 619 nahmen die Perser Alexandreia, die Getreidelieferungen nach Konstantinopel blieben nun aus. Die seit bald dreihundert Jahren existierende staatliche Brotverteilung wurde zunächst kostenpflichtig, schließlich eingestellt. Hunger und Seuchen plagten Konstantinopel. Die persische Flotte operierte gegen Zypern und in der Ägäis, Herakleios kontrollierte nur noch Africa und Teile Kleinasiens. Auf dem Balkan übten die Awaren immer stärkeren Druck aus, die Donaugrenze war bloß Erinnerung. Die Besitzungen in Italien bestanden aus Resten, die Westgoten nutzten die günstige Gelegenheit und besetzten den römischen Küstenstreifen in Spanien. Das Imperium verdiente diesen Namen nicht mehr.

Herakleios eilte ab und zu selbst zu seinen Truppen. Ein Kaiser im Kampf, das war ein Bild, das man seit über zweihundert Jahren nicht mehr gewohnt war. Das zeigt, wie schlimm die Lage stand, aber Herakleios brachte sein Eingreifen nur Prestigeverluste ein. Einer Fahrt nach Africa, um von Carthago aus nach Ägypten zu marschieren – so wie es Niketas getan hatte –, widersetzten sich die Akzeptanzgruppen energisch und erfolgreich. Der Kaiser hatte in der Hauptstadt zu bleiben. Da die Lage sich aber nicht im mindesten besserte, ja die Perser weitere Fortschritte machten, durfte Herakleios ein paar Jahre später dann doch in den Krieg ziehen, ohne daß es zu größeren Spannungen kam. Das ist zunächst erstaunlich, aber Not kennt eben kein Gebot, und dem Konsens der Hauptstadt half zweifellos, daß Herakleios den Krieg nun in Kleinasien zu führen gedachte, also in der Nähe und zum unmittelbaren Schutz für Stadt und Umland. Die Römer spannten für diese Unternehmung all ihre verbliebenen Kräfte an: Die staatlichen Ausgaben wurden durch die Halbierung der Bezahlung der Amtsträger reduziert, Kirchen und Klöster gaben bereitwillig das nötige Geld, sogar Kultgeräte aus der Hagia Sophia wurden ohne Protest eingeschmolzen. Der Krieg gegen die Perser wurde als gemeinsame Kraftanstrengung für Gott und Reich inszeniert. Dem Heer wurde während des Trainings das heilige, nicht von Menschenhand gemachte Bild Christi vorangeführt, das aus Edessa gerettet worden war. Prononcierter als je zuvor führten die Römer einen Religionskrieg.

Herakleios befehligte 622 eine ordentliche Kampagne im Schwarzmeergebiet, ohne durchschlagenden Erfolg, aber auch, was damals viel war, ohne Niederlage. Im Spätsommer kehrte er nach Konstantinopel zurück. Als er im März 624 die Hauptstadt erneut gen Osten verließ, blieb er für Jahre fort. Die Römer hatten ihre verbliebenen Truppen taktisch verbessert. Die kleine, hochmobile Armee vermied angesichts ihrer Unterlegenheit in fast allen Ressourcen offene Feldschlachten und führte gezielte Schläge. Sie suchte die Auseinandersetzung zunächst nicht in Mesopotamien und Syrien, sondern im gebirgigen Terrain Armeniens und südlich des Kaukasus. Herakleios schlug sich gut, einmal besiegte er Chosroes selbst, und die Perser waren gezwungen, Truppen aus Kleinasien zurückzuverlegen. 626 aber drehten sie den Spieß um: Sie schlossen ein Bündnis mit den Awaren, ließen Herakleios rechts liegen und wandten sich gegen Konstantinopel. Der Kaiser setzte nun alles auf eine Karte. Er schickte einen Teil seiner Truppen zur Hilfe, er selbst aber führte den Krieg im Osten weiter. Das städtische Akzeptanzsystem, in dem die Stadt vor dem Reich kam, war endgültig zerbrochen. Zum ersten Mal seit Jahrhunderten mußte Konstantinopel sich ohne seinen Kaiser behaupten.

Und es behauptete sich. Die Awaren, angeblich 80000 Mann, rannten sich trotz ihrer Belagerungsmaschinen an den Theodosianischen Mauern fest. Die Perser verfügten über besseres Gerät, aber sie standen hilflos auf der anderen Seite des Bosporos. Die römische Flotte beherrschte immer noch die See. Da schickte der awarische Khagan Slawen in kleinen Booten zu den Verbündeten. Das gelang. Doch bei der Rückfahrt wurden die mit persischen Truppen vollgeladenen Kähne im Goldenen Horn angegriffen und auf der Höhe von Blachernai in Brand gesetzt. Die Römer richteten ein Massaker zur See an. Militärisch war das noch nicht entscheidend, aber psychologisch vernichtend. Die Slawen begannen schon am nächsten Tag abzuziehen. Um das Heer zusammenzuhalten, sah der Khagan sich gezwungen, die Belagerung aufzuheben. Die Awaren verbrannten die Belagerungsmaschinen bei Nacht und zogen sich zurück. Gleichzeitig räumten die Perser den Bosporos, um nicht von Herakleios' herannahenden Entsatztruppen überrascht zu werden. Nach nur zehn Tagen war die Belagerung beendet. Die Stärke der Befestigungen, die Tapferkeit der Verteidiger und das Versäumnis der Perser, sich Schiffe zu beschaffen, hatten die Stadt gerettet – und die Gottesmutter, die viele Konstantinopolitaner auf den Wällen gesehen zu haben glaubten. Die Belagerung von 626 prägte sich tief ins kollektive Gedächtnis der Römer ein.

Derweil schloß Herakleios vor Tiflis eine kriegsentscheidende Allianz mit den Türken. Diese hatten die Perser von Mittelasien aus schon seit einigen Jahrzehnten unter Druck gesetzt. Sie hatten kein Interesse daran, daß Chosroes zu sehr erstarkte. Der Kaiser erhielt 40 000 Mann für einen Sturm auf das persische Herzland. Das Heer marschierte den Tigris entlang und schlug mehrere persische Armeen. Auf eine Belagerung des ebenfalls gutbefestigten Ktesiphon verzichtete Herakleios weise, aber er plünderte ausgiebig die Städte und Güter der Umgebung. Dort befanden sich die wichtigsten Besitzungen der persischen Großen. Da Chosroes nur machtlos zuschauen konnte, vermochte er sich nicht mehr zu halten. Im März 628 wurde er gestürzt. Am Pfingstsonntag wurde in der Hagia Sophia die Siegesdepesche des Kaisers verlesen. Sie setzte mit dem 100. Psalm ein:

Jauchzet dem Herrn, alle Welt! Dient dem Herrn mit Freuden! Kommt vor sein Angesicht mit Frohlocken! Erkennt, daß der Herr Gott ist! Er hat uns gemacht, und nicht wir selbst, wir sind sein Volk und die Schafe seiner Weide. Geht zu seinen Toren ein mit Hymnen und dankt ihm! Lobet seinen Namen, denn Christus ist der Herr, seine Gnade währt ewig und seine Wahrheit von Generation zu Generation. Laßt die Himmel lobpreisen, die Erde frohlocken, das Meer sich freuen und alles, was in ihnen ist. Und alle Christen mögen loben und preisen und danksagen dem einzigen Gott, in großer Freude über seinen Namen. Denn der arrogante Chosroes, der Gottesbekämpfer, ist gefallen. Er ist gefallen und herabgestürzt in die Tiefen der Erde, aus der Welt ist sein Gedächtnis getilgt. Er, der sich erhob und in seiner Arroganz und seiner Verachtung Unrecht schwatzte gegen unseren Herrn Jesus Christus, den wahren Gott, und gegen seine unbefleckte Mutter, unsere gesegnete Herrin, die Gottesmutter und allzeit jungfräuliche Maria, dieser Gottlose ist unter Tosen untergegangen.[41]

Das Perserreich versank im Chaos, ein König folgte auf den anderen, und so konnte Herakleios den Frieden diktieren. Die Grenzen von 591, also die nach Maurikios' Sieg, wurden wiederhergestellt. Im Jahr 630 kehrte das Wahre Kreuz nach Jerusalem zurück. Angesichts des schnellen Zusammenbruchs der persischen Hegemonie fragt man sich, wie festgefügt sie überhaupt gewesen war. Sie hatte mehr auf dem römischen Bürgerkrieg als auf der eigenen Stärke beruht. Nichtsdestotrotz: Herakleios hatte triumphiert, in einer der dramatischsten Wenden der Weltgeschichte, dank seiner loyalen und opferbereiten Untertanen, dank seines Appells an ihr Christentum, dank der Türken und natürlich dank des eigenen Wagemuts. Aber auch dank der Arroganz der Perser, die es nicht verstanden hatten, Frieden zu schließen, als Herakleios darum bettelte, und dank des richtigen Zeitpunkts: Schon 630 führten die Türken ihren eigenen Bürgerkrieg und zogen sich aus dem südlichen Kaukasus zurück.

Das so unerwartet wiedererstandene Reich war schwer gezeichnet. Viele, gerade die reichsten Provinzen waren getroffen, auch wenn über das genaue Ausmaß der Schäden keine Klarheit herrscht: Der persische Zerstörungshorizont ist archäologisch vom arabischen nur schwer zu unterscheiden. Die nichtbesetzten Gebiete waren durch die Rüstungsanstrengung ebenfalls mitgenommen worden. Die Erholung würde Jahrzehnte dauern. Aber auch in anderer Hinsicht hatte sich das Imperium verändert. Man definierte sich jetzt mehr als christliche Gemeinschaft, nicht mehr nur als römische. Im Innern führte dies zu einer noch stärkeren Ausgrenzung von Nichtchristen, vor allem der Juden. Da sie die Perser teilweise offen unterstützt hatten, sollten sie einer Zwangstaufe unterworfen werden. Das wurde zwar nicht umgesetzt, aber die Absicht war bezeichnend. Gleichzeitig hatten die Römer erfahren müssen, daß der lateinische Westen kaum Anteil an ihrem Überlebenskampf nahm. Auch nach außen hin verstanden sich die Bewohner des Reiches mehr und mehr als griechisch-christliche Gemeinschaft.

Symbolisch sichtbar wurde dies in der Abschaffung der lateinischen Titulatur des Kaisers. Über die Jahrhunderte hatte sie sich stark verändert, aber sie stand immer noch in klarer Kontinuität zum frühen Prinzipat. Die griechischen Versionen waren nur Übersetzungen des Lateinischen gewesen. Herakleios wählte nun einen originär griechischen Titel. Statt *imperator* (griechisch *autokrator*) stellte er seinem Namen das griechische *basileus* voran. König, so war der Kaiser schon lange im Osten genannt worden, aber eben nicht in der Selbstbezeichnung und in offiziellen Dokumenten. Auf den ersten Blick wirkt das wie eine Selbstdegradierung, denn König konnte jeder Monarch sein. Herakleios betonte dadurch aber andere Traditionslinien: zu den Königen des Alten Testaments, insbesondere zu David. Es war kein Zufall, daß einer seiner Söhne so hieß. Das war ein neuartiger Name im römischen Kaisertum. Doch David wurde nun wichtiger als Augustus.

Der Islam

Die Araber lebten als Nomaden, Halbnomaden und Seßhafte. Sie waren für Römer wie Perser seit jeher nützliche Verbündete an der Peripherie ihrer Reiche gewesen. Zwischen ihnen wurden Stellvertreterkriege der Großmächte ausgefochten. Mit der politischen Allianz ging in der Spätantike immer öfter eine religiöse einher. Den christlichen Römerfreunden standen perserfreundliche Heiden gegenüber. Das Christentum wirkte bis in den Süden der Arabischen Halbinsel, wohin die politische Macht Konstantinopels nicht mehr reichte. Die Mehrzahl der Araber war pagan, aber christliche und jüdische Einflüsse machten sich seit dem Anfang des sechsten Jahrhunderts stark bemerkbar. In dieser komplexen, durchaus spannungsreichen religiösen Konstellation entstand der Islam.

Nur wenige zeitgenössische Quellen berichten über den Kaufmannssohn Mohammed. Um 610 soll sich ihm Allah in Versen offenbart haben, die ihm durch den Engel Gabriel mitgeteilt wurden. Daraus entstand später der Koran. Für Mohammed war klar, daß der Tag des Gerichts nahte und die Menschheit sich vorbereiten mußte. Er sah sich selbst als letzten der biblischen Propheten, in einer Linie von den Propheten des Alten Testaments bis zu Jesus. Die Einflüsse von Judentum und Christentum sind offensichtlich. Im Islam fanden der Monotheismus und die messianische Erwartung des Judentums ebenso ihren Platz wie die Lehre vom Krieg im Dienste Gottes. Mohammed war von Anfang an religiöser und militärischer Führer zugleich. Das läßt an Herakleios denken, der just in dieser Zeit einen Religionskrieg gegen die Perser propagierte. Auf manche Juden und Christen wirkte die neue Religion nicht unattraktiv.

Vor allem aber wurden die Araber angesprochen, welchen Glaubens auch immer. Die Umma, die Gemeinschaft der Gläubigen, sollte die verschiedenen arabischen Gruppen verbinden und überwölben. Schon seit einiger Zeit empfanden sich die Araber, trotz beständiger Auseinandersetzungen untereinander, mehr und mehr als Einheit. Längst hatte sich eine gemeinsame semitische Sprache, das spätere Arabisch, etabliert, ebenso wurde der jüdische Gründungsmythos akzeptiert, wonach die Araber von Hagar, Abrahams Magd und später verstoßener Frau, abstammten. Die gemeinsame Identität der Araber war für Mohammed zentral, auch deswegen wurde der Koran in Arabisch niedergeschrieben und nur in Arabisch.

Mohammed und seine Anhänger wurden 622 aus Mekka vertrieben (Hedschra). In Medina vergrößerte er seine Gemeinde, und acht Jahre später kehrte er im Triumph nach Mekka zurück. Schnell gewann er nun die Araber der westlichen Halbinsel für sich. Römer und Perser rangen gleichzeitig um die Herrschaft und nahmen von den Ereignissen weit im Süden keine Notiz. Ihre Auseinandersetzung zerstörte aber die bisherigen Machtstrukturen in Syrien und Palaestina, die erneuerte römische Herrschaft blieb zunächst schwach. Das erleichterte den Arabern den Vorstoß. Denn dort wollten sie hin: In Palaestina befand sich das ideelle Zentrum der neuen Religion – und großer Wohlstand. Mohammed selbst starb schon 632. Die Krise nach seinem Tod mündete in einen Bürgerkrieg, aus dem die Araber freilich gestärkt hervorgingen. Typisch für sie wurde eine einheitliche, straffe Führung, verbunden mit einer großen Schnelligkeit in den Operationen und geringen logistischen Anforderungen. Die Römer wurden kalt erwischt.

634 wandten sich zwei arabische Armeen erstmals gegen das Reich und schlugen bei Gaza ein römisches Heer. Sie plünderten die Gegend, zogen dann aber nicht, wie zu erwarten war, ab, sondern blieben und kontrollierten das flache Land. Die Städte waren zunächst nicht einnehmbar. Da sie aber vom Umland isoliert waren und Hilfe des Reiches ausblieb, kapitulierten sie nach und nach. Zu Weihnachten war Bethlehem in arabischen Händen. Schon 635 fiel Jerusalem. Das Wahre Kreuz, das erst vor fünf Jahren zurückgekehrt war, wurde nach Konstantinopel gerettet. Im Jahr 636 wurde ein römisches Entsatzheer am Yarmuk, einem Nebenfluß des Jordan, geschlagen, wenig später siegten die Araber zwischen Damaskos und Emesa. Die gepanzerte Kavallerie der Römer kam gegen die leichte persische Reiterei nicht an, zudem zerstritten sich auch noch die römischen Generäle untereinander. Syrien war verloren.

Herakleios weigerte sich, den Frieden zu erkaufen, und so fielen auch Edessa und Dara. Danach erhielten die Römer eine unerwartete, aber schreckliche Verschnaufpause: Sie mußten zusehen, wie die Araber das Perserreich binnen weniger Jahre vernichteten. 640 begann die Eroberung Ägyptens, 646 wurde Alexandreia eingenommen. Herakleios starb bereits 641, mit Mitte 60. Was er im besten Mannesalter in unwiderstehlichem Siegeslauf zurückerobert hatte, verlor er als alter Mann wieder. Es scheint ihm am Schluß an den Mitteln, vielleicht auch am letzten Willen gefehlt zu haben, um das Unmögliche ein zweites Mal möglich zu machen. Er war der letzte Kaiser der Antike. Das Reich behauptete sich nur in Kleinasien, Teilen des Balkans und Italiens sowie in Africa.

Warum brach die römische Herrschaft so schnell zusammen? Die naturräumlichen Gegebenheiten kamen einer Invasion aus der Wüste entgegen. Die arabische Grenze der Römer (und ebenso die der Perser) war eine offene und kaum sicher zu befestigen. Sie war nur so lange gut zu verteidigen, wie die Araber zersplittert waren. Dann waren beide Reiche durch ihren langen, mit Unterbrechungen ja schon seit mehr als einhundert Jahren tobenden Kampf stark erschöpft. Es war kein Zufall, daß auch das Perserreich, trotz der Niederlage von 628 immer noch eine Großmacht, den Arabern kaum etwas entgegenzusetzen hatte. Die römischen Armeen aber waren oft nur Aufgebote der lokalen Großen, keine regulären Truppen. Das Reich hatte keine Zeit gehabt, den Nahen Osten wieder staatlich zu organisieren. Eine große Rolle spielte auch die Kampfweise der Araber, brutal gegen den Feind wie gegen sich selbst. Das flache Land wurde so lange geplündert, bis die Städte zu dann günstigen Bedingungen kapitulierten. Gab es aber Widerstand, dann hielten sich die Araber nicht mit ausgefeilten Belagerungstechniken auf, sondern stürmten, ohne Rücksicht auf die Zahl der eigenen Gefallenen, eben so lange, bis es klappte. Überhaupt trieb die Eroberer ihre Entschlossenheit voran, ihr religiöser Eifer, der aus der Erwartung der Belohnung im Jenseits geboren war. Bei den Christen war dieses Streben inzwischen eher einer negativen Apokalyptik gewichen – die nun bestätigt wurde.

Die ältere Forschung hat einen weiteren Grund benannt: die Distanz der miaphysitischen Bevölkerung zum häretischen Kaiser, dessen Verfolgungen sie gefürchtet und dem sie sogar eine Herrschaft der Ungläubigen vorgezogen hätte. Doch die Miaphysiten Syriens und Ägyptens empfingen die Eroberer keineswegs mit offenen Armen. Und gerade Herakleios bemühte sich zusammen mit seinem Patriarchen Sergios darum, die dogmatische Kluft zu überbrücken. Sie ließen das umstrittene Schlagwort der ‹Natur› fort und betonten zunächst die eine Energie, dann den einen und

einzigen Willen Christi (Monotheletismus). Diese Formel kam den Miaphysiten weit entgegen. Gerade deshalb löste sie – natürlich – Widerstand bei einigen führenden Chalkedoniern aus. Erst Ende des siebten Jahrhunderts ließen Herakleios' Nachfolger den Monotheletismus fallen, seine politische Funktion hatte er aber schon davor verloren: Die miaphysitischen Territorien gehörten nicht mehr zum Reichsverband, dogmatische Ausgleichsversuche waren nicht mehr nötig. Doch das war die Folge der arabischen Eroberung, nicht eine Ursache für ihren Erfolg. Gerade unter Herakleios erfuhren die Miaphysiten noch einmal die volle Zuwendung des Reiches.

Es war aber auf anderer Ebene eine Entfremdung eingetreten. Das städtische Akzeptanzsystem Konstantinopels hatte über mehr als zwei Jahrhunderte hinweg dafür gesorgt, daß die Interessen der Provinzen hinten denen der Hauptstadt zurückstanden. Seit Valens hatte kein allgemein akzeptierter Kaiser mehr die östlichen Provinzen betreten. Als Herakleios kam, war es schon zu spät. Der Niedergang der Städte hatte ebenso dazu beigetragen, die Horizonte zu verengen. Die Eliten waren stärker auf ihre Region konzentriert. Weite Teile der nichtgriechischsprachigen, also syrischen und ägyptischen Bevölkerung standen dem Kaiser, zumal nach der Erfahrung von dessen langjähriger Ohnmacht gegenüber der persischen Invasion, nicht feindselig, aber doch selbstbewußt gegenüber. Deswegen kollaborierten die Provinzialen noch nicht mit den Arabern. Aber den Menschen war das Reich vielerorts fern, ja gleichgültig geworden. Und Gleichgültigkeit bereitet über kurz oder lang jeder politischen Ordnung den Garaus. Herakleios trat diesem Prozeß entschlossen entgegen, vielleicht sein größtes Verdienst. Er hätte Erfolg haben können. Die Araber kamen dazwischen.

6. EPILOG: DIE SPÄTANTIKE ALS EPOCHE

Über die nächsten Jahrzehnte war das Reich in einen fast permanenten Abwehrkampf verstrickt. Africa ging verloren, das Westgotenreich wurde zerschlagen, und zweimal belagerten die Araber Konstantinopel. Wieder hielten die Mauern, und ebenso behauptete sich das Imperium. Doch was übrigblieb, war beschränkt auf Griechenland, Kleinasien und Außenbesitzungen in Italien. Und die Bewohner nannten sich zwar Römer, aber sie wußten nicht mehr viel von Rom. Das mittelalterliche Byzanz war geboren.

Immerhin lebte das Römische Reich in direkter staatlicher Kontinuität weiter, bis zur Schwelle der Neuzeit. Das war das augenfälligste Erbe der Spätantike. Später gab es in Moskau sogar ein drittes Rom, und im Westen trugen zunächst die Franken, dann die Deutschen ein erneuertes Kaisertum bis ins frühe 19. Jahrhundert hinein. Das bei weitem bedeutendste und bis heute den Westen prägende Vermächtnis war die Weitergabe des Christentums an die Barbarenvölker. Ohne sie wäre die erste christliche Epoche auch die letzte gewesen. Die Geschichte Europas und der Welt wäre grundsätzlich anders verlaufen.

Die Spätantike selbst ist allerdings weitgehend aus dem historischen Gedächtnis verschwunden. Sokrates und Caesar sind heute weit größere Namen als Konstantin oder Augustinus. Homer, die Säulen des Parthenons, Alexanders Siegeszug, das Ringen titanischer Gestalten in den Bürgerkriegen der römischen Republik, all das hat die moderne Imagination mehr entzündet als die Geburt des Mönchtums oder Justinians Erneuerung des Imperiums. (Wer geneigt ist, beim letzten Beispiel zu widersprechen: Felix Dahns *Kampf um Rom* ist, wie eine zugegeben nichtrepräsentative Umfrage in einer einschlägigen Vorlesung gezeigt hat, vergessen.) In der populären Kultur begegnet einem Spätantikes am ehesten in Westgotenscherzen amerikanischer Fernsehserien. Es fehlen der Epoche auch die Themen, welche Relevanz für die Aufgaben der

Gegenwart zu haben scheinen, wie die athenische Demokratie oder die Integration der Länder Europas in das Imperium.

Der Hauptgrund dafür liegt natürlich im Schwinden des Christentums. Der Glauben ist vielen Menschen fremd geworden, andere behandeln Fragen der Religion als rein private Angelegenheit, die der Gemeinschaft nicht bedarf. Auch die Regelung des Verhältnisses von Staat und Kirche, für welche die Spätantike Muster entworfen hat, welche in Mittelalter und Neuzeit nur noch variiert werden mußten, ist in der Gesellschaft des 21. Jahrhunderts ein Randthema geworden, von gelegentlichen Kirchensteuerdebatten einmal abgesehen. Andere Anknüpfungspunkte sind ebenfalls verschwunden: Für germanische Stämme begeistern sich heute (zum Glück) nur noch wenige, und was den Fall einer Staats- und Gesellschaftsordnung betrifft, bemüht man heute meist andere, neuere Beispiele. Nur im Klischee einer dekadenten Senatorenkaste, die unter trägen Augenlidern dem Untergang ihrer Welt zusieht, wird dieses Paradigma gelegentlich noch bemüht. Die vorhergehenden Seiten haben hoffentlich gezeigt, daß das heutige Bild der Forschung ein anderes ist.

Überhaupt bemüht sich die Wissenschaft seit einigen Jahrzehnten intensiv um die Spätantike. Für keine andere Epoche der Antike liegen derart viele Quellen vor. Eine Menge davon, auch sehr Wichtiges, ist bislang aber nicht ausreichend ausgewertet. Es gibt also großen Nachholbedarf. Das Vorurteil, es handele sich um eine Ära des Verfalls, hat nämlich lange Zeit auch an Universitäten abschreckend gewirkt. Die Beschäftigung mit den ‹großen›, klassischen Epochen schien reizvoller. Spätantike war eher abseitig, sie lohnte sich nicht – übrigens auch im Hinblick auf die wissenschaftliche Karriere. Aber nicht nur der Umstand, daß noch viel zu tun ist, macht die Spätantike zu einem vibrierenden Forschungsfeld. Die Buntheit der Ereignisse, die Vielfalt der Phänomene und das jähe Aufeinandertreffen von Alt und Neu machen die Spätantike zu einer Epoche beschleunigten Wandels – und für den Historiker sehr spannend. Die große, glatte Meistererzählung (‹Zeit des Verfalls und des Untergangs›) ist darüber verlorengegangen. Der Offenheit der Forschung schadet das nicht.

6. Epilog: die Spätantike als Epoche

Heute fällt es schwer, eines bestimmenden Zeitgeists der Spätantike habhaft zu werden. Ich bezweifle, daß es ihn gab. Aber fühlten nicht die Menschen ‹spät›? Immerhin wurden ja seit dem fünften Jahrhundert apokalyptische Szenarien populär. Das Römische Reich galt als das letzte der vier Weltreiche, die im Buch Daniel angekündigt worden waren. Für uns ist diese Vorstellung befremdlich. Die Bevölkerung aber rechnete mit dem Ende vielleicht nicht gerade morgen, aber sie kalkulierte es doch in ihre Zukunftserwartungen ein. Immerhin bedeutete es gar nichts Negatives, die Apokalypse führte ja zum Jüngsten Gericht, dem Ziel der christlichen Geschichte.

Solche teleologischen Horizonte wirken sich aber nur bedingt auf das konkrete Funktionieren einer Gesellschaft aus, zumindest nicht über einen längeren Zeitraum. Soziale Großsysteme müssen den Bedürfnissen der Gegenwart dienen, nicht den Erwartungen für die Zukunft. Der Staat sieht ohnehin auf das Hier und Jetzt, seinem Anspruch nach ist er in diesem Tun aber ewig. In der Spätantike deutete auch nichts darauf hin, daß der Staat selbst ‹spät› gewesen wäre, also wie ein Organismus an unheilbaren Gebrechen gelitten hätte. ‹Spät› ist also eine rein zeitliche Zuschreibung, die sich aus dem nachträglichen Wissen um das Ende der Antike speist. Im frühen 20. Jahrhundert soll Österreich-Ungarn, in Ahnung des kommenden Weltkriegs, im Bewußtsein des baldigen Untergangs gelebt haben. Doch selbst wenn dem so gewesen sein sollte, heißt das nicht, daß die Bürger der Habsburgermonarchie alle agierten, als seien sie einem Joseph-Roth-Roman entsprungen. Auch in der Spätantike fürchteten keineswegs alle das Ende, und bei denen, die es taten, bestand eine erhebliche, sehr menschliche Kluft zwischen Denken und Handeln. Nur wenige änderten ihre Routinen, hörten zu arbeiten auf, beachteten die Gesetze nicht mehr oder kümmerten sich nur noch um das Jenseits, weil das Diesseits unwichtig geworden war. Diejenigen, die es doch taten, nennen wir Asketen und Mönche, aber sie bildeten nur einen kleinen, wenn auch hochangesehenen Teil der Bevölkerung. Die übrigen aber versuchten sich durchzuschlagen in den Mühsalen der hiesigen Welt, so wie es Menschen immer tun. So fern ist die Spätantike dann doch nicht.

Anmerkungen

1 Evagrios, Kirchengeschichte VI 12.
2 Aurelius Victor, Kurzgefaßte Geschichte 39,26.
3 Laktanz, Die Todesarten der Verfolger 23,1–4.
4 Ebd. 11,7.
5 Ebd. 16,1.
6 Ebd. 34,5.
7 Ebd. 44,5 f.
8 Eusebios, Leben des seligen Kaisers Konstantin I 27–32.
9 Optatus, Gegen die Donatisten, Appendix 5.
10 Eusebios, Leben des seligen Kaisers Konstantin II 56.
11 Ebd. III 15.
12 Athanasios, Leben des Antonios 3,2.
13 Ebd. 5,3–7 (das Bibelzitat am Schluß: 1Kor 15,10 [nach Luther]).
14 Ebd. 14,7.
15 Leben des Daniel Stylites 90.
16 Julian, Brief 26.
17 Ebd. 115.
18 Theodoret, Kirchengeschichte III 25,7.
19 Sokrates, Kirchengeschichte IV 26,20–24.
20 Ammianus Marcellinus, Geschichte XXXI 15,1.
21 Codex Theodosianus XVI 1,2.
22 Leppin (2003), 157.
23 Ambrosius, Leichenrede auf Theodosius 27; 34.
24 Zosimos, Neue Geschichte V 40,3 (Übersetzung von Seeck [1913], V 394).
25 Hieronymus, Brief 127,12.
26 Sidonius Apollinaris, Brief I 2,1.
27 Priskos, Geschichte, Fragment 11,2 Blockley.
28 Seeck (1913), VI 184.
29 Acta Conciliorum Oecumenicorum I 1,5, S. 8.
30 Konstantin VII. Porphyrogennetos, Zeremonienbuch I 93 (S. 427 Reiske).
31 Justinian, Digesta, de conceptione digestorum 1 Anfang (übersetzt in Anlehnung an Meier [2003b], 107 f.).
32 Justinian, Novelle 37,8.
33 Prokop, Geheimgeschichte 15,11 f.
34 Ebd. 13,1.
35 Ebd. 30,21–24.
36 Meier (2003b), 105.
37 Prokop, Geheimgeschichte 12,26.
38 Edictum Iustiniani 7 Vorwort.
39 Theophylaktos Simokates, Geschichte VIII 9,2.

40 Kedrenos, Geschichte, S. 709.
41 Osterchronik, S. 727 f. (der Psalm nach Martin Luther).

Zeittafel

235–284	Zeit der Soldatenkaiser
um 270/80	Rückzug Antonios' in die Wüste
284–305	Herrschaft Diokletians
286	Erhebung Maximians zum Augustus
293	Erhebung von zwei Caesaren, Schaffung der Tetrarchie
298–305	Bau der Diokletiansthermen in Rom
um 300	Christianisierung Armeniens
ab 300	Ablösung der Papyrusrolle durch den Pergamentband (Codex)
301	Höchstpreisedikt
303–311	Diokletianische Christenverfolgung
306	Ausrufung Konstantins zum Caesar
312	Schlacht an der Milvischen Brücke
321	Einführung des Sonntags als Ruhetag
325	Erstes Ökumenisches Konzil in Nikaia
um 325	Tod des Rhetoriklehrers Laktanz
328	Athanasios Bischof von Alexandreia
330	Gründung Konstantinopels
337	Tod Konstantins
339/40	Tod des Bischofs Eusebios von Kaisareia, des Begründers der Kirchengeschichte
um 350	Christianisierung Äthiopiens
354	Rückkehr des Rhetoriklehrers Libanios in seine Heimatstadt Antiocheia
360–363	Herrschaft Julians
374	Ambrosius Bischof von Mailand
378	Schlacht bei Hadrianopolis
379–395	Herrschaft Theodosius' I.
381	Zweites Ökumenisches Konzil in Konstantinopel
382–384	Streit um den Victoria-Altar in der Senatskurie Roms
383	Tod des Bischofs Wulfila, des Schöpfers der gotischen Schrift und der gotischen Bibelübersetzung
393	letzte (?) Olympische Spiele der Antike

395	Zerfallen des Reiches in zwei Teile: ein Kaiser in Italien, einer in Konstantinopel
400	Besetzung Konstantinopels durch Gainas
um 400	Tod des Geschichtsschreibers Ammianus Marcellinus
	Tätigkeit des Dichters Claudian am westlichen Hof
	Ende der Gladiatorenspiele
405–413	Bau der Theodosianischen Landmauern um Konstantinopel
406/07	Übergang von Vandalen, Alanen und Sueben über den Rhein
408–450	Herrschaft Theodosius' II.
409	Vertreibung der römischen Amtsträger aus Britannien, über die nächsten Jahrzehnte Landnahme der Angeln, Sachsen und Jüten
410	Einnahme Roms durch Alarich
415	Ermordung der neuplatonischen Philosophin Hypatia in Alexandreia
418	Ansiedlung der Westgoten in Aquitanien, Entstehung des ersten Germanenstaates auf römischem Boden
419/20	Tod von Hieronymus, Schöpfer der maßgeblichen lateinischen Bibelübersetzung (Vulgata), in Bethlehem
429	Übergang der Vandalen nach Africa
430	Tod von Augustinus, Autor des *Gottesstaates* und Bischof von Hippo Regius, während der vandalischen Belagerung
um 430	Beginn der Missionierung Irlands
431	Drittes Ökumenisches Konzil in Ephesos (Erstes Konzil von Ephesos)
438	Publikation des *Codex Theodosianus*
439	Einnahme Carthagos durch die Vandalen
449	Zweites Konzil von Ephesos
451	Schlacht auf den Katalaunischen Feldern
	Viertes Ökumenisches Konzil in Chalkedon
453	Tod Attilas
454	Ermordung Aetius' durch Valentinian III.
455	Plünderung Roms durch die Vandalen
468	Scheitern einer Flottenexpedition des Ostens gegen die Vandalen
476	Absetzung von Romulus (Augustulus) durch Odoakar, Ende des Kaisertums im Westen
481/82–511	Herrschaft Chlodwigs

484–519	Akakianisches Schisma
491–518	Herrschaft Anastasios'
493–526	Herrschaft Theoderichs über Italien
1. Hälfte 6. Jh.	Wirken Benedikts von Nursia (?)
507	Schlacht auf dem Campus Vogladensis, Vertreibung der Westgoten aus Gallien
um 507	Geburt Prokops, des bedeutendsten Geschichtsschreibers der Spätantike
527–565	Herrschaft Justinians
528–534	Erarbeitung des *Codex Iustinianus*
529	Ende der Platonischen Akademie in Athen
529/30	Samaritaneraufstand
531	Eroberung des Reichs der Thüringer durch die Franken
531–579	Herrschaft Chosroes' I. über Persien
532	Nika-Aufstand in Konstantinopel
	Beginn des Wiederaufbaus der zerstörten Hagia Sophia
	Eroberung des Burgunderreiches durch die Franken
533	Eroberung des Vandalenreiches
535–553	Gotenkriege in Italien
537	Einweihung der Hagia Sophia
540	Eroberung Antiocheias durch Chosroes I.
ab 540	Missionierung Nubiens
541/42	Pest
2. Hälfte 6. Jh.	Beginn der slawischen Landnahme südlich der Donau
553	Fünftes Ökumenisches Konzil in Konstantinopel
568	Beginn der Invasion der Langobarden in Italien
585	Eroberung des Suebenreiches durch die Westgoten
589	Drittes Konzil von Toletum: Übertritt der Westgoten zum chalkedonischen Bekenntnis
590/91	Bürgerkrieg im Perserreich, Unterstützung des siegreichen Prätendenten Chosroes II. durch die Römer, Ende des seit Jahrzehnten andauernden Perserkriegs
596	Beginn der Missionierung der Angelsachsen
602	Sturz von Kaiser Maurikios, Wiederausbruch des Perserkriegs
610	Sturz von Kaiser Phokas
610–619	Durchbruch der Perser zum Mittelmeer, Eroberung Syriens, Ägyptens und von Teilen Kleinasiens

622	Beginn der römischen Gegenoffensive unter Kaiser Herakleios
	Hedschra
626	Belagerung Konstantinopels durch Awaren und Perser
629	Friedensschluß mit Persien
630	Rückkehr Mohammeds nach Mekka
um 630	Niederschrift der *Geschichte* durch Theophylaktos Simokates, den letzten Geschichtsschreiber der Antike in Thukydides' Nachfolge
632	Tod Mohammeds
634	Beginn der arabischen Invasion
636	Schlacht am Yarmuk
638–642	Eroberung des Perserreichs durch die Araber
641	Tod Herakleios'
642/46	Einnahme Alexandreias durch die Araber
697	Einnahme Carthagos durch die Araber
711	Zerschlagung des Westgotenreiches durch die Araber

Hinweise zu Forschung und Literatur

Die folgenden Bemerkungen erheben keinerlei Anspruch auf Vollständigkeit. Aufgeführt sind vor allem grundlegende Arbeiten und solche, die ihrerseits eine Überblicksdarstellung bieten. Vieles, auch manch Wichtiges fehlt, sollte aber über die aufgeführte Literatur zu erschließen sein. Um der Zugänglichkeit für einen breiten Leserkreis willen habe ich Monographien vor Aufsätzen privilegiert. Wo immer möglich, sind deutsche Werke genannt, ohne daß ich die fremdsprachige Literatur fortgelassen hätte. Bei der Literaturauswahl ging Qualität vor (neuerem) Datum. Viele Wertungen im Text sind meinem Buch zum politischen System Konstantinopels von 395 bis 624 entlehnt (Pfeilschifter [2013]).

Allgemeines

Eine umfassende *erzählende Darstellung* der Spätantike, die modernen Ansprüchen genügt, existiert nicht. Bury (1889) hat aber eine immer noch ausgezeichnet lesbare, zweibändige Geschichte von 395 bis zum Jahr 800 verfaßt. Die neugeschriebene Ausgabe von 1923 reicht nur bis 565. In deutscher Sprache ist vor allem das monumentale Werk von Seeck (1913) zu nennen, das die Zeit von 284 bis zum Fall des westlichen Reiches 476 umspannt. Seine evolutionsbiologischen (nicht rassistischen) Thesen sind heute schwer zu verdauen, der antikirchliche Affekt ist Geschmackssache, aber die Gelehrsamkeit, die fesselnde Darstellungskunst und die einprägsamen Charakterbilder lohnen noch heute die Lektüre. Wesentlich nüchterner ist die akribische Analyse von Stein (1949) (von Diokletian bis Justinian). Sie hat die Forschung auf ein Niveau geführt, das in vielem heute noch nicht übertroffen ist. Jüngeren Datums sind die drei einschlägigen Bände der Cambridge Ancient History, welche die gesamte Spätantike umspannen: Bowman/Cameron/Garnsey (2005), Cameron/Garnsey (1998) und Cameron/Ward-Perkins/Whitby (2000). Sie sind jeweils von verschiedenen Autoren geschrieben, dadurch sehr heterogen und richten sich vorwiegend an Wissenschaftler. Es gibt eine ganze Reihe einbändiger Darstellungen aus unserer Zeit, in denen die Sicht auf die Spätantike als bloße Verfallsepoche endgültig überwunden ist: Mitchell (2007); Potter (2004) (bis 395); Brandt (1998) (leider nur bis 363, mit Einzelinterpretation zentraler Quellen); Cameron (2012) (ab 395); Sarris (2011) (ab 500); Schreiner (2008) (ab 565). Hervorzuheben ist die magistrale politische Geschichte von Martin (1995), die entsprechend der Reihenvorgabe in drei Teile zerfällt: Darstellung, Forschungsüberblick und -einordnung (unverzichtbar), Bibliographie. Der einzige Makel des Buches liegt darin, daß es seit 1995 nicht mehr überarbeitet worden ist. Eine neue Auflage aus der Feder von Hans-Ulrich Wiemer befindet sich in Vorbereitung. In anderer Form führt Meier (2007b) in die Spätantike ein: mittels einer Sammlung von Biographien der Protagonisten der Epoche.

Das wahrscheinlich beste, sicher das lehrreichste Buch zur Spätantike, das je geschrieben worden ist, ist Jones (1964) – nicht wegen seiner chronologischen Darstellung, obwohl auch die sehr lesenswert ist, sondern wegen seiner systematischen Analyse: Regierung und Verwaltung, Finanzen, Justiz, Armee, Eliten, Städte, Land, Handel und Gewerbe, Kirche und Religion, Bildung. Jones zitiert selten andere Forscher, das Werk ist vollständig aus seiner umfassenden Quellenkenntnis geschrieben und deswegen bis heute nicht veraltet. Für die von ihm behandelten Bereiche ist es noch heute der Ausgangspunkt für jede gründliche Orientierung, vielfach auch das Referenzwerk.

Eine Gesamtdarstellung des *Christentums* liegt in dem umfangreichen Sammelband von Casiday/Norris (2007) vor, in dem vor allem die in diesem Buch zu kurz kommenden regionalen Unterschiede gewürdigt werden. Für die dogmatische Entwicklung ist das Werk des katholischen Theologen Grillmeier (1989) grundlegend.

Eine Übersicht über die *Quellen* kann in diesem Rahmen nicht geboten werden. Sie sind aber in der inzwischen leider veraltenden Quellenkunde von Karayannopulos/Weiß (1982) erfaßt und kurz umrissen. Einige besonders wichtige Werke werden unten zu den einzelnen Abschnitten angeführt. Pauschal sei auf zwei Reihen mit Quellenwerken hingewiesen, die wissenschaftlichen Anspruch und Zugänglichkeit auch für diejenigen, die nicht des Griechischen und Lateinischen mächtig sind, verbinden: zum einen die zweisprachigen Fontes Christiani mit bekannten wie weniger bekannten Texten christlicher Autoren, zum anderen die (unglücklich betitelten) Translated Texts for Historians, die in englischer Übersetzung manchen wichtigen, nur wenigen Spezialisten zugänglichen Autor – in der Reihe erscheinen auch syrische Werke – ans Licht geholt haben. Eine nur der Spätantike gewidmete, ausführliche Literaturgeschichte fehlt. Immerhin gibt es für die Geschichtsschreibung den nützlichen Sammelband von Marasco (2003). Die Historiker nach Prokop behandelt Whitby (1992). Bis ins vierte Jahrhundert greift die Geschichte der byzantinischen Profanliteratur von Hunger (1978) zurück, der lateinischen Literatur bis 374 widmet sich ausführlich Herzog (1989). Von Albrecht (1994) geht in seiner knapperen lateinischen Literaturgeschichte bis ins fünfte Jahrhundert hinauf. Unentbehrlich ist das Lexikon zur antiken christlichen Literatur von Döpp/Geerlings (2002).

von Albrecht, Michael (1994), Geschichte der römischen Literatur von Andronicus bis Boëthius. Mit Berücksichtigung ihrer Bedeutung für die Neuzeit, 2 Bde., 2. Aufl. München.

Bowman, Alan K./Cameron, Averil/Garnsey, Peter (Hrsgg.) (2005), The Cambridge Ancient History, Bd. 12: The Crisis of Empire, A.D. 193–337, 2. Aufl. Cambridge.

Brandt, Hartwin (1998), Geschichte der römischen Kaiserzeit. Von Diokletian und Konstantin bis zum Ende der konstantinischen Dynastie (284–363) (Studienbücher Geschichte und Kultur der Alten Welt), Berlin.

Bury, J. B. (1889), A History of the Later Roman Empire from Arcadius to Irene (395 A.D. to 800 A.D.), 2 Bde., London.

Bury, J. B. (1923), History of the Later Roman Empire from the Death of Theodosius I. to the Death of Justinian (A.D. 395 to A.D. 565), 2 Bde., London.
Cameron, Averil (2012), The Mediterranean World in Late Antiquity AD 395–700 AD (Routledge History of the Ancient World), 2. Aufl. London u. a.
Cameron, Averil/Garnsey, Peter (Hrsgg.) (1998), The Cambridge Ancient History, Bd. 13: The Late Empire, A.D. 337–425, 2. Aufl. Cambridge.
Cameron, Averil/Ward-Perkins, Bryan/Whitby, Michael (Hrsgg.) (2000), The Cambridge Ancient History, Bd. 14: Late Antiquity: Empire and Successors, A.D. 425–600, 2. Aufl. Cambridge.
Casiday, Augustine/Norris, Frederick W. (Hrsgg.) (2007), The Cambridge History of Christianity, Bd. 2: Constantine to c. 600, Cambridge.
Döpp, Siegmar/Geerlings, Wilhelm (Hrsgg.) (2002), Lexikon der antiken christlichen Literatur, 3. Aufl. Freiburg u. a.
Grillmeier, Alois (1989), Jesus der Christus im Glauben der Kirche, 5 Bde., 1.–3. Aufl. Freiburg u. a. 1989–2002.
Herzog, Reinhart (Hrsg.) (1989), Restauration und Erneuerung. Die lateinische Literatur von 284 bis 374 n. Chr. (Handbuch der lateinischen Literatur der Antike 5), München.
Hunger, Herbert (1978), Die hochsprachliche profane Literatur der Byzantiner, 2 Bde. (Handbuch der Altertumswissenschaft XII 5), München.
Jones, A. H. M. (1964), The Later Roman Empire 284–602. A Social, Economic, and Administrative Survey, 2 Bde., Norman.
Karayannopulos, Johannes/Weiß, Günter (1982), Quellenkunde zur Geschichte von Byzanz (324–1453), 2 Bde. (Schriften zur Geistesgeschichte des östlichen Europa 14), Wiesbaden.
Marasco, Gabriele (Hrsg.) (2003), Greek and Roman Historiography in Late Antiquity. Fourth to Sixth Century A. D., Leiden u. a.
Martin, Jochen (1995), Spätantike und Völkerwanderung (Oldenbourg Grundriß der Geschichte 4), 3. Aufl. München.
Meier, Mischa (Hrsg.) (2007b), Sie schufen Europa. Historische Portraits von Konstantin bis Karl dem Großen, München.
Mitchell, Stephen (2007), A History of the Later Roman Empire AD 284–641. The Transformation of the Ancient World (Blackwell History of the Ancient World), Malden, Mass., u. a.
Pfeilschifter, Rene (2013), Der Kaiser und Konstantinopel. Kommunikation und Konfliktaustrag in einer spätantiken Metropole (Millennium-Studien 44), Berlin u. a.
Potter, David S. (2004), The Roman Empire at Bay AD 180–395 (Routledge History of the Ancient World), London u. a.
Sarris, Peter (2011), Empires of Faith. The Fall of Rome to the Rise of Islam, 500–700 (The Oxford History of Medieval Europe), Oxford.
Schreiner, Peter (2008), Byzanz 565–1453 (Oldenbourg Grundriß der Geschichte 22), 3. Aufl. München.
Seeck, Otto (1913), Geschichte des Untergangs der antiken Welt, 6 Bde., 1.–4. Aufl. Stuttgart 1913–1923.

Stein, Ernest (1949), Histoire du Bas-Empire, Bd. 1: De l'État romain à l'État byzantin (284–476). Édition française par Jean-Remy Palanque, 2. Aufl. o. O. 1959 [zuerst deutsch 1928]; Bd. 2: De la disparition de l'Empire d'Occident à la mort de Justinien (476–565). Publié par Jean-Remy Palanque, Paris u. a. 1949.

Whitby, Michael (1992), Greek Historical Writing after Procopius: Variety and Vitality, in: Averil Cameron/Lawrence I. Conrad (Hrsgg.), The Byzantine and Early Islamic Near East, Bd. 1: Problems in the Literary Source Material (Studies in Late Antiquity and Early Islam 1), Princeton, N. J., 25–80.

1. Am Ende der Antike: Kontinuität und Untergang

Zur Spätantike als Epoche ist Heuß (1990) zu empfehlen, einen guten Forschungsüberblick gibt Marcone (2000). Pirenne (1937) hat den Untergang der antiken Mittelmeerwelt auf den Islam zurückgeführt, allerdings mit vielen ökonomischen Argumenten (Abbruch der Wirtschaftsbeziehungen), die heute von der Forschung relativiert worden sind. Zum Einschnitt des siebten Jahrhunderts vgl. Kazhdan/Cutler (1982), Treadgold (1990) und Farouk (2006). Die deutschsprachige Geschichtswissenschaft sieht den Tod Justinians überwiegend als äußerste Epochengrenze der Antike an, die angloamerikanische Forschung und die Byzantinistik ziehen die Grenzen weiter. Zum Stand der Debatte vgl. Cameron (2002) und Marcone (2008).

Cameron, Averil (2002), The ‹Long› Late Antiquity: a Late Twentieth-Century Model, in: T. P. Wiseman (Hrsg.), Classics in Progress. Essays on Ancient Greece and Rome, Oxford, 165–191.

Farouk, Soliman S. (2006), Reassessing Views Regarding the «Dark Ages» of Byzantium (650–850), Byzantion 76, 115–152.

Heuß, Alfred (1990), Antike und Spätantike, in: Johannes Kunisch (Hrsg.), Spätzeit. Studien zu den Problemen eines historischen Epochenbegriffs (Historische Forschungen 42), Berlin, 27–90.

Kazhdan, Alexander/Cutler, Anthony (1982), Continuity and Discontinuity in Byzantine History, Byzantion 52, 429–478.

Marcone, Arnaldo (2000), La Tarda Antichità e le sue periodizzazioni, Rivista storica italiana 112, 318–334.

Marcone, Arnaldo (2008), A Long Late Antiquity? Considerations on a Controversial Periodization, Journal of Late Antiquity 1, 4–19.

Pirenne, H. (1937), Mahomet et Charlemagne, Paris u. a.

Treadgold, Warren (1990), The Break in Byzantium and the Gap in Byzantine Studies, Byzantinische Forschungen 15, 289–316.

2. Diokletian, die Tetrarchie und die Christen (284–305)

Der in C. H. Beck Geschichte der Antike erscheinende Parallelband von Eich (2014) gibt eine ausführlichere Darstellung der *Reichskrise* des dritten Jahrhunderts. Das maßgebliche Handbuch für die Zeit der Soldatenkaiser hat Johne (2008) vorgelegt. Die Forschung der letzten Jahrzehnte hat, auch in terminologischer Hinsicht, von einer intensiven Diskussion darüber profitiert, ob es im dritten Jahrhundert eine Systemkrise gab und ob man überhaupt von einer Reichskrise sprechen kann. Dagegen: Strobel (1993); Witschel (1999). Dafür: Eck und Liebeschuetz in Hekster (2007).

Für *Diokletian* und die Zeit der Tetrarchie bis 313 gibt es aus der Feder von Kuhoff (2001) ebenfalls ein vorzügliches Handbuch, das jede Facette ausleuchtet. Die antike Hauptquelle, das mehrmals zitierte Werk *Die Todesarten der Verfolger* von Laktanz, hat Städele in einer zweisprachigen Ausgabe vorgelegt. Die moderne, gerechtere Beurteilung Diokletians hat erst mit Burckhardt (1880) und Mommsen (1992) (letzterer geradezu enthusiastisch) eingesetzt. Ein modernes Charakterbild Diokletians fehlt; Annäherungen an seine Person sind wegen unseres Quellenmangels auch kaum möglich. Für das System der Tetrarchie ist Kolb (1987) grundlegend, ich habe seine Schlüsse meist übernommen. Das Hofzeremoniell behandeln Alföldi (1970) und Kolb (2001). Wichtige neuere Aufsätze finden sich bei Demandt/Goltz/Schlange-Schöningen (2004) und Boschung/Eck (2006). Das Akzeptanzmodell hat Flaig (1992) für den Prinzipat entwickelt. Nicht dem Wort, aber der Sache nach übernimmt es Szidat (2010) für die Spätantike bis zum Ende des westlichen Kaisertums 476.

Laktanz, De mortibus persecutorum. Die Todesarten der Verfolger. Übersetzt und eingeleitet von Alfons Städele (Fontes Christiani 43), Turnhout 2003.

Alföldi, Andreas (1970), Die monarchische Repräsentation im römischen Kaiserreiche. Mit Register von Elisabeth Alföldi-Rosenbaum, 2.Aufl. Darmstadt [zuerst 1934/35].

Boschung, Dietrich/Eck, Werner (Hrsgg.) (2006), Die Tetrarchie. Ein neues Regierungssystem und seine mediale Repräsentation (Schriften des Lehr- und Forschungszentrums für die antiken Kulturen des Mittelmeerraumes 3), Wiesbaden.

Burckhardt, Jacob (1880), Die Zeit Constantin's des Großen, 2.Aufl. Leipzig.

Demandt, Alexander/Goltz, Andreas/Schlange-Schöningen, Heinrich (Hrsgg.) (2004), Diokletian und die Tetrarchie. Aspekte einer Zeitenwende (Millennium-Studien 1), Berlin u.a.

Eich, Armin (2014), Die römische Kaiserzeit. Die Legionen und das Imperium (C.H.Beck Geschichte der Antike), München.

Flaig, Egon (1992), Den Kaiser herausfordern. Die Usurpation im Römischen Reich (Historische Studien 7), Frankfurt am Main u.a.

Hekster, Olivier (Hrsg.) (2007), Crises and the Roman Empire. Proceedings of the Seventh Workshop of the International Network Impact of Empire (Nijmegen, June 20–24, 2006) (Impact of Empire 7), Leiden u.a.

Johne, Klaus Peter (mit Udo Hartmann und Thomas Gerhardt) (Hrsg.) (2008), Die Zeit der Soldatenkaiser. Krise und Transformation des Römischen Reiches im 3.Jahrhundert n.Chr. (235–284), 2 Bde., Berlin.

Kolb, Frank (1987), Diocletian und die Erste Tetrarchie. Improvisation oder Experiment in der Organisation monarchischer Herrschaft? (Untersuchungen zur antiken Literatur und Geschichte 27), Berlin u.a.

Kolb, Frank (2001), Herrscherideologie in der Spätantike (Studienbücher Geschichte und Kultur der Alten Welt), Berlin.

Kuhoff, Wolfgang (2001), Diokletian und die Epoche der Tetrarchie. Das römische Reich zwischen Krisenbewältigung und Neuaufbau (284–313 n.Chr.), Frankfurt am Main u.a.

Mommsen, Theodor (1992), Römische Kaisergeschichte. Nach den Vorlesungsmitschriften von Sebastian und Paul Hensel 1882/86 hrsg. von Barbara und Alexander Demandt, München.

Strobel, Karl (1993), Das Imperium Romanum im «3.Jahrhundert». Modell einer historischen Krise? Zur Frage mentaler Strukturen breiterer Bevölkerungsschichten in der Zeit von Marc Aurel bis zum Ausgang des 3.Jh. n.Chr. (Historia Einzelschriften 75), Stuttgart.

Szidat, Joachim (2010), Usurpator tanti nominis. Kaiser und Usurpator in der Spätantike (337–476 n.Chr.) (Historia Einzelschriften 210), Stuttgart.

Witschel, Christian (1999), Krise – Rezession – Stagnation? Der Westen des römischen Reiches im 3.Jahrhundert n.Chr. (Frankfurter althistorische Beiträge 4), Frankfurt am Main.

3. Das vierte Jahrhundert (306–395): der Beginn des christlichen Zeitalters

Konstantin der Große

Gute Einführungen geben die Biographien von Bleckmann (1996) und Brandt (2006). Die mehrmals angeführte Konstantinsvita von Eusebios haben Bleckmann und Schneider übersetzt und vorzüglich eingeleitet. Der maßgebliche Kommentar stammt von Cameron und Hall. Wichtige Beiträge der älteren Forschung hat Kraft (1974) gesammelt, darunter den von Grégoire. Zum Halo vgl. Weiß (1993), zur Grablegung Konstantins Rebenich (2000). Die Autoren bei Lenski (2006) bieten einen Überblick über die Facetten des Zeitalters Konstantins. Seit dem Jubiläumsjahr 2006 überschlägt sich die Forschung geradezu, jedes Jahr erscheint mindestens ein gewichtiges Buch. Nur weniges sei herausgegriffen: Wichtig ist die Maxentius-Monographie von Leppin/Ziemssen (2007). Schmitt (2007) hat eine in ihrer Thesenfreudigkeit immer anregende Biographie Konstantins geschrieben. Die Monographie von Wienand (2012) ist grundlegend, sowohl in der Erschließung neuer Quellen als auch in der Analyse von Konstantins (Selbst-)Repräsentation. Die komplexe Religion und Religionspolitik Konstantins hat zuletzt Wallraff (2013) analysiert.

Eusebios, De vita Constantini. Über das Leben Konstantins. Eingeleitet von Bruno Bleckmann. Übersetzt und kommentiert von Horst Schneider (Fontes Christiani 83), Turnhout 2007.

- Life of Constantine. Introduction, Translation, and Commentary by Averil Cameron and Stuart G. Hall (Clarendon Ancient History Series), Oxford 1999.

Bleckmann, Bruno (1996), Konstantin der Große (Rowohlts Monographien 556), Reinbek bei Hamburg.
Brandt, Hartwin (2006), Konstantin der Große. Der erste christliche Kaiser. Eine Biographie, München.
Kraft, Heinrich (Hrsg.) (1974), Konstantin der Große (Wege der Forschung 131), Darmstadt.
Lenski, Noel (Hrsg.) (2006), The Cambridge Companion to the Age of Constantine, Cambridge u. a.
Leppin, Hartmut/Ziemssen, Hauke (2007), Maxentius. Der letzte Kaiser in Rom, Mainz.
Rebenich, Stefan (2000), Vom dreizehnten Gott zum dreizehnten Apostel? Der tote Kaiser in der Spätantike, Zeitschrift für antikes Christentum 4, 300–324.
Schmitt, Oliver (2007), Constantin der Große (275–337). Leben und Herrschaft, Stuttgart.
Wallraff, Martin (2013), Sonnenkönig der Spätantike. Die Religionspolitik Konstantins des Großen, Freiburg u. a.
Weiß, Peter (1993), Die Vision Constantins, in: Jochen Bleicken (Hrsg.), Colloquium aus Anlaß des 80. Geburtstages von Alfred Heuß (Frankfurter althistorische Studien 13), Kallmünz, 143–169.
Wienand, Johannes (2012), Der Kaiser als Sieger. Metamorphosen triumphaler Herrschaft unter Constantin I. (Klio Beihefte NF 19), Berlin.

Die Kirche
Für die Dogmatik sei erneut auf Grillmeier (s. o. unter Allgemeines) verwiesen. Für die Verschränkung von Imperium und Christentum waren die Arbeiten von Peter Brown wegweisend, vor allem Brown (1995). In die Strukturen des frühen Christentums, von der Bekehrung über Frömmigkeitspraxis und Ehe und Familie bis zur Kirchenhierarchie, führt Markschies (2012) ein. Eine gute Übersicht über das Bischofsamt und seine neue Rolle gibt Rapp (2005). Gaddis (2005) beschäftigt sich nicht nur, wie der Titel angibt, mit religiöser Gewalt, sondern generell mit den Strategien und Methoden der Durchsetzung gegen Pagane und andersgläubige Christen. Die Auseinandersetzung zwischen Nizänern und Homöern bis 381 stellt Hanson (1988) dar. Leppin (2013) analysiert die Veränderungen des christlich gewordenen Kaisertums.

Brown, Peter (1995), Macht und Rhetorik in der Spätantike. Der Weg zu einem «christlichen Imperium» (dtv Wissenschaft 4650), München [zuerst englisch 1992].
Gaddis, Michael (2005), There is no Crime for those who have Christ. Religious Violence in the Christian Roman Empire (The Transformation of the Classical Heritage 39), Berkeley u. a.

Hanson, R. P. C. (1988), The Search for the Christian Doctrine of God. The Arian Controversy, 318–381, Edinburgh.
Leppin, Hartmut (2013), Kaisertum und Christentum in der Spätantike: Überlegungen zu einer unwahrscheinlichen Synthese, in: Andreas Fahrmeir/Annette Imhausen (Hrsgg.), Die Vielfalt normativer Ordnungen. Konflikte und Dynamik in historischer und ethnologischer Perspektive (Normative Orders 8), Frankfurt am Main, 197–223.
Markschies, Christoph (2012), Das antike Christentum. Frömmigkeit, Lebensformen, Institutionen (Beck'sche Reihe 1692), 2. Aufl. München.
Rapp, Claudia (2005), Holy Bishops in Late Antiquity. The Nature of Christian Leadership in an Age of Transition (The Transformation of the Classical Heritage 37), Berkeley u.a.

Eine neue Form der Lebensführung: das Mönchtum
Athanasios' *Leben des heiligen Antonios* liegt in einer maßgeblichen griechisch-französischen Ausgabe von Bartelink vor. Eine ältere deutsche Übersetzung stammt von Mertel. Über die Askese als wesentliche Triebfeder des Mönchtums hat wiederum Brown (2008) eine maßgebliche Studie vorgelegt. Für das östliche Mönchtum ist Caner (2002) wichtig. Den wahrscheinlich ertragreichsten, weil ein ganzes Forschungsfeld eröffnenden Aufsatz zur spätantiken Geschichte hat Brown (1982) geschrieben, und zwar über den Heiligen Mann.

Athanasios, Ausgewählte Schriften, Bd. 2: Gegen die Heiden. Über die Menschwerdung. Leben des heiligen Antonius. Aus dem Griechischen übersetzt von Anton Stegmann/Hans Mertel (Bibliothek der Kirchenväter 31), Kempten u.a. 1917 [www.unifr.ch/bkv/kapitel44.htm].
- Vie d'Antoine. Introduction, texte critique, traduction, notes et index par G.J.M. Bartelink (Sources Chrétiennes 400), Paris 2004².

Brown, Peter (1982), The Rise and Function of the Holy Man in Late Antiquity, in: ders., Society and the Holy in Late Antiquity, Berkeley u.a., 103–152 [zuerst 1971].
Brown, Peter (2008), The Body and Society. Men, Women and Sexual Renunciation in Early Christianity. Twentieth-Anniversary Edition with a New Introduction (Columbia Classics in Religion), 2. Aufl. New York.
Caner, Daniel (2002), Wandering, Begging Monks. Spiritual Authority and the Promotion of Monasticism in Late Antiquity (The Transformation of the Classical Heritage 33), Berkeley u.a.

Die Nachfolger Konstantins und der rechte Glaube
Das Geschichtswerk des Ammianus Marcellinus, das in seinem erhaltenen Teil während Constantius' Herrschaft einsetzt (353) und bis zur Schlacht von Hadrianopolis 378 reicht, ist am besten in der zweisprachigen Ausgabe von Seyfarth greifbar. Eine monumentale Einführung nicht nur in diesen zentralen Autor, sondern überhaupt in die Zeit des mittleren vierten Jahrhunderts gibt Matthews (2007). Über Constantius' Kirchenpolitik informiert Klein (1977), eine Monographie zu diesem Kaiser hat Barceló (2004) verfaßt.

Ammianus Marcellinus, Römische Geschichte. Lateinisch und Deutsch und mit einem Kommentar versehen von Wolfgang Seyfarth, 4 Bde. (Schriften und Quellen der alten Welt 21), Berlin 1978–1983$^{2/5}$.

Barceló, Pedro (2004), Constantius II. und seine Zeit. Die Anfänge des Staatskirchentums, Stuttgart.

Klein, Richard (1977), Constantius II. und die christliche Kirche (Impulse der Forschung 26), Darmstadt.

Matthews, John (2007), The Roman Empire of Ammianus. With a New Introduction, 2. Aufl. Ann Arbor.

Julian: Rückkehr zum Heidentum

Kein Kaiser hat ein derartig reiches literarisches Œuvre hinterlassen wie Julian. Es liegt in Deutsch nicht vollständig vor, empfohlen sei daher der Griff zur französischen Ausgabe von Bidez/Rochefort/Lacombrade. Libanios hat noch weit mehr geschrieben, und so ist es kein Wunder, daß seine Werke noch nicht vollständig in eine moderne Sprache übertragen wurden. Gerade bei den Briefen schmerzt diese Lücke. Wichtige Teile haben aber Norman und Bradbury übersetzt. Eine moderne Biographie stammt von Wintjes (2005). Aus dem Schrifttum ragt Wiemer (1995) heraus, der nicht nur das Verhältnis zwischen Libanios und Julian analysiert, sondern auch die historische Analyse spätantiker Reden auf eine neue Grundlage gestellt hat. Die Literatur zu Julian ist uferlos, auch wenn sich die aktuelle Forschung auf ihn nicht ganz so konzentriert wie auf Konstantin. Den besten Zugriff erlauben zwei Biographien, die umfassende von Rosen (2006) und die in ihrer Klarheit bestechende von Bringmann (2004). Wichtige ältere Beiträge hat Klein (1978) gesammelt.

Julian, Œuvres complètes. Texte établi et traduit par Joseph Bidez/Gabriel Rochefort/Christian Lacombrade, 4 Bde. (Collection des Universités de France), Paris 1924–1965.

Libanios, Selected Works. With an English Translation, Introduction and Notes by A. F. Norman, 2 Bde. (Loeb Classical Library 451/52), Cambridge, Mass., u. a. 1969/77.

– Autobiography and Selected Letters. Edited and Translated by A. F. Norman, 2 Bde. (Loeb Classical Library 478/79), Cambridge, Mass., u. a. 1992.

– Antioch as a Centre of Hellenic Culture as Observed by Libanius. Translated with an Introduction by A. F. Norman (Translated Texts for Historians 34), Liverpool 2000.

– Selected Letters from the Age of Constantius and Julian. Translated with an Introduction and Notes by Scott Bradbury (Translated Texts for Historians 41), Liverpool 2004.

Bringmann, Klaus (2004), Kaiser Julian (Gestalten der Antike), Darmstadt.

Klein, Richard (Hrsg.) (1978), Julian Apostata (Wege der Forschung 509), Darmstadt.

Rosen, Klaus (2006), Julian. Kaiser, Gott und Christenhasser, Stuttgart.

Wiemer, Hans-Ulrich (1995), Libanios und Julian. Studien zum Verhältnis von Rhetorik und Politik im vierten Jahrhundert n. Chr. (Vestigia 46), München.
Wintjes, Jorit (2005), Das Leben des Libanius (Historische Studien der Universität Würzburg 2), Rahden.

Neue Unruhe: die Valentinianische Dynastie und die Goten
In der präzisen Analyse von Errington (2006) liegt die maßgebliche politische Geschichte für die Zeit von Julian bis Theodosius I. vor. Für Valens ist vor allem die Studie von Lenski (2002) heranzuziehen. Wolfram (1990) hat ein Handbuch zu den Goten geschrieben, das nicht nur unser Verständnis dieses Volkes, sondern überhaupt das der germanischen Ethnogenese während der Wanderungszeit auf eine neue Grundlage gestellt hat. Das Pionierwerk zur Ethnogenese stammt von Wenskus (1961). Heather (1991) hat die Ereignisse um Hadrianopolis und die Formierung der Westgoten bis zu Alarich im Detail analysiert. Ein Referenzwerk für die Epoche Theodosius' I. stellt die Biographie von Leppin (2003) dar. Wichtig ist auch Ernesti (1998). Den Herrschaftsantritt Theodosius' hat wiederum Errington (1996) analysiert.

Ernesti, Jörg (1998), Princeps christianus und Kaiser aller Römer. Theodosius der Große im Lichte zeitgenössischer Quellen (Paderborner theologische Studien 25), Paderborn u. a.
Errington, Malcolm (1996), The Accession of Theodosius I, Klio 78, 438–453.
Errington, Malcolm (2006), Roman Imperial Policy from Julian to Theodosius (Studies in the History of Greece and Rome), Chapel Hill.
Heather, P. J. (1991), Goths and Romans 332–489 (Oxford Historical Monographs), Oxford.
Lenski, Noel (2002), Failure of Empire. Valens and the Roman State in the Fourth Century A.D., Berkeley u. a.
Leppin, Hartmut (2003), Theodosius der Große (Gestalten der Antike), Darmstadt.
Wenskus, Reinhard (1961), Stammesbildung und Verfassung. Das Werden der frühmittelalterlichen *gentes*, Köln u. a.
Wolfram, Herwig (1990), Die Goten. Von den Anfängen bis zur Mitte des sechsten Jahrhunderts. Entwurf einer historischen Ethnographie (Frühe Völker), 3. Aufl. München.

Der Triumph des nizänischen Christentums
Theodosius' früher Religionspolitik hat Errington (1997) eine ausführliche Studie gewidmet. McLynn (1994) hat in seiner politischen Ambrosius-Biographie als erster darauf hingewiesen, daß auch der Kaiser vom Bußakt von Mailand profitierte. Traditioneller, nämlich als Niederlage für Theodosius, interpretiert Kolb (1980) das Ereignis. Croke (1976) kommt zu dem Schluß, Valentinian II. habe Selbstmord begangen, doch sprechen manche und wohl die besseren Indizien für Gewalt von fremder Hand. Daß Eugenius' Usurpation keine heidnische Rebellion darstellte, hat Szidat (1979) klargestellt.

Croke, Brian (1976), Arbogast and the Death of Valentinian II, Historia 25, 235–244.
Errington, Malcolm (1997), Church and State in the First Years of Theodosius I, Chiron 27, 21–72.
Kolb, Frank (1980), Der Bußakt von Mailand: Zum Verhältnis von Staat und Kirche in der Spätantike, in: Hartmut Boockmann/Kurt Jürgensen/Gerhard Stoltenberg (Hrsgg.), Geschichte und Gegenwart. Festschrift für Karl Dietrich Erdmann, Neumünster, 41–74.
McLynn, Neil B. (1994), Ambrose of Milan. Church and Court in a Christian Capital (The Transformation of the Classical Heritage 22), Berkeley u. a.
Szidat, Joachim (1979), Die Usurpation des Eugenius, Historia 28, 487–508.

4. Das fünfte Jahrhundert (395–518): die Völkerwanderung

Das geteilte Reich und die Barbaren
Eine ausführliche Geschichte der Germanen, in der auch die Völkerwanderung breit behandelt wird, hat Bleckmann (2009) vorgelegt. Nicasie (1998) analysiert die römische Armee des vierten Jahrhunderts und die begrenzte Rolle der Barbaren in ihr, das gleiche tut, für einen etwas nach hinten verschobenen Zeitraum, Elton (1996). Wichtig ist die archäologische Analyse von von Rummel (2007), der gezeigt hat, daß Hosen, Halsringe und lange Haare schon lange nicht mehr bloß Barbaren, sondern auch schlicht Soldaten kennzeichneten. Die Gründe für den Fall des Römischen Reiches sind seit Jahrhunderten eine der meistdiskutierten Fragen der Geschichtswissenschaft. Den Angriff auf das Modell der Transformation – die letzte wesentliche Wende in dieser Debatte – haben Ward-Perkins (2007) und Heather (2007) geführt. Viele ältere Ansätze sind in dem Sammelband von Christ (1970) zusammengestellt. Baynes und Jones haben in ihren dort enthaltenen Beiträgen die von mir übernommene These vertreten, die Reichsteilung habe den Westen entscheidend geschwächt, während der Osten über bessere geographische und finanzielle Bedingungen verfügte. Ward-Perkins mißt dem geographischen Faktor ebenfalls großes Gewicht bei. Das wichtigste ältere Werk zur Ära Stilichos ist Demougeot (1951). Fortschritte sind seitdem vor allem durch eine minutiöse Analyse unserer beiden Hauptquellen erreicht worden, des Dichters Claudian und des Historikers Zosimos (dessen *Neue Geschichte* reicht bis 410, vor den Fall Roms). Für Claudian vgl. Cameron (1970) und Döpp (1980), für Zosimos die wunderbare, kommentierte Ausgabe von Paschoud. Den übermächtigen Generälen von Stilicho bis Odoakar, die ihre Kaiser zu erdrücken drohten und es letztlich taten, hat O'Flynn (1983) eine Monographie gewidmet.

Zosimos, Histoire nouvelle. Texte établi et traduit par François Paschoud, 3 Bde. (Collection des Universités de France), Paris 1979–2000$^{1/2}$.

Bleckmann, Bruno (2009), Die Germanen. Von Ariovist bis zu den Wikingern, München.

Cameron, Alan (1970), Claudian. Poetry and Propaganda at the Court of Honorius, Oxford.
Christ, Karl (Hrsg.) (1970), Der Untergang des Römischen Reiches (Wege der Forschung 269), Darmstadt.
Demougeot, E. (1951), De l'unité à la division de l'Empire romain 395–410. Essai sur le gouvernement impérial, Paris.
Döpp, Siegmar (1980), Zeitgeschichte in Dichtungen Claudians (Hermes Einzelschriften 43), Wiesbaden.
Elton, Hugh (1996), Warfare in Roman Europe, AD 350–425 (Oxford Classical Monographs), Oxford.
Heather, Peter (2007), Der Untergang des römischen Weltreichs, Stuttgart [zuerst englisch 2005].
Nicasie, M. J. (1998), Twilight of Empire. The Roman Army from the Reign of Diocletian until the Battle of Adrianople (Dutch Monographs on Ancient History and Archaeology 19), Amsterdam.
O'Flynn, John (1983), Generalissimos of the Western Roman Empire, Edmonton.
von Rummel, Philipp (2007), Habitus barbarus. Kleidung und Repräsentation spätantiker Eliten im 4. und 5. Jahrhundert (Ergänzungsbände zum Reallexikon der Germanischen Altertumskunde 55), Berlin u. a.
Ward-Perkins, Bryan (2007), Der Untergang des Römischen Reiches und das Ende der Zivilisation, Darmstadt [zuerst englisch 2005].

Die Westgoten: auf dem Weg zum ersten Germanenstaat
& Barbarische Lebensformen
Neben der bereits genannten Literatur ist vor allem das Buch von Kampers (2008) über die Westgoten zu nennen, welches das Tolosanische Reich ausführlich behandelt. Meier/Patzold (2010) stellen die unterschiedlichen Deutungen des Falls von Rom vor und geben so einen Eindruck von der Wirkung des Ereignisses. Für Constantius III. ist Lütkenhaus (1998) wichtig. *Civilitas* als Kaisertugend analysieren Wallace-Hadrill (1982) und Diefenbach (2002).

Diefenbach, Steffen (2002), Zwischen Liturgie und *civilitas*. Konstantinopel im 5. Jahrhundert und die Etablierung eines städtischen Kaisertums, in: Rainer Warland (Hrsg.), Bildlichkeit und Bildorte von Liturgie. Schauplätze in Spätantike, Byzanz und Mittelalter, Wiesbaden, 21–49.
Kampers, Gerd (2008), Geschichte der Westgoten, Paderborn u. a.
Lütkenhaus, Werner (1998), Constantius III. Studien zu seiner Tätigkeit und Stellung im Westreich 411–421 (Habelts Dissertationsdrucke Reihe Alte Geschichte 44), Bonn.
Meier, Mischa/Patzold, Steffen (2010), August 410 – ein Kampf um Rom, Stuttgart.
Wallace-Hadrill, Andrew (1982), Civilis princeps: Between Citizen and King, Journal of Roman Studies 72, 32–48.

Die Rechtsordnung
Über Kriminalität und Kriminalitätsbekämpfung informiert anschaulich Krause (2004). Das Handbuch zur Rechtsgeschichte von Wieacker (2006) ist für die Spätantike leider Fragment geblieben. Bretone (1992) konzentriert sich in seiner philosophisch und kulturgeschichtlich reflektierenden Rechtsgeschichte auf die Kodifizierungen. Durch eine nüchterne, trotz der Kürze sehr breit ansetzende Analyse zeichnet sich Harke (2008) aus.

Bretone, Mario (1992), Geschichte des römischen Rechts. Von den Anfängen bis zu Justinian, München [zuerst italienisch 1989].
Harke, Jan Dirk (2008), Römisches Recht. Von der klassischen Zeit bis zu den modernen Kodifikationen (Grundrisse des Rechts), München.
Krause, Jens-Uwe (2004), Kriminalgeschichte der Antike, München.
Wieacker, Franz (2006), Römische Rechtsgeschichte, 2. Abschnitt: Die Jurisprudenz vom frühen Prinzipat bis zum Ausgang der Antike im weströmischen Reich und die oströmische Rechtswissenschaft bis zur justinianischen Gesetzgebung. Ein Fragment (Handbuch der Altertumswissenschaft), München.

Die spätantike Stadt
Die maßgebliche Monographie zu Antiocheia hat Liebeschuetz (1972) geschrieben. Es war gleichfalls Liebeschuetz, der 30 Jahre später die Debatte über das Ende der Stadt zugespitzt und dadurch erst so richtig befeuert hat: *Decline and Fall of the Roman City* (2001). Krause/Witschel (2006) haben demgegenüber einen ausgewogenen Sammelband vorgelegt, in dem die Unterschiedlichkeit der regionalen Entwicklung schön herausgearbeitet wird. Der grundlegenden Arbeit von Cameron (1976) verdanken wir die Erkenntnis, daß die Zirkusparteien keine politischen, religiösen oder gesellschaftlichen Interessenvereine waren, sondern sportliche Zusammenschlüsse. Daß diese dann aber doch politisch relevant werden konnten, hat die jüngste Forschung erneut betont (Liebeschuetz [2001] und Whitby in dem Sammelband von Krause/Witschel).

Cameron, Alan (1976), Circus Factions. Blues and Greens at Rome and Byzantium, Oxford.
Krause, Jens-Uwe/Witschel, Christian (Hrsgg.) (2006), Die Stadt in der Spätantike – Niedergang oder Wandel? Akten des internationalen Kolloquiums in München am 30. und 31. Mai 2003 (Historia Einzelschriften 190), Stuttgart, 441–461.
Liebeschuetz, J. H. W. G. (1972), Antioch. City and Imperial Administration in the Later Roman Empire, Oxford.
Liebeschuetz, J. H. W. G. (2001), Decline and Fall of the Roman City, Oxford.

Die Hunnen
Die Fragmente von Priskos' *Geschichte* hat Blockley ediert. Das grundlegende Werk zur Geschichte der Hunnen stammt von Maenchen-Helfen (1978). Stickler (2007) hat einen kürzeren, die Forschung nicht nur wiedergebenden, son-

dern auch weiterführenden Überblick vorgelegt. Ebenfalls von Stickler (2002) stammt das Referenzwerk zu Aetius und überhaupt zum Westen in der Zeit zwischen dem Tod Honorius' 423 und dem Aetius' 454. Von älteren Arbeiten für diesen Zeitraum sind vor allem Oost (1968) und Sirago (1961) zu nennen.

Blockley, R. C. (Hrsg.), The Fragmentary Classicising Historians of the Later Roman Empire. Eunapius, Olympiodorus, Priscus and Malchus, Bd. 2: Text, Translation and Historiographical Notes (Arca 10), Liverpool 1983.
Maenchen-Helfen, Otto J. (1978), Die Welt der Hunnen. Eine Analyse ihrer historischen Dimension. Deutschsprachige Ausgabe besorgt von Robert Göbl, Wien u. a. [zuerst englisch 1973].
Oost, Stewart Irvin (1968), Galla Placidia Augusta. A Biographical Essay, Chicago u. a.
Sirago, Vito Antonio (1961), Galla Placidia e la trasformazione politica dell'Occidente (Université de Louvain, Recueil de travaux d'histoire et de philologie IV 25), Louvain.
Stickler, Timo (2002), Aetius. Gestaltungsspielräume eines Heermeisters im ausgehenden Weströmischen Reich (Vestigia 54), München.
Stickler, Timo (2007), Die Hunnen (C.H.Beck Wissen in der Beck'schen Reihe 2433), München.

Der Untergang des westlichen Kaisertums
Die maßgebliche Analyse stammt von Henning (1999). Für Ricimer ist Krautschick (1994) wichtig. Courtois (1955) hat die klassische Darstellung zu den Vandalen in Africa geschrieben. Aus der neueren Forschung sind Berndt (2007) (zur Ethnogenese) und der Sammelband von Berndt/Steinacher (2008) zu erwähnen.

Berndt, Guido M. (2007), Konflikt und Anpassung. Studien zu Migration und Ethnogenese der Vandalen (Historische Studien 489), Husum.
Berndt, Guido M./Steinacher, Roland (Hrsgg.) (2008), Das Reich der Vandalen und seine (Vor-)Geschichten (Denkschriften der Österreichischen Akademie der Wissenschaften, Phil.-hist. Klasse 366), Wien.
Courtois, Christian (1955), Les Vandales et l'Afrique, Paris.
Henning, Dirk (1999), *Periclitans res publica*. Kaisertum und Eliten in der Krise des Weströmischen Reiches 454/5–493 n.Chr. (Historia Einzelschriften 133), Stuttgart.
Krautschick, Stefan (1994), Ricimer – ein Germane als starker Mann in Italien, in: Barbara Scardigli/Piergiuseppe Scardigli (Hrsgg.), Germani in Italia (Monografie scientifiche, Serie Scienze umane e sociali), Roma, 269–287.

Eine oder zwei Naturen Christi? Der Verlust der Glaubenseinheit
Die Protokolle der Konzile von Ephesos und Chalkedon sind erhalten. Schwartz hat sie, zusammen mit zahlreichen anderen Dokumenten, in einer vielbändigen Jahrhundertedition publiziert. Es liegen inzwischen Teilüber-

setzungen von Festugière und Price/Gaddis vor. Für das Dogmatische sei wiederum Grillmeier (s.o. unter Allgemeines) genannt. Zur Rolle des Volkes von Konstantinopel bei den christologischen Streitigkeiten ist Gregory (1979) wichtig. Wessel (2004) ist jetzt das Referenzwerk für Nestorios. Frend (1972) hat die in manchem Detail überholte, aber immer noch beste und auch erzählerisch anschauliche Geschichte des Miaphysitismus geschrieben. Die großen Züge der kaiserlichen Auseinandersetzung mit den Miaphysiten zeichnet Gray (1979) nach. Blaudeau (2006) beschäftigt sich im Detail mit der Kirchenpolitik zwischen 451 und 491. Kötter (2013) hat ein bemerkenswertes Buch zum Akakianischen Schisma vorgelegt.

Acta Conciliorum Oecumenicorum, edd. Eduardus Schwartz/Johannes Straub u.a., Berlin u.a., seit 1914.

Éphèse et Chalcédoine. Actes des conciles traduits par A.J. Festugière (Textes, dossiers, documents 6), Paris 1982.

The Acts of the Council of Chalcedon. Translated with Introduction and Notes by Richard Price and Michael Gaddis, 3 Bde. (Translated Texts for Historians 45), Liverpool 2005.

Blaudeau, Philippe (2006), Alexandrie et Constantinople (451–491). De l'histoire à la géo-ecclésiologie (Bibliothèque des Écoles françaises d'Athènes et de Rome 327), Rome.

Frend, W. H. C. (1972), The Rise of the Monophysite Movement. Chapters in the History of the Church in the Fifth and Sixth Centuries, Cambridge.

Gray, Patrick T. R. (1979), The Defense of Chalcedon in the East (451–553) (Studies in the History of Christian Thought 20), Leiden.

Gregory, Timothy E. (1979), Vox populi. Popular Opinion and Violence in the Religious Controversies of the Fifth Century A.D., Columbus.

Kötter, Jan-Markus (2013), Zwischen Kaisern und Aposteln. Das Akakianische Schisma (484–519) als kirchlicher Ordnungskonflikt der Spätantike (Roma aeterna 2), Stuttgart.

Wessel, Susan (2004), Cyril of Alexandria and the Nestorian Controversy. The Making of a Saint and of a Heretic (Oxford Early Christian Studies), Oxford.

Die Ostgoten und Konstantinopel

Unter den Theoderich-Biographien ist neben Ausbüttel (2003) vor allem Enßlin (1959) zu nennen. Seitdem hat Goltz (2008) durch eine akribische Analyse der Quellen das Theoderich-Bild auf eine neue Grundlage gestellt. Für die Goten auf dem Balkan sind Wolfram (1990) und vor allem Heather (1991) heranzuziehen. Das Ostgotenreich in Italien untersucht Moorhead (1992).

Ausbüttel, Frank (2003), Theoderich der Große (Gestalten der Antike), Darmstadt.

Enßlin, Wilhelm (1959), Theoderich der Große, 2. Aufl. München.

Goltz, Andreas (2008), Barbar – König – Tyrann. Das Bild Theoderichs des Großen in der Überlieferung des 5. bis 9. Jahrhunderts (Millennium-Studien 12), Berlin u.a.

Heather, P. J. (1991), Goths and Romans 332–489 (Oxford Historical Monographs), Oxford.
Moorhead, John (1992), Theoderic in Italy, Oxford.
Wolfram, Herwig (1990), Die Goten. Von den Anfängen bis zur Mitte des sechsten Jahrhunderts. Entwurf einer historischen Ethnographie (Frühe Völker), 3. Aufl. München.

Chlodwig und die Franken
Das Referenzwerk zur frühen Geschichte der Franken und zu Chlodwig ist Becher (2011). Über die politischen, militärischen und religiösen Implikationen der Schlacht auf dem Campus Vogladensis informiert der Sammelband von Mathisen/Shanzer (2012).

Becher, Matthias (2011), Chlodwig I. Der Aufstieg der Merowinger und das Ende der antiken Welt, München.
Mathisen, Ralph W./Shanzer, Danuta (Hrsgg.) (2012), The Battle of Vouillé, 507 CE. Where France began (Millennium-Studien 37), Boston u. a.

Ein verwandeltes Imperium
Ausgangspunkt für jede Beschäftigung mit Anastasios und seiner Herrschaft ist nun Meier (2009). Daneben ist noch Haarer (2006) zu nennen.

Haarer, F. K. (2006), Anastasius I. Politics and Empire in the Late Roman World (Arca 46), Cambridge.
Meier, Mischa (2009), Anastasios I. Die Entstehung des Byzantinischen Reiches, Stuttgart.

5. Das sechste und siebte Jahrhundert (518–641): Kaiser und Reich

Konstantinopel
Eine einführende Stadtgeschichte hat Schreiner (2007) geschrieben, eine ausführlichere, aber nur bis 451 reichende Dagron (1984). Für die Topographie Konstantinopels, die wegen der späteren Überbauung vornehmlich aus dem literarischen Befund erschlossen werden muß, sind Janin (1964) und Berger (1988) unentbehrlich. Asutay-Effenberger (2007) hat die Überreste der Theodosianischen Mauern – eines der wenigen noch vorhandenen archäologischen Monumente – untersucht. Die Stadtentwicklung analysiert Mango (2004). Gegenüber älteren Schätzungen, die bis zu einer Million Einwohnern reichen, hat Jacoby (1961) eine weit geringere Bevölkerungszahl erschlossen, mit einer Spitze von 375 000 Menschen in den ersten Jahren Justinians. Mit dem Funktionieren des Akzeptanzsystems haben sich Diefenbach (1996), Meier (2007a) und Pfeilschifter (s. o. unter Allgemeines) beschäftigt. Auf diese letzte Arbeit stützt sich meine Darstellung von Justins Proklamation zum Kaiser.

Asutay-Effenberger, Neslihan (2007), Die Landmauer von Konstantinopel-Istanbul. Historisch-topographische und baugeschichtliche Untersuchungen (Millennium-Studien 18), Berlin u.a.

Berger, Albrecht (1988), Untersuchungen zu den Patria Konstantinupoleos (Ποικίλα Βυζαντινά 8), Bonn.

Dagron, Gilbert (1984), Naissance d'une capitale. Constantinople et ses institutions de 330 à 451 (Bibliothèque byzantine Études 7), 2.Aufl. Paris.

Diefenbach, Steffen (1996), Frömmigkeit und Kaiserakzeptanz im frühen Byzanz, Saeculum 47, 35–66.

Jacoby, David (1961), La population de Constantinople à l'époque byzantine: un problème de démographie urbaine, Byzantion 31, 81–109.

Janin, R. (1964), Constantinople byzantine. Développement urbain et répertoire topographique (Archives de l'Orient Chrétien 4a), 2.Aufl. Paris.

Mango, Cyril (2004), Le développement urbain de Constantinople (IVe–VIIe siècles) (Travaux et Mémoires du Centre de Recherche d'Histoire et Civilisation de Byzance, Monographies 2), 3.Aufl. Paris.

Meier, Mischa (2007a), Die Demut des Kaisers. Aspekte der religiösen Selbstinszenierung bei Theodosius II. (408–450 n.Chr.), in: Andreas Pečar/Kai Trampedach (Hrsgg.), Die Bibel als politisches Argument. Voraussetzungen und Folgen biblizistischer Herrschaftslegitimation in der Vormoderne (Historische Zeitschrift Beihefte NF 43), München, 135–158.

Schreiner, Peter (2007), Konstantinopel. Geschichte und Archäologie (C.H.Beck Wissen in der Beck'schen Reihe 2364), München.

Justinian: die Erneuerung des Imperiums

Die Werke Prokops über Justinians Bauten (verherrlichend), Kriege (nüchtern-kritisch, aber wohlwollend) und das bisher Verschwiegene (die sogenannte *Geheimgeschichte*: feindselig-polemisch) sind die Hauptquelle für Justinians Ära. Veh hat sie in einer griechisch-deutschen Edition herausgegeben. Neben der Zeit Konstantins steht keine Epoche so sehr im Zentrum der gegenwärtigen Forschung wie die Justinians. Das Referenzwerk stellt jetzt die Biographie von Leppin (2011) dar. Einführungen geben Meier (2004) und Evans (1996). Der Sammelband von Maas (2005) behandelt die meisten Aspekte von Justinians Herrschaft auf dem Stand der Forschung. Einige der wichtigsten Aufsätze der letzten 30 Jahre hat Meier (2011) zusammengestellt (mit einem magistralen Forschungsüberblick von Leppin). Meier (2003b) selbst hat die anregendste Arbeit dieser Generation zu Justinian geschrieben. Er hat das Zeitalter Justinians als triumphalen Höhepunkt einer jahrhundertelangen Entwicklung – Justinians eigene Sicht, die von der Forschung lange reproduziert wurde – in Frage gestellt und gezeigt, welche Wirkung die Katastrophen der Epoche, insbesondere die Pest, auf die Mentalität der Reichsbevölkerung und auf die Transformationsprozesse hin zu einer christlicheren Welt ausübten. Croke (2007) hat die ältere Ansicht entkräftet, Justins Herrschaft sei höchstens ein Vorspann zu Justinians Kaisertum gewesen. Über die in diesem Buch nur am Rande erwähnte Theodora, Justinians Ehefrau aus der Halbwelt, informieren Beck

(1986) und Leppin (2002). Zu Justinians Zugänglichkeit habe ich einige Gedanken in Pfeilschifter (2008) formuliert.

Prokop, Gotenkriege. Griechisch-Deutsch ed. Otto Veh (Tusculum-Bücherei), München 1966.
- Perserkriege. Griechisch-Deutsch ed. Otto Veh (Tusculum-Bücherei), München 1970.
- Vandalenkriege. Griechisch-Deutsch ed. Otto Veh (Tusculum-Bücherei), München 1971.
- Bauten. Griechisch-Deutsch ed. Otto Veh. Archäologischer Kommentar von W. Pülhorn (Tusculum-Bücherei), München 1977.
- Anekdota. Geheimgeschichte des Kaiserhofs von Byzanz. Griechisch-Deutsch. Übersetzt und herausgegeben von Otto Veh. Mit Erläuterungen, einer Einführung und Literaturhinweisen von Mischa Meier und Hartmut Leppin (Sammlung Tusculum), Düsseldorf u. a. 2005[4].

Beck, Hans-Georg (1986), Kaiserin Theodora und Prokop. Der Historiker und sein Opfer (Serie Piper Porträt 5221), München u. a.

Croke, Brian (2007), Justinian under Justin: Reconfiguring a Reign, Byzantinische Zeitschrift 100, 13–56.

Evans, James A. S. (1996), The Age of Justinian. The Circumstances of Imperial Power, London u. a.

Leppin, Hartmut (2002), Theodora und Justinian, in: Hildegard Temporini-Gräfin Vitzthum (Hrsg.), Die Kaiserinnen Roms. Von Livia bis Theodora, München, 437–481.

Leppin, Hartmut (2011), Justinian. Das christliche Experiment, Stuttgart.

Maas, Michael (Hrsg.) (2005), The Cambridge Companion to the Age of Justinian, Cambridge.

Meier, Mischa (2003b), Das andere Zeitalter Justinians. Kontingenzerfahrung und Kontingenzbewältigung im 6. Jahrhundert n. Chr. (Hypomnemata 147), Göttingen.

Meier, Mischa (2004), Justinian (C.H.Beck Wissen in der Beck'schen Reihe 2332), München.

Meier, Mischa (Hrsg.) (2011), Justinian (Neue Wege der Forschung), Darmstadt.

Pfeilschifter, Rene (2008), Zur Audienz bei Justinian. Die Inszenierung sozialer Ungleichheit und deren Durchbrechung in der Spätantike, Wissenschaftliche Zeitschrift der Technischen Universität Dresden 57, Heft 3-4, 46–50 [www.qucosa.de/fileadmin/data/qucosa/documents/138/1226087218945-7627.pdf].

Der Kaiser und seine Helfer
Der Ausgangspunkt für jede Beschäftigung mit der spätantiken Verwaltung ist immer noch Jones (s. o. unter Allgemeines). Über die Hofämter informiert Delmaire (1995). Kelly (2004) hat ein vorzügliches Buch vorgelegt, welches das Funktionieren und die Ideologie der Verwaltung ebenso herausarbeitet wie die

Behauptung des Kaisers in ihrem Zentrum. Die Vorstellung, das spätantike Reich sei ein Zwangsstaat gewesen, haben Rilinger (1985) und Meier (2003a) ad acta gelegt. Die Debatte über den Regierungsstil des Kaisers zeichnet Wiemer (2006) in einem Forschungsüberblick nach. Schmidt-Hofner (2008) plädiert in einer Arbeit zu Valentinian I. dafür, die Extreme kaiserlichen Handelns – Gestalten und Reagieren – nicht als einander ausschließend zu betrachten. Löhken (1982) und Schlinkert (1996) haben die Ausbildung und die Differenzierung des Senatorenstandes für das vierte Jahrhundert untersucht. Einen ausgezeichneten Überblick über die Lebenswelt des *ordo senatorius*, mit Schwerpunkt auf dem Westen, gibt Rebenich (2008).

Delmaire, Roland (1995), Les institutions du Bas-Empire romain, de Constantin à Justinien, Bd. 1: Les institutions civiles palatines (Initiations au christianisme ancien), Paris.

Kelly, Christopher (2004), Ruling the Later Roman Empire (Revealing Antiquity 15), Cambridge, Mass., u. a.

Löhken, Henrik (1982), Ordines dignitatum. Untersuchungen zur formalen Konstituierung der spätantiken Führungsschicht (Kölner historische Abhandlungen 30), Köln u. a.

Meier, Mischa (2003a), Das späte römische Kaiserreich ein ‹Zwangsstaat›? Anmerkungen zu einer Forschungskontroverse, Electrum 9, 193–213.

Rebenich, Stefan (2008), «Pars melior humani generis» – Aristokratie(n) in der Spätantike, in: Hans Beck/Peter Scholz/Uwe Walter (Hrsgg.), Die Macht der Wenigen. Aristokratische Herrschaftspraxis, Kommunikation und ‹edler› Lebensstil in Antike und Früher Neuzeit (Historische Zeitschrift Beihefte NF 47), München, 153–175.

Rilinger, Rolf (1985), Die Interpretation des späten Imperium Romanum als «Zwangsstaat», Geschichte in Wissenschaft und Unterricht 36, 321–340.

Schlinkert, Dirk (1996), *Ordo senatorius* und *nobilitas*. Die Konstituierung des Senatsadels in der Spätantike. Mit einem Appendix über den *praepositus sacri cubiculi*, den «allmächtigen» Eunuchen am kaiserlichen Hof (Hermes Einzelschriften 72), Stuttgart.

Schmidt-Hofner, Sebastian (2008), Reagieren und Gestalten. Der Regierungsstil des spätrömischen Kaisers am Beispiel der Gesetzgebung Valentinians I. (Vestigia 58), München.

Wiemer, Hans-Ulrich (2006), Staatlichkeit und politisches Handeln in der römischen Kaiserzeit – Einleitende Bemerkungen, in: ders. (Hrsg.), Staatlichkeit und politisches Handeln in der römischen Kaiserzeit (Millennium-Studien 10), Berlin u. a., 1–39.

Justinian: Katastrophen und Apokalyptik
Erneut sei auf die obenerwähnte Literatur zu Justinian verwiesen. Mit der Pest haben sich Conrad (1996) und Stathakopoulos (2004) beschäftigt. Die Ausbildung der miaphysitischen Kirche hat zuletzt Menze (2008) analysiert.

Conrad, Lawrence I. (1996), Die Pest und ihr soziales Umfeld im Nahen Osten des frühen Mittelalters, Der Islam 73, 81–112.
Menze, Volker L. (2008), Justinian and the Making of the Syrian Orthodox Church (Oxford Early Christian Studies), Oxford.
Stathakopoulos, Dionysios Ch. (2004), Famine and Pestilence in the Late Roman and Early Byzantine Empire. A Systematic Survey of Subsistence Crises and Epidemics (Birmingham Byzantine and Ottoman Monographs 9), Aldershot u. a.

Die Nachfolger Justinians

Das grundlegende Buch zur Zeit der Kaiser Justin II. und Tiberios ist immer noch Stein (1919). Whitby (1988) ist das Referenzwerk für Maurikios, für den Perser- und den Balkankrieg auch für die Zeit vor dessen Thronbesteigung 582. Die wichtigste Studie zu den Awaren stammt von Pohl (2002). Die Armee des sechsten Jahrhunderts analysiert Whitby (1995).

Pohl, Walter (2002), Die Awaren. Ein Steppenvolk in Mitteleuropa 567–822 n.Chr. (Frühe Völker), 2.Aufl. München.
Stein, Ernst (1919), Studien zur Geschichte des byzantinischen Reiches vornehmlich unter den Kaisern Justinus II u. Tiberius Constantinus, Stuttgart.
Whitby, Michael (1988), The Emperor Maurice and his Historian: Theophylact Simocatta on Persian and Balkan Warfare (Oxford Historical Monographs), Oxford.
Whitby, Michael (1995), Recruitment in Roman Armies from Justinian to Heraclius (*ca.* 565–615), in: Averil Cameron (Hrsg.), The Byzantine and Early Islamic Near East, Bd. 3: States, Resources and Armies (Studies in Late Antiquity and Early Islam 1), Princeton, N.J., 61–124.

Der germanische Westen

In die Geschichte der Langobarden führt Jarnut (1982) ein, ein weiterführender Sammelband stammt von Pohl/Erhart (2005). Frere (1987) stellt die Geschichte des römischen Britannien dar. Dark (1994) behandelt die lange Umbruchszeit von 300 bis 800. Die Christianisierung der Angelsachsen analysiert Gameson (1999). Das Referenzwerk zu den Merowingern nach Chlodwig ist Wood (1994). Einführungen geben Geary (1996) und Hartmann (2012). Für die Westgoten sei abermals auf Kampers (2008) verwiesen.

Dark, K. R. (1994), Civitas to Kingdom: British Political Continuity 300–800, Leicester u. a.
Frere, Sheppard (1987), Britannia. A History of Roman Britain, 3.Aufl. London u. a.
Gameson, Richard (Hrsg.) (1999), St Augustine and the Conversion of England, Thrupp u. a.
Geary, Patrick J. (1996), Die Merowinger. Europa vor Karl dem Großen, München [zuerst englisch 1988].

Hartmann, Martina (2012), Die Merowinger (C.H.Beck Wissen in der Beck'schen Reihe 2746), München.
Jarnut, Jörg (1982), Geschichte der Langobarden (Urban-Taschenbücher 339), Stuttgart u. a.
Kampers, Gerd (2008), Geschichte der Westgoten, Paderborn u. a.
Pohl, Walter/Erhart, Peter (Hrsgg.) (2005), Die Langobarden. Herrschaft und Identität (Denkschriften der Österreichischen Akademie der Wissenschaften, Phil.-hist. Klasse 329), Wien.
Wood, Ian (1994), The Merovingian Kingdoms 450–751, Harlow u. a.

Usurpationen in Konstantinopel: die Grenzen der Autokratie
Die Darstellung der Usurpationen von 602 und 610 beruht auf Pfeilschifter (s. o. unter Allgemeines). Die Moderne hat lange ein nachtschwarzes Bild von Phokas gezeichnet, das im wesentlichen der Propaganda seines Bezwingers Herakleios entsprach. Erst Olster (1993) hat eine weit differenziertere Analyse vorgelegt und damit die Forschung auf eine neue Grundlage gestellt.

Olster, David Michael (1993), The Politics of Usurpation in the Seventh Century: Rhetoric and Revolution in Byzantium, Amsterdam.

Herakleios und die Perser
Kaegi (2003) hat eine Biographie von Herakleios vorgelegt. Den Zusammenbruch der Ostprovinzen und seine Folgen hat Foss (1975) analysiert. Zu Herakleios' Kampagnen vgl. Howard-Johnston (1999), zur Belagerung von 626 Howard-Johnston (1995).

Foss, Clive (1975), The Persians in Asia Minor and the End of Antiquity, The English Historical Review 90, 721–747.
Howard-Johnston, James D. (1995), The Siege of Constantinople in 626, in: Cyril Mango/Gilbert Dagron (mit Geoffrey Greatrex) (Hrsgg.), Constantinople and Its Hinterland. Papers from the Twenty-Seventh Spring Symposium of Byzantine Studies, Oxford, April 1993 (Society for the Promotion of Byzantine Studies Publications 3), Aldershot, 131–142.
Howard-Johnston, James D. (1999), Heraclius' Persian Campaigns and the Revival of the East Roman Empire, 622–630, War in History 6, 1–44.
Kaegi, Walter Emil (2003), Heraclius. Emperor of Byzantium, Cambridge.

Der Islam
Zu Mohammed haben Bobzin (2011) und Watt (1961) gute Biographien vorgelegt. Herakleios' Kirchenpolitik behandelt Winkelmann (2001). Zum Verhältnis der östlichen Provinzen zum Reich vor der Eroberung vgl. Winkelmann (1979). Das Referenzwerk zur Geschichte des Reiches im ‹dunklen› siebten Jahrhundert ist Haldon (1997).

Bobzin, Hartmut (2011), Mohammed (C.H.Beck Wissen in der Beck'schen Reihe 2144), 4. Aufl. München.

Haldon, John F. (1997), Byzantium in the Seventh Century. The Transformation of a Culture, 2. Aufl. Cambridge u. a.
Watt, W. Montgomery (1961), Muhammad. Prophet and Statesman, Oxford u. a.
Winkelmann, Friedhelm (1979), Ägypten und Byzanz vor der arabischen Eroberung, in: Byzantinoslavica 40, 161–182.
Winkelmann, Friedhelm (2001), Der monenergetisch-monotheletische Streit (Berliner Byzantinistische Studien 6), Frankfurt am Main.

Karten- und Bildnachweis

S. 34: © Dan Diffendale
S. 51: © Holger Lenz
S. 55: akg-images
S. 91: akg-images/Pirozzi
S. 185: Aus Matthias Becher (2011), Chlodwig I., München, S. 163 (Museo Nazionale, Rom)
S. 198: Aus Fritz Krischen (1938), Die Landmauer von Konstantinopel, Bd. 1: Zeichnerische Wiederherstellung mit begleitendem Text. Lichtbilder von Theodor von Lüpke (Denkmäler antiker Architektur 6), Berlin, Tafel 1
Karten: Peter Palm, Berlin

Auswahlregister

Aegidius 187, 189
Aetius 157f., 163–167, 169–171, 181
Africa 22, 32, 35, 48, 63–65, 71, 73, 75, 84, 127, 129, 134, 136, 139, 153, 164, 167–169, 171–173, 181, 212–214, 219, 227, 238, 248, 259–261, 268, 271
Ägypten 14, 22, 70, 72, 74, 77, 84, 102, 116, 132, 153, 178f., 201, 206, 219, 230, 234f., 259, 261, 267f., 270

Akakios, Akakianisches Schisma 179f., 184, 193, 205, 214
Alamannen 20, 23, 89, 103–105, 111, 125, 189
Alanen 105, 111, 121, 125, 139
Alarich 129–131, 133–136, 138, 141f., 181, 198
Alexandreia 27, 35, 70, 72, 79, 81, 85, 87, 96, 98, 102, 111, 174, 177–179, 195, 234, 261, 267
Amalaswintha 214
Ambrosius 69, 71, 112–115

Auswahlregister

Ammianus Marcellinus 90, 107
Anastasios 81, 182, 184, 188, 192–194, 201–203, 206, 210, 244
Angeln 168, 191
Antiocheia 9, 35, 67 f., 70, 84, 88 f., 91, 95, 103, 105, 110, 150 f., 153, 174, 179, 195, 239, 260
Antonios 75–79, 81, 83
Aper 18, 20, 219
Aquitanien 139, 141 f.
Araber, Arabien 14–16, 84, 120, 138, 153, 173, 239, 253, 264–271
Arbogast 115 f., 125, 171
Arcadius 117, 127–131, 157, 194–196, 199, 218
Areios (Arius) 71–74, 81, 85
Armenien 25 f., 58, 103, 173, 244, 262
Athanarich 104 f.
Athanasios 73, 78, 85–88, 94 f., 99, 101 f.
Athaulf 136–138, 142
Athen 208, 272
Äthiopien 120
Attila 155, 158–166, 177, 198
Augustinus 136, 271
Aurelian 23, 27, 35, 52
Awaren 243–247, 257, 261–263

Basileios v. Kaisareia 102 f.
Basiliskos 179, 201
Belisar 212–215, 217, 240 f.
Bethlehem 135, 267
Britannier, Britannien 25 f., 32 f., 41, 47, 84, 111, 127, 131, 136 f., 168, 191, 219, 249 f., 253
Burgunder, Burgund 121, 158, 164 f., 167, 169 f., 172, 184, 189–191, 251
Byzantiner, Byzanz 11–15, 17, 271

Carinus 19, 23
Carthago 63, 168, 212–214, 261
Chalkedon, Chalkedonier 80, 178–180, 184, 188 f., 193, 201, 205–207, 212 f., 234–239, 248, 253, 269
Chlodwig 184, 186–190, 192, 250
Chosroes I. 211, 239 f., 243 f.
Chosroes II. 244, 257, 260–264
Claudian 129 f.
Constans 83–87, 98, 102
Constantin II. 83–85, 87, 98

Constantin III. 131, 134, 136
Constantius I. 24 f., 32 f., 41, 43, 47 f., 51, 83 f.
Constantius II. 62, 83–92, 98 f., 102, 104, 109 f., 125, 227
Constantius III. 136 f., 157

Dahn, Felix 271
Dara 243, 267
Decius 37
Diokletian 12, 15–49, 52, 58, 61, 83, 97, 101, 124 f., 219, 221
Dioskoros 177 f.
Donatus, Donatisten 63 f., 69–71, 73, 173, 213
Donau 20, 23, 25, 56, 103–105, 107, 121, 124, 130–133, 153, 157–160, 172, 192, 199, 244–247, 254 f., 257, 261

Edessa 93 f., 239, 260, 262, 267
Ephesos 175–177, 179, 236, 238, 260
Eugenius 115 f.
Eunuchen 202, 204, 218, 225, 255
Euphrat 20, 56, 112, 124, 194
Eusebios v. Kaisareia 41, 51 f., 56, 58, 73 f.
Eusebios v. Nikomedeia 57, 85, 92
Eutyches 177
Evagrios 11, 242

Franken 15, 20, 103, 121, 123, 125 f., 164–167, 170, 172, 184, 186–190, 230, 240 f., 245, 247, 250–253, 271
Frigidus 116, 129
Fritigern 105 f.

Gainas 129, 157, 173
Galerius 24, 26, 32 f., 35, 39–45, 47 f., 61, 99
Galla Placidia 128, 134, 136–138, 157, 170
Gallien 22–24, 26, 32, 41, 54, 63–65, 70, 84, 87, 90, 111 f., 121, 126 f., 131, 134–137, 139 f., 142 f., 164, 167, 170, 172, 185–190, 219, 238, 250–253
Gallus 84, 88
Geiserich 167–169, 171 f., 174, 212
Gelimer 212 f.
Gepiden 244 f., 247

Germanos 255–257
Gibbon, Edward 15
Goten 15, 20, 23, 104–108, 113 f., 116, 120 f., 123, 125 f., 128–130, 133–144, 149, 153, 155, 157, 164–172, 180–192, 195, 199, 213–215, 230, 240 f., 245, 247 f., 250, 252 f., 261, 271
Gratian 105–107, 109–111, 132
Gregor v. Antiocheia 9–15, 243
Gregor der Große 250
Gregor v. Nazianz 110
Griechenland 20, 219, 244, 254, 271
Gundobad 172, 189 f.

Hadrianopolis 49, 106 f., 109, 112
Heather, Peter 126 f.
Heilige Männer 82, 116, 200
Herakleios 15, 196, 259–270
Hieronymus 135
Hilderich 212 f.
Homer 92, 226, 271
Homöer, Arianer 85 f., 88, 95, 102, 109–112, 119 f., 126, 141–143, 168, 173, 184, 188 f., 191, 213, 248, 252
Honoria 162–164, 166
Honorius 117, 127 f., 130–139, 157, 167, 199
Hunnen 15, 105, 121, 123, 138, 155–167, 169 f., 172 f., 180, 245

Jakob Baradaeus 235
Jerusalem 35, 70, 79, 94 f., 99, 207, 261, 264, 267
Jovian 101
Juden 76, 94, 97, 112 f., 207, 213 f., 232, 261, 265 f.
Julian 62, 84, 88–95, 97–101, 103, 118, 125, 127, 185, 205, 229
Justin I. 204–206, 210, 233–235, 239, 244, 258
Justin II. 242 f., 245
Justinian 14, 80 f., 147 f., 152, 154, 194, 203, 205–219, 221, 223 f., 226–245, 249, 251 f., 254, 271

Kallinikon 112 f.
Köln (Colonia Agrippinensis) 25
Konstantin der Große 12, 17, 41, 45, 47–65, 70, 73 f., 81, 83–87, 95 f., 98–100, 108, 117 f., 124, 126, 146, 171, 179, 219, 225, 254, 271

Konzile, Synoden 36, 59, 63, 65, 67, 72 f., 80, 85 f., 101, 110, 175–179, 234, 237 f., 251 f.
Kurialen 27, 68 f., 139, 143, 145, 150–152, 164, 221, 223, 226
Kyrill v. Alexandreia 175–177, 236, 238

Laktanz 28 f., 31, 39–41, 49–52
Langobarden 12, 245, 247 f.
Leon I. 178 f., 212
Libanios 91, 98, 150, 227
Licinius 49, 52, 55 f., 64
London (Londinium) 25, 249

Magnentius 87, 125
Magnus Maximus 111 f.
Mailand (Mediolanum) 24, 43, 64, 71, 112, 115, 117, 128–130, 199, 215, 247 f.
Mainz (Mogontiacum) 25, 103, 121
Markian 80, 166, 177–179, 193, 196
Martin v. Tours 78
Maurikios 9 f., 196, 242–244, 246 f., 254–257, 264
Maxentius 32, 48 f., 51, 53
Maximian 23–25, 32 f., 41, 43 f., 47–49, 83
Mekka 266 f.
Mesopotamien 93, 101, 262
Miaphysiten 177–179, 193, 205–207, 233–238, 268 f.
Milvische Brücke 49, 52, 95, 219
Mohammed 266 f.

Narses 26, 217 f., 234, 241, 247
Neapolis 214
Nestorios, Nestorianer 174–178, 200, 236
Nikaia, Nizäner 73 f., 78, 85 f., 101 f., 108–112, 117, 141–143, 168, 173 f., 179, 184, 201
Nikomedeia 18, 24, 39 f., 43, 73
Nisibis 84, 101
Numerianus 18 f.

Odoakar 172, 180–183, 185, 191
Orléans (Cenabum) 164 f.

Pachomios 77, 79
Palaestina 35, 77, 261, 267
Pavia (Ticinum) 54, 166, 185, 247

Perser, Perserreich 9, 15 f., 18, 20, 22, 26, 32 f., 73, 84, 89, 99–101, 103, 127, 132, 153, 173, 176, 184, 192, 208, 210, 212, 239 f., 243–245, 247, 254, 257, 260–268, 270
Pest 9, 153, 230–232, 240, 242 f., 254
Phokas 145, 247, 254 f., 257–260
Platon 92, 98, 208
Priskos 159–161
Prokop 154, 206, 208, 216 f., 224, 230–232, 240, 242
Pulcheria 174 f.

Radagais 130 f., 134, 141
Ravenna 130, 134, 139 f., 157, 168, 172, 182, 185, 199, 215, 248
Reims (Durocortorum) 121, 164
Rekkared 252
Remigius v. Reims 188
Rhein 20, 23, 25, 89, 103 f., 106, 111, 121, 123, 125, 130 f., 158, 161, 165, 169 f., 172, 186, 189 f., 251
Ricimer 171 f., 189
Romulus Augustulus 172, 192
Rua 157 f., 162

Sachsen 15, 103, 131, 136, 165, 168, 191
Senat, Senatoren 18, 21–23, 26, 38, 56 f., 66, 79, 110, 112, 131, 134 f., 139 f., 145, 151, 163, 169–171, 173, 184, 199, 203, 214, 216, 223, 225–229, 240, 257, 261, 272
Severus 43, 47–49
Shapur II. 89 f., 101
Sidonius Apollinaris 143 f.
Sirmium 106, 159, 245
Sizilien 70, 168, 172, 214
Slawen 244–246, 263
Soldatenkaiser, Reichskrise 18, 20–26, 36, 46, 60, 83, 101, 124 f., 127, 222
Spanien, Iberische Halbinsel 32, 70, 84, 87, 107, 111, 121, 126 f., 131, 139, 142, 164, 167, 172, 185, 189 f., 219, 241, 252 f., 261
Split (Spalatum) 43 f.
Stilicho 117, 125, 128–131, 133 f., 138, 141, 157, 169 f.
Sueben 121, 125, 139, 167, 171 f., 191, 252
Syagrius 189

Syrien 11, 35, 70, 77, 132, 153, 176, 178 f., 206, 219, 235, 239, 259, 262, 267 f., 270

Theodahad 214 f.
Theoderich, Kg. d. Ostgoten 180–182, 184–186, 189–192, 198, 213 f., 227, 248
Theoderich I., Kg. d. Westgoten 164 f., 169
Theoderich II., Kg. d. Westgoten 143 f.
Theodora 228 f., 233, 236
Theodosius I. 67, 80, 107–117, 119, 127–129, 171, 194 f., 236, 254
Theodosius II. 146 f., 157, 159, 162 f., 168, 173–177, 179, 195, 201, 231
Thessalonike 33, 113
Thüringer 164, 172, 184, 189
Tiberios 242 f., 245, 247
Tigris 99, 263
Toledo (Toletum) 252 f.
Totila 240 f.
Toulouse (Tolosa) 139 f., 187
Tournai (Tornacum) 187, 189
Tribonian 147, 217
Trier (Augusta Treverorum) 25, 85, 103, 121, 140, 164
Türken 245, 263 f.

Valens 101-106, 109, 111, 123, 128, 132, 270
Valentinian I. 101-105, 128
Valentinian II. 111 f., 115, 127, 140
Valentinian III. 157, 162 f., 167 f., 170 f., 212
Valerian 22, 38, 40
Vandalen 15, 64, 121, 123, 125, 131, 139, 153, 167–169, 171, 182, 184, 188, 191 f., 212 f., 215, 230
Vigilius 237 f., 248

Ward-Perkins, Bryan 126 f.
Witigis 215 f.
Worms (Borbetomagus) 121
Wulfila 104

Yarmuk 267

Zenon 179–182, 206, 236
Zirkusparteien 154, 203 f., 210, 255–260